人材サービス産業の新しい役割

就業機会とキャリアの質向上のために

佐藤博樹・大木栄一 [編]

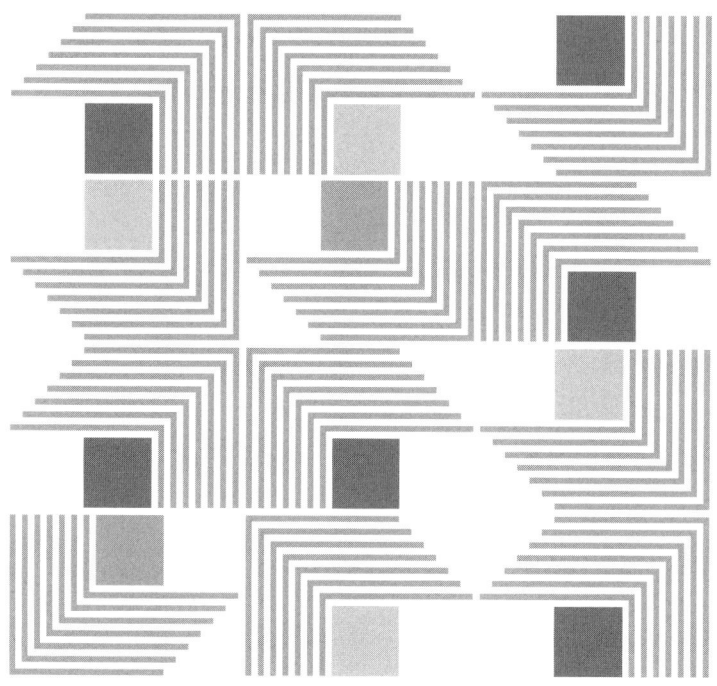

有斐閣

はしがき

　労働市場における需給調整機能の高度化のために，民間の人材サービス産業が担う役割への期待が高まっている。たとえば，2013年6月に閣議決定された成長戦略である「日本再興戦略――JAPAN is BACK」には，人材サービス産業を活用して労働市場の需給調整機能の高度化を図ることがあげられている。具体的には，ハローワークが保有する求人情報を民間の事業者へ開放して有効活用することや，若年未就職者の就職支援，復職を希望する女性の就業ニーズの充足などが期待されている。しかし，人材サービス産業に対しては他方で，派遣事業などを営む人材サービス産業が不安定雇用を生み出しているとか，就職関係の人材サービス産業が就職活動において学生を疲弊させているなどといった社会的な批判も多い。こうした批判に当たっている部分のあることを否定するものではないが，その多くは，人材サービス産業の現状や課題を実証的に分析した結果によるものでないこともまた指摘されるべきであろう。

　本書は，人材サービス産業が労働市場において担っている機能やその課題を，就業者と事業所の両方の視点から実証的に分析することを通じて，人材サービス産業が果たしうる機能の可能性を検討するものである。ただし，人材サービス産業の多様な事業の中から，本書では派遣事業，請負事業，職業紹介事業の3つを主に分析の対象とした。

　なお，本書の研究は，東京大学社会科学研究所に設けられた人材フォーラムが自らの予算と科学研究費補助金（基盤研究（B））「企業の外部人材の活用と戦略的人的資源管理」（課題番号：22330110）によって実施した調査を利用した分析，および，厚生労働省の委託調査と電機連合総合研究企画室（電機総研）の調査の再分析である。後の2つの調査に関して，再分析をご了解いただいた関係者のみなさまにお礼を申し上げたい。

　人材フォーラムは，社会科学研究所の人材ビジネス研究寄付研究部門の活動を継承したものである。人材ビジネス研究寄付研究部門は，株式会社スタッフサービス・ホールディングスの奨学寄附金に基づき2004年4月から10年3月までの6年間，設置された。その研究成果は，佐藤博樹・佐野嘉秀・堀田聰子

編『実証研究 日本の人材ビジネス——新しい人事マネジメントと働き方』(日本経済新聞出版社,2010年)として刊行されている。そして 2010 年 4 月以降は,寄付研究部門の活動を人材フォーラムが継承し,調査研究に加えて,人材サービス企業,ユーザー企業,研究者の 3 者が交流する機会を設けてきた。こうした人材サービス企業やユーザー企業のみなさんによる調査研究へのアドバイスは,きわめて有効なものであった。記してお礼を申し上げる。

 本書の刊行が人材フォーラムの最後の活動となるが,これまでの調査研究の成果が,労働市場における需給調整機能の高度化に対して人材サービス産業がさらに貢献することに,少しでもお役に立てることを期待している。

 人材フォーラムが実施した各調査の企画・実施および分析に際しては,本書の執筆メンバーに加えて,秋元次郎株式会社コンサルティングミッション代表取締役,阿部正浩中央大学経済学部教授,今野浩一郎学習院大学経済学部教授,仁田道夫国士舘大学経営学部教授に,有益なアドバイスをいただいた。

 また,本書の編集・刊行にあたっては,人材フォーラムの事務を担当していただいた和田恵美子さんと,有斐閣書籍編集第二部の尾崎大輔さん,得地道代さんのお 2 人にたいへんお世話になった。とりわけ本書の刊行は,有斐閣のお 2 人のご尽力と寛容な対応によるものである。

　　2014 年 3 月 31 日

佐藤博樹・大木栄一

目　次

序章　労働市場における需給調整の担い手としての人材サービス産業 ... I
佐藤　博樹

1 はじめに 1
   1.1 人材サービス産業とは　1
   1.2 労働市場における需給調整機能の高度化　2

2 人材サービス産業のビジネス・モデル 4
   2.1 労働者派遣業・請負業における就業管理機能　4
   2.2 労働者派遣業における派遣先開拓とキャリア形成支援　5

3 本書の構成 8
   3.1 人材サービス産業による就業機会の質向上　8
   3.2 人材サービス産業が担う社会的機能　10

4 まとめ——人材サービス産業が機能を発揮するために 15

第 1 部
人材サービス産業による就業機会の質向上
── 働く人々の視点 ──

第 1 章　事務系派遣スタッフのキャリア 18
職種経験パターンからの分析
島貫　智行

1 はじめに 18

- **2** 調査対象の派遣スタッフ像 ………………………………………… 21
- **3** 分析方法 ……………………………………………………………… 23
- **4** 職種経験のパターンとその特徴 …………………………………… 24
  - *4.1* 派遣就業後に経験した職種のパターン　24
  - *4.2* 派遣就業後に複数職種を経験している派遣スタッフ　27
  - *4.3* 派遣就業前に経験した職種のパターン　30
  - *4.4* 派遣就業前に経験していない職種に従事している派遣スタッフ　37
- **5** まとめ ………………………………………………………………… 38
  - *5.1* 職種経験パターンとその特徴　38
  - *5.2* 職種経験から見た派遣スタッフのキャリア　40
  - *5.3* 今後の課題　42

第2章　どうすれば時給が上がるのか
派遣事務職と派遣営業職の比較分析
松浦　民恵

44

- **1** はじめに ……………………………………………………………… 44
- **2** スキル・レベル，担当業務の難易度，時給の変化 …………… 45
  - *2.1* 派遣事務職　45
  - *2.2* 派遣営業職　46
  - *2.3* 派遣事務職と派遣営業職の時給　48
- **3** 派遣事務職と派遣営業職の比較分析 ……………………………… 50
  - *3.1* 派遣スタッフの属性，派遣就業の現状　50
  - *3.2* 仕事の特徴，能力開発・キャリア形成の現状　52
  - *3.3* 派遣営業職の時給が上昇する理由　56
- **4** 時給が上昇した派遣スタッフの特徴 ……………………………… 57
  - *4.1* 派遣事務職　57
  - *4.2* 派遣営業職　62
- **5** まとめ──分析結果から得られた示唆 …………………………… 68

目　次　v

第3章　生産職種の請負・派遣社員の就業意識
就業満足度から見た人事管理の課題
佐野 嘉秀 ……… 71

1 はじめに …………………………………………………………… 71

2 請負・派遣社員としての就業理由 …………………………… 74
 2.1 役職のない請負・派遣社員の就業選択理由　74
 2.2 リーダー層の請負・派遣社員の就業選択理由　76
 2.3 「リーマン・ショック」前後の就業理由の違い　79

3 就業満足度の状況 ……………………………………………… 80

4 就業条件改善に向けた要望 …………………………………… 83

5 就業満足度向上に向けた人事管理の課題 …………………… 87
 5.1 当面の働き方　87
 5.2 就業条件改善への要望　89
 5.3 請負・派遣会社および就業先の状況　91

6 まとめ …………………………………………………………… 93

第4章　生産分野の派遣スタッフの仕事・労働条件とキャリア，就業意識
製造派遣禁止に対する賛否の観点から
島貫 智行 ……… 96

1 はじめに ………………………………………………………… 96

2 生産分野の派遣スタッフを対象とした分析 ………………… 99

3 製造派遣禁止に対する賛否 …………………………………… 100

4 派遣スタッフの基本属性や仕事・労働条件 ………………… 103
 4.1 基本属性　103
 4.2 派遣スタッフの仕事や労働条件　105

5 派遣スタッフのキャリアや就業意識 ………………………… 107

- *5.1* 過去経験した仕事やキャリア　107
- *5.2* 今後希望する働き方　110
- *5.3* 今後の雇用（失業）可能性　112
- *5.4* 仕事や働き方の満足度　114
- *5.5* 派遣先・派遣会社に対する要望　115

6　まとめ ……………………………………………… 117

第2部
人材サービス産業が担う社会的機能
― 企業経営の視点 ―

第5章　*派遣会社の機能と課題*
機能の高度化を進めるための道標を探る
大木栄一・豊島竹男・横山重宏　　　　　122

1　はじめに——派遣会社に必要な機能とは ……………… 122
2　派遣会社が有すべき機能とそのための取組み ………… 124
- *2.1* 派遣会社が有すべき「機能」とは　124
- *2.2* 派遣会社が機能を発揮するための取組み　125

3　派遣会社が有する機能の実態 ……………………… 127
- *3.1* 各機能の取組みの状況　127
- *3.2* 5つの機能の取組み状況の比較　132

4　高度な機能を有する事務系派遣会社の特徴 ………… 134
- *4.1* 機能の充実度の違い　134
- *4.2* 派遣先と派遣スタッフのマッチング・人事管理等で多くの取組みを実施している事務系派遣会社の特徴　136
- *4.3* 登録型事務系派遣会社が有する機能と経営パフォーマンスとの関係　139

5　まとめと残された課題 ……………………………… 140

第6章 事務系派遣営業所の運営と課題 — 144
独立系企業と資本系企業の比較分析
島貫 智行

1 はじめに ……………………………………………… 144
2 派遣営業所レベルの調査 …………………………… 147
3 営業所の基本属性 …………………………………… 149
4 営業所の事業展開と営業戦略 ……………………… 151
5 派遣スタッフの雇用管理 …………………………… 158
6 営業所長の属性と日常の活動 ……………………… 162
7 営業所の組織体制と課題 …………………………… 166
8 まとめ ………………………………………………… 171

第7章 労働者派遣専門26業務適正化プランの影響 — 177
派遣元・派遣先・派遣労働者の変化
小林 徹

1 はじめに ……………………………………………… 177
2 理論的に考えうる適正化プランの影響 …………… 181
3 具体的な分析の枠組み ……………………………… 184
4 分析で見られる適正化プランの影響 ……………… 189
    4.1 26業務適正化プランの指導はどれだけ行われたか　189
    4.2 派遣先への影響　190
    4.3 派遣元への影響　192
    4.4 派遣労働者への影響　196
5 まとめ ………………………………………………… 203

第8章 派遣先企業における管理職の人事管理 ——————— 206
派遣スタッフの活用を高める人事管理とは
大木栄一・平田薫

1 はじめに——職場の管理職の役割とは ……………………… 206
2 職場の管理職が有すべき人事管理機能 ……………………… 208
    2.1 派遣スタッフの効果的な活用のため職場の管理職が有すべき「人事管理機能」とは　208
    2.2 職場の管理職が機能を発揮するための取組み　210
3 職場の管理職が有すべき人事管理機能の実態 ……………… 211
    3.1 各機能に関する取組みの状況　211
    3.2 5つの人事管理機能に関する取組みの状況の比較　215
4 派遣スタッフの仕事への意欲および職場での正社員との連携に与える影響 ……………… 217
    4.1 派遣スタッフの活用パフォーマンスへの影響　217
    4.2 派遣スタッフの職場のパフォーマンスへの影響　219
5 積極的に人事管理に取り組んでいる管理職の特徴 ………… 222
    5.1 会社から管理職への支援状況　222
    5.2 会社による支援が職場の管理職の人事管理に与える効果　225
6 まとめと残された課題 …………………………………………… 227

第9章 生産請負・派遣企業による雇用継続への取組み ——————— 231
リーマン・ショック直後の経験を踏まえて
佐野嘉秀・大木栄一

1 はじめに ………………………………………………………… 231
2 派遣先・請負先の転換を通じた雇用継続の状況 …………… 233
3 派遣・請負社員の雇用継続に積極的な営業所の特徴 ……… 236
    3.1 営業所による雇用継続の積極性の違い　236

3.2 雇用継続に積極的な営業所の事業方針の特徴　241
3.3 雇用継続に積極的な営業所の人事管理の特徴　245

4 まとめ …………………………………………………………… 251

第10章 職業紹介担当者の能力ならびにスキル ── 254
ハイ・パフォーマーの特徴を明らかにする
坂爪 洋美

1 はじめに ………………………………………………………… 254
2 職業紹介事業の状況 …………………………………………… 255
　2.1 入職経路としての有料職業紹介事業　255
　2.2 職業紹介事業の市場規模　257
3 職業紹介事業における4つの紹介形態 ……………………… 259
4 調査の実施方法ならびに回答事業所の属性 ………………… 260
　4.1 調査の概要　260
　4.2 回答事業所の属性と規模　260
5 職業紹介事業所の紹介状況 …………………………………… 261
　5.1 職業紹介事業所を利用する求職者の特徴　262
　5.2 職業紹介事業所を通じた採用決定者への紹介状況　263
　5.3 紹介手数料とその変化　266
6 パフォーマンスの高い職業紹介担当者の特徴 ……………… 268
　6.1 決定状況　268
　6.2 能力・スキル　271
7 紹介手数料の高い職業紹介事業所におけるパフォーマンスの高い職業紹介担当者 …………………………………………… 276
　7.1 紹介手数料による職業紹介事業所の2群化　276
　7.2 紹介手数料の高い職業紹介事業所の特徴　277
　7.3 紹介手数料の高低によるパフォーマンスの高い職業紹介担当者の能力・スキルの違い　284

8 まとめ ……………………………………………………………… 286

第11章 未就職卒業者を対象とした人材ビジネス企業のマッチング機能 …288
新卒者就職応援プロジェクトを通じて
山路 崇正

1 はじめに ………………………………………………………… 288
2 未就職卒業者と中小企業のマッチング ……………………… 289
 2.1 中小企業と学生のミスマッチ要因　289
 2.2 人材ビジネス企業のマッチング機能　290
3 新卒者就職応援プロジェクトとは …………………………… 291
 3.1 新卒者就職応援プロジェクトの概要　291
 3.2 職場実習の流れ　293
 3.3 助成金　295
 3.4 新卒者就職応援プロジェクトの実績　295
4 インタビュー調査の概要 ……………………………………… 296
 4.1 調査の目的　296
 4.2 調査の対象　296
 4.3 調査の方法　296
5 人材ビジネス企業のマッチング機能 ………………………… 298
 5.1 未就職卒業者を対象とした取組み　298
 5.2 受入企業（中小企業）を対象とした取組み　302
 5.3 実習生と受入企業によるマッチングの評価　304
6 マッチング機能がもたらす効果 ……………………………… 306
 6.1 採用意欲の高い優良中小企業の確保　306
 6.2 未就職卒業者への教育訓練　307
 6.3 採用・就職における期待水準の適正化　307
7 まとめ ………………………………………………………… 308

参考文献一覧　311

調査一覧　317

索　引　323

執筆者紹介 (執筆順，*は編者)

＊佐藤　博樹（さとう・ひろき）
東京大学社会科学研究所教授。主な著作に，『人材活用進化論』（日本経済新聞出版社，2012年），『実証研究　日本の人材ビジネス――新しい人事マネジメントと働き方』（共編，日本経済新聞出版社，2010年）などがある。
執筆分担：序章。

島貫　智行（しまぬき・ともゆき）
一橋大学大学院商学研究科准教授。主な著作に，「日本企業における正規社員の人事管理と職場のモラール――正規・非正規の境界設計のモデレート効果」（『日本経営学会誌』第30号，2012年），「雇用の境界から見た内部労働市場の分化」（『組織科学』第44巻第2号，2010年）などがある。
執筆分担：第1章，第4章，第6章。

松浦　民恵（まつうら・たみえ）
ニッセイ基礎研究所生活研究部主任研究員。主な著作に，『営業職の人材マネジメント――4類型による最適アプローチ』（中央経済社，2012年），「派遣スタッフのキャリア形成に向けて――インタビュー調査による考察」（佐藤博樹・佐野嘉秀・堀田聰子編『実証研究　日本の人材ビジネス――新しい人事マネジメントと働き方』日本経済新聞出版社，2010年）などがある。
執筆分担：第2章。

佐野　嘉秀（さの・よしひで）
法政大学経営学部教授。主な著作に，『実証研究 日本の人材ビジネス――新しい人事マネジメントと働き方』（共編，日本経済新聞出版社，2010年），『パート・契約・派遣・請負の人材活用　第2版』（共著，日本経済新聞出版社，2008年）などがある。
執筆分担：第3章，第9章（共同執筆）。

＊大木　栄一（おおき・えいいち）
玉川大学経営学部教授。主な著作に，『働く人の「学習」論――生涯職業能力開発論　第2版』（共編著，学文社，2007年），『中小企業における人材育成・能力開発』（共著，労働政策研究・研修機構，2012年）などがある。
執筆分担：第5章（共同執筆），第8章（共同執筆），第9章（共同執筆）。

豊島　竹男（とよしま・たけお）
三菱UFJリサーチ＆コンサルティング(株) 政策研究事業本部 経済・社会政策部主任研究員。主な著作に，『SPRINGブックレットシリーズ Vol. 8 新たなサービス産業の現状と今後への課題』(生産性出版，2013年)などがある。
執筆分担：第5章（共同執筆）。

横山　重宏（よこやま・しげひろ）
三菱UFJリサーチ＆コンサルティング(株) 政策研究事業本部 経済・社会政策部部長兼主任研究員。
執筆分担：第5章（共同執筆）。

小林　徹（こばやし・とおる）
三菱経済研究所・慶應義塾大学産業研究所共同研究員。主な著作に，「ジョブマッチングの成立と『人柄』『社風』情報の重要性」(『日本労働研究雑誌』第638号，2013年)，「民営職業紹介，公共職業紹介のマッチングと転職結果」(共同執筆，内閣府『経済分析』第188号，2014年)などがある。
執筆分担：第7章。

平田　薫（ひらた・かおる）
三菱UFJリサーチ＆コンサルティング(株) 政策研究事業本部 経済・社会政策部主任研究員。
執筆分担：第8章（共同執筆）。

坂爪　洋美（さかづめ・ひろみ）
和光大学現代人間学部教授。主な著作に，『キャリア・オリエンテーション――個人の働き方に影響を与える要因』(白桃書房，2008年)，「ワーク・ライフ・バランス施策に対する管理職の認識がリーダーシップ行動に与える影響」(『経営行動科学』第22巻第3号，2009年)などがある。
執筆分担：第10章。

山路　崇正（やまじ・たかまさ）
大阪経済法科大学経済学部講師。
執筆分担：第11章。

本書のコピー、スキャン、デジタル化等の無断複製は著作権法上での例外を除き禁じられています。本書を代行業者等の第三者に依頼してスキャンやデジタル化することは、たとえ個人や家庭内での利用でも著作権法違反です。

序章

労働市場における需給調整の担い手としての人材サービス産業

佐藤 博樹

1 はじめに

1.1 人材サービス産業とは

　労働市場における需給調整機能の担い手には，求人者である企業と求職者である個人を結びつける職業紹介業や，企業の求人情報を求職者に提供してマッチングを支援する求人広告業，さらに企業の労働サービス需要を直接的に充足すると同時に，就業希望者に就業機会を提供する，労働者派遣業や請負業などが含まれる。こうした需給調整機能の担い手としては，国によるハローワーク（公共職業安定所）や，自治体・大学などが行う無料の職業紹介事業だけでなく，求人広告業・職業紹介業・労働者派遣業・請負業などを営む民間の事業者がおり，こうした民間の事業者は人材サービス（ビジネス）産業と呼ばれている（詳しくは，人材サービス産業の近未来を考える会，2011 を参照）。

　人材サービス産業を構成する，求人広告業，職業紹介業，労働者派遣業，請負業の労働市場における需給調整機能は，いずれも企業の人材活用ニーズと就業者の就業ニーズの充足にかかわっているという点で共通している。ただし，需給調整機能の具体的な内容はそれぞれの事業によって異なる。

　たとえば，求人広告業は，求人開拓と就業希望者への情報提供によるマッチング機能を担う。入職経路として最も多いのが求人広告であることからもわかるように，求人広告は，労働市場における求人情報提供のインフラとして定着している。

職業紹介業は，就業希望者へのキャリア・コンサルティングや，紹介段階における求職者の職業能力，求人企業が求める職業能力，求人企業の経営状況や就業環境などに関する情報の提供など，求人企業と就業希望者のマッチング機能を担う。このような職業紹介業は，即戦力や高い専門性を必要とする人材の募集，さらには多様な手段で人材を確保したい企業などに活用されている。

労働者派遣業と請負業は，取引先企業の人材活用ニーズを充足するために，自社として人材を雇用し，雇用主として当該人材の報酬管理や雇用管理など就業管理を担う点に特徴がある。こうした労働者派遣業と請負業は，雇用した人材の就業場所が取引先企業の事業所内にあるため，就業管理の円滑な遂行のためには取引先との連携や協力が不可欠となる。この結果，労働者派遣業や請負業における就業管理には，通常の企業における就業管理とは異なる課題が生じる（3者関係による就業管理の課題）。

これらのほかにも，企業の多様な人材活用ニーズや労働者のさまざまな就業ニーズに対応するため，求人広告業・職業紹介業・労働者派遣業・請負業などを複合的に営業する事業者や，紹介予定派遣のように職業紹介と派遣の2つを結合し新しい人材サービスとして提供する事業者もある。

本書では，こういった多様な人材サービス産業のうち，主として労働者派遣業や請負業を取り上げ，就業管理における課題を，それぞれの事業で働く人々と事業者の企業経営という2つの視点から，実証的に分析している。両者は相互に密接に関係するが，本書では第1部が主に働く人々の視点に，第2部が主に企業経営の視点に対応している。なお，第2部では，労働者派遣業や請負業に加え，職業紹介業なども取り上げる。

1.2 労働市場における需給調整機能の高度化

日本で人材サービス産業への社会的な関心が高まっている背景には，人材サービス産業を活用する企業や就業者が増えているだけでなく，産業構造や労働市場の変化などにより，民間の活力を活用することも含めて労働市場における需給調整機能の高度化が求められていることがある。このような需給調整機能の高度化が求められる背景には，次のような要因をあげることができる（雇用政策研究会，2014）。

第1に，産業構造を転換するために衰退産業から成長産業へ人材の円滑な移

動が求められている。たとえば，医療・福祉業，建設業，サービス業といった産業で人材の不足感が強い一方，製造業には過剰感が見られることなどが，これにあたる。

　第2に，同一産業内，たとえば製造業の中でも，労働力が過剰な企業と不足している企業が混在しており，企業間での円滑な人材の移動も必要となっている。

　第3に，企業が持続的に存続していくためには，事業構造，技術構造，さらにはビジネス・モデルなどの持続的な変革が不可避であるが，こうした変革は企業が必要とする人材の職業能力に変化をもたらす。その結果，企業が雇用している人材に対し，新しい職業能力の獲得を支援したり，企業内・外を問わずすでに保有している職業能力を生かせる仕事やキャリアへの転換を支援することが，求められている。

　第4に，働く人々の健康寿命の伸長や年金の支給開始年齢の引上げなどにより，今後は60歳代後半以降も就業を必要としたり希望したりする者が増えていく可能性が高い。学校を卒業して労働から引退するまでの期間が長期化するが，そうした長期の就業機会の確保は，特定の企業1社におけるキャリア継続のみでは難しい。こうしたことは，異なる企業だけでなく，異なる産業を通じたキャリア継続によってのみ可能となる。

　第5に，企業においては，急激に変化したり不確実性の高い市場環境に対応するため，継続的な雇用を前提として自社が人的資源投資をする「内部労働市場重視型」人材活用に加え，人材ニーズの変化に迅速かつ柔軟に対応できる施策として，有料職業紹介事業を活用して即戦力を中途採用したり，就業管理機能を提供する労働者派遣業や請負業を活用して労働サービス需要を直接的に充足したりする，「外部労働市場重視型」人材活用を導入する必要性が高まっている（キャペリ，2010）。

　第6に，労働者派遣業や請負業は，異なる産業や異なる企業へと派遣先や請負先を変更することを通じて，派遣社員や請負社員の就業機会を確保し，同時に産業構造や企業の事業構造などの円滑な転換に貢献できる可能性がある。ただし，こうした取組みは，労働者派遣業や請負業であれば自動的に実現できるというものではなく，それぞれの事業を担う企業の経営戦略に依存する（佐藤，2010など）。

第7に,少子化を背景として労働力人口の減少が確実視される中,それに歯止めをかけるために,就業率の向上が労働政策の重要課題となっている。課題解決に有効な施策の1つが,相対的に就業率が低い女性や高齢者などの労働市場への参入促進であり,労働者派遣業や請負業は,こうした人材の労働市場への参入障壁を引き下げる機能を有している。労働者派遣業や請負業は,派遣社員や請負社員の配置後のフォローを含めた就業管理を行う中で,就業者の就業ニーズに合った働き方を開発したり,多様な仕事を開拓したりすることなどを通じて,取引先の企業による直接雇用としては労働市場への参入が難しい人材の参入を容易にする機能を担っているのである。たとえば,女性の就業率には,20歳代後半をピークにその後は減少していき40歳代で再び上昇する,いわゆる「M字カーブ」の特徴が色濃く残っているが,女性の雇用者に占める派遣労働者の割合(派遣浸透率)は,M字カーブの底にあたる30歳代が最も高い。このことは,労働者派遣業がこれらの年齢層の就業ニーズに合った働き方や就業機会を提供している結果とも考えられる。

以上で説明した,産業構造の円滑な転換や,労働市場の構造変化,さらには企業の人材活用上の課題は,相互に関係するものである。人材サービス産業は,労働市場においてマッチング機能や就業管理機能を取引先企業や就業者に提供することを通じ,上記の課題の解決に貢献できる可能性を有しており,そのことが人材サービス産業への社会的な期待を高めているのである。

2 人材サービス産業のビジネス・モデル

2.1 労働者派遣業・請負業における就業管理機能

本節では,人材サービス産業の中から労働者派遣業と請負業を取り上げて,それぞれのビジネス・モデルを説明しよう(詳しくは,佐藤,2010参照)。

労働者派遣業と請負業という2つの人材サービス産業に共通する点として,①自社で人材を雇用し,雇用主として報酬管理や雇用管理などの就業管理を行うこと,および②自社の人材の就業場所が取引先企業の事業所内にあるため,就業管理の円滑な遂行には取引先との連携や協力が不可欠であり,その結果,通常の企業における就業管理とは異なる課題が生じること,の2つを指摘した。本書での分析の多くは,この労働者派遣業や請負業における「通常の企業にお

ける就業管理とは異なる課題」を，働く人々の視点，およびそれぞれの事業を営む企業経営の視点から取り上げたものである。

　労働者派遣業と請負業における就業管理の課題を議論するためには，両者の共通点に加えて，異なる点の理解も必要となる。両者の就業管理の課題の相違は，労働者派遣業における雇用関係が，請負業と異なり，派遣先企業（取引先企業）─派遣元企業（派遣会社）─派遣社員という3者間の関係になることに起因する。通常の雇用関係では，労働者に対する雇用関係と指揮命令関係は同一の使用者との間で成立するのに対して，労働者派遣業では両者が分離され，雇用関係は派遣元企業と派遣社員の間で，指揮命令関係は派遣先企業と派遣社員の間で取り結ばれる。この結果として，「就業管理の円滑な遂行には取引先との連携や協力が不可欠」な程度が，請負業と比較して労働者派遣業では格段に大きくなるのである。

2.2　労働者派遣業における派遣先開拓とキャリア形成支援

　労働者派遣業には，①派遣先の派遣に関する人材活用ニーズが持続する期間だけ，派遣元が有期契約（契約更新を含む）で派遣社員を雇用し派遣先に派遣する事業（有期契約社員の派遣，いわゆる登録型派遣）と，②派遣元が労働契約期間に定めのない無期契約で雇用した社員を派遣先に派遣する事業（無期契約社員の派遣，いわゆる正社員派遣）という，2つの類型がある。前者には専門職，事務職，営業職，生産技能職などの，後者には設計開発技術者などの派遣が多い。いずれの事業においても，派遣先の開拓と確保が，派遣社員の就業機会確保の基盤となる。とりわけ正社員派遣を事業とする派遣企業では，派遣社員を無期契約で雇用していることから，派遣先がなくとも雇用関係が継続して給与負担などが発生するため，派遣先の開拓は最優先の経営課題となる。この点は登録型派遣を事業とする派遣企業にもあてはまるが，登録型派遣企業は派遣社員を有期契約で雇用しているため，派遣先の派遣に関する人材活用ニーズが終了する場合には，それに合わせて派遣社員との労働契約を終了することが可能となる。この結果，登録型派遣企業には，派遣先の派遣活用ニーズが終了した後も派遣社員の就業継続が可能となるように次の派遣先の開拓に経営資源を投入する企業と，そうでない企業の，2類型が見られるということになる。むろん派遣社員にとっては，派遣社員の就業継続のために派遣先の開拓に経営資源

を投入する派遣企業のほうが望ましい。

　このように，登録型派遣企業と正社員派遣企業のいずれにおいても，派遣先の開拓に経営資源を投入するかどうかが，派遣社員の就業機会の継続の可能性を左右するが，同じことは請負事業にもあてはまる。また，前節で「労働者派遣業や請負業は，異なる産業や異なる企業へと派遣先や請負先を変更することを通じて，派遣社員や請負社員の就業機会を確保し，同時に産業構造や企業の事業構造などの円滑な転換に貢献できる可能性がある」と指摘したが，こうした可能性が実現されるかどうかは，派遣先や請負先の開拓にどの程度の経営資源が投入されるかに依存するということになる。

　派遣社員や請負社員の就業機会の継続可能性は，派遣企業や請負企業における派遣先や請負先の開拓に関する取組みに依存する。そしてそのことは，派遣社員や請負社員のキャリア形成のあり方をも左右することになる。この点について，労働者派遣業を取り上げて説明しよう。

　派遣社員がどのような能力開発やキャリア形成の機会を得ることができるかは，派遣先での仕事経験に依存する。たとえば，子育てのために正社員として勤務していた企業を退職し，子育てが一段落した後に再就業を希望している人がいるとしよう。さらに，正社員としての勤務時には貿易事務に従事していたが，無業期間の長さから，正社員として貿易事務で再就職することは難しいため，とりあえず派遣での再就業を選択したとする。こうした場合，派遣会社としては，まず一般事務での派遣を紹介して就業経験を積ませ，その後に当初の希望職種である貿易事務への派遣の就業機会を探すことが多い。しかし，一般事務としての派遣先企業がたとえば商社で，そこに貿易事務の仕事があったとしても，同じ派遣先で一般事務から貿易事務への転換が可能となるわけではない。派遣先の商社が，一般事務のみでしか派遣を活用していない場合や，貿易事務にも派遣を活用していたとしても即戦力として活用できる人材だけしか受け入れていない場合には，当該商社で一般事務から貿易事務へ転換するのは難しい。こうした場合には，一般事務での派遣就業を経験した後に，別の派遣先へ貿易事務の補助業務で就業し，その経験を経てさらに貿易事務での派遣就業が可能な派遣先を探すことができれば，派遣社員の当初の希望はある期間をかけて叶えられることになる。このように，派遣企業が派遣社員のキャリア希望を実現できるように派遣先を探したり選定したりすることに注力するかどうか

が，派遣社員のキャリア形成のあり方を左右するのである。

　派遣企業の第一義的な役割は，派遣先企業の人材活用ニーズと派遣就業を希望する派遣社員の就業ニーズのマッチングを図ることであるが，派遣企業は同時に，派遣社員の中長期的なキャリア希望を実現するためのマッチングを担うことも求められているといえる。しかし，派遣社員の中長期的なキャリア希望を実現するために行われる派遣企業のキャリア形成支援が，派遣先企業の派遣に関する人材活用ニーズと対立する場合も少なくない。これは，派遣先企業にとっては，あくまでも派遣社員を受け入れる業務で活用することが重要であり，派遣社員の将来のキャリア形成を支援することへの関心は皆無に近いからである。したがって，派遣社員のキャリアに関するニーズと派遣先企業の派遣社員に関する人材活用ニーズをどのように調整するかが，派遣企業の経営課題となる。ちなみに，2015年4月から施行される予定の改正労働者派遣法が，派遣社員へのキャリア形成支援を派遣企業に義務づける内容となっているのは，こうした点を踏まえたもので評価できる。

　他方，派遣企業がこういった派遣社員へのキャリア形成支援を行うためには，派遣社員自身がキャリア希望を明確なものとして，それを派遣会社に伝えることが，きわめて重要となる。派遣社員自身が自分のキャリア希望を派遣企業に伝えなくては，派遣企業としてもキャリア形成支援を行うことはできない。

　また，派遣社員のキャリア形成支援に取り組むことは，派遣社員の給与の改善にもつながる。派遣社員の給与を引き上げるには，①同じ担当業務の中でスキルを高めることと，②派遣料金が高い業務へ変わっていくことという，2つの方法がある。しかし，スキルが高くなっても同じ業務である限り，派遣料金の引上げ，すなわち派遣社員の給与向上を実現することは難しいことが知られている。このことは，派遣就業の仕組み自体に起因している。というのも，派遣就業においては即戦力となる派遣社員を派遣することが基本であり，派遣社員は当該業務に必要なスキルを最初から保有していることが前提となるためである。もちろん，同じ業務でも業務内容が高度化したり複雑化したりする場合には，派遣料金を引き上げられる可能性は高くなる。また，同じ業務でも派遣先を変更することで，派遣料金を引き上げることが可能になることもある。言い換えれば，派遣料金を引き上げ，それを派遣社員の給与の改善につなげるためには，同じ派遣先でも業務内容の大きな変化をモニターし派遣料金の改定に

結びつけたり，同じ業務でも派遣先を変更したりすることが，重要となる。キャリア形成支援と同じく，派遣社員の給与の改善も，派遣企業の取組み，とりわけ派遣先や派遣社員に直接接する派遣企業の営業担当者の行動に，左右されることになるのである。

以上の議論を踏まえて，次節では，各章で実証的に明らかにされる内容を簡潔に紹介していくことにする。

3 本書の構成

3.1 人材サービス産業による就業機会の質向上

第1部では，派遣就業や請負就業で働く人に焦点を当て，それぞれの働き方の質の改善，具体的にはスキル向上につながるキャリア形成や時給向上などの処遇改善のために，求められる取組み等を明らかにする。まず第1章と第2章では，登録型派遣で働く派遣社員を取り上げて，派遣社員のキャリア形成における派遣企業の支援の重要性や派遣社員の時給の改善につながる取組みを分析する。時給の改善に関しては，派遣先や派遣企業だけでなく，派遣社員自身の取組みが重要となることも指摘されている。続く第3章と第4章は，生産職種の請負社員と派遣社員を対象に，就業意識・キャリア・労働条件を分析し，それぞれの課題や改善のあり方を分析する。第4章ではまた，製造派遣禁止に関する派遣社員の「賛否」の意見を分ける要因が，派遣社員にとって製造派遣以外に就業機会を確保できる可能性があるかどうかや，現在の仕事や働き方に関する満足度などの違いにあることも，明らかにする。

第1章「事務系派遣スタッフのキャリア」では，事務系職種に従事する登録型派遣社員のキャリア形成の実態を分析し，①一般事務，②営業事務，③経理事務，④金融事務，⑤貿易事務という5職種を取り上げて，派遣企業によるキャリア形成支援の重要性を示す。分析によって，第1に，登録型派遣が事務系職種に従事する労働者にとって職種の幅を広げることを通じて技能の幅を広げられる就業形態であること，第2に，派遣社員が，派遣就業を通じて職種の幅を広げたり高度な職種への転換を図ったりするためには異なる派遣先を移動しながらキャリアを積むことが重要であること，第3に，事務系職種で就業経験のない労働者にとって，一般事務は，経理事務や貿易事務といった他の事務職

種に比べると，派遣社員としてのキャリアを開始しやすい職種であり，一般事務を出発点に他のより高度な職種へ転換したりしながらキャリアを積んでいける可能性があることなどを明らかにする。こうした分析から，無業期間が長い就業希望者にとって一般事務での派遣就業が再就業のエントリー・ジョブとなる可能性が示唆される。

　第2章「どうすれば時給が上がるのか」では，時給が上昇した派遣社員の特徴を分析することを通じて，派遣業務の特徴に加え，派遣先企業や派遣社員自身の取組みの中で何が時給のアップに貢献する仕組みかを明らかにする。過去2年間に時給が上昇した派遣社員が担当している業務の特徴を見たところ，派遣事務職と派遣営業職の両方に共通して，裁量性が高い仕事，ストレスが大きい仕事，スキルを生かせる仕事であることがわかった。また，派遣社員自身による能力開発・キャリア形成行動の中で時給改善に結びついているのは，派遣事務職では，賃金交渉，処遇改善のための情報収集，キャリアの相談といった労働条件向上のための具体的な行動であり，また派遣営業職では，仕事を選り好みしないことや派遣先の人たちと積極的にコミュニケーションをとることなどであった。一方，派遣先による能力開発・キャリア形成支援で時給改善に貢献している取組みで派遣事務職と派遣営業職の両方に共通しているのは，派遣先が意欲・スキルに応じて難しい仕事を任せていることや仕事の成績・働きぶりについて評価していることなどであった。

　第3章と第4章では，生産職種に従事する請負社員や派遣社員が分析の対象となる。第3章「生産職種の請負・派遣社員の就業意識」では，生産職種の請負・派遣社員の就業理由や就業満足度を分析すると同時に，請負・派遣企業において請負・派遣社員の就業満足度を高める人事管理のあり方を明らかにする。①就業理由では，正社員等としての就業機会が限定されていたことをあげる割合が高く，魅力的な働き方として積極的に選択している者は少なかった。②就業満足度では，仕事内容や労働時間・休日等などと比べて，賃金や評価処遇，教育訓練，雇用の安定性についての満足度が低くなっていた。③請負・派遣社員の就業条件改善への要望に関しては，役職のない請負・派遣社員では賃金水準の向上のほか，雇用継続や有給休暇を取得できる環境の整備，苦情相談への対応の充実が，リーダー層では賃金水準向上や，苦情対応の充実を期待する割合が高かった。④請負・派遣社員の就業満足度を向上させることにつながる施

策に関しては，人事管理面では賃金水準の改善，有給休暇が取得しやすい環境の整備，苦情対応，人間関係の改善，教育訓練の充実などが，仕事管理面では徐々に高度な仕事や幅広い仕事を担当できるような配置や仕事の割振りを行うこと，職場での指導（OJT）を通じて技能向上の機会を提供すること，請負・派遣会社におけるリーダー・管理者への登用，製造企業の社員への転換の仕組みなどを整えることなどであった。このように，生産職種における請負・派遣社員の働き方を魅力的なものとするためには，請負・派遣社員の就業条件の改善に向けて，請負・派遣企業だけでなく，製造企業との連携による取組みが不可欠であることがわかった。

　第3章の分析を踏まえて，第4章「生産分野の派遣スタッフの仕事・労働条件とキャリア，就業意識」では，製造派遣に従事する派遣社員を分析の対象に，仕事・労働条件，キャリア，就業意識と，製造派遣禁止に対する派遣社員の「賛否」の意見との関係を分析する。上でも少し述べたように製造派遣禁止に関する賛否を分ける要因は，製造派遣以外での就業機会確保の可能性や現在の仕事や働き方に関する満足度などの違いにあった。製造派遣禁止に「賛成」している派遣社員は，他の就業機会が限られているため将来的に正規社員として就業することを希望しながら派遣就業を選択しており，就業先の正規社員に登用されることを望んでいるがその可能性は低いと認識している。また，仕事難易度や賃金水準は派遣社員の中で相対的に高いものの，現在の仕事や働き方に関する満足度は低い。他方，製造派遣禁止に「反対」している派遣社員も，「賛成」している派遣社員と同様，他の就業機会が限られていることを理由に，自らの就業機会確保や簡単な仕事に従事することなどを重視して派遣就業を選択しており，製造派遣禁止によって失業する可能性が高いと認識している。つまり，製造派遣禁止に「反対」している派遣社員は，就業機会として製造派遣の重要性を強く意識しているのである。また，仕事難易度や賃金水準は相対的に低いものの，現在の仕事や働き方に関する満足度は高い。以上のことから，製造派遣禁止に賛成・反対している派遣社員それぞれに対応した，就業環境改善のための取組みが必要とされていることがわかる。

3.2　人材サービス産業が担う社会的機能

　第2部では，人材サービス産業を担う企業やその担い手に焦点を当てる。第

5章と第6章では，派遣会社が担う需給調整機能を取り上げる。第5章では，派遣会社が担う需給調整機能や派遣社員のキャリア形成支援などを5つの機能に整理し，それぞれの取組みの現状を分析する。5つの機能の中では，「派遣スタッフのキャリア形成を支援する機能」への取組みの程度が低く，改善の必要性があることを指摘する。続く第6章では，派遣営業所の営業戦略や派遣社員の雇用管理のあり方を独立系と資本系で比較し，以前に比べて両者の相違が小さくなってきていることを明らかにする。

　第5章「派遣会社の機能と課題」では，派遣会社が担うべき機能を，①派遣先と派遣スタッフのマッチングをする機能，②派遣スタッフの能力開発を支援する機能，③派遣スタッフの処遇・労働条件を整備する機能，④派遣スタッフのキャリア形成を支援する機能，⑤派遣先・派遣スタッフの苦情処理・相談対応機能，の5つに分類し，それぞれについて取組みの現状を明らかにする。5つの機能の実施状況では，事務系・技術系・製造系という職種の違いを問わず，「派遣先と派遣スタッフのマッチング機能」や「派遣スタッフの処遇・労働条件を整備する機能」への取組みの割合は高い（7割から8割）一方，「派遣スタッフのキャリア形成を支援する機能」への取組みの割合は3割前後と低く，また「派遣スタッフの能力開発を支援する機能」と「派遣先・派遣スタッフの苦情処理・相談対応機能」は6割程度であった。さらに，登録型事務系派遣会社に限定し，5つの機能への取組みが経営パフォーマンスにどのような影響を与えているかを分析したところ，派遣先と派遣社員のマッチング，派遣社員の雇用管理，派遣社員の苦情・不満への対応に関して，多くの取組みを行っている派遣会社ほど，従業員1人当たりの月平均稼働派遣社員数が多く，こうした取組みを積極的に行うことが経営パフォーマンスにとってプラスの効果をもたらすことにつながることが確認できた。そして，派遣会社としては，5つの機能のうち，とりわけ「派遣スタッフのキャリア形成を支援する機能」の充実に，課題があることもわかった。

　第6章「事務系派遣営業所の運営と課題」では，一般に「独立系」と「資本系」と呼ばれる派遣会社の資本形態に着目し，事務系派遣事業を営む派遣会社の営業所間で，資本形態ごとに事業方針や取引先への営業戦略，派遣社員の雇用管理などの相違があるかを明らかにする。分析結果によると，独立系と資本系の共通点としては，営業戦略においては既存派遣先との取引継続・拡大と新

規派遣先の開拓を，派遣社員の雇用管理ではスタッフの希望に応じた仕事の配置やスタッフの就業継続を，それぞれ重視していること，他方で営業ノウハウの蓄積・伝承が課題となっていることを指摘することができる。また，独立系と資本系を比較したとき，「独立系（大手中堅）」が高付加価値サービスと事業の多角化を強く志向している一方で，「資本系」も，親会社やグループ企業への派遣拡大を重視しつつも，市場規模の縮小や法改正に対応して従来の親会社やグループ企業との取引に大きく依存した事業運営からの転換を図ろうとしていた。つまり，派遣労働市場の縮小や派遣法改正などによって経営環境が厳しくなる中，派遣営業所の事業展開や営業戦略，あるいは派遣社員の雇用管理において，独立系と資本系という資本形態による違いは以前に比べて小さくなってきていると考えられる。

続く第7章「労働者派遣専門26業務適正化プランの影響」では，2010年2月以降厚生労働省によって実施されてきた専門26業務適正化プランが派遣元・派遣先・派遣労働者のそれぞれに及ぼした影響を計量的に測定している。派遣元への影響としては，派遣元事業所の多くが契約管理を徹底したり契約内容に関する説明を強化しており，同時に，指導を受けた派遣事業所ほど売上げが増えにくくなっているなど，負の影響も見られた。派遣先に関する影響としては，行政から直接指導が行われた事業所も多く，派遣社員の直接雇用への切替えや業務内容の見直しが行われていたものの，直接雇用であっても正社員による雇用ではなく非正社員としての雇用が多かったこともまた事実である。さらには，派遣社員を減らしても新規採用はせずに現状の人員で対応を図るなどの事業所も見られた。とはいえ，専門26業務適正化プランの目的が「雇用を失わずに本来の26業務のみに契約を是正していく」ことにあったと考えられる中，契約是正に関しては趣旨に沿うような派遣先・派遣元の行動が生じており，雇用喪失についても派遣先が派遣社員を減らす動きもあるにせよ非正社員による直接雇用化も行われており，派遣社員全体の分析では雇用喪失は観察できなかった。つまり，専門26業務適正化プランの実施は，ある程度は目的に沿うような結果を得られていると考えられた。しかし，派遣元・派遣先・派遣社員に対するメリットとデメリットを比較したときに，専門26業務適正化プランはその目的を果たしながらも，労働者派遣にかかわる当事者にとってメリットのほうが大きかったとまでは評価できないのが現状である。

第 8 章「派遣先企業における管理職の人事管理」では，派遣先における派遣社員の活用を取り上げ，派遣社員を受け入れる職場の管理職の役割が，派遣社員の仕事意欲の向上やその職場における社員と派遣社員の連携に重要であることを明らかにする。派遣社員の仕事意欲を高め，能力を引き出し，職場のパフォーマンスを上げるためには，人事部門だけでなく，職場の管理職が担う役割が大きい。その役割は，①人間関係マネジメント，②仕事・業績マネジメント，③職場環境マネジメント，④人材育成マネジメント，⑤派遣元である派遣会社との連携の，5つの機能に整理できる。5つの人事管理機能を管理職がどの程度実施しているかを見たところ，「人間関係マネジメントに関する取組み」が8割と実施率が最も高く，これに「職場環境のマネジメントに関する取組み」「仕事・業績マネジメントに関する取組み」「派遣元である派遣会社との連携に関する取組み」が続き，最も実施率が低いのが「人材育成のマネジメントに関する取組み」で約5割であった。また，派遣社員の人事管理に関して多くの取組みを行っている「高機能管理職」は，派遣社員の人材育成に積極的に取り組んでいた。管理職が有すべき人事管理機能全体に対する取組み状況と派遣社員の仕事意欲の高さとの間には有意な関係があり，管理職が有すべき人事管理機能を積極的に実施することが，派遣社員の仕事意欲を高めることに貢献していることがわかった。同時に，管理職が有すべき人事管理機能に取り組むことは，職場での派遣社員と正社員の連携を高めることにも貢献していた。さらには，職場の管理職の派遣活用業務の負担を軽減するために派遣社員の発注や契約を一括して行う部門・担当者を設置したり，職場の管理職や職場メンバー等が派遣活用に関する知識を習得するための「教育研修」を実施している企業ほど，管理職が派遣社員を活用するために積極的に人事管理に取り組んでおり，派遣社員の活用に関しては企業の人事部門の役割も重要であることがわかる。

　前節で，派遣社員や請負社員の就業機会の確保やキャリア形成機会のあり方は，派遣企業や請負企業の取組みに依存することを指摘した。たとえば，「リーマン・ショック」に伴う景気後退期においては，生産業務での派遣事業や請負事業を営む人材ビジネス企業の多くが，急速かつ大幅な受注の減少を経験し派遣社員や請負社員の雇用調整を余儀なくされたが，生産業務での派遣・請負事業を営む人材ビジネス企業の中には，同時期においても，派遣・請負社員の雇用維持に向けた取組みを行うところがあった。それらの人材ビジネス企業は，

派遣契約ないし請負契約の終了した派遣・請負先から他の派遣・請負先に派遣社員や請負社員を配置換えすることで，雇用の継続を図っていたのである。第9章「生産請負・派遣企業による雇用継続への取組み」は，こうした派遣・請負社員の雇用継続に積極的な営業所の事業方針や人事管理の特徴を分析し，それらが，新規取引先の開拓および既存取引先（請負先）からの受注の拡大・安定化を図るために，派遣・請負社員の人材育成を重視し，能力開発やキャリア形成支援のための施策を広く実施していることを明らかにしている。こうした人材ビジネス企業では，人材育成への投資を自社が回収する上でも，雇用継続が重要となっている。言い換えると，人材ビジネス企業において，人材育成を重視した事業運営が広がることは，派遣・請負社員の就業の安定を促す可能性があることになるのである。そのためには，ユーザー企業である製造企業が，人材ビジネス企業による人材育成への取組みを評価し，取引先を選ぶ上でそれを重視することが重要となる。

　また，人材サービス産業では，マッチング機能を担う人材の職業能力が重要である。そこで，職業紹介業を取り上げて，パフォーマンスの高い職業紹介担当者が保有するスキルの特徴を明らかにすることを試みた。ここでパフォーマンスの高さとは，1人の職業紹介担当者が決めることができる就職決定者の人数，つまり求人企業と求職者をマッチングする力としている。第10章「職業紹介担当者の能力ならびにスキル」によると，「サーチ型」の職業紹介担当者にとって，求職者と求人企業のマッチングを高める上で重要なのは，業界特有の知識に基づいて，求人に合致する求職者を開拓する能力・スキルであった。一方，「一般紹介（登録型）」の職業紹介担当者にとっては，求職者と求人企業とのマッチングにおけるスピードという側面が重視されていた。また，「紹介予定派遣」では，新しく求人ならびに求人企業を開拓することが求められる。さらに，パフォーマンスの高い職業紹介担当者の能力・スキルは，紹介手数料の高低によっても異なっていた。紹介手数料の高い事業所では，求人企業に関する幅広い理解に基づいた精度の高いマッチングとともに，「求職者の求職スキルを高める」「求職者を励ます」「求職者の条件拡大」といったことを通じて求職者にコミットし，彼らの付加価値を高めることで，流動性の高い求職者を自事業所に引きとめ，決定する人数を増やしていると考えられた。他方，紹介手数料が低い事業所では，紹介手数料が高い事業所と比べて，少ない求人企業

や求職者数を対象に，求人企業に対しては求人条件の緩和を，また求職者に対しては自身の市場価値や労働市場に関する現状認識を促進することで，決定人数を増やしていると考えられた．

さらに，第11章「未就職卒業者を対象とした人材ビジネス企業のマッチング機能」において，未就職卒業者を対象とした人材ビジネス企業のマッチング機能の現状を明らかにした．未就職卒業者と中小企業のミスマッチ要因は，求人・求職情報における情報非対称性の存在，未就職卒業者の基礎学力やコミュニケーションといった社会人としての基礎的素養の欠如の2つにある．こうしたミスマッチ要因の解消のために人材ビジネス企業が担う機能を整理した上で，採用意欲の高い優良中小企業を確保することに加えて，未就職卒業者の教育訓練を通じて社会への第一歩を踏み出せるまでに成長させ，その過程で未就職卒業者と中小企業に対して互いに高すぎる期待水準の適正化を図り，それらを通じて現実的な就職活動と採用活動の実現を図っていることを明らかとした．

4 まとめ——人材サービス産業が機能を発揮するために

派遣社員や請負社員の就業機会の確保（第9章）やキャリア形成支援（第1〜5章）を円滑に行うためには，人材サービス企業の取組みが重要であることに加えて，派遣先など取引先企業との円滑な連携もきわめて重要となる（第8章）．また，派遣会社が担うべき需給調整機能の中では，短期的なマッチング機能に比較して，中長期的なキャリア形成支援への取組みが弱いことが明らかにされていることから，この点の充実が求められる（第5章）．先にも述べた通り，2015年4月から施行される予定の改正労働者派遣法が，派遣社員へのキャリア形成支援を派遣企業に義務づける内容となっているのは，こうした点を踏まえたもので評価できるといえよう．一方で，派遣社員のキャリア形成や処遇の改善には，派遣社員自身の取組みもきわめて重要である（第2章）．希望するキャリアなどを派遣会社に伝えるとともに，キャリア実現のため能力開発などへ取り組むことが，期待される．

派遣先など取引先企業との円滑な連携に関しては，派遣先企業の人事部門だけでなく，派遣先職場の管理職の役割が重要であり，管理職の人事管理のあり方が，派遣社員の仕事意欲だけでなく，派遣先の社員と派遣社員の良好な連携

をも左右する（第8章）。したがって，派遣先企業においては，派遣社員を受け入れる職場の管理職への支援が重要となる。また，製造派遣禁止の議論や専門26業務適正化プランなどといった個別の政策に関しては，派遣就業の実態や当事者の意見などを十分に把握せずに議論されることが少なくないことに注意が必要である。派遣就業や請負就業，さらにそれらの活用には，さまざまな課題があるが，実態を適切に把握した上での取組みが求められている（第4章，第7章）。

第1部
人材サービス産業による就業機会の質向上
― 働く人々の視点 ―

第1章
事務系派遣スタッフのキャリア

第2章
どうすれば時給が上がるのか

第3章
生産職種の請負・派遣社員の就業意識

第4章
生産分野の派遣スタッフの仕事・労働条件とキャリア,就業意識

第1章

事務系派遣スタッフのキャリア
職種経験パターンからの分析

島貫 智行

1 はじめに

　本章の目的は，職種経験の観点から派遣スタッフのキャリアを検討することである。具体的には，事務職種に従事する登録型派遣スタッフを対象とした質問票調査のデータを用いて過去に経験した事務職種のパターンを分析することにより，派遣スタッフが派遣就業を通じて同じ職種に従事しているのかそれとも異なる職種に転換しているのかという職種の異同や，いくつの職種を経験しているのかという職種の幅を明らかにする[1]。

　派遣スタッフのキャリア形成に関する先行研究においては，派遣就業は労働者にとって能力開発機会の乏しい就業形態であり，派遣スタッフが仕事を高度化したり技能を向上させたりするのは難しいと主張されることが多かった（脇田，2001a，2001b；中野，2003；伍賀，2006，2007）。その背景として指摘されるのが，派遣先企業（以下，派遣先）と派遣会社の双方が派遣スタッフの能力開発や技能向上に対する動機や意欲を持ちにくいということである（島貫・守島，2004）。たとえば，派遣先は，労働力需要への迅速な対応や専門業務の人材ニーズの充足，採用や教育訓練の費用抑制を目的として派遣スタッフを活用するため（今野・佐藤，2009；清水，2010），そもそも派遣スタッフの能力開発や技能向上に対する関心が低い（木村，2010）。一方，派遣会社も，派遣先が必要とす

---

[1] 以下，「派遣」という場合には，とくに断りのない限り，登録型派遣を指すものとする。

る派遣サービスを提供する上で自社に登録する派遣スタッフの能力や技能を一定水準に維持する必要があるが，複数の派遣会社に登録し他社で就業する可能性のある派遣スタッフに対して積極的な教育訓練投資は行いにくく，むしろ外部労働市場を通じて必要な能力や技能を身につけた派遣スタッフを登録・獲得することを重視する（木村，2010）[2]。このように，派遣先と派遣会社のいずれも派遣スタッフの能力開発に取り組む意欲が低いことから，派遣スタッフが仕事の高度化や技能の向上を図ることは難しいとされている。

　だが，近年の研究は，派遣スタッフの中にも派遣就業を通じて仕事を高度化したり技能を向上したりしている人々がいることを示している（清水，2007，2010；木村，2008；島貫，2010；小野，2011a）。たとえば，清水（2007）や小野（2011a）は，事務職種の派遣スタッフに対する聞取り調査をもとに，異なる派遣先を移動するよりも同じ派遣先に継続就業する場合に，派遣スタッフの仕事が高度化し技能が向上することを示している。また，島貫（2010）も，同じく事務職種の派遣スタッフを対象とした質問票調査のデータを分析し，過去2年間に同じ派遣先に継続就業した派遣スタッフのほうが異なる派遣先を移動した派遣スタッフよりも，同期間における仕事難易度や技能水準が上昇したと回答したことを示している。さらに，清水（2010）は，派遣スタッフに対する質問票調査のデータを分析し，同じ派遣会社に継続就業する派遣スタッフのほうが異なる派遣会社を移動する派遣スタッフよりも技能水準が高くなると主張している。このように近年の研究は，一般的には派遣スタッフが派遣就業を通じて技能を向上させることは難しいが，同じ派遣先に継続的に就業したり同じ派遣会社に長期的に勤続したりしている派遣スタッフは，そうでない派遣スタッフに比べて，仕事を高度化し技能を向上させている可能性を主張している。

　ただ，これらの先行研究は，同じ事務職種に従事している派遣スタッフを分析対象としてきたため，派遣スタッフが派遣就業を通じて同一職種に従事しているのかそれとも異なる事務職種に転換しているのかという職種の異同や，いくつの職種を経験しているのかという職種の幅については，必ずしも明らかにしてこなかった。しかし，過去の職種経験に注目して派遣スタッフのキャリア

---

[2] 木村（2010）は，派遣会社が派遣スタッフを対象とした教育訓練を充実させるのは，派遣スタッフの能力開発や技能向上よりも，むしろ優秀な派遣スタッフを惹きつけて登録させたり派遣会社に定着させたりすることを目的としたものであると述べている。

形成を明らかにすることは重要である．異なる事務職種に転換することは，それまで従事した事務職種の仕事に必要な知識や技能とは異なる種類の知識や技能が必要になることを意味するため，派遣スタッフの能力開発や技能形成の機会となる可能性が高いと考えられる．また，異なる職種に転換するという中には，たとえば一般事務から経理事務，貿易事務への転換に見られるような，より専門性が高く賃金水準の高い職種に転換しているケースも含まれるであろう．派遣スタッフが異なる職種に転換することは，異なる知識や技能を身につけるという側面だけでなく，より高度な専門性の獲得を通じた就業条件の向上という側面もある[3]．その意味では，先行研究が示してきた同じ職種における仕事の高度化よりも，異なる職種への転換を通じた仕事の高度化のほうが能力開発や就業条件の向上という点で派遣スタッフのキャリア形成に与える影響が大きいと考えられる．職種経験の観点から派遣スタッフのキャリアを明らかにすることの意義は大きいといえよう．

そこで，本章では，派遣スタッフの職種経験に注目してキャリアを分析していく．具体的には，登録型派遣スタッフの多数を占める事務職種の中で主要な職種と考えられる，①一般事務，②営業事務，③経理事務，④金融事務，⑤貿易事務という5職種に関して，派遣スタッフが派遣就業を通じてどのような職種を経験してきたのかという職種経験パターンを明らかにする．分析対象の職種を限定したことから，派遣スタッフが過去に経験したすべての職種を対象とした職種経験パターンを示すことはできないが，主要な事務職種の中での職種経験パターンを明らかにすることによって，現在事務職種に従事する派遣スタッフの事務職種における職種の異同や職種の幅を明らかにできると考えられる．また，本章では，派遣スタッフが派遣就業を通じて事務職種の幅を広げているのかを検討するにあたり，派遣就業後だけでなく派遣就業前に従事した職種も考慮に入れる．派遣就業前に従事した職種まで遡って派遣スタッフの職種経験

[3) 一般事務や経理事務，貿易事務といったそれぞれの派遣職種に含まれる仕事の難易度には幅があるため，職種の転換それ自体が派遣スタッフの専門知識や技能の向上を意味するわけではない．だが，通常は一般事務よりも経理事務・貿易事務などのほうが賃金水準が高いことを踏まえると，そうした職種の転換はより高度な専門性や技能を蓄積する機会や，より賃金水準の高い仕事に従事できる機会が広がることを意味すると考えられる．なお，本調査の結果によれば，各職種の時給額の平均値は，一般事務1359円，金融事務1365円，営業事務1376円，経理事務1403円，貿易事務1549円であった．

パターンを分析することにより，派遣スタッフが派遣就業を通じて同じ職種に従事しているのかそれとも異なる職種に転換しているのかという点だけでなく，当該スタッフが派遣就業前に従事した職種に派遣就業後も従事しているのかそれとも派遣就業前に経験していない職種に派遣就業後に従事しているのかという点をも明らかにすることが可能となる。さらに，これらの分析を通じて派遣スタッフの主要な職種経験パターンを明らかにした上で，それぞれの職種経験パターンの特徴について，派遣スタッフの個人属性や過去のキャリアに基づく比較を行うことにする。

2 調査対象の派遣スタッフ像

　本章の分析に使用するのは，東京大学社会科学研究所が2011年1月に実施した「派遣スタッフの働き方に関するアンケート調査」のデータである。同調査は，民間のインターネット調査機関の登録モニターを対象として実施された。具体的には，事前調査を通じて，①調査時点で事務職種（一般事務，営業事務，経理事務，金融事務，貿易事務）の登録型派遣スタッフとして就業しており[4]，②年齢が18～69歳で，③調査時点までに派遣就業を継続している期間が2年以上あると回答した派遣スタッフを抽出した上で[5]，本調査として1661人に調査票を配信し962人から回答を得ている（有効回答率57.9％）。本章では，このうち派遣スタッフとしての就業期間について無回答のサンプルを除いた，961人を分析対象とした。

　表1-1に分析対象となるサンプルの基本属性を示した。派遣スタッフの個人属性を見ると，女性が90.8％を占め，平均年齢は37.7歳，最終学歴は大学・大学院卒34.3％，短大・高専・専門学校卒38.4％，高校卒26.8％である。配偶者・子どものいる割合がそれぞれ34.9％，17.8％，本人が主たる家計負担者の割合が47.6％である。現在の職種の内訳は，一般事務が70.6％と最も多

---

4) 一般事務には，事務用機器操作およびファイリングも含まれる。
5) 事前調査において，調査時点までに一時的に派遣スタッフとして働いていない期間（ブランク期間）がある場合，ブランク期間が3カ月未満であれば「働き続けた」と見なして回答してもらい，ブランク期間が3カ月以上ある場合はブランク期間の後から調査時点までの期間を回答してもらった。したがって，過去2年以上働いていると回答している中にも，実際には過去2年間に3カ月未満のブランク期間のある労働者が含まれている可能性がある。

表1-1 サンプルの基本属性

(単位:とくに示しているもの以外は%)

派遣スタッフの個人属性			現在就業している派遣先の属性		
性別	女性	90.8	派遣先企業の業種	鉱業	0.2
	男性	9.2		建設業	5.6
年齢(平均,単位:歳)		37.7		製造業	20.2
学歴	中学卒	0.3		電気・ガス・熱供給・水道業	2.6
	高校卒	26.8		情報通信業	15.2
	短大・高専・専門卒	38.4		運輸業	4.1
	大学・大学院以上	34.3		卸売・小売業	8.5
配偶者	あり	34.9		飲食店・宿泊業	0.1
	なし	65.1		金融・保険業	16.4
子ども	あり	17.8		不動産業	2.4
	なし	82.2		医療・福祉	1.7
主たる家計負担者	自分	47.6		教育・学習支援業	4.1
	配偶者	28.8		サービス業	12.4
	親	21.9		公務	4.0
	その他	1.8		その他	2.6
現在の職種	一般事務	70.6	派遣先企業の規模	従業員1000人以上	48.5
	営業事務	14.2		従業員300〜999人	18.7
	経理事務	7.0		従業員300人未満	23.6
	金融事務	5.2		わからない	9.2
	貿易事務	3.1	現在就業している派遣会社の属性		
派遣スタッフとしての就業月数(平均,単位:カ月)		85.7	派遣会社の資本形態	資本系	21.9
過去就業した派遣先企業数(平均,単位:社)		4.6		独立系	73.0
現派遣先での就業月数(平均,単位:カ月)		39.0		わからない	5.1
現派遣会社での就業月数(平均,単位:カ月)		46.9			
登録している派遣会社数(平均,単位:社)		3.4			
今の派遣先で就業する前に経験した就業形態(複数回答)	正規社員	78.8			
	パート・アルバイト・臨時・契約社員	76.3			
	派遣スタッフ	85.1			
	請負スタッフ	5.7			
	自営業	3.5			
	働いたことがない	0.3			

(出所) 筆者作成。

く,次いで営業事務14.2%,経理事務7.0%,金融事務5.2%,貿易事務3.1%となる。派遣スタッフとしての就業月数は平均85.7カ月であり,過去就業した派遣先企業数は平均4.6社,現在の派遣先および派遣会社での就業月数

はそれぞれ 39.0 カ月，46.9 カ月，現在登録している派遣会社数は平均 3.4 社である。現在の派遣先で就業する前に経験した就業形態に関しては，正規社員の就業経験がある割合が 78.8 %，非正規社員（パート・アルバイト・臨時・契約社員等）の就業経験がある割合が 76.3 % であった。また，派遣スタッフが現在就業している派遣先企業の業種は，製造業が 20.2 % と最も多く，金融・保険業 16.4 %，情報通信業 15.2 %，サービス業 12.4 % であり，従業員規模 1000 人以上の割合が 48.5 % である。現在の仕事に関して雇用関係を結んでいる派遣会社の資本形態は資本系 21.9 %，独立系 73.0 % である。

3 分析方法

前述の質問票調査では，派遣スタッフが過去に経験した職種について，一般事務，営業事務，経理事務，金融事務，貿易事務という 5 つを設定し，ⓐ現在の職種，ⓑ派遣就業を開始してから現在までに経験したすべての職種，ⓒ派遣就業前に経験したすべての職種，を尋ねている[6]。たとえば，派遣就業前に一般事務を経験したことがあり，派遣就業後に一般事務と営業事務，貿易事務を経験し，現在は貿易事務に従事するという派遣スタッフの場合，それぞれの回答は，ⓐが貿易事務，ⓑが一般事務・営業事務・貿易事務，ⓒが一般事務となる。

以下では，上記の回答データを用いて，派遣スタッフの主要な職種経験のパターンを検討する。具体的には，まず，現在の職種ごとに派遣スタッフが派遣就業後に経験した職種を分析し，派遣就業後の職種経験パターンを明らかにする。次に，派遣就業後の職種経験パターンごとに派遣就業前に経験した職種を分析し，派遣就業前の職種経験パターンを確認することによって，派遣スタッフの派遣就業前後の職種経験パターンを明らかにする。

---

6) 一般事務や営業事務という職種の名称は，正規社員などの他の就業形態の職種の分類としては必ずしも一般的ではないかもしれない。本調査において派遣就業前の経験職種を尋ねた質問に対し，回答者は，派遣就業前に経験した業務内容が派遣職種として見た場合にいずれに近いかと判断して回答していると考えられる。

4 職種経験のパターンとその特徴

4.1 派遣就業後に経験した職種のパターン

　前節で述べた分析方法に基づいて，現在の職種ごとに，派遣スタッフが派遣就業後に経験した職種を確認する。図1-1には，派遣就業後のすべての職種経験パターンを示した。ここでは，また，現在の職種それぞれの20％以上を占める職種経験パターンに実線を，10％以上20％未満を占めるパターンに破線を用いた。

　上から順に見ていくと，現在「一般事務」に従事する派遣スタッフが派遣就業後に経験した職種のパターンは12パターンあり[7]，このうち10％以上を占めるパターンが2つある。20％以上を占めるパターンは「一般事務」を1職種だけ経験したパターンであり，70.4％を占める。このように，現在一般事務に従事する派遣スタッフの場合，派遣就業後の主要な職種経験パターンは，「一般事務」を1職種だけ経験したパターンである。

　現在「営業事務」に従事する派遣スタッフが派遣就業後に経験した職種のパターンは8パターンあり，このうち10％以上を占めるパターンが2つある。いずれも20％以上を占めるが，最も多いのは「営業事務」を1職種だけ経験したパターンであり，44.9％を占める。次に多いのは「一般事務＋営業事務」という2職種を経験したパターンであり，41.9％を占める。このように，現在営業事務に従事する派遣スタッフの場合，派遣就業後の主要な職種経験パターンは，「営業事務」を1職種だけ経験したパターンと，「一般事務＋営業事務」という2職種を経験したパターンの2つである。

　現在「経理事務」に従事する派遣スタッフが派遣就業後に経験した職種のパターンは10パターンあり，このうち10％以上を占めるパターンが3つある。20％以上を占めるパターンを見ると，最も多いのは「一般事務＋経理事務」という2職種を経験したパターンであり，38.8％を占める。次に多いのは「経理事務」を1職種だけ経験したパターンであり，32.8％を占める。現在経理事務に従事する派遣スタッフの場合，派遣就業後の主要な職種経験パターンは，

---

[7]　紙幅の都合上，現在の職種それぞれの派遣就業後の職種経験パターン，および派遣就業後の職種経験パターンそれぞれの派遣就業前の職種経験パターンの詳細については省略している。

図1-1　派遣就業後の職種経験パターン

派遣就業後の職種経験パターン　　　　　　　　　　　　　　　現在の職種

派遣就業後の職種経験パターン	人数(%)
一般	477 (49.6)
営業	61 (6.3)
経理	22 (2.3)
金融	24 (2.5)
貿易	15 (1.6)
一般＋営業	155 (16.1)
一般＋経理	57 (5.9)
一般＋金融	28 (2.9)
一般＋貿易	11 (1.1)
営業＋経理	3 (0.3)
営業＋金融	9 (0.9)
営業＋貿易	3 (0.3)
経理＋金融	3 (0.3)
金融＋貿易	2 (0.2)
一般＋営業＋経理	39 (4.1)
一般＋営業＋金融	14 (1.5)
一般＋営業＋貿易	10 (1.0)
一般＋経理＋金融	4 (0.4)
一般＋経理＋貿易	1 (0.1)
営業＋経理＋金融	1 (0.1)
一般＋営業＋経理＋金融	9 (0.9)
一般＋営業＋経理＋貿易	5 (0.5)
一般＋営業＋金融＋貿易	2 (0.2)
営業＋経理＋金融＋貿易	1 (0.1)
一般＋営業＋経理＋金融＋貿易	5 (0.5)

現在の職種	人数(%)
一般事務	678 (70.6)
営業事務	136 (14.2)
経理事務	67 (7.0)
金融事務	50 (5.2)
貿易事務	30 (3.1)

矢印に付した数値：
- 一般 → 一般事務　477 (70.4)
- 一般＋営業 → 営業事務　61 (44.9)
- 一般＋営業 → 営業事務　57 (41.9)
- 経理 → 経理事務　22 (32.8)
- 一般＋経理 → 経理事務　26 (38.8)
- 金融 → 金融事務　24 (48.0)
- 一般＋金融 → 金融事務　11 (22.0)
- 貿易 → 貿易事務　15 (50.0)
- 一般＋貿易 → 貿易事務　6 (20.0)

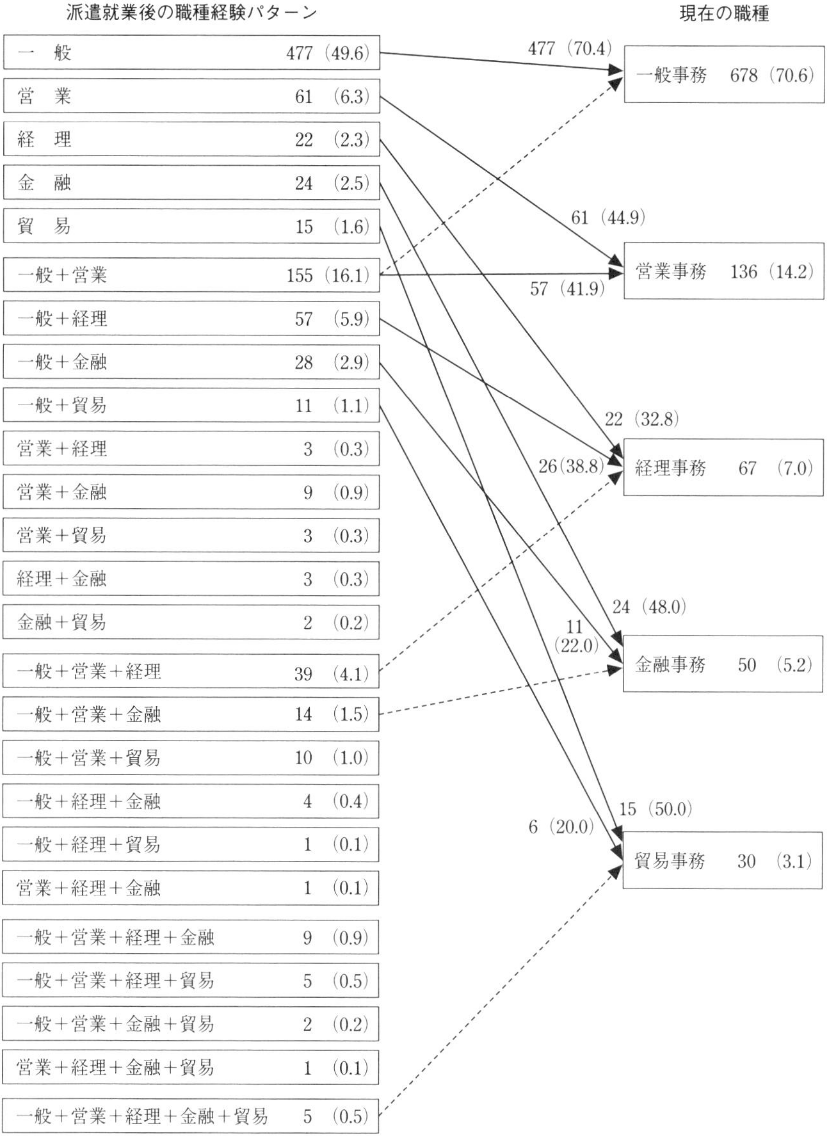

(注) 1) 枠内の数字は人数，( ) 内は全体に占める割合（単位：％）。
　　 2) 実線の矢印は各職種の20％以上を占める職種経験パターン，破線の矢印は10％以上20％未満を占めるパターンを示す。また，実線の矢印に付した数字は人数，( ) 内は各職種に占める割合（単位：％）を示す。
(出所) 筆者作成。

「経理事務」を1職種だけ経験したパターンと,「一般事務＋経理事務」という2職種を経験したパターンの2つである。

　現在「金融事務」に従事する派遣スタッフが派遣就業後に経験した職種のパターンは8パターンあり,このうち10％以上を占めるパターンが3つある。20％以上を占めるパターンを見ると,最も多いのは「金融事務」を1職種だけ経験したパターンであり,48.0％を占める。次に多いのは「一般事務＋金融事務」という2職種を経験したパターンであり,22.0％を占める。このように,現在金融事務に従事する派遣スタッフの場合,派遣就業後の主要な職種経験パターンは,「金融事務」を1職種だけ経験したパターンと,「一般事務＋金融事務」という2職種を経験したパターンの2つである。

　現在「貿易事務」に従事する派遣スタッフが派遣就業後に経験した職種のパターンは8パターンあり,このうち10％以上を占めるパターンが3つある。20％以上を占めるパターンを見ると,最も多いのは「貿易事務」を1職種だけ経験したパターンであり,50.0％を占める。次に多いのは「一般事務＋貿易事務」という2職種を経験したパターンであり,20.0％を占める。このように,現在貿易事務に従事する派遣スタッフの場合,派遣就業後の主要な職種経験パターンは,「貿易事務」を1職種だけ経験したパターンと,「一般事務＋貿易事務」という2職種を経験したパターンの2つである。

　上記の分析結果を踏まえて,現在の職種ごとに20％以上を占める主要な職種経験パターンを整理すると,図1-2のようになる。一般事務に従事する派遣スタッフの場合,派遣就業後の主要な職種経験パターンは「一般事務」という単一職種を経験したパターンであることから,これを「単一型（一般事務）」と名づける。他方で,営業事務や経理事務といった一般事務以外に従事する派遣スタッフの場合,派遣就業後の主要な職種経験パターンは,営業事務や経理事務といった一般事務以外の単一職種を経験したパターンと,「一般事務＋営業事務」「一般事務＋経理事務」のように一般事務とそれ以外の1職種を加えた複数の職種を経験したパターンであることから,前者を「単一型（一般事務以外）」,後者を「複数型（一般事務＋1職種）」と名づける。

　今回の調査データでは「単一型（一般事務）」が49.6％,「単一型（一般事務以外）」が12.7％,「複数型（一般事務＋1職種）」が26.1％であり,この3つで全体の約9割を占める。一般事務とそれ以外の職種を2職種以上経験してい

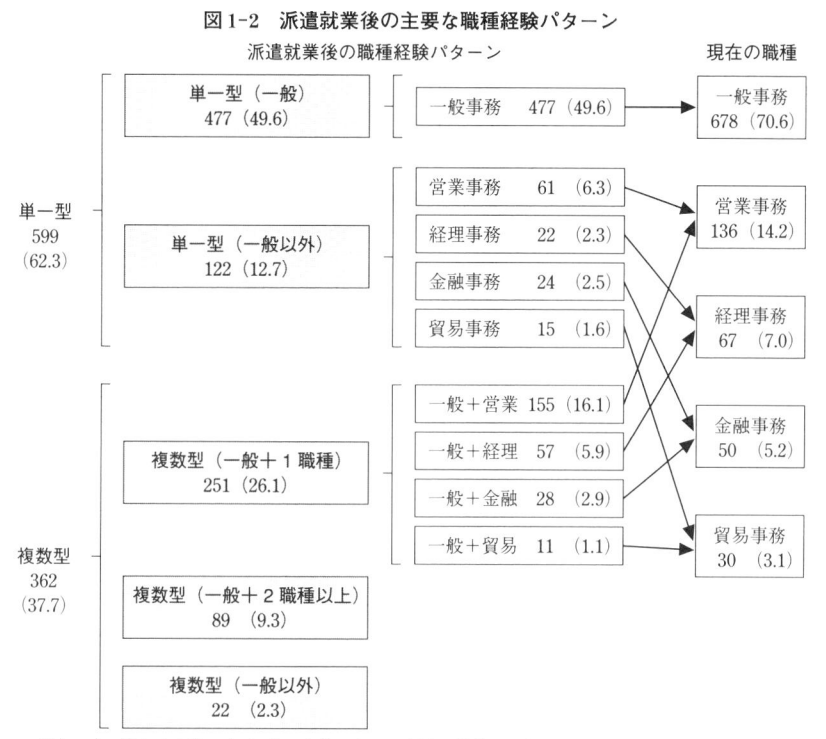

4 職種経験のパターンとその特徴

図1-2 派遣就業後の主要な職種経験パターン

派遣就業後の職種経験パターン

- 単一型 599 (62.3)
  - 単一型（一般） 477 (49.6)
    - 一般事務 477 (49.6)
  - 単一型（一般以外） 122 (12.7)
    - 営業事務 61 (6.3)
    - 経理事務 22 (2.3)
    - 金融事務 24 (2.5)
    - 貿易事務 15 (1.6)
- 複数型 362 (37.7)
  - 複数型（一般＋1職種） 251 (26.1)
    - 一般＋営業 155 (16.1)
    - 一般＋経理 57 (5.9)
    - 一般＋金融 28 (2.9)
    - 一般＋貿易 11 (1.1)
  - 複数型（一般＋2職種以上） 89 (9.3)
  - 複数型（一般以外） 22 (2.3)

現在の職種
- 一般事務 678 (70.6)
- 営業事務 136 (14.2)
- 経理事務 67 (7.0)
- 金融事務 50 (5.2)
- 貿易事務 30 (3.1)

(注) 1) 数字は人数，（ ）内は全体に占める割合（単位：％）。
　　 2) 実線の矢印は現在の職種ごとに，20％以上を占める職種経験パターンを示す。
(出所) 筆者作成。

る「複数型（一般事務＋2職種以上）」や，一般事務以外の職種を複数経験している「複数型（一般事務以外）」の割合は，1割程度にとどまる。上記の職種経験パターンを「単一型」「複数型」としてまとめると，「単一型」は62.3％，「複数型」は37.7％となる。

4.2 派遣就業後に複数職種を経験している派遣スタッフ

上記の分析結果は，派遣スタッフの中に，派遣就業後に単一職種を経験している派遣スタッフだけでなく，複数の職種を経験している派遣スタッフがいることを示している。派遣就業後に複数の職種に従事している「複数型」の派遣スタッフには，単一職種に従事している「単一型」の派遣スタッフと比較して，どのような特徴があるだろうか。以下では，「単一型」と「複数型」の派遣ス

表 1-2　派遣スタッフの基本属性とキャリアの比較（単一型と複数型）

（単位：とくに示しているもの以外は％）

	単一型	複数型
N（単位：人）	599	362
女　性	88.1	95.3
年齢（平均，単位：歳）	37.7	37.7
大学・大学院卒	34.6	33.7
配偶者あり	33.9	36.5
本人が主たる家計負担者	49.1	45.0
正規社員の就業経験あり	76.6	82.3
派遣スタッフとしての就業月数（平均，単位：カ月）	78.4	97.8
過去就業した派遣先企業数（平均，単位：社）	3.8	5.8
現派遣先での就業月数（平均，単位：カ月）	42.8	32.8
現派遣会社での就業月数（平均，単位：カ月）	48.0	45.0
登録している派遣会社数（平均，単位：社）	2.9	4.1

（出所）　筆者作成。

タッフの特徴を比較しよう。

　表1-2は，「単一型」と「複数型」それぞれの派遣スタッフの個人属性とキャリアを比較したものである。これを見ると，第1に，女性の割合が，「単一型」（88.1％）よりも「複数型」（95.3％）のほうが多い。第2に，本人が主たる家計負担者である割合が，「単一型」（49.1％）よりも「複数型」（45.0％）のほうが少ない。第3に，正規社員としての就業経験のある割合が，「単一型」（76.6％）よりも「複数型」（82.3％）のほうが多い。第4に，派遣スタッフとしての就業月数が，「単一型」（78.4カ月）よりも「複数型」（97.8カ月）のほうが長い。第5に，過去就業した派遣先企業数が，「単一型」（3.8社）よりも「複数型」（5.8社）のほうが多い。第6に，現派遣先での就業月数が，「単一型」（42.8カ月）よりも「複数型」（32.8カ月）のほうが短い。第7に，現派遣会社での就業月数が，「単一型」（48.0カ月）よりも「複数型」（45.0カ月）のほうが短い。第8に，現在登録している派遣会社数が「単一型」（2.9社）よりも「複数型」（4.1社）のほうが多い。

　このような「単一型」と「複数型」の個人属性やキャリアの違いは，職種の違いを考慮しても同じように見られるのだろうか。以下では，派遣就業後の主要な職種経験パターンである「単一型（一般事務）」「単一型（一般事務以外）」

表1-3 派遣スタッフの基本属性とキャリアの比較（派遣就業後の職種経験パターン別）

（単位：とくに示しているもの以外は％）

	単一型		複数型		
	一般	一般以外	一般＋1職種	一般＋2職種以上	一般以外
N（単位：人）	477	122	251	89	22
女 性	89.1	84.4	94.8	97.8	90.9
年齢（平均，単位：歳）	37.4	38.9	37.0	39.4	37.5
大学・大学院卒	32.7	41.8	35.1	30.3	31.8
配偶者あり	34.2	32.8	31.9	42.7	63.6
本人が主たる家計負担者	47.0	57.4	47.8	41.6	27.3
正規社員の就業経験あり	74.8	83.6	79.3	89.9	86.4
派遣スタッフとしての就業月数（平均，単位：カ月）	79.9	72.5	91.8	113.9	100.9
過去就業した派遣先企業数（平均，単位：社）	4.0	3.1	5.2	8.0	3.9
現派遣先での就業月数（平均，単位：カ月）	42.5	43.9	33.3	29.3	41.2
現派遣会社での就業月数（平均，単位：カ月）	47.9	48.6	44.9	46.2	40.5
登録している派遣会社数（平均，単位：社）	2.9	2.8	3.9	5.2	2.9

（出所）　筆者作成。

「複数型（一般事務＋1職種）」「複数型（一般事務＋2職種以上）」「複数型（一般事務以外）」を比較して，「単一型」と「複数型」の違いが同様に見られるかを確認しよう。

　表1-3は，派遣就業後の主要な職種経験パターンごとの派遣スタッフの個人属性とキャリアを比較したものである。前述した「単一型」と「複数型」の個人属性やキャリアの違いのうち，女性，派遣スタッフとしての就業月数，現派遣先での就業月数，現派遣会社での就業月数の4つについて，同様の結果が確認される。これらの結果を踏まえると，「単一型」と「複数型」の派遣スタッフの個人属性とキャリアを比較して以下の特徴があるといえる。すなわち，「複数型」の派遣スタッフは「単一型」の派遣スタッフよりも，①女性の割合が多く，②派遣スタッフとしての就業期間が長く，③現在の派遣先での就業期間が短く，④現在の派遣会社での就業期間が短いということである。[8]

---

8)　②～④の特徴については，サンプルを女性に限定した場合にも同様に確認できている。

4.3 派遣就業前に経験した職種のパターン

前項までで派遣スタッフの派遣就業後の主要な職種経験パターンを分析した結果，派遣スタッフの中には，派遣就業を通じて単一の職種に従事している派遣スタッフだけでなく，複数の職種を経験している派遣スタッフがいることが明らかとなった。このことは派遣スタッフが派遣就業を通じて異なる職種に従事し職種の幅を広げている可能性を示すものといえる。

ただ，派遣スタッフが派遣就業を通じて職種の幅を広げているか否かを判断するには，派遣就業後の職種経験に注目するだけでは十分ではない。なぜなら，派遣就業後に複数職種に従事する派遣スタッフの中には，派遣就業前に他の就業形態でそれらの職種を経験している派遣スタッフがいることが考えられるからである。その場合には，派遣就業後に複数の職種を経験していたとしても，派遣就業を通じて職種の幅を広げているとはいえないであろう。また，派遣就業後は単一職種にのみ従事している派遣スタッフの中にも，派遣就業を通じてはじめて当該職種に従事したという派遣スタッフや，派遣就業前に事務職種の経験がなく派遣就業後にはじめて事務職種に従事した派遣スタッフがいるかもしれない。そうした場合には逆に，派遣就業後に単一職種しか経験していないとしても，派遣就業を通じて職種の幅を広げていると見なせよう。それゆえ，派遣スタッフが派遣就業を通じて職種の幅を広げているか否かを明らかにするためには，当該スタッフが派遣就業前に従事した職種まで遡って，その職種経験パターンを分析する必要があると考えられる。

そこで以下では，派遣スタッフが派遣就業前に従事した職種を考慮に入れて，その職種経験パターンを検討する。具体的には，派遣就業後の主要な職種パターンごとに，派遣就業前の職種経験パターンを分析していく。前述の通り，派遣就業後の職種経験パターンの約9割を「単一型（一般事務）」「単一型（一般事務以外）」「複数型（一般事務＋1職種）」が占めることを踏まえ，分析対象をこれら3パターンに限定して派遣就業前の職種経験パターンを分析した。図1-3と図1-4に，派遣就業が「単一型（一般事務）」「単一型（一般事務以外）」および「複数型（一般事務＋1職種）」の3つに該当するすべての派遣就業前の職種経験パターンを示した。ここでは，図1-1同様に，派遣就業後の職種経験パターンそれぞれの20％以上を占めるパターンを実線の矢印で，10％以上20％未満を占めるパターンを破線の矢印で示している。

(1) 単一型（一般事務）

まず，派遣就業後が「単一型（一般事務）」の派遣スタッフが，派遣就業前に経験した職種のパターンを図1-3で確認する。「単一型（一般事務）」の場合，派遣就業前の職種経験パターンは15パターンあり，このうち10％以上を占めるパターンが2つある。いずれも20％以上を占めるが，最も多いのは「一般事務」1職種だけを経験したパターンであり，48.2％を占める。次に多いのは「事務経験なし」のパターンであり，29.4％を占める。このように，派遣就業後に一般事務1職種だけを経験している「単一型（一般事務）」の場合，派遣就業前の主要な職種経験パターンは，図1-3に薄い網かけで示したように，「一般事務」だけを経験したパターンである「単一型（一般事務）」と，事務職種に従事した経験のないパターンである「事務経験なし」の2つである。

(2) 単一型（一般事務以外）

次に，派遣就業後が「単一型（一般事務以外）」の派遣スタッフが，派遣就業前に経験した職種のパターンを図1-3で確認する。

職種ごとに見ていくと，まず「単一型（営業事務）」の派遣就業前の職種経験パターンは9パターンあり，このうち10％以上を占めるパターンが4つある。20％以上を占めるパターンを見ると，最も多いのは「営業事務」1職種だけを経験したパターンであり，32.8％を占める。次に多いのは「事務経験なし」のパターンであり，29.5％を占める。このように，派遣就業後が「単一型（営業事務）」の場合，派遣就業前の主要な職種経験パターンは，「営業事務」と「事務経験なし」の2つである。

「単一型（経理事務）」の派遣就業前の職種経験パターンは8パターンあり，このうち10％以上を占めるパターンが3つある。20％以上を占めるパターンは「経理事務」1職種だけを経験したパターンであり，40.9％を占める。このように，派遣就業後が「単一型（経理事務）」の場合，派遣就業前の主要な職種経験パターンは「経理事務」である。

「単一型（金融事務）」の派遣就業前の職種経験パターンは10パターンあり，このうち10％以上を占めるパターンが3つある。20％以上を占めるパターンは「金融事務」を1職種だけ経験したパターンであり，33.3％を占める。このように，派遣就業後が「単一型（金融事務）」の場合，派遣就業前の主要な職種経験パターンは「金融事務」である。

32　第1章　事務系派遣スタッフのキャリア

図 1-3　派遣就業前の職種経験パターン（単一型）

派遣就業前の職種経験パターン　　　　　　　　　派遣就業後の職種経験パターン

分類	経験パターン	人数	(%)
単一型（一般）	一般	329	(34.2)
単一型（一般以外）	営業	71	(7.4)
	経理	21	(2.2)
	金融	35	(3.6)
	貿易	11	(1.1)
複数型（一般＋1職種）	一般＋営業	103	(10.7)
	一般＋経理	30	(3.1)
	一般＋金融	12	(1.2)
	一般＋貿易	8	(0.8)
複数型（一般＋2職種以上）	一般＋営業＋経理	34	(3.5)
	一般＋営業＋金融	7	(0.7)
	一般＋営業＋貿易	5	(0.5)
	一般＋経理＋金融	4	(0.4)
	一般＋金融＋貿易	1	(0.1)
	一般＋営業＋経理＋金融	6	(0.6)
	一般＋営業＋経理＋貿易	1	(0.1)
	一般＋営業＋金融＋貿易	2	(0.2)
複数型（一般以外）	営業＋経理	3	(0.3)
	営業＋金融	3	(0.3)
	営業＋貿易	4	(0.4)
	経理＋金融	3	(0.3)
	経理＋貿易	1	(0.1)
	金融＋貿易	1	(0.1)
	事務経験なし	266	(27.7)

派遣就業後の職種経験パターン：
- 単一型（一般事務）477（49.6）　← 230（48.2）、140（29.4）
- 単一型（営業事務）61（6.3）　← 20（32.8）、18（29.5）
- 単一型（経理事務）22（2.3）　← 9（40.9）、8（33.3）
- 単一型（金融事務）24（2.5）　← 4（26.7）
- 単一型（貿易事務）15（1.6）　← 7（46.7）、3（20.0）

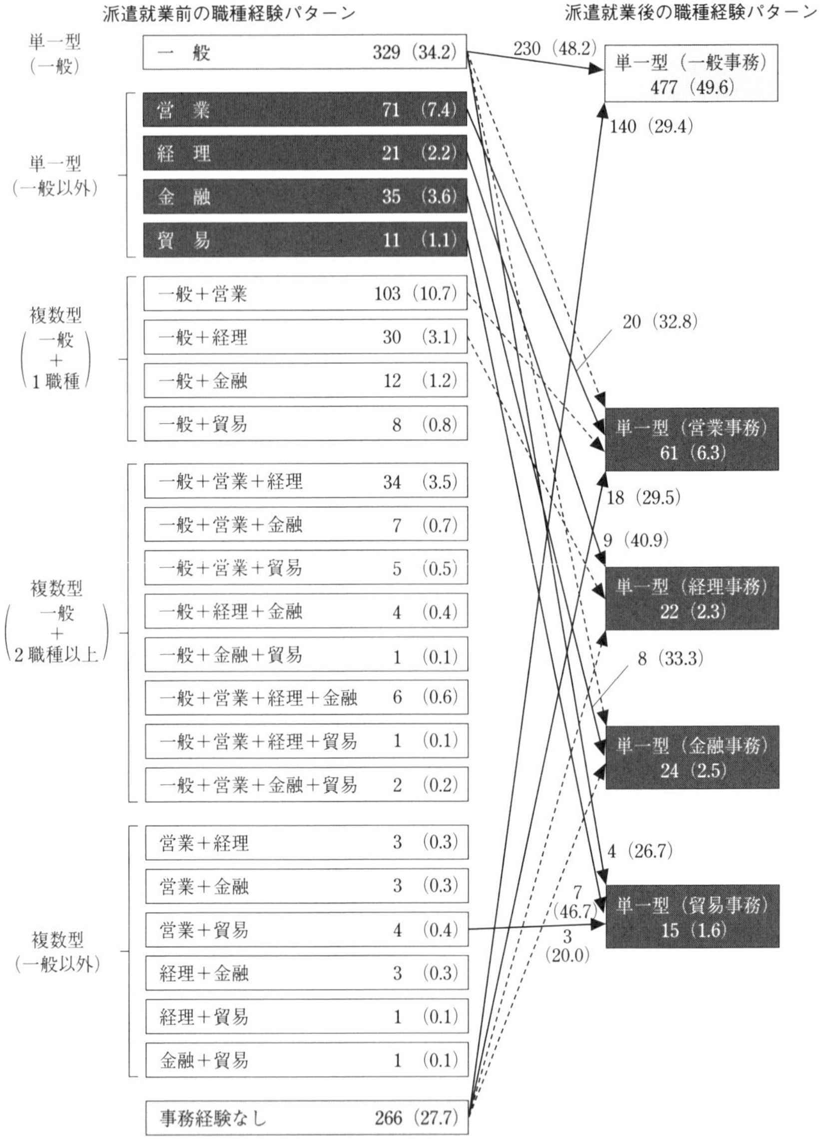

（注）　1）　枠内の数字は人数，（　）内は全体に占める割合（単位：％）。
　　　 2）　実線の矢印は各派遣就業後の職種経験パターンの20％以上を占めるパターン，破線の矢印は10％以上20％未満を占めるパターンを示す。また，実線の矢印に付した数字は人数，（　）内はそれぞれの職種経験パターンに占める割合（単位：％）を示す。

（出所）　筆者作成。

「単一型（貿易事務）」の派遣就業前の職種経験パターンは4パターンあり，このうち10％以上を占めるパターンが3つある。いずれも20％以上を占めるが，最も多いのは「貿易事務」の1職種を経験したパターンであり，46.7％を占める。次に多いのは「一般事務」「営業事務＋貿易事務」のパターンであり，それぞれ26.7％，20.0％を占める。このように，派遣就業後が「単一型（貿易事務）」の場合，派遣就業前の主要な職種経験パターンは，「貿易事務」「一般事務」「営業事務＋貿易事務」の3つである。

これらの結果を踏まえると，派遣就業後に一般事務以外の1職種を経験している「単一型（一般事務以外）」について，派遣就業前の主要な職種経験のパターンとして共通に見られたのは，図1-3に濃い網かけで示したように，一般事務以外の職種を1つだけ経験したパターン，すなわち「単一型（一般事務以外）」である。

（3） 複数型（一般事務＋1職種）

次に，派遣就業後が「複数型（一般事務＋1職種）」の派遣スタッフが，派遣就業前に経験した職種のパターンを図1-4で確認する。

職種ごとに見ていくと，「複数型（一般事務＋営業事務）」の派遣就業前の職種経験パターンは14パターンあり，このうち10％以上を占めるパターンが4つある。20％以上を占めるパターンを見ると，最も多いのは「事務経験なし」のパターンであり，31.6％を占める。次に多いのは「一般事務＋営業事務」「一般事務」のパターンであり，それぞれ24.5％，20.6％を占める。このように，派遣就業後が「複数型（一般事務＋営業事務）」の場合，派遣就業前の主要な職種経験パターンは，「事務経験なし」「一般事務」「一般事務＋営業事務」の3つである。

「複数型（一般事務＋経理事務）」の派遣就業前の職種経験パターンは12パターンあり，このうち10％以上を占めるパターンが3つある。20％以上を占めるパターンを見ると，最も多いのは，「一般事務」のパターンであり，29.8％を占める。次に多いのは「事務経験なし」のパターンであり，26.3％を占める。このように，派遣就業後が「複数型（一般事務＋経理事務）」の場合，派遣就業前の主要な職種経験パターンは，「一般事務」「事務経験なし」の2つである。

「複数型（一般事務＋金融事務）」の派遣就業前の職種経験パターンは5パターンあり，このうち10％以上を占めるパターンが4つある。20％以上を占める

34　第1章　事務系派遣スタッフのキャリア

図1-4　派遣就業前の職種経験パターン（複数型（一般事務＋1職種））

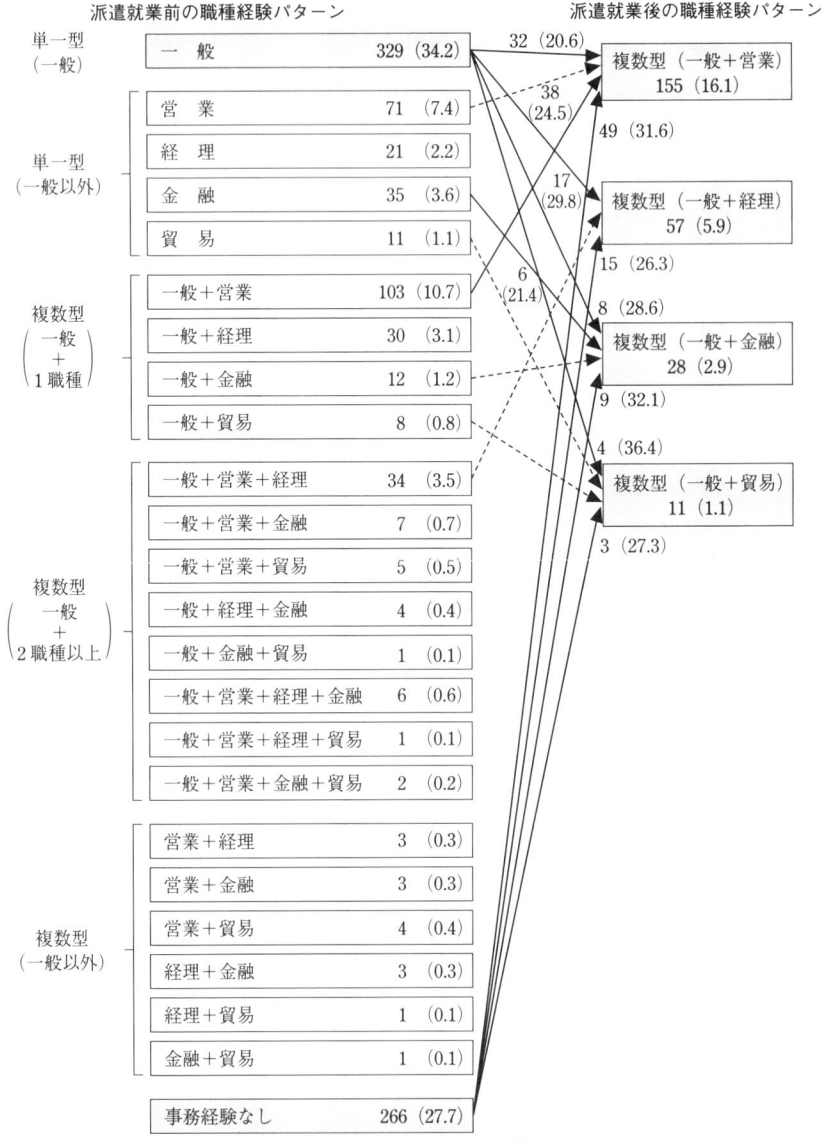

派遣就業前の職種経験パターン　　　　　　　　　　　派遣就業後の職種経験パターン

単一型
（一般）
- 一　般　　　　　　329　(34.2)

単一型
（一般以外）
- 営　業　　　　　　 71　(7.4)
- 経　理　　　　　　 21　(2.2)
- 金　融　　　　　　 35　(3.6)
- 貿　易　　　　　　 11　(1.1)

複数型
（一般＋1職種）
- 一般＋営業　　　　103　(10.7)
- 一般＋経理　　　　 30　(3.1)
- 一般＋金融　　　　 12　(1.2)
- 一般＋貿易　　　　　8　(0.8)

複数型
（一般＋2職種以上）
- 一般＋営業＋経理　　　　　　34　(3.5)
- 一般＋営業＋金融　　　　　　 7　(0.7)
- 一般＋営業＋貿易　　　　　　 5　(0.5)
- 一般＋経理＋金融　　　　　　 4　(0.4)
- 一般＋金融＋貿易　　　　　　 1　(0.1)
- 一般＋営業＋経理＋金融　　　 6　(0.6)
- 一般＋営業＋経理＋貿易　　　 1　(0.1)
- 一般＋営業＋金融＋貿易　　　 2　(0.2)

複数型
（一般以外）
- 営業＋経理　　　　 3　(0.3)
- 営業＋金融　　　　 3　(0.3)
- 営業＋貿易　　　　 4　(0.4)
- 経理＋金融　　　　 3　(0.3)
- 経理＋貿易　　　　 1　(0.1)
- 金融＋貿易　　　　 1　(0.1)

- 事務経験なし　　　266　(27.7)

派遣就業後の職種経験パターン：
- 複数型（一般＋営業）155　(16.1)
- 複数型（一般＋経理）57　(5.9)
- 複数型（一般＋金融）28　(2.9)
- 複数型（一般＋貿易）11　(1.1)

矢印に付された数値：
32 (20.6)、38 (24.5)、49 (31.6)、17 (29.8)、15 (26.3)、8 (28.6)、6 (21.4)、9 (32.1)、4 (36.4)、3 (27.3)

（注）1）枠内の数字は人数，（　）内は全体に占める割合（単位：％）。
　　　2）実線の矢印は各派遣就業後の職種経験パターンの20％以上を占めるパターン，破線の矢印は10％以上20％未満を占めるパターンを示す。また，実線の矢印に付した数字は人数，（　）内はそれぞれの職種経験パターンに占める割合（単位：％）を示す。
（出所）筆者作成。

パターンを見ると，最も多いのは「事務経験なし」のパターンであり，32.1 %を占める。次に多いのは「一般事務」「金融事務」のパターンであり，それぞれ28.6 %，21.4 %を占める。このように，派遣就業後が「複数型（一般事務＋金融事務）」の場合，派遣就業前の主要な職種経験パターンは，「事務経験なし」「一般事務」「金融事務」の3つである。

「複数型（一般事務＋貿易事務）」の派遣就業前の職種経験パターンは4パターンあり，いずれも全体の10 %以上を占める。20 %以上を占めるパターンを見ると，最も多いのは「一般事務」のパターンであり，36.4 %を占める。次に多いのは「事務経験なし」のパターンであり，27.3 %を占める。このように，派遣就業後が「複数型（一般事務＋貿易事務）」の場合，派遣就業前の主要な職種経験パターンは，「一般事務」「事務経験なし」の2つである。

これらの結果を踏まえると，派遣就業後に一般事務とそれ以外の1職種を経験している「複数型（一般事務＋1職種）」について，派遣就業前の職種経験のパターンとして共通に見られたのは，図1-4に網かけで示したように，「一般事務」1職種だけを経験したパターンである「単一型（一般事務）」と，事務職種に従事した経験のないパターンである「事務経験なし」の2つである。

以上の分析結果に基づいて，派遣スタッフの派遣就業前後の主要な職種経験パターンを整理すると，図1-5のようになる。派遣就業後が「単一型（一般事務）」の場合，派遣就業前の主要な職種経験パターンは「単一型（一般事務）」と「事務経験なし」の2つである。また，派遣就業後が「単一型（一般事務以外）」の場合，派遣就業前の主要な職種経験パターンは「単一型（一般事務以外）」である。さらに，派遣就業後が「複数型（一般事務＋1職種）」の場合，派遣就業前の主要な職種経験パターンは「単一型（一般事務）」と「事務経験なし」の2つである。

この結果を改めて整理すると，派遣スタッフの派遣就業前後の職種経験パターンとして，以下の2つのパターンがあることがわかる。1つは，図1-5に実線の矢印で示したように，派遣就業前に経験した単一職種に派遣就業後も従事しているパターンである。具体的には，①派遣就業前後を通じて一般事務を経験している「単一型（一般事務）→ 単一型（一般事務）」，②派遣就業前後を通じて一般事務以外の1職種を経験している「単一型（一般事務以外）→ 単一型（一般事務以外）」の2つである。もう1つは，図1-5に破線の矢印で示したよ

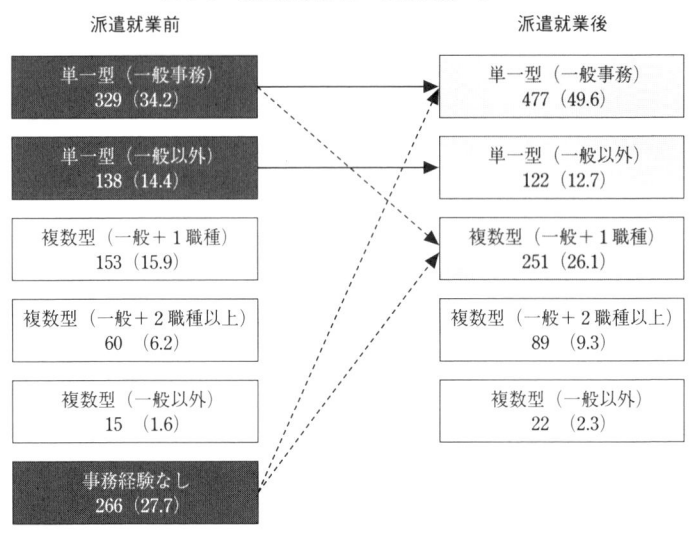

図1-5　派遣就業前後の職種経験パターン

派遣就業前

- 単一型（一般事務）　329（34.2）
- 単一型（一般以外）　138（14.4）
- 複数型（一般＋1職種）　153（15.9）
- 複数型（一般＋2職種以上）　60（6.2）
- 複数型（一般以外）　15（1.6）
- 事務経験なし　266（27.7）

派遣就業後

- 単一型（一般事務）　477（49.6）
- 単一型（一般以外）　122（12.7）
- 複数型（一般＋1職種）　251（26.1）
- 複数型（一般＋2職種以上）　89（9.3）
- 複数型（一般以外）　22（2.3）

（注）　1）　数字は人数，（　）内は全体に占める割合（単位：％）。
　　　　2）　派遣就業後の「単一型（一般事務）」「単一型（一般以外）」「複数型（一般＋1職種）」それぞれに対し，主要な派遣就業前からの職種経験パターンを矢印で示した。
（出所）　筆者作成。

うに，派遣就業前に経験していない職種に派遣就業後に従事しているパターンである。具体的には，③派遣就業前に一般事務を経験し，派遣就業後に一般事務とそれ以外の1職種に従事している「単一型（一般事務）→　複数型（一般事務＋1職種）」，④派遣就業前に事務経験がなく，派遣就業後に一般事務に従事している「事務経験なし　→　単一型（一般事務）」，⑤派遣就業前に事務経験がなく，派遣就業後に一般事務とそれ以外の1職種に従事している「事務経験なし　→　複数型（一般事務＋1職種）」の3つである。このうち，③「単一型（一般事務）　→　複数型（一般事務＋1職種）」と⑤「事務経験なし　→　複数型（一般事務＋1職種）」の2つは派遣就業後に複数職種を経験しているパターンであり，④「事務経験なし　→　単一型（一般事務）」と⑤「事務経験なし　→　複数型（一般事務＋1職種）」の2つは派遣就業前に事務経験がなく派遣就業後にはじめて事務職種に従事しているパターンである。

4.4 派遣就業前に経験していない職種に従事している派遣スタッフ

前項の分析結果は，派遣スタッフが過去に経験した職種を派遣就業後だけでなく派遣就業前まで遡って見た場合に，派遣就業前に経験した単一職種に派遣就業後も従事している派遣スタッフだけでなく，派遣就業前に経験していない職種に派遣就業後に従事している派遣スタッフがいることを示していた。それでは，後者のように，派遣就業を通じてそれまで経験していない職種に従事している派遣スタッフには，そうでない派遣スタッフと比較してどのような特徴があるのだろうか。

ここでは，派遣就業前後の主要な職種経験パターン，すなわち①「単一型（一般事務）→ 単一型（一般事務）」，②「単一型（一般事務以外）→ 単一型（一般事務以外）」，③「単一型（一般事務）→ 複数型（一般事務＋1職種）」，④「事務経験なし → 単一型（一般事務）」，⑤「事務経験なし → 複数型（一般事務＋1職種）」の5パターンに分析対象を限定して，派遣スタッフの個人属性とキャリアを比較してみよう。分析対象を主要な5つの職種経験パターンに限定したことにより，サンプル・サイズは551（回答者の57.3％）となる。

表1-4は，派遣就業前後の主要な職種経験パターンの派遣スタッフの基本属性とキャリアを比較したものである。以下，派遣就業前に経験していない職種に派遣就業後に従事している派遣スタッフ（③～⑤）と，派遣就業前に経験した単一職種に派遣就業後も従事している派遣スタッフ（①，②）の違いに注目して見ていくことにしよう。

表1-4を見ると，網かけして示した以下の点が注目されよう。1つは，派遣就業を通じてそれまでに経験していない職種に従事しているパターンのうち，派遣就業後に複数職種に従事しているパターンである，③「単一型（一般事務）→ 複数型（一般事務＋1職種）」と⑤「事務経験なし → 複数型（一般事務＋1職種）」の2つは，派遣就業前後を通じて単一職種に従事している①「単一型（一般事務）→ 単一型（一般事務）」および②「単一型（一般事務以外）→ 単一型（一般事務以外）」と比較して，過去就業した派遣先企業数が多く，現派遣先での就業月数が短く，登録している派遣会社数が多いことである。もう1つは，派遣就業を通じてそれまでに経験していない職種に従事しているパターンのうち，派遣就業前に事務経験がなく派遣就業後にはじめて事務職種に従事しているパターンである，④「事務経験なし → 単一型（一般事務）」と⑤「事務経験

表 1-4 派遣スタッフの基本属性とキャリアの比較（派遣就業前後の職種経験パターン別）

(単位：とくに示しているもの以外は％)

	① 単一型 (一般) ↓ 単一型 (一般)	② 単一型 (一般以外) ↓ 単一型 (一般以外)	③ 単一型 (一般) ↓ 複数型 (一般＋1職種)	④ 事務経験なし ↓ 単一型 (一般)	⑤ 事務経験なし ↓ 複数型 (一般＋1職種)
N（単位：人）	230	44	61	140	76
女性	93.0	81.8	96.7	80.7	93.4
年齢（平均，単位：歳）	38.2	38.8	37.1	34.5	34.2
大学・大学院卒	28.7	40.9	26.2	41.4	47.4
配偶者あり	37.8	36.4	26.2	23.6	27.6
本人が主たる家計負担者	43.0	59.1	49.2	55.0	48.7
正規社員の就業経験あり	77.0	86.4	80.3	59.3	60.5
派遣スタッフとしての就業月数（平均，単位：カ月）	83.1	82.3	92.8	78.2	82.0
過去就業した派遣先企業数（平均，単位：社）	4.1	3.5	5.1	3.7	4.7
現派遣先での就業月数（平均，単位：カ月）	42.1	43.7	37.2	43.6	30.3
現派遣会社での就業月数（平均，単位：カ月）	48.3	54.0	45.4	48.1	41.7
登録している派遣会社数（平均，単位：社）	2.9	2.7	3.9	3.2	3.5

(出所) 筆者作成。

なし → 複数型（一般事務＋1職種）」の2つが，派遣就業前後を通じて単一職種に従事している①「単一型（一般事務）→ 単一型（一般事務）」および②「単一型（一般事務以外）→ 単一型（一般事務以外）」と比較して，年齢が若く，正規社員の就業経験のある割合が少ないことである。

5 まとめ

5.1 職種経験パターンとその特徴

本章では，職種経験パターンの観点から派遣スタッフのキャリアを検討した。具体的には，事務職種に従事する登録型派遣スタッフを対象とした質問票調査のデータを用いて，派遣スタッフが過去にどのような事務職種を経験してきたのかを分析した。分析結果をまとめると，以下のようになる。

(1) 派遣就業後の職種経験パターン

事務職種に従事する派遣スタッフの派遣就業後の主要な職種経験パターンを

分析したところ，以下の3つパターンが確認された。具体的には，①一般事務を1職種だけ経験している「単一型（一般事務）」，②一般事務以外の1職種だけを経験している「単一型（一般事務以外）」，③一般事務と一般事務以外の1職種を経験している「複数型（一般事務＋1職種）」の3つである。前2つは派遣就業後に単一職種に従事しているパターンであり，残る1つは複数の職種を経験しているパターンである。このことは，事務職種に従事する派遣スタッフの中には，派遣就業を通じて同じ職種に従事する派遣スタッフだけでなく，異なる職種に転換している派遣スタッフが一定割合いることを示している。

　また，「単一型（一般事務）」「単一型（一般事務以外）」「複数型（一般事務＋1職種）」の回答者に占める割合は，それぞれ49.6％，12.7％，26.1％であり，この3つのパターンが9割を占め，それ以外の職種経験パターンは1割にとどまる。複数の職種を経験している派遣スタッフの多くは一般事務を含む2職種を経験している派遣スタッフであり，一般事務以外の2職種を経験したり，3つ以上の事務職種を経験したりしている派遣スタッフの割合は少ない。

　さらに，派遣就業後の職種経験パターンに基づいて派遣スタッフの個人属性とキャリアを比較したところ，「複数型」の派遣スタッフは「単一型」の派遣スタッフよりも，①女性の割合が多く，②派遣スタッフとしての就業期間が長く，③現在の派遣先での就業期間が短く，④現在の派遣会社での就業期間が短いという特徴が見られた。

(2)　派遣就業前後の職種経験パターン

　派遣スタッフの派遣就業前後の職種経験パターンを明らかにするために，派遣就業後の主要な3つの職種経験パターンに限定して派遣就業前の職種経験パターンを分析したところ，以下の5つのパターンが確認された。具体的には，①派遣就業前後を通じて一般事務だけを経験している「単一型（一般事務）→ 単一型（一般事務）」，②派遣就業前後を通じて営業事務や経理事務といった一般事務以外の1職種を経験している「単一型（一般事務以外）→ 単一型（一般事務以外）」，③派遣就業前に一般事務を経験し，派遣就業後に一般事務とそれ以外の1職種を経験している「単一型（一般事務）→ 複数型（一般事務＋1職種）」，④派遣就業前に事務経験がなく派遣就業後に一般事務に従事している「事務経験なし → 単一型（一般事務）」，⑤派遣就業前に事務経験がなく派遣就業後に一般事務とそれ以外の1職種に従事している「事務経験なし → 複数

型（一般事務＋1職種）」である。

　このうち，①「単一型（一般事務）→ 単一型（一般事務）」と②「単一型（一般事務以外）→ 単一型（一般事務以外）」の2つは，派遣就業前に経験した職種に派遣就業後も従事しているパターンであり，残りの③「単一型（一般事務）→ 複数型（一般事務＋1職種）」，④「事務経験なし → 単一型（一般事務）」，⑤「事務経験なし → 複数型（一般事務＋1職種）」の3つは，派遣就業前に経験していない職種に派遣就業後に従事しているパターンである。このように，派遣就業前に経験した職種まで遡って派遣スタッフの職種経験パターンを見ると，派遣スタッフの中には，派遣就業前に経験した職種に派遣就業後も従事している派遣スタッフだけでなく，派遣就業を通じてそれまで経験していない職種に従事している派遣スタッフがいることがわかる。そして，後者には，派遣就業前に事務職種に従事した経験があり派遣就業後にそれとは異なる職種に転換している派遣スタッフだけでなく，派遣就業前に事務経験がなく派遣就業後にはじめて事務職種に従事している派遣スタッフが含まれていることがわかる。

　さらに，派遣就業前後の職種経験パターンに基づいて，派遣スタッフの個人属性とキャリアを比較したところ，以下の2つの傾向が見られた。1つは，派遣就業を通じてそれまでに経験していない職種に従事している派遣スタッフのうち，派遣就業後に複数職種に従事している③「単一型（一般事務）→ 複数型（一般事務＋1職種）」および⑤「事務経験なし → 複数型（一般事務＋1職種）」の派遣スタッフが，派遣就業前後を通じて単一職種に従事している派遣スタッフと比較して，過去に就業した派遣先企業数が多く，現派遣先での就業月数が短く，登録している派遣会社数が多いことである。また，もう1つは，派遣就業を通じてそれまでに経験していない職種に従事している派遣スタッフのうち，派遣就業前に事務経験がなく派遣就業後にはじめて事務職種に従事している④「事務経験なし → 単一型（一般事務）」および⑤「事務経験なし → 複数型（一般事務＋1職種）」の派遣スタッフが，派遣就業前後を通じて単一職種に従事している派遣スタッフと比較して，年齢が若く，正規社員の就業経験のある割合が少ないことである。

5.2　職種経験から見た派遣スタッフのキャリア

　前項にまとめた分析結果を踏まえると，事務職種に従事する派遣スタッフの

5 まとめ

キャリア形成に関して，以下の示唆が得られる。第1に，事務職種の派遣スタッフが派遣就業を通じて異なる職種に転換したり，それまで経験していない職種に派遣就業後に従事したりすることによって，職種の幅を広げていることが推察される。派遣スタッフのキャリア形成に関する先行研究は，同じ職種に従事している派遣スタッフを対象とした分析が中心であり（清水, 2007；島貫, 2010；小野, 2011a），派遣就業を通じた職種の異同や職種の幅については明らかにされてこなかった。本章の分析結果は，派遣就業後の職種経験パターンを見た場合に，単一職種に従事する派遣スタッフだけでなく複数の職種に従事する派遣スタッフが一定割合いることを示すとともに，派遣就業前後の職種経験パターンを見た場合に，派遣就業前に経験した職種に派遣就業後も従事している派遣スタッフだけでなく，派遣就業前に経験していない職種に派遣就業後に従事する派遣スタッフがいることを示していた。これは，派遣スタッフが派遣就業を通じて異なる職種に転換を図ることで事務職種の幅を広げており，それに伴ってそれまでの事務職種に必要な技能とは異なる種類の技能を身につけている，すなわち技能の幅を広げている可能性があることを示している。このことは，事務職種に従事する労働者にとって，登録型派遣が職種の幅を広げることを通じて技能の幅を広げられる就業形態であることを示唆している点で重要である。

　第2に，派遣スタッフが派遣就業を通じて職種の幅を広げる上で，異なる派遣先を移動しながらキャリアを積んでいることが推察される。同一職種に従事する派遣スタッフを対象とした先行研究においては，派遣スタッフは異なる派遣先を移動するよりも同じ派遣先に継続就業することによって仕事の高度化や技能の向上を図ることができると主張されてきた（清水, 2007；島貫, 2010；小野, 2011a）。だが，本章の分析結果は，派遣就業を通じてそれまで経験していない職種に従事している派遣スタッフのうち，派遣就業後に複数の職種に従事している派遣スタッフは，派遣就業前後を通じて同一職種に従事している派遣スタッフと比較して，過去に就業した派遣先企業数が多く，現在の派遣先における就業期間が短いことを示していた。このことは，派遣スタッフが派遣就業を通じて職種の幅を広げたりより高度な職種への転換を図ったりする上で，異なる派遣先を移動しながらキャリアを積んでいる可能性が高いことを示唆している。通常，派遣先の多くは派遣スタッフに任せる業務の職種を限定している

ため（木村, 2010），同一職種において仕事の高度化や技能の向上を図る派遣スタッフにとっては同じ派遣先に長く就業することが効果的であるが，異なる職種への転換を通じて職種の幅を広げ，技能の幅を広げようとする派遣スタッフにとっては，同じ派遣先にとどまり続ける限りそれを実現することは難しいのかもしれない[9]。

　第3に，派遣スタッフが事務職種のキャリアを開始する場合の最初の職種が，一般事務であることが推察される。本章の分析結果は，派遣就業を通じてそれまでに経験していない職種に従事している派遣スタッフのうち，派遣就業前に事務経験がなく派遣就業後にはじめて事務職種に従事している派遣スタッフがいることを示していた。この派遣就業前後の職種経験パターンには，「事務経験なし → 単一型（一般事務）」と「事務経験なし → 複数型（一般事務＋1職種）」という2つがある。調査データの制約から，後者の「事務経験なし → 複数型（一般事務＋1職種）」における派遣就業後の最初の職種が一般事務であるか否かは判断できないが，これら2つの派遣就業後の職種経験パターンの中に一般事務が共通して含まれることを踏まえると，事務職種の派遣スタッフとしての出発点が一般事務である可能性が高いと考えられる。このことは，事務経験のない労働者にとって，一般事務が経理事務や貿易事務といった他の事務職種と比較して，派遣スタッフとしてのキャリアを開始しやすい職種であるとともに，事務職種の派遣スタッフが一般事務を起点として他のより高度な職種に転換しながらキャリアを積んでいける可能性があることを示唆するものといえる。

5.3　今後の課題

　最後に本章の限界を踏まえて今後の課題を述べる。1つには，派遣スタッフの職種の幅と技能の蓄積の関係を検討することである。本章では，職種経験パ

---

9) 派遣就業を通じてそれまで経験していない職種に従事している派遣スタッフのほうが，派遣就業前後を通じて同一職種に従事している派遣スタッフと比較して，現在登録している派遣会社数が多いという結果は，派遣就業を通じて異なる職種に転換し職種の幅を広げている派遣スタッフは，そうでない派遣スタッフと比較して，異なる派遣会社を移動しながらキャリアを積んでいる可能性が高いことを示唆するかもしれない。だが，調査データの制約から，登録している派遣会社数が過去就業した派遣会社数の代理変数となりうるかを十分に判断できない。このため，本章では派遣スタッフが過去に就業した派遣先企業数と派遣先の異同に限定して論じることにする。

ターンを分析し職種の幅を広げている派遣スタッフがいることを明らかにすることにより，派遣スタッフが派遣就業を通じて技能の幅を広げている可能性を示した。だが，当然のことながら，技能の幅は技能の高低を意味するものではない。今後は，派遣スタッフが従事した職種の業務内容やそれに必要な技能を分析するなど，派遣就業を通じた技能の蓄積に関してより丁寧な検討が必要である。

　もう1つには，派遣スタッフが派遣就業後に異なる職種に転換したり，派遣就業を通じてそれまで経験していない職種に従事したりする場合の契機や条件に関する検討である。本章の分析結果は，派遣スタッフが派遣就業を通じて異なる職種に転換する場合に異なる派遣先を移動している可能性や，派遣就業前に事務経験のない派遣スタッフが一般事務を起点として事務職のキャリアを開始している可能性を示していたが，そうした経験をもたらす背景要因を検討する必要がある。異なる職種に転換したり，未経験の職種に従事したりするためには，派遣スタッフ自身のキャリア意識や派遣先・派遣会社に対する働きかけ（松浦，2009a），受入先となる派遣先における人員補充の緊急度（小野，2011a）[10]といった条件が必要になるという指摘もある。派遣スタッフのキャリアや技能蓄積を考える上では，これらの点を含めた検討が必要となろう。

---

[10] 小野（2011a）は，派遣スタッフが仕事に従事する上では，それまでの実務経験が必要とされることが一般的であるが，派遣先における人員補充の緊急度により未経験者可の求人が生じることで未経験の仕事に従事できる機会が生まれることを指摘している。

第2章
どうすれば時給が上がるのか
派遣事務職と派遣営業職の比較分析

松浦 民恵

1 はじめに

　派遣スタッフの働く意欲を維持・向上させる上では，スキル・レベルや担当業務の難易度の上昇のみならず，それが時給の上昇につながっていくことが重要である。しかしながら，現実には，スキル・レベルや担当業務の難易度が上昇しても，なかなか時給の上昇にはつながっていっていない。そこで本章では，代表的な事務系職種である派遣事務職と派遣営業職を対象として実施した「派遣スタッフの働き方に関するアンケート調査」[1]をもとに，時給が上昇した派遣スタッフの特徴を分析する。

　この調査は，スキル・レベル，担当業務の難易度，時給のそれぞれに関し，調査実施（2011年1月）の2年前から現在までの変化を尋ねたものである。本章では，これらの変化を概観した上で，最も上昇させるのが難しい時給に焦点を当て，まず，派遣事務職と派遣営業職の時給上昇傾向と，両者の相違の要因

---

[1] 本調査は，日本学術振興会の科学研究費補助金（基盤研究(B)）「企業の外部人材の活用と戦略的人的資源管理」（課題番号：22330110）を利用し，東京大学社会科学研究所の研究組織である人材フォーラムの「派遣スタッフの働き方に関する調査プロジェクト」において，佐藤博樹東京大学社会科学研究所教授（研究代表），島貫智行一橋大学大学院商学研究科准教授，および筆者が実施した。

　人材フォーラムのメンバーの方々には，調査統計から分析に至るまで，多くの貴重なご意見をいただいた。中でも，坂爪洋美和光大学現代人間学部教授には，原稿を丁寧にご覧いただき，有益なアドバイスを頂戴した。この場を借りてお礼申し上げたい。もちろん，本章に誤りがあるとすれば，その責はすべて筆者に帰する。

について考察する。次に，過去2年間に時給が上昇した派遣スタッフについて，「担当する仕事の特徴」「派遣スタッフ自身の能力開発・キャリア形成行動」「派遣先の能力開発・キャリア形成支援」「派遣会社の能力開発・キャリア形成支援」「現状評価と今後のキャリア」「派遣スタッフの属性」といった観点から特徴を抽出し，時給を上昇させるためにはどのような行動や支援が有効かを，派遣事務職・派遣営業職のそれぞれについて考察する。

2 スキル・レベル，担当業務の難易度，時給の変化

2.1 派遣事務職

まず，派遣事務職について，スキル・レベル，担当業務の難易度，時給のそれぞれに関する，過去2年間での上昇（「上昇」「やや上昇」）と上昇なし（「変化なし」「やや下降」「下降」）の構成を見てみよう（図2-1）。過去2年間に上昇した割合は，スキル・レベルが48.0％，担当業務の難易度が46.0％だが，時給についてはこれらを大きく下回り，25.2％にとどまっている。

スキル・レベル，担当業務の難易度もさることながら，時給を上昇させるのがきわめて難しい現状が垣間見える。また，本来は，スキル・レベルもしくは担当業務の難易度が上昇し，それに伴って時給も上昇していくというのが理想

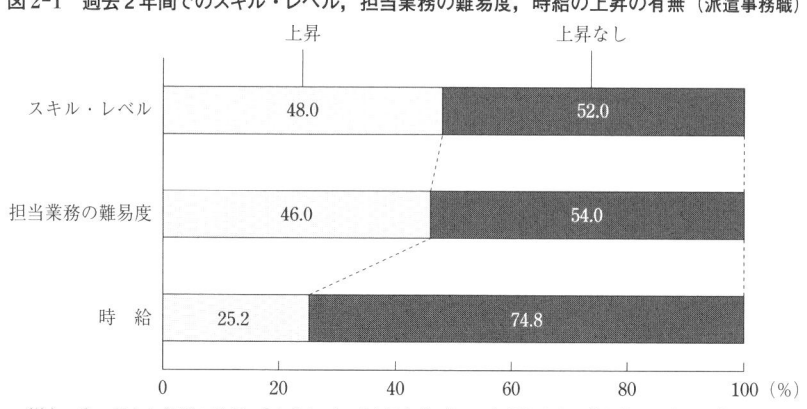

図2-1 過去2年間でのスキル・レベル，担当業務の難易度，時給の上昇の有無（派遣事務職）

	上昇	上昇なし
スキル・レベル	48.0	52.0
担当業務の難易度	46.0	54.0
時　給	25.2	74.8

（注）1）過去2年間の状況。「上昇」は，「上昇」と「やや上昇」から，「上昇なし」は，「変化なし」「やや下降」「下降」から構成される。
　　　2）$N = 962$。
（出所）筆者作成。

表2-1 スキル・レベル，担当業務の難易度，時給の関係（派遣事務職）

スキル・レベル			担当業務の難易度			時　給		
	N	割合(%)		N	割合(%)		N	割合(%)
上　昇	462	48.0	上　昇	339	35.2	上　昇	123	12.8
						上昇なし	216	22.5
			上昇なし	123	12.8	上　昇	35	3.6
						上昇なし	88	9.1
上昇なし	500	52.0	上　昇	104	10.8	上　昇	23	2.4
						上昇なし	81	8.4
			上昇なし	396	41.2	上　昇	61	6.3
						上昇なし	335	34.8

（注）　過去2年間の状況。
（出所）　筆者作成。

的な形だが，この結果を見る限り，現実は必ずしも理想通りにはなっていない可能性が高い。

そこで，過去2年間における，スキル・レベル，担当業務の難易度，時給の上昇の有無を，3重クロスで見てみよう（表2-1）。

スキル・レベルが上昇した割合は48.0％，加えて担当業務の難易度も上昇した割合は35.2％だが，さらに時給も上昇した割合となると12.8％まで落ち込む。一方，スキル・レベルが上昇しなかったが担当業務の難易度は上昇したという割合は10.8％にとどまり，さらに時給まで上昇した割合は2.4％に過ぎない。

つまり，やはり時給はスキル・レベルや担当業務の難易度が上昇しなければ上昇しないが，スキル・レベルや担当業務の難易度が上昇しても，それが時給の上昇につながるケースは限られているという構造になっているのである。

2.2　派遣営業職

次に，派遣営業職について過去2年間の状況を見ると，スキル・レベルと担当業務の難易度はいずれも53.8％が，時給については48.4％が上昇したと回答しており，派遣事務職に比べて上昇割合が高くなっている（図2-2）。

派遣営業職はサンプル数が少ないので，結果の解釈はより慎重に行う必要が

2 スキル・レベル，担当業務の難易度，時給の変化　47

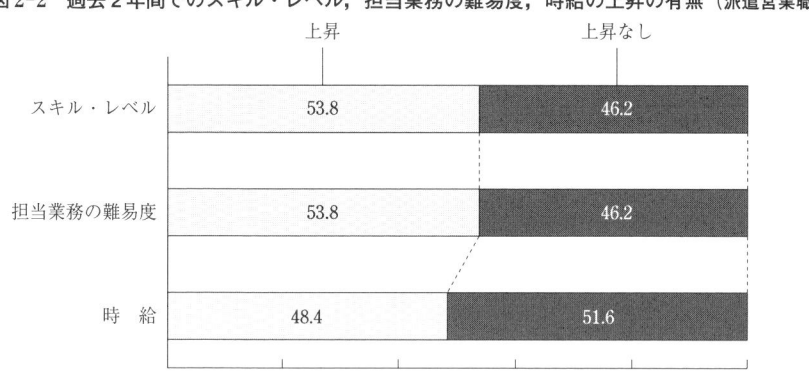

図2-2　過去2年間でのスキル・レベル，担当業務の難易度，時給の上昇の有無（派遣営業職）

	上昇	上昇なし
スキル・レベル	53.8	46.2
担当業務の難易度	53.8	46.2
時　給	48.4	51.6

（注）　1）　過去2年間の状況。「上昇」は，「上昇」と「やや上昇」から，「上昇なし」は，「変化なし」「やや下降」「下降」から構成される。
　　　 2）　$N=93$。
（出所）　筆者作成。

表2-2　スキル・レベル，担当業務の難易度，時給の関係（派遣営業職）

スキル・レベル			担当業務の難易度			時　給		
	N	割合(%)		N	割合(%)		N	割合(%)
上　昇	50	53.8	上　昇	39	41.9	上　昇	28	30.1
						上昇なし	11	11.8
			上昇なし	11	11.8	上　昇	10	10.8
						上昇なし	1	1.1
上昇なし	43	46.2	上　昇	11	11.8	上　昇	2	2.2
						上昇なし	9	9.7
			上昇なし	32	34.4	上　昇	5	5.4
						上昇なし	27	29.0

（注）　過去2年間の状況。
（出所）　筆者作成。

あるが，派遣事務職と比べれば，スキル・レベル，担当業務の難易度，さらには時給が上昇しやすい傾向が見受けられる。

　派遣営業職について，過去2年間のスキル・レベル，担当業務の難易度，時給に関する3重クロスを見ても（表2-2），スキル・レベルが上昇した割合は53.8％，加えて担当業務の難易度も上昇した割合が41.9％に上り，さらに時

給も上昇した割合は 30.1 ％となっている。一方、スキル・レベルは上昇しなかったものの担当業務の難易度が上昇したという割合は 11.8 ％にとどまり、さらに時給も上昇したという割合は 2.2 ％に過ぎない。

つまり、派遣営業職についても、スキル・レベルや担当業務の難易度が上昇しなければ時給も上昇しない点は派遣事務職と同様だが、派遣事務職に比べて、スキル・レベルや担当業務の難易度の上昇が時給上昇につながりやすくなっている実態が見て取れる。

ここまでの分析から、次の 2 点が明らかになった。

(1) スキル・レベル、担当業務の難易度、時給のうち、とくに時給が上昇しにくいことが、キャリア形成のボトルネックとなっている懸念が大きい。
(2) 派遣営業職のほうが派遣事務職よりも、スキル・レベルや担当業務の難易度の上昇が、時給の上昇につながりやすくなっている可能性が高い。

上記(1)を踏まえ、本章では、時給に焦点を当てて分析を進めることとしたい。まずは、派遣事務職と派遣営業職の時給の現状を概観した上で、次に、仕事の特徴、能力開発・キャリア形成行動等を両職種で比較し、上記(2)で示したような時給の上昇に関する両職種の相違の背景に、どのような要因があるのかについて考察する。

2.3 派遣事務職と派遣営業職の時給

調査時点での時給の平均値を見ると、派遣事務職は 1371 円、派遣営業職が 1518 円と、派遣営業職のほうがやや高くなっている（表 2-3）。派遣事務職の中では、貿易事務の 1549 円が最も高く、一般事務の 1359 円が最も低い。

次に、図 2-3 と図 2-4 は、派遣事務職と派遣営業職のそれぞれについて、派

表 2-3　職種別の時給

(単位：円)

| | 派遣事務職 | | | | | | 派遣営業職 | 有意差 |
	計	一般事務	営業事務	経理事務	貿易事務	金融事務		
N	962	679	136	67	30	50	93	
平均	1370.8	1359.3	1375.5	1403.2	1549.0	1364.6	1518.3	***
標準偏差	282.7	281.3	289.1	291.5	156.3	302.3	479.9	

(注)　派遣事務職と派遣営業職の有意差を検定した。***は、1 ％水準で有意であることを示す。
(出所)　筆者作成。

2 スキル・レベル，担当業務の難易度，時給の変化

図2-3 派遣就業期間・年齢別に見た時給（派遣事務職）

(単位：円)

	計	5年未満	5～10年未満	10年以上
N	962	310	422	229
平均値	1370.8	1310.7	1371.2	1450.3
標準偏差	282.7	313.1	260.9	258.9

(単位：円)

	計	39歳以下	40～49歳	50歳以上
N	962	598	317	47
平均値	1370.8	1360.7	1386.8	1392.4
標準偏差	282.7	261.5	278.8	495.0

(注) 派遣就業期間については，極端に長い1サンプルを無回答として処理した。
(出所) 筆者作成。

図2-4 派遣就業期間・年齢別に見た時給（派遣営業職）

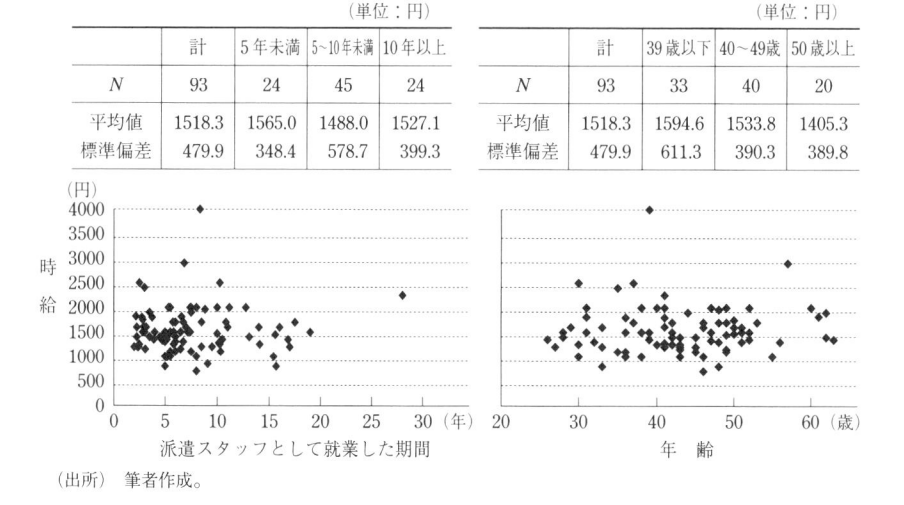

(単位：円)

	計	5年未満	5～10年未満	10年以上
N	93	24	45	24
平均値	1518.3	1565.0	1488.0	1527.1
標準偏差	479.9	348.4	578.7	399.3

(単位：円)

	計	39歳以下	40～49歳	50歳以上
N	93	33	40	20
平均値	1518.3	1594.6	1533.8	1405.3
標準偏差	479.9	611.3	390.3	389.8

(出所) 筆者作成。

遣就業期間・年齢別の時給（平均値），および，これらと時給のプロット図を示したものである。

派遣事務職の時給（平均値）は，派遣就業期間が長くなるほど，年齢が高く

なるほど上昇している。一方で，派遣営業職の時給については，派遣就業期間や年齢による上昇が見られず，年齢が上がるほどむしろ低下している。

このことから，派遣営業職の時給の平均値が派遣事務職よりも高いのは，派遣営業職の派遣就業期間が派遣事務職に比べて長いからでも，年齢が高いからでもなく，仕事の特徴や能力開発・キャリア形成の相違によって，両職種の時給に差が生じている可能性が高いと考えられる。

また，派遣営業職について，派遣就業期間や年齢の上昇に伴う時給低下が見られるのは，時給が高くなると，直接雇用に切り替わっていく傾向があるのかもしれない。

一方，プロット図を見ると，派遣事務職・派遣営業職ともに，派遣就業期間15年・年齢50歳を過ぎるころからサンプル数が急激に減少するものの，それまでについては，同じ派遣就業期間や年齢で時給に相当ばらつきがあることが読み取れる。つまり，派遣スタッフや派遣先・派遣会社の何らかの行動によって派遣スタッフの時給を上昇させることが，少なくともこのばらつきの範囲で期待できると考えられる。

3 派遣事務職と派遣営業職の比較分析

前述の通り，派遣事務職と派遣営業職では，過去の時給の上昇傾向や，時給とスキル・レベル，担当業務の難易度との関係性に，大きな相違が見られた。ここでは，両職種に対する共通の設問のうち，とくに能力開発やキャリア形成に関連の深い設問への回答結果を比較することによって，派遣営業職の時給上昇の要因について考察することとしたい。

3.1 派遣スタッフの属性，派遣就業の現状

まず，両職種の派遣スタッフの属性や派遣先の特徴，派遣就業の現状を概観しておきたい（表2-4）。派遣事務職は女性の占める割合が90.9％であるのに対し，派遣営業職では女性が57.0％にとどまる。年齢は，派遣事務職では39歳以下が62.2％を占める一方，派遣営業職では39歳以下は35.5％にとどまり，40～49歳が43.0％，50歳以上が21.5％という構成になっている。最終学歴については，派遣営業職では高卒以下が多い（38.7％）。配偶者がいる割合

表2-4 派遣スタッフの属性や派遣先の特徴

(単位:%)

		派遣事務職	派遣営業職
N		962	93
性別	男性	9.1	43.0
	女性	90.9	57.0
年齢	39歳以下	62.2	35.5
	40〜49歳	33.0	43.0
	50歳以上	4.9	21.5
最終学歴	高卒以下	27.1	38.7
	高専・短大卒等	38.6	31.2
	大卒以上	34.3	30.1
配偶者の有無	あり	34.8	55.9
	なし	65.2	44.1
子どもの有無	あり	17.8	49.5
	なし	82.2	50.5
主な家計維持者	自分	47.5	57.0
	自分以外	52.5	43.0
派遣先企業の規模	大企業（従業員1000人以上）	48.4	51.6
	中堅企業（従業員300〜999人）	18.7	15.1
	中小企業（従業員300人未満）	23.6	25.8
	わからない	9.3	7.5
派遣先企業の業種	製造業	20.2	6.5
	情報通信業	15.2	14.0
	卸売・小売・飲食店・宿泊業	8.6	23.7
	金融・保険・不動産業	18.8	12.9
	医療・福祉・教育・学習支援・サービス業	18.2	28.0
	その他	19.0	15.1
派遣先職場の社員の雇用形態	正社員のほうが多い	60.2	34.4
	正社員と正社員以外がほぼ同数	10.4	14.0
	正社員以外の雇用形態のほうが多い	24.7	39.8
	わからない	4.7	11.8

(出所) 筆者作成。

は派遣事務職が34.8％，派遣営業職が55.9％，子どもがいる割合は派遣事務職が17.8％，派遣営業職が49.5％と，いずれも派遣営業職の回答割合が高い。主な家計維持者が自分である割合も，派遣事務職が47.5％，派遣営業職が57.0％と，派遣営業職のほうが高い。

　派遣先企業の規模については両職種で顕著な差が見られないが，業種につい

表 2-5 派遣就業期間や派遣先企業・登録派遣会社数

N	派遣事務職 962		派遣営業職 93		有意差
	平均値	標準偏差	平均値	標準偏差	
派遣スタッフとして就業した期間（カ月）	85.7	45.8	90.7	54.9	
現在の派遣先企業で就業している期間（カ月）	39.1	33.4	48.0	39.8	**
今の派遣会社で派遣スタッフとして就業した期間（カ月）	46.9	36.5	50.9	39.5	
今までの派遣先企業数（社）	4.6	5.9	3.3	3.3	**
登録している派遣会社数（社）	3.4	3.6	2.4	4.4	**

（注）派遣事務職と派遣営業職の有意差を検定した。**は、5％水準で有意であることを示す。
（出所）筆者作成。

ては派遣事務職で「製造業」（20.2％）が多く、派遣営業職で「卸売・小売・飲食店・宿泊業」（23.7％）や「医療・福祉・教育・学習支援・サービス業」（28.0％）が多い。派遣先職場の社員の雇用形態には大きな相違が見られ、派遣事務職は「正社員のほうが多い」が60.2％（派遣営業職は34.4％）と高く、派遣営業職は「正社員以外の雇用形態のほうが多い」が39.8％と高い（派遣事務職は24.7％）。

表2-5で派遣就業の現状についても概観しておきたい。派遣スタッフとして就業したすべての期間（派遣就業期間）は事務職が86カ月、営業職が91カ月、現在の派遣先企業で就業している期間は事務職が39カ月、営業職が48カ月、今の派遣会社で派遣スタッフとして就業した期間は事務職が47カ月、営業職が51カ月と、いずれも派遣営業職のほうがやや長くなっている（ただし、統計的に差が有意なのは、現在の派遣先企業での就業期間のみ）。一方、今までの派遣先企業数については事務職が4.6社、営業職が3.3社、登録している派遣会社数については事務職が3.4社、営業職が2.4社と、いずれも派遣営業職のほうが少ない。

3.2 仕事の特徴，能力開発・キャリア形成の現状

次に、担当している仕事の特徴、派遣スタッフの能力開発・キャリア形成行動、派遣先の支援状況に関する結果を、派遣事務職と派遣営業職で比べてみた

3 派遣事務職と派遣営業職の比較分析　53

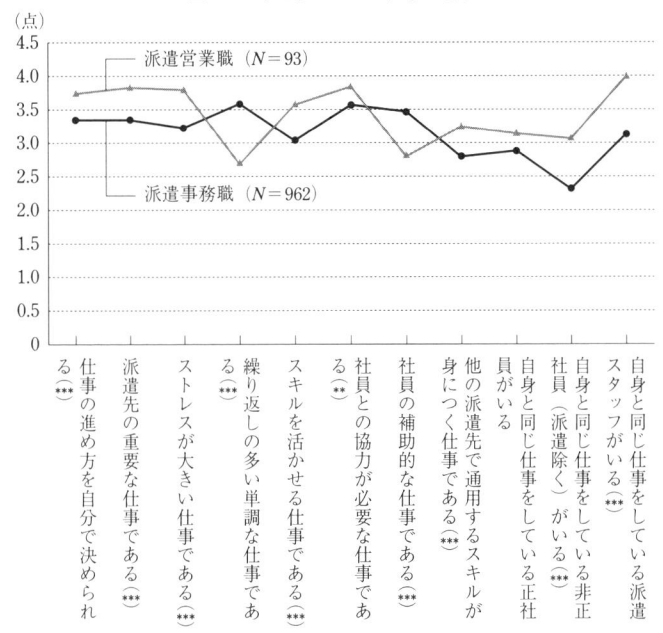

図2-5　担当している仕事の特徴

（点）縦軸：0〜4.5
派遣営業職（N=93）
派遣事務職（N=962）

横軸項目（右から左）：
- 仕事の進め方を自分で決められる***
- 派遣先の重要な仕事である***
- ストレスが大きい仕事である***
- 繰り返しの多い単調な仕事である***
- スキルを活かせる仕事である***
- 社員との協力が必要な仕事である**
- 社員の補助的な仕事である***
- 他の派遣先で通用するスキルが身につく仕事である***
- 自身と同じ仕事をしている正社員がいる
- 自身と同じ仕事をしている非正社員（派遣除く）がいる***
- 自身と同じ仕事をしている派遣スタッフがいる***

（注）1）派遣事務職と派遣営業職の有意差を検定した。***は1％水準，**は5％水準で有意であることを示す。
　　　2）「あてはまる」を5点，「ややあてはまる」を4点，「どちらともいえない」を3点，「あまりあてはまらない」を2点，「あてはまらない」を1点として得点化。
（出所）筆者作成。

い。

　本調査では，仕事の特徴を列挙し，過去2年間に経験した仕事があてはまる程度を5段階スケールで選択してもらっている。「あてはまる」を5点，「あてはまらない」を1点として得点化した結果を見ると，「仕事の進め方を自分で決められる」「派遣先の重要な仕事である」「ストレスが大きい仕事である」「スキルを活かせる仕事である」「社員との協力が必要な仕事である」「他の派遣先で通用するスキルが身につく仕事である」といった多くの項目で，派遣営業職が派遣事務職の得点を上回っている。一方，事務職が営業職の得点を上回るのは，「繰り返しの多い単調な仕事である」「社員の補助的な仕事である」である（図2-5）。

　このように派遣営業職は，派遣事務職と比べると，裁量性が高く，社員との

図2-6 能力開発・キャリア形成行動

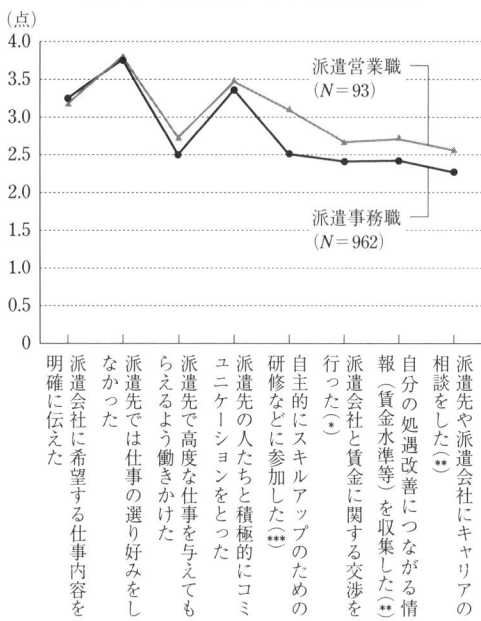

（縦軸：点、0〜4.0）

項目（左から右）：
- 派遣会社に希望する仕事内容を明確に伝えた
- 派遣先では仕事の選り好みをしなかった
- 派遣先で高度な仕事を与えてもらえるよう働きかけた
- 派遣先の人たちと積極的にコミュニケーションをとった
- 自主的にスキルアップのための研修などに参加した（***）
- 派遣会社と賃金に関する交渉を行った（**）
- 自分の処遇改善につながる情報（賃金水準等）を収集した（**）
- 派遣先や派遣会社にキャリアの相談をした（**）

派遣営業職（N=93）／派遣事務職（N=962）

（注）1）派遣事務職と派遣営業職の有意差を検定した。***は1％水準，**は5％水準，*は10％水準で有意であることを示す。
2）「あてはまる」を5点，「ややあてはまる」を4点，「どちらともいえない」を3点，「あまりあてはまらない」を2点，「あてはまらない」を1点として得点化。

（出所）筆者作成。

図2-7 派遣先の支援状況

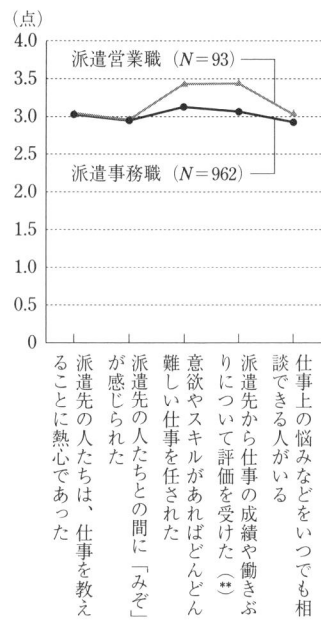

（縦軸：点、0〜4.0）

項目（左から右）：
- 仕事上の悩みなどをいつでも相談できる人がいる
- 派遣先から仕事の成績や働きぶりについて評価を受けた
- 意欲やスキルがあればどんどん難しい仕事を任された（**）
- 派遣先の人たちとの間に「みぞ」が感じられた
- 派遣先の人たちは，仕事を教えることに熱心であった

派遣営業職（N=93）／派遣事務職（N=962）

（注）1）派遣事務職と派遣営業職の有意差を検定した。**は5％水準で有意であることを示す。
2）「あてはまる」を5点，「ややあてはまる」を4点，「どちらともいえない」を3点，「あまりあてはまらない」を2点，「あてはまらない」を1点として得点化。

（出所）筆者作成。

協力が必要である重要な仕事を任されることによって，派遣就業を通じてスキルを高めることができていると考えられる。また，派遣営業職の特徴として，自身と同じ仕事をしている非正社員（派遣スタッフを含む）がいるという点もあげられる。

過去2年間における派遣スタッフの能力開発・キャリア形成行動（「あてはまる」を5点，「あてはまらない」を1点として得点化）に関する職種間の相違を見ると，派遣営業職は，「自主的にスキルアップのための研修などに参加した」「派遣会社と賃金に関する交渉を行った」「自分の処遇改善につながる情報（賃

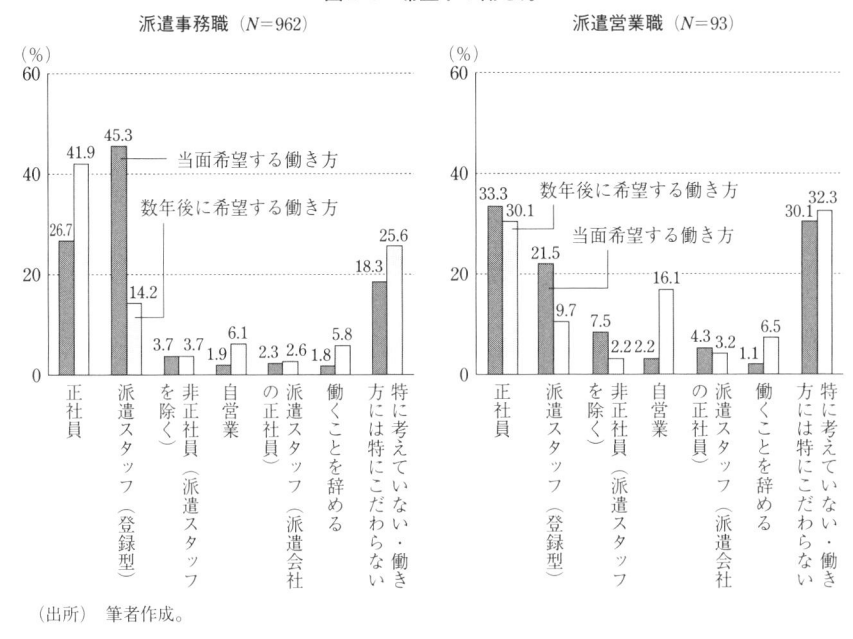

3 派遣事務職と派遣営業職の比較分析

図2-8 希望する働き方

派遣事務職（N=962）

区分	当面希望する働き方	数年後に希望する働き方
正社員	26.7	41.9
派遣スタッフ（登録型）	45.3	14.2
非正社員（派遣スタッフを除く）	3.7	3.7
自営業	1.9	6.1
派遣スタッフ（派遣会社の正社員）	2.3	2.6
働くことを辞める	1.8	5.8
特に考えていない・働き方には特にこだわらない	18.3	25.6

派遣営業職（N=93）

区分	当面希望する働き方	数年後に希望する働き方
正社員	33.3	30.1
派遣スタッフ（登録型）	21.5	9.7
非正社員（派遣スタッフを除く）	7.5	2.2
自営業	2.2	16.1
派遣スタッフ（派遣会社の正社員）	4.3	3.2
働くことを辞める	1.1	6.5
特に考えていない・働き方には特にこだわらない	30.1	32.3

（出所）　筆者作成。

金水準等）を収集した」「派遣先や派遣会社にキャリアの相談をした」の得点がやや高くなっている（図2-6）。

　過去2年間における派遣先の支援状況についても，両職種で相違が見られる。とくに，派遣営業職は「派遣先から仕事の成績や働きぶりについて評価を受けた」に関する得点が高いことが注目される。また，「意欲やスキルがあればどんどん難しい仕事を任された」も，統計的に有意ではないが，派遣事務職の得点を若干上回っている（図2-7）。

　以上から，派遣営業職のほうが派遣事務職よりも，能力開発・キャリア形成のために積極的に行動し，派遣先でも仕事の割振りや評価の面で支援を受けることができているといえる。

　能力開発やキャリア形成においては，本人が働き方に対してどのような希望を持っているかが1つのポイントになる。そこで，当面希望する働き方と，数年後に希望する働き方についても，派遣事務職と派遣営業職の回答結果を比べてみたい（図2-8）。

　当面希望する働き方について，派遣事務職では，「派遣スタッフ（登録型）」

が 45.3 % と最も高く，次に「正社員」(26.7 %)，「特に考えていない・働き方には特にこだわらない」(18.3 %) が続いている。一方，派遣営業職では，「正社員」(33.3 %) と「特に考えていない・働き方には特にこだわらない」(30.1 %) が僅差で上位 2 位に並んでおり，次に「派遣スタッフ（登録型）」(21.5 %) が続いている。

数年後希望する働き方については，派遣事務職でも正社員志向が高まり，「派遣スタッフ（登録型）」が 14.2 % にとどまる一方で，「正社員」が 41.9 % に上り，次に「特に考えていない・働き方には特にこだわらない」(25.6 %) が続いている。派遣営業職については，数年後に希望する働き方も「特に考えていない・働き方には特にこだわらない」(32.3 %) と「正社員」(30.1 %) が僅差で上位 2 位となっており，当面希望する働き方と類似した傾向が見られるが，「自営業」が 16.1 % と 3 位に浮上している点は注目される。

3.3 派遣営業職の時給が上昇する理由

派遣事務職と派遣営業職を比較した結果をまとめると，派遣営業職は派遣事務職に比べると，裁量性が高く，社員との協力が必要である重要な仕事を任されている。一方で，派遣事務職は繰り返しが多い仕事，補助的な仕事を担当しているケースが多い。このような担当している仕事の特徴の相違が，両者の時給上昇における差につながっている可能性が高い。

なお，派遣事務職は，当面希望する働き方として派遣スタッフを選択する割合が高いことから，派遣スタッフ本人が補助的な仕事を望んでいる可能性がある点にも留意する必要がある。

また，派遣事務職は「正社員のほうが多い」職場である割合が高い一方で，派遣営業職は「正社員以外の雇用形態のほうが多い」職場が比較的多く，自身と同じ仕事をする非正社員がいる割合も高い。非正社員の割合が高く，非正社員にも重要な仕事が任される職場にいることが，派遣営業職の時給が上昇する要因の 1 つとなっている可能性も考えられる。

派遣スタッフ自身の能力開発・キャリア形成行動については，派遣営業職のほうが派遣事務職よりも，スキルや労働条件の向上に向けて積極的に行動する傾向が強い。また，派遣先の支援状況についても，派遣営業職は，仕事の割振りや働きぶりの評価といった面で派遣事務職よりも恵まれている。こうした能

力開発・キャリア形成の現状の差も，両職種の時給上昇の相違につながっていると考えられる[2]。

4　時給が上昇した派遣スタッフの特徴

　同じ派遣事務職・派遣営業職の中でも，過去2年間に時給が上昇した派遣スタッフと，上昇しなかった派遣スタッフがいる。では，時給が上昇した派遣スタッフにはどういう特徴があるのだろうか。

　ここでは，過去2年間に時給が上昇した派遣スタッフの特徴を，派遣事務職，派遣営業職のそれぞれについて見ていく。具体的には，「担当する仕事の特徴」「派遣スタッフ自身の能力開発・キャリア形成行動」「派遣先の能力開発・キャリア形成支援」「派遣会社の能力開発・キャリア形成支援」「現状評価と今後のキャリア」「派遣スタッフの属性」を軸として，時給の上昇有無別に派遣スタッフの特徴を比較し，時給を上昇させるためにはどのような行動や支援が有効かについて考察する。

4.1　派遣事務職

　まず，派遣事務職について，過去2年間の時給の上昇の有無別に，担当する仕事の特徴を見てみたい（表2-6）。

　時給が上昇した派遣事務職について現在の詳しい職種を見ると，「一般事務」をあげる割合が，時給が上昇しなかった派遣事務職よりも低くなっている。

　過去2年間に担当した仕事の特徴をさらに詳しく見ると，時給が上昇した派遣事務職は，「仕事の進め方を自分で決められる」「ストレスが大きい仕事」「スキルを活かせる仕事」を担当していた傾向が強い。こうした仕事を担当してきたためか，時給が上昇した派遣事務職は，週当たり労働時間がやや長くなっている。一方，「社員の補助的な仕事」を担当していた場合には，時給が上昇しにくい傾向が窺える。

　派遣スタッフ自身の能力開発・キャリア形成行動（表2-7）を見ると，時給

2）　本調査の設問には含まれていないが，時給に関する相違の背景には，営業職と事務職の人材需要の差もあると考えられる。営業職は恒常的に求人が多く，求職が少ない職種だといわれている。

表 2-6 担当する仕事の特徴（派遣事務職）

		時給上昇	時給上昇なし	有意差
	N	242	720	
専門26業務かどうか（％）	専門26業務である	37.6	43.1	
	専門26業務には該当しない	19.0	15.4	
	わからない	43.4	41.5	
現在の事務職種（％）	一般事務	63.6	72.9	*
	営業事務	16.1	13.5	*
	経理事務	9.1	6.3	*
	貿易事務	4.1	2.8	*
	金融事務	7.0	4.6	*
新人が担当した場合に一通りこなせるまでにかかる期間（カ月）		4.4	3.8	
過去2年間に担当した仕事の特徴（点）	仕事の進め方を自分で決められる	3.48	3.30	**
	派遣先の重要な仕事である	3.42	3.32	
	ストレスが大きい仕事である	3.35	3.18	*
	繰り返しの多い単調な仕事である	3.60	3.57	
	スキルを活かせる仕事である	3.18	2.98	**
	社員との協力が必要な仕事である	3.60	3.55	
	社員の補助的な仕事である	3.33	3.50	*
	他の派遣先で通用するスキルが身につく仕事である	2.87	2.77	
	自身と同じ仕事をしている正社員がいる	2.93	2.87	
	自身と同じ仕事をしている非正社員（派遣スタッフを除く）がいる	2.44	2.28	
	自身と同じ仕事をしている派遣スタッフがいる	3.17	3.11	
時給（円）		1,396.5	1,362.2	
週当たり労働時間（時間）		38.7	38.0	*

(注) 1) 過去2年間の「時給上昇」と「時給上昇なし」の有意差を検定した。**は5％水準，*は10％水準で有意であることを示す。単一回答の％は全体としての有意差。
2) ここでいう「専門26業務」とは，政令で定められている，派遣期間の制限がない26業務を指す。
3) 「新人が担当した場合に一通りこなせるまでにかかる期間」は，「1週間」を0.2カ月，「2～3週間」を0.6カ月，「1カ月程度」を1カ月，「2カ月程度」を2カ月，「3カ月程度」を3カ月，「半年程度」を6カ月，「1年程度」を12カ月，「2年程度」を24カ月，「3年程度」を36カ月として，「その他」と「わからない」は分母から除外して算出した。
4) 「仕事の特徴」は，「あてはまる」を5点，「ややあてはまる」を4点，「どちらともいえない」を3点，「あまりあてはまらない」を2点，「あてはまらない」を1点として得点化。
5) 「週当たり労働時間」は，「7時間未満」を7時間，「7～8時間未満」を7.5時間，「8～10時間未満」を9時間，「10時間以上」を10時間として算出。

(出所) 筆者作成。

表2-7 派遣スタッフの能力開発・キャリア形成行動（派遣事務職）

		時給上昇	時給上昇なし	有意差
	N	242	720	
正社員経験（％）	あり	79.8	78.5	
	なし	20.2	21.5	
派遣スタッフとして就業した期間（カ月）		81.9	87.0	
過去2年間における能力開発・キャリア形成行動（点）	派遣会社に希望する仕事内容を明確に伝えた	3.27	3.24	
	派遣先では仕事の選り好みをしなかった	3.80	3.76	
	派遣先で高度な仕事を与えてもらえるよう働きかけた	2.59	2.48	
	派遣先の人たちと積極的にコミュニケーションをとった	3.36	3.38	
	自主的にスキルアップのための研修などに参加した	2.56	2.48	
	派遣会社と賃金に関する交渉を行った	2.74	2.29	***
	自分の処遇改善につながる情報（賃金水準等）を収集した	2.59	2.35	**
	派遣先や派遣会社にキャリアの相談をした	2.40	2.21	**

(注) 1) 過去2年間の「時給上昇」と「時給上昇なし」の有意差を検定した。***は1％水準，**は5％水準で有意であることを示す。
2) 「能力開発・キャリア形成行動」は，「あてはまる」を5点，「ややあてはまる」を4点，「どちらともいえない」を3点，「あまりあてはまらない」を2点，「あてはまらない」を1点として得点化。

(出所) 筆者作成。

が上昇した派遣事務職は，そうでない派遣事務職に比べて，派遣会社との賃金交渉，処遇改善のための情報収集，キャリアの相談などの行動をとる傾向が強い。

派遣先の能力開発・キャリア形成支援（表2-8）については，「仕事の範囲が明確になった」「意欲やスキルがあればどんどん難しい仕事を任された」「派遣先から仕事の成績や働きぶりについて評価を受けた」が，いずれも時給上昇にプラスの影響を与えている。また，派遣先企業数が少ないほうが時給が上昇する傾向が窺える。一方，「仕事の範囲が狭くなった」り，「社員と派遣スタッフが協力しあうことがなくなった」りすると，時給が上昇しなくなる傾向が見られる。

派遣会社の能力開発・キャリア形成支援（表2-9）を見ると，時給が上昇した派遣事務職は過去2年間1つの派遣会社から派遣されている傾向が強く，登録している派遣会社数も少ないことが注目される。1つの派遣会社で継続的に能力開発・キャリア形成支援が行われれば，時給上昇につながっていく可能性が示唆されている。

表 2-8　派遣先の能力開発・キャリア形成支援（派遣事務職）

		時給上昇	時給上昇なし	有意差
	N	242	720	
過去2年間における派遣先企業の変更の有無（％）	変更あり	26.9	73.1	
	変更なし	32.2	67.8	
過去2年間における派遣先の事業所や支店の変更の有無（％）	変更あり	17.4	82.6	
	変更なし	17.4	82.6	
過去2年間における派遣先の支援状況（点）	派遣先の人たちは，仕事を教えることに熱心であった	3.14	3.03	
	派遣先の人たちとの間に「みぞ」が感じられた	2.81	2.92	
	意欲やスキルがあればどんどん難しい仕事を任された	3.35	3.12	***
	派遣先から仕事の成績や働きぶりについて評価を受けた	3.36	3.01	***
	仕事上の悩みなどをいつでも相談できる人がいる	2.96	2.89	
過去2年間における派遣先職場の変化（複数回答，％）	仕事の範囲が明確になった	25.6	17.6	***
	仕事の範囲が狭くなった	6.6	14.7	***
	残業時間が減った	27.7	31.4	
	同じ職場の派遣スタッフが直接雇用された	9.1	6.2	
	同じ職場の派遣スタッフが派遣契約を打ち切られた	31.4	31.8	
	社員と派遣スタッフが協力しあうことがなくなった	3.3	7.6	**
	派遣スタッフどうしの関係が悪くなった	7.0	7.4	
現在の派遣先企業で就労している期間（カ月）		40.7	38.5	
今までの派遣先企業数（社）		3.7	4.9	***

（注）　1）　過去2年間の「時給上昇」と「時給上昇なし」の有意差を検定した。***は1％水準，**は5％水準で有意であることを示す。
　　　2）　「派遣先の支援状況」は，「あてはまる」を5点，「ややあてはまる」を4点，「どちらともいえない」を3点，「あまりあてはまらない」を2点，「あてはまらない」を1点として得点化。
（出所）　筆者作成。

　現状評価と今後のキャリア（表 2-10）について見ると，時給が上昇した派遣事務職は，今後1年間の失業可能性が比較的低い。また，職業生活全体や，今後の仕事やキャリアの見通しに対する満足度が高いという特徴が見られる。

　過去2年間における時給の上昇の有無別に派遣事務職の属性を見ると，時給が上昇した派遣事務職は，学歴が高く，派遣先職場の社員構成としては「正社員と正社員以外がほぼ同数」という割合がやや高い（表 2-11）。

表 2-9　派遣会社の能力開発・キャリア形成支援（派遣事務職）

		時給上昇	時給上昇なし	有意差
N		242	720	
派遣会社に雇用される期間の定め（%）	期間が定められている	80.6	82.4	
	期間は定められていない	15.7	14.6	
	わからない	3.7	3.1	
過去2年間における複数の派遣会社からの派遣有無（%）	あり	20.7	28.5	**
	なし	79.3	71.5	**
今の派遣会社で派遣スタッフとして就業した期間（カ月）		48.0	46.5	
登録している派遣会社数（社）		2.8	3.6	***

(注)　過去2年間の「時給上昇」と「時給上昇なし」の有意差を検定した。***は1%水準，**は5%水準で有意であることを示す。単一回答の%は全体としての有意差。
(出所)　筆者作成。

表 2-10　現状評価と今後のキャリア（派遣事務職）

		時給上昇	時給上昇なし	有意差
N		242	720	
派遣先で正社員として採用される可能性（%）	採用提案済み・採用可能性がかなり高い	6.6	4.9	
	採用される可能性が少しある	15.7	11.8	
	採用される可能性はない	64.9	70.6	
	わからない	12.8	12.8	
今後1年間の失業可能性（%）	ある	50.4	62.8	***
	ない	31.0	22.2	***
	わからない	18.6	15.0	***
当面希望する働き方（%）	正社員	24.4	27.5	*
	非正社員	50.0	51.8	*
	自営業	2.1	1.8	*
	働くことを辞める	3.7	1.1	*
	特に考えていない・働き方には特にこだわらない	19.8	17.8	*
数年後に希望する働き方（%）	正社員	43.0	41.5	
	非正社員	17.8	21.5	
	自営業	4.5	6.7	
	働くことを辞める	7.4	5.3	
	特に考えていない・働き方には特にこだわらない	27.3	25.0	
現在の仕事に対する満足度（点）	職業生活全体	3.29	3.08	***
	今後の仕事やキャリアの見通し	2.57	2.35	***

(注)　1)　過去2年間の「時給上昇」と「時給上昇なし」の有意差を検定した。***は1%水準，*は10%水準で有意であることを示す。単一回答の%は全体としての有意差。
　　　2)　非正社員には，登録型，および派遣会社の正社員の派遣スタッフを含む。
　　　3)　「現在の仕事に対する満足度」は，「満足」を5点，「やや満足」を4点，「どちらともいえない」を3点，「やや不満」を2点，「不満」を1点として得点化。
(出所)　筆者作成。

表2-11 派遣スタッフの属性（派遣事務職）

		時給上昇	時給上昇なし	有意差
N		242	720	
性別（%）	男性	8.3	9.4	
	女性	91.7	90.6	
年齢（%）	39歳以下	63.2	61.8	
	40～49歳	32.6	33.1	
	50歳以上	4.1	5.1	
最終学歴（%）	高卒以下	31.0	25.8	**
	高専・短大卒等	31.0	41.1	**
	大卒以上	38.0	33.1	**
配偶者の有無（%）	あり	34.3	35.0	
	なし	65.7	65.0	
子どもの有無（%）	あり	21.1	16.7	
	なし	78.9	83.3	
主な家計維持者（%）	自分	50.4	46.5	
	自分以外	49.6	53.5	
派遣先企業の規模（%）	大企業（従業員1000人以上）	46.3	49.2	
	中堅企業（従業員300～999人）	21.1	17.9	
	中小企業（従業員300人未満）	24.0	23.5	
	わからない	8.7	9.4	
派遣先職場の社員の雇用形態（%）	正社員のほうが多い	56.6	61.4	*
	正社員と正社員以外がほぼ同数	14.0	9.2	*
	正社員以外の雇用形態のほうが多い	26.0	24.3	*
	わからない	3.3	5.1	*

（注）過去2年間の「時給上昇」と「時給上昇なし」の有意差を検定した。**は5％水準，*は10％水準で有意であることを示す。単一回答の％は全体としての有意差。
（出所）筆者作成。

4.2 派遣営業職

次に，時給が上昇した派遣営業職の特徴について，派遣事務職の特徴との相違点を中心に述べる。

過去2年間に時給が上昇した派遣営業職が担当した仕事の特徴（表2-12）としては，営業の対象が法人顧客である，チームの主要もしくは補助的なメンバーとして担当顧客を持つ，課題解決のための提案や社外との協力体制構築がポイントとなる営業である，競合他社に比べて競争優位なポジションにある，といった点があげられる。

4 時給が上昇した派遣スタッフの特徴 63

表 2-12 担当する仕事の特徴（派遣営業職）

		時給上昇	時給上昇なし	有意差
	N	45		48
専門26業務かどうか（％）	専門26業務である	24.4	20.8	
	専門26業務には該当しない	8.9	20.8	
	わからない	66.7	58.3	
担当した商品・サービス（％）	消費財	33.3	39.6	
	資本財・システム	37.8	25.0	
	金融・サービス	20.0	29.2	
	その他	8.9	6.3	
訪問先・顧客（複数回答、％）	個人宅に訪問して個人顧客に営業する	37.8	54.2	
	法人・団体に訪問して個人顧客（一般の従業員）に営業する	20.0	39.6	**
	法人・団体に訪問して法人顧客（関係担当者）に営業する	51.1	33.3	*
主な顧客担当形態（％）	1人で担当顧客を持っている	44.4	45.8	**
	チームの主要なメンバーとして	26.7	10.4	**
	チームの補助的なメンバーとして	17.8	10.4	**
	担当顧客を持っていない	11.1	33.3	**
新人が担当した場合に一通りこなせるまでにかかる期間（カ月）		8.1	7.1	
営業や市場の特徴（点）	顧客の課題を解決する提案が営業活動成功のポイント	3.31	2.92	**
	社外との協力体制構築が営業活動成功のポイント	2.82	2.29	***
	主要商品等の市場で自社のシェアは競合他社より大きい	2.49	2.23	
	競合他社と比べて競争優位な営業を展開している	2.56	2.17	**
過去2年間に担当した仕事の特徴（点）	仕事の進め方を自分で決められる	3.98	3.48	**
	派遣先の重要な仕事である	3.98	3.65	*
	ストレスが大きい仕事である	4.02	3.58	**
	繰り返しの多い単調な仕事である	2.36	2.96	**
	スキルを活かせる仕事である	3.87	3.29	***
	社員との協力が必要な仕事である	4.22	3.46	***
	社員の補助的な仕事である	2.82	2.77	
	他の派遣先で通用するスキルが身につく仕事である	3.51	2.98	**
	自身と同じ仕事をしている正社員がいる	3.20	3.04	
	自身と同じ仕事をしている非正社員（派遣スタッフを除く）がいる	2.80	3.29	
	自身と同じ仕事をしている派遣スタッフがいる	4.07	3.85	
時給（円）		1,631.8	1,409.6	**
週当たり労働時間（時間）		40.8	38.3	

（注） 1) 過去2年間の「時給上昇」と「時給上昇なし」の有意差を検定した。*** は1％水準，** は5％水準，* は10％水準で有意であることを示す。単一回答の％は全体としての有意差。
2) 「営業や市場の特徴」は、「あてはまる」を4点、「ややあてはまる」を3点、「あまりあてはまらない」を2点、「あてはまらない」を1点として得点化。
3) 「仕事の特徴」は、「あてはまる」を5点、「ややあてはまる」を4点、「どちらともいえない」を3点、「あまりあてはまらない」を2点、「あてはまらない」を1点として得点化。
（出所） 筆者作成。

表2-13 派遣スタッフの能力開発・キャリア形成行動（派遣営業職）

		時給上昇	時給上昇なし	有意差
	N	45	48	
正社員経験（％）	あり	82.2	79.2	
	なし	17.8	20.8	
派遣スタッフとして就業した期間（カ月）		86.1	95.0	
過去2年間における能力開発・キャリア形成行動（点）	派遣会社に希望する仕事内容を明確に伝えた	3.27	3.04	
	派遣先では仕事の選り好みをしなかった	4.04	3.52	**
	派遣先で高度な仕事を与えてもらえるよう働きかけた	2.84	2.56	
	派遣先の人たちと積極的にコミュニケーションをとった	3.73	3.25	**
	自主的にスキルアップのための研修などに参加した	3.11	3.00	
	派遣会社と賃金に関する交渉を行った	2.64	2.67	
	自分の処遇改善につながる情報（賃金水準等）を収集した	2.78	2.60	
	派遣先や派遣会社にキャリアの相談をした	2.71	2.35	

(注) 1) 過去2年間の「時給上昇」と「時給上昇なし」の有意差を検定した。**は5％水準で有意であることを示す。
2) 「能力開発・キャリア形成行動」は，「あてはまる」を5点，「ややあてはまる」を4点，「どちらともいえない」を3点，「あまりあてはまらない」を2点，「あてはまらない」を1点として得点化。

(出所) 筆者作成。

「仕事の進め方を自分で決められる」「ストレスが大きい」「スキルを活かせる」というような仕事を担当しているほうが，過去2年間で時給が上昇しやすかったという傾向は派遣事務職と同様だが，「派遣先の重要な仕事」や「社員との協力が必要な仕事」を担当しているほうが時給が上昇したという点は，派遣営業職に顕著に見られる特徴だといえる。また，時給が上昇した派遣営業職の仕事の特徴としては，「他の派遣先で通用するスキルが身につく仕事である」という点もあげられ，企業横断的に通用するスキルの形成が，時給上昇にプラスの影響を与えている様子も窺える。

派遣スタッフの能力開発・キャリア形成行動（表2-13）という面では，時給が上昇した派遣営業職は「派遣先では仕事の選り好みをしなかった」「派遣先の人たちと積極的にコミュニケーションをとった」という割合が高い。つまり，社員と協力しながら業務を遂行する中で，仕事の選り好みをせず，積極的に派遣先の社員とコミュニケーションをとることが時給の上昇につながったと推測される。

派遣先の能力開発・キャリア形成支援（表2-14）に関する，時給が上昇した

表 2-14 派遣先の能力開発・キャリア形成支援（派遣営業職）

		時給上昇	時給上昇なし	有意差
	N	45	48	
過去2年間における派遣先企業の変更の有無（％）	変更あり	31.1	20.8	
	変更なし	68.9	79.2	
過去2年間における派遣先の事業所や支店の変更の有無（％）	変更あり	31.1	20.8	
	変更なし	68.9	79.2	
過去2年間における派遣先の支援状況（点）	派遣先の人たちは，仕事を教えることに熱心であった	3.29	2.88	
	派遣先の人たちとの間に「みぞ」が感じられた	2.78	3.04	
	意欲やスキルがあればどんどん難しい仕事を任された	3.69	3.10	**
	派遣先から仕事の成績や働きぶりについて評価を受けた	3.73	3.13	**
	仕事上の悩みなどをいつでも相談できる人がいる	3.38	2.79	**
過去2年間における派遣先職場の変化（複数回答，％）	仕事の範囲が明確になった	24.4	18.8	
	仕事の範囲が狭くなった	11.1	4.2	
	残業時間が減った	24.4	18.8	
	同じ職場の派遣スタッフが直接雇用された	6.7	0.0	*
	同じ職場の派遣スタッフが派遣契約を打ち切られた	28.9	22.9	
	社員と派遣スタッフが協力しあうことがなくなった	2.2	10.4	
	派遣スタッフどうしの関係が悪くなった	8.9	10.4	
現在の派遣先企業で就業している期間（カ月）		44.9	50.9	
今までの派遣先企業数（社）		3.2	3.5	

（注） 1） 過去2年間の「時給上昇」と「時給上昇なし」の有意差を検定した。** は 5 ％水準，* は 10 ％水準で有意であることを示す。
　　　 2）「派遣先の支援状況」は，「あてはまる」を 5 点,「ややあてはまる」を 4 点,「どちらともいえない」を 3 点,「あまりあてはまらない」を 2 点,「あてはまらない」を 1 点とて得点化。
（出所） 筆者作成。

派遣営業職の特徴としては，派遣事務職でも見られた「意欲やスキルがあればどんどん難しい仕事を任された」「派遣先から仕事の成績や働きぶりについて評価を受けた」に加えて，「仕事上の悩みなどをいつでも相談できる人がいる」の割合が高いことが注目される。

なお，派遣営業職については，派遣会社の能力開発・キャリア形成支援（表2-15）の面で，過去の時給の上昇の有無による有意な差が見られなかった。サ

表2-15 派遣会社の能力開発・キャリア形成支援（派遣営業職）

		時給上昇	時給上昇なし	有意差
N		45	48	
派遣会社に雇用される期間の定め（%）	期間が定められている	68.9	68.8	
	期間は定められていない	28.9	29.2	
	わからない	2.2	2.1	
過去2年間における複数の派遣会社からの派遣有無（%）	あり	24.4	22.9	
	なし	75.6	77.1	
今の派遣会社で派遣スタッフとして就労した期間（カ月）		47.4	54.2	
登録している派遣会社数（社）		1.9	2.8	

（注）　過去2年間の「時給上昇」と「時給上昇なし」の有意差を検定したが，いずれの差も有意ではなかった。
（出所）　筆者作成。

表2-16 現状評価と今後のキャリア（派遣営業職）

		時給上昇	時給上昇なし	有意差
N		45	48	
派遣先で正社員として採用される可能性（%）	採用提案済み・採用可能性がかなり高い	8.9	4.2	**
	採用される可能性が少しある	22.2	4.2	**
	採用される可能性はない	62.2	68.8	**
	わからない	6.7	22.9	**
今後1年間の失業可能性（%）	ある	46.7	54.2	
	ない	46.7	29.2	
	わからない	6.7	16.7	
当面希望する働き方（%）	正社員	42.2	25.0	**
	非正社員	35.6	31.3	**
	自営業	4.4	0.0	**
	働くことを辞める	2.2	0.0	**
	特に考えていない・働き方には特にこだわらない	15.6	43.8	**
数年後に希望する働き方（%）	正社員	35.6	25.0	
	非正社員	13.3	16.7	
	自営業	17.8	14.6	
	働くことを辞める	11.1	2.1	
	特に考えていない・働き方には特にこだわらない	22.2	41.7	
現在の仕事に対する満足度（点）	職業生活全体	3.56	3.00	***
	今後の仕事やキャリアの見通し	2.78	2.67	

（注）　1)　過去2年間の「時給上昇」と「時給上昇なし」の有意差を検定した。***は1%水準，**は5%水準で有意であることを示す。単一回答の%は全体としての有意差。
　　　2)　非正社員には，登録型，および派遣会社の正社員の派遣スタッフを含む。
　　　3)　「現在の仕事に対する満足度」は，「満足」を5点，「やや満足」を4点，「どちらともいえない」を3点，「やや不満」を2点，「不満」を1点として得点化。
（出所）　筆者作成。

表 2-17 派遣スタッフの属性（派遣営業職）

		時給上昇	時給上昇なし	有意差
	N	45	48	
性別（％）	男 性	31.1	54.2	**
	女 性	68.9	45.8	**
年齢（％）	39歳以下	42.2	29.2	**
	40〜49歳	48.9	37.5	**
	50歳以上	8.9	33.3	**
最終学歴（％）	高卒以下	31.1	45.8	
	高専・短大卒等	37.8	25.0	
	大卒以上	31.1	29.2	
配偶者の有無（％）	あ り	44.4	66.7	**
	な し	55.6	33.3	**
子どもの有無（％）	あ り	40.0	58.3	*
	な し	60.0	41.7	*
主な家計維持者（％）	自 分	60.0	54.2	
	自分以外	40.0	45.8	
派遣先企業の規模（％）	大企業（従業員1000人以上）	62.2	41.7	**
	中堅企業（従業員300〜999人）	6.7	22.9	**
	中小企業（従業員300人未満）	20.0	31.3	**
	わからない	11.1	4.2	**
派遣先職場の社員の雇用形態（％）	正社員のほうが多い	42.2	27.1	***
	正社員と正社員以外がほぼ同数	22.2	6.3	***
	正社員以外の雇用形態のほうが多い	33.3	45.8	***
	わからない	2.2	20.8	***

(注) 過去2年間の「時給上昇」と「時給上昇なし」の有意差を検定した。*** は1％水準、** は5％水準、* は10％水準で有意であることを示す。単一回答の％は全体としての有意差。
(出所) 筆者作成。

ンプル数が少ないことが関係している可能性もあるが、派遣営業職の能力開発・キャリア形成支援における派遣会社の役割を、改めて検証してみる価値がありそうである。

時給が上昇した派遣営業職のほうが、職業生活全体に対する満足度が高い点は、派遣事務職の傾向と類似している。また、時給が上昇した派遣営業職は、正社員としての働き方を志向する傾向が強く、派遣先で正社員として「採用提案済み・採用可能性がかなり高い」や「採用される可能性が少しある」の割合も高い（表2-16）。

派遣スタッフの属性（表2-17）を見ると，時給が上昇しなかった派遣営業職では女性が半分に満たないが，時給が上昇した派遣営業職については7割弱が女性である。このほか，過去2年間に時給が上昇した派遣営業職の特徴として，年齢が相対的に若いこと，配偶者や子どもがいない派遣スタッフが多いことがあげられる。逆にいうと，配偶者や子どもがいる年配の男性のほうが，時給の上昇が難しい状況にあったという実態が浮彫りになっている。

5 まとめ──分析結果から得られた示唆

最後に，これまでの分析結果から得られた示唆をまとめて，本章の結びとしたい。

派遣事務職，派遣営業職のいずれについても，スキル・レベル，担当業務の難易度，時給のうち，とくに時給が上昇しにくいことが，キャリア形成のボトルネックとなっている懸念が大きい。ただし，これらの2つの職種の中では，派遣営業職のほうが過去2年間に時給が上昇したとする割合が高く，スキル・レベルや担当業務の難易度の上昇が，比較的時給の上昇につながりやすくなっている可能性が高い。

この背景要因としては次の3点があげられる。第1に，派遣営業職のほうが，裁量性が高く，社員との協力が必要である重要な仕事を任され，派遣就業を通じてスキルを高めることができている（派遣事務職は繰り返しが多い仕事，補助的な仕事を担当しているケースが多い）。第2に，派遣営業職のほうが，能力開発やキャリア形成のために積極的に行動している。第3に，派遣先の支援状況についても，派遣営業職は，仕事の割振りや働きぶりの評価といった面で派遣事務職よりも恵まれている。

表2-18では，過去2年間に時給が上昇した派遣スタッフの特徴を整理した。派遣先で担当している仕事について見ると，裁量性の高い仕事，ストレスが大きい仕事，スキルを活かせる仕事を担当していることが，派遣事務職・派遣営業職に共通して，時給が上昇した派遣スタッフの特徴としてあげられる。派遣事務職については，時給が上昇した中では一般事務の割合が相対的に低くなっており，社員の補助的な立場で一般事務を担当しているだけでは，時給の上昇につながらない懸念が大きい。時給が上昇した派遣営業職の特徴としては，

5 まとめ

表2-18 時給が上昇した派遣スタッフの特徴

		派遣事務職	派遣営業職
担当する仕事の特徴		・一般事務の割合が低い。	(過去2年間に主に担当した営業) ・営業対象は法人顧客。 ・チームで営業を担当している。 ・提案営業を担当している。 ・社外との協力体制構築がポイントとなる営業を担当している。 ・競合他社と比べて競争優位。
	(過去2年間に担当した仕事の特徴)	・仕事の進め方を自分で決められる。 ・ストレスが大きい仕事である。 ・スキルを活かせる仕事である。	
		・「社員の補助的な仕事」ではない。 ・週当たり労働時間が長い。	・派遣先の重要な仕事である。 ・「繰り返しの多い単調な仕事」ではない。 ・社員との協力が必要な仕事である。 ・他の派遣先で通用するスキルが身につく仕事である。
派遣スタッフの能力開発・キャリア形成行動 (過去2年間)		・派遣会社と賃金に関する交渉を行った。 ・自分の処遇改善につながる情報(賃金水準等)を収集した。 ・派遣先や派遣会社にキャリアの相談をした。	・仕事の選り好みをしなかった。 ・派遣先の人たちと積極的にコミュニケーションをとった。
派遣先の能力開発・キャリア形成支援 (過去2年間)		・意欲やスキルがあればどんどん難しい仕事を任された。 ・派遣先から仕事の成績や働きぶりについて評価を受けた。	
		・仕事の範囲が明確になった。 ・「仕事の範囲が狭く」なっていない。 ・「社員と派遣スタッフが協力しあうことがなく」なっていない。 ・派遣先企業数が少ない。	・仕事の悩みなどをいつでも相談できる人がいる。 ・同じ職場の派遣スタッフが直接雇用された。
派遣会社の能力開発・キャリア形成支援		・過去2年間,同じ派遣会社から派遣されている。 ・登録している派遣会社数が少ない。	

(出所) 筆者作成。

法人顧客を対象とする営業,組織営業,提案営業,社外との協力体制構築を必要とする営業,競争優位な営業を担当していることがあげられる。また,社員との協力が必要な仕事,重要な仕事,他の派遣先で通用するスキルが身につく仕事を担当することも,派遣営業職の時給の上昇につながっている。

派遣スタッフ自身の能力開発・キャリア形成行動については，派遣事務職では，賃金交渉，処遇改善のための情報収集，キャリアの相談といったような労働条件向上のための具体的な行動が時給上昇に有益だった。一方，派遣営業職では，仕事の選り好みをせず，派遣先の人たちと積極的にコミュニケーションをとることが，時給の上昇につながっていくことが示唆されている。

　派遣先の能力開発・キャリア形成支援について見ると，派遣事務職・派遣営業職に共通して，次のような特徴が見られる。第1に，派遣先において，意欲やスキルがあればどんどん難しい仕事を任されている。第2に，派遣先から仕事の成績や働きぶりについて評価を受けている。

　また，派遣先に関しては，仕事の範囲が明確である（ただし，狭くなってはいけない）こと，社員と派遣スタッフが協力し合える雰囲気があること，派遣先企業数が少ないことも，派遣事務職の時給の上昇に寄与してきたといえる。一方，派遣営業職については，社員との協力の必要性が高いことから，仕事の悩みなどをいつでも相談できる人の存在が時給の上昇に有益だと考えられる。

　派遣会社の能力開発・キャリア形成支援という面では，派遣事務職については，過去2年間同じ派遣会社から派遣されたこと，登録している派遣会社数が少ないことが時給上昇につながってきた傾向が読み取れる。しかしながら，派遣営業職については，時給上昇の有無による派遣会社の支援の差が確認できなかった。派遣営業職はサンプル数が少ないこと，本調査では派遣会社の支援内容を詳しく尋ねていないということも考慮する必要があるが，派遣スタッフの時給上昇に向けて派遣会社がどのように関与していくべきかについては，今後の検討課題だと考えられる。

第3章

生産職種の請負・派遣社員の就業意識
就業満足度から見た人事管理の課題

佐野 嘉秀

1 はじめに

　本章では,生産関連の職種で請負社員や派遣社員として働く人たちの就業意識に焦点を当てる。生産職種の請負・派遣社員は,どのような理由から現在の働き方を選んでいるのか。また,現在の仕事や就業条件のどのような点に不満を持ち,どのような就業条件の改善をとくに期待しているのだろうか。これら,請負・派遣社員の就業理由,就業満足度,就業条件改善に向けた要望について,請負・派遣社員への個人アンケート調査の集計をもとに明らかにしてみたい。
　ここでいう請負社員は,業務請負等の契約形態で企業が製造企業から請け負った生産関連の請負業務に従事している[1]。また,派遣社員は,労働者派遣契約に基づき製造企業に派遣されてそこでの生産関連業務に従事している。人材ビジネス企業の中には,生産職種を対象に,こうした請負事業と労働者派遣事業とをともに営む企業も多く,請負社員と派遣社員の人事管理のあり方や就業条件は大きく重なり合っている(電機総研,2010)。そして,請負社員と派遣社員とは,属性やこれまでの経歴における共通点も多い[2](佐野,2010c)。そこで,本

---

[1] 生産職種においては,従来から,製造企業の生産職場に協力会社が自社の社員を配置して請負業務を行う構内請負が行われている。これに対し,本章で焦点を当てる請負形態は,一般に「生産請負」「製造請負」「業務請負」などと呼称される請負形態であり,①必ずしも資本関係のない企業から受注を行うこと,②複数の製造企業から広く業務を受注すること,③自社工場を持たないことが多いこと,④人材ビジネス企業として,生産職種への労働者派遣事業等も合わせて行う企業も多いこと,などの特徴を持つ(木村・佐野ほか,2010)。

章での分析では，請負社員と派遣社員とをとくに区別せず，両者を請負・派遣社員として1つの就業層として捉え，彼（女）らの就業意識を明らかにすることとしたい。

本章では，これに加えて，請負・派遣社員を雇用する人材ビジネス企業および派遣社員を活用する製造企業における人事管理の課題を明らかにするため，請負・派遣社員の就業満足度を高める人事管理のあり方についても検討する。具体的な論点としては，就業条件のどのような側面についての改善が，請負・派遣社員の就業満足度を高めるのか。また，より広く，職場レベルでの仕事の割振り方や教育訓練（OJT），リーダーへの登用等も含めた人事管理が，請負・派遣社員の就業満足度にどう影響を与えるかについて分析したい。

これらの分析のためのデータとして，東京大学社会科学研究所が2010年8〜9月に実施した，請負・派遣社員としての就業者を対象とする「請負社員・派遣社員の働き方とキャリアに関するアンケート調査」（以下，「2010年調査」と表記）を用いる。

ところで，同調査を実施した2010年後半の時期は，いわゆる「リーマン・ショック」に伴い08年後半から09年にかけて急速な景気後退を経験した後の時期にあたる。2008年後半以降，日本では，製造企業が業務量の急速かつ大幅な減少に対応した要員調整を進める上で労働者派遣契約や請負契約の停止が大規模に行われた。[3)] 調査時点の2010年後半は，景気後退の局面はすでに脱したものの，依然として就業環境の厳しい時期であった。そのため，「2010年調査」の集計結果には，就業環境がより良好な時期と比べて，請負・派遣社員における不本意な就業意識や，雇用の不安定さなどへの不満が強く反映されてい

---

2) 本章で用いる「請負社員・派遣社員の働き方とキャリアに関するアンケート調査」の回答者の主な属性や経歴について，現在の働き方を「派遣社員」とする回答者と「請負社員」とする回答者とを比べると，男性割合は「派遣」で68.8％，「請負」で66.4％，18〜34歳の若年層割合は「派遣」で50.0％，「請負」で48.4％，高卒割合は「派遣」で70.3％，「請負」で68.4％である。また，現在の請負派遣会社に入社する前に経験した職種としては，いずれも「製造業務」が最も多く「派遣」で66.5％，「請負」で53.6％，これに次いで「販売・接客・フードサービス」が多く「派遣」で47.7％，「請負」で49.9％であった。両者の属性と経歴は類似しているといえる。

3) 「平成21年度労働者派遣事業報告の集計結果（確報版）」（厚生労働省，2010）によれば，生産関連業務に従事する派遣労働者の数は，2008年6月1日（調査時点）の約56万人から，翌09年6月1日の約25万人へと半分以下への減少を経験している。同時期，業務請負の活用規模も大幅に縮小したと見られる。

1 はじめに

る可能性がある。

そこで本章では，相対的に就業環境が良好であった 2005 年 2～3 月に実施された，生産職種の請負・派遣社員を対象とする「製造業務における請負・派遣社員の働き方に関するアンケート」（以下，「2005 年調査」と表記）の集計結果についても，合わせて見ることとする。両調査の集計を比較することで，「2010 年調査」時点の，急速な景気後退を経験し就業環境が厳しい時期における請負・派遣社員の就業意識の特徴，および就業環境の変化にかかわらず見られる請負・派遣社員の就業意識の傾向の把握を試みたい。「2005 年調査」は，「2010 年調査」とほぼ同じ質問と選択肢を用いて，請負・派遣社員の就業理由や就業満足度，就業条件改善に向けた要望を尋ねており，これらの項目について両調査間の比較が可能である[4]。

ただし，両調査はともに，ランダム・サンプリングの方法に基づいて調査対象を選んだものではない。「2005 年調査」は日本生産技能労務協会の会員企業の 11 社および特定地域の業界団体の会員企業（2 社）を，「2010 年調査」は日本生産技能労務協会の会員企業を通じて，それぞれ調査票を配布している。そのため，両調査とも，調査協力企業の属性は，これらの業界団体に非加盟の企業と比べて，中堅・大手の企業の比重が高く，人事制度の整備や適切な就業条件の提供に積極的な企業が多く含まれると考えられる。そのため，調査対象の請負・派遣社員は，相対的に良好な就業条件のもとにある可能性がある。その分，より現状肯定的な就業意識が見られるかもしれない。それでも両調査から，請負・派遣社員における就業意識の基本的な傾向や，請負・派遣社員の就業条件および人事管理に関する課題を把握することは可能と考える。

このほか，「2010 年調査」と「2005 年調査」の比較から読み取れる就業意識の相違が，単に調査対象の偏りが両時点で異なるため生じている可能性も否定できない。したがって，就業意識の変化についての解釈は，あくまで暫定的な

---

4) 参考までに，両調査における回答者の主な基本属性を示すと，「2005 年調査」では，男性割合 60.2 ％，20 歳代割合 46.0 ％，高卒割合 62.7 ％，未婚・非婚割合 70.3 ％，家計の主たる担い手の割合 45.8 ％，「2010 年調査」では，男性割合 66.1 ％，20 歳代割合 29.8 ％，高卒割合 69.2 ％，未婚・非婚割合 66.6 ％，家計の主たる担い手の割合 58.2 ％であった。なお，就業形態の自己認識については，「2005 年調査」では，「派遣社員」割合 51.8 ％，「請負社員」割合 35.8 ％，「どちらかわからない」割合が 10.6 ％，「2010 年調査」では，「派遣社員」割合 32.8 ％，「請負社員」割合 46.3 ％，「どちらかわからない」割合が 20.1 ％であった。

仮説として捉えてもらいたい。とはいえ，分析結果を先取りすると，両調査から把握できる請負・派遣社員の就業意識には共通点が多く，両調査時点における就業意識の違いについても，就業環境の変化（2005年時点と比べて厳しい2010年時点の就業環境）と関連づけて理解できるものであった。

以下では，第1に，「2010年調査」および「2005年調査」から，請負・派遣社員の就業理由や就業満足度，就業条件改善に向けた要望について明らかにする。その上で，第2に，とくに「2010年調査」のデータを用い，就業満足度の向上に向けた，請負・派遣企業や製造企業にとっての人事管理上の課題について，検討することとする。

2 請負・派遣社員としての就業理由

それではまず，請負・派遣社員の就業理由について，「2005年調査」と「2010年調査」の集計から見ることとしたい。請負・派遣社員が，現在の働き方を選択する理由は，どのようなものか。

2.1 役職のない請負・派遣社員の就業選択理由

図3-1は，リーダー等の役職のない請負・派遣社員[5]について，「2005年調査」と「2010年調査」とで，請負・派遣社員としての働き方を選んだ理由を比較したものである[6]。

図3-1から，第1に，「2010年調査」では，「正社員に限らずほかに仕事がなかったから」という選択肢を選んだ割合が最も高いことがわかる。ただし，この選択肢は，「2005年調査」では用意していなかったものであるため，

---

5) 「2010年調査」と「2005年調査」ともに，「役職のない社員」を集計している。
6) 両時点の調査とも質問は，「あなたが請負・派遣社員として働くことにした理由は何ですか」というものである。「2010年調査」の就業理由に関する質問の選択肢は，「2005年調査」で「その他」として自由回答で理由を述べていた回答の一部を「2010年調査」では選択肢としたことに伴い，「2005年調査」のそれと部分的に異なる。そうした選択肢としては，「請負・派遣会社に転職したため」「正社員に限らずほかに仕事がなかったから」がある。このほか，選択肢の意味を明確化するため若干，表現を変えた選択肢としては，「正社員として働ける会社が請負・派遣会社以外になかったから」（「2005年調査」では「正社員として働ける会社（請負・派遣会社以外）がなかったから」）と「特に理由はない（「なんとなく」を含む）」（「2005年調査」では，「特に理由はない（なんとなく）」）がある。

2 請負・派遣社員としての就業理由　75

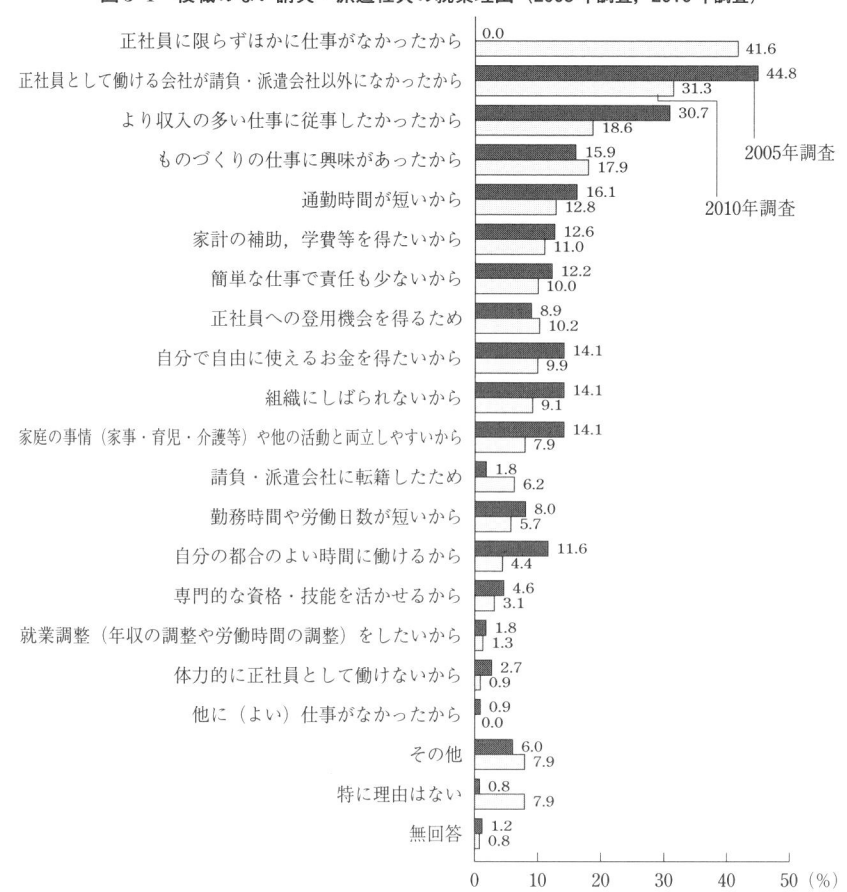

図3-1　役職のない請負・派遣社員の就業理由（2005年調査，2010年調査）

就業理由	2005年調査	2010年調査
正社員に限らずほかに仕事がなかったから	0.0	41.6
正社員として働ける会社が請負・派遣会社以外になかったから	44.8	31.3
より収入の多い仕事に従事したかったから	30.7	18.6
ものづくりの仕事に興味があったから	15.9	17.9
通勤時間が短いから	16.1	12.8
家計の補助，学費等を得たいから	12.6	11.0
簡単な仕事で責任も少ないから	12.2	10.0
正社員への登用機会を得るため	8.9	10.2
自分で自由に使えるお金を得たいから	14.1	9.9
組織にしばられないから	14.1	9.1
家庭の事情（家事・育児・介護等）や他の活動と両立しやすいから	14.1	7.9
請負・派遣会社に転籍したため	1.8	6.2
勤務時間や労働日数が短いから	8.0	5.7
自分の都合のよい時間に働けるから	11.6	4.4
専門的な資格・技能を活かせるから	4.6	3.1
就業調整（年収の調整や労働時間の調整）をしたいから	1.8	1.3
体力的に正社員として働けないから	2.7	0.9
他に（よい）仕事がなかったから	0.9	0.0
その他	6.0	7.9
特に理由はない	0.8	7.9
無回答	1.2	0.8

（注）複数回答。なお，2005年調査は$N=1046$，2010年調査は$N=1347$。
（出所）筆者作成。

「2005年調査」との比較はできない。

　第2に，「2010年調査」では，「正社員として働ける会社が請負・派遣会社以外になかったから」という回答が2番目に多い。「2005年調査」では，この「正社員として働ける会社（請負・派遣会社以外）がなかったから」とする回答の割合が最も高かった。いずれの時点の調査においても，正社員としての就業機会が限られる中，数少ない就業のための選択肢として現在の働き方を選んでいる人が多いことが読み取れる。

第3に，両調査における指摘率の違いに着目すると，「2010年調査」では「2005年調査」と比べて，上述の「正社員として働ける会社が請負・派遣会社以外になかったから」という回答の指摘率が低い。ただし，「2010年調査」では，上述のように，新たに「正社員に限らずほかに仕事がなかったから」という類似の趣旨の選択肢を加えたために，回答が両選択肢の間で分散した分，同選択肢の指摘率が低くなった可能性がある。このほか，「2010年調査」では，「2005年調査」と比べて，「より収入の多い仕事に従事したかったから」という回答の割合が低くなっている。

　以上のほか，指摘率自体は両調査ともに低いものの，「組織にしばられないから」や「家庭の事情（家事・育児・介護等）や他の活動と両立しやすいから」といった，仕事以外の生活領域を重視する理由から請負・派遣社員としての就業を選択する割合も，「2010年調査」では，「2005年調査」と比べて低下している。

　以上のように，両時点の調査結果に共通して，生産職種の請負・派遣社員においては，正社員等として就業できる機会が限られる中で，数少ない就業機会として請負・派遣社員の働き方を選んでいる割合が高い。そして，「2010年調査」では，「2005年調査」と比べて，相対的な収入の高さや，仕事以外の生活との両立のしやすさなど，請負・派遣社員としての働き方の利点ゆえに積極的に現在の働き方を選んでいる就業者の割合は低くなっている[7]。全体としては，就業機会の限定を理由として消極的に現在の働き方を選択しているという性格が強まったと見ることもできる。

2.2　リーダー層の請負・派遣社員の就業選択理由

　次に，図3-2は，リーダー層[8]の請負・派遣社員について，「2005年調査」と

---

[7]　役職のない請負・派遣社員の年齢構成は，「2005年調査」と「2010年調査」とで異なる。「2005年調査」では35歳以上の割合が33.2％であるのに対して，「2010年調査」では35歳以上の割合は48.8％であった。そこで，両調査について34歳以下の若年層に限定して，役職のない請負・派遣社員の就業意識を比較したところ，図3-1から把握される両時点間の変化の特徴に相違は見られなかった。したがって，両時点間の就業意識の違いは，年齢構成によるものとはいえない。同様のことは，図3-4と図3-6の集計結果についてもあてはまる。34歳以下の請負・派遣社員に限定した集計は，佐藤・佐野・島貫（2012）を参照されたい。

[8]　「2005年調査」では「管理者・リーダー（現場作業も行う）」を，「2010年調査」では「リーダー・管理者（現場作業も行う）」を，それぞれ集計している。

2 請負・派遣社員としての就業理由

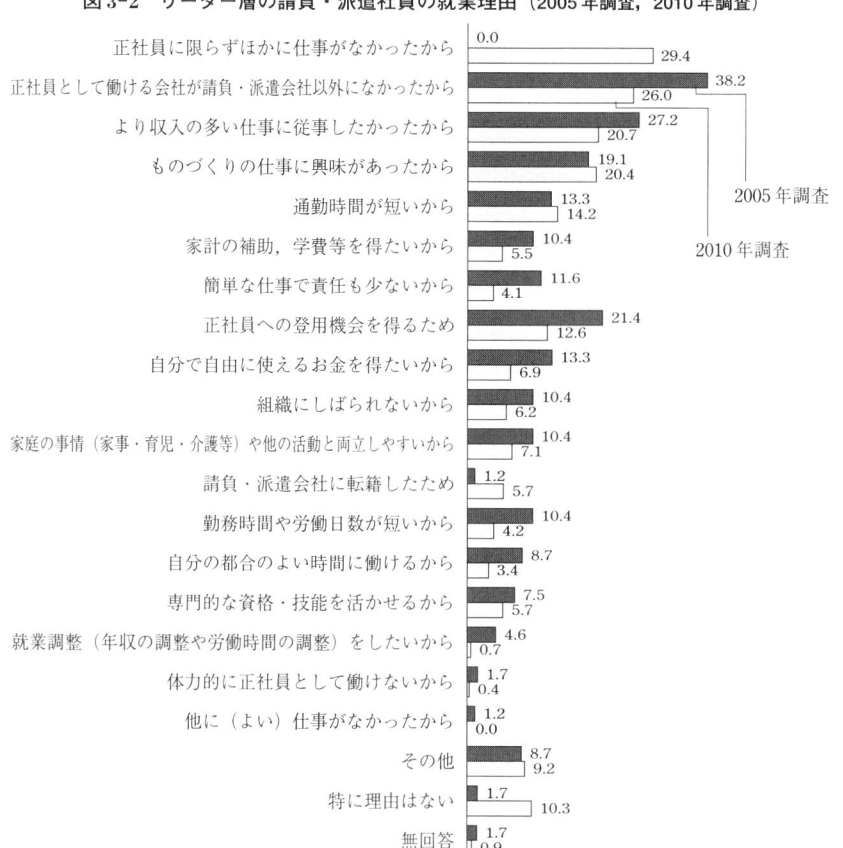

図3-2 リーダー層の請負・派遣社員の就業理由（2005年調査，2010年調査）

就業理由	2005年調査	2010年調査
正社員に限らずほかに仕事がなかったから	0.0	29.4
正社員として働ける会社が請負・派遣会社以外になかったから	38.2	26.0
より収入の多い仕事に従事したかったから	27.2	20.7
ものづくりの仕事に興味があったから	19.1	20.4
通勤時間が短いから	13.3	14.2
家計の補助，学費等を得たいから	10.4	5.5
簡単な仕事で責任も少ないから	11.6	4.1
正社員への登用機会を得るため	21.4	12.6
自分で自由に使えるお金を得たいから	13.3	6.9
組織にしばられないから	10.4	6.2
家庭の事情（家事・育児・介護等）や他の活動と両立しやすいから	10.4	7.1
請負・派遣会社に転籍したため	1.2	5.7
勤務時間や労働日数が短いから	10.4	4.2
自分の都合のよい時間に働けるから	8.7	3.4
専門的な資格・技能を活かせるから	7.5	5.7
就業調整（年収の調整や労働時間の調整）をしたいから	4.6	0.7
体力的に正社員として働けないから	1.7	0.4
他に（よい）仕事がなかったから	1.2	0.0
その他	8.7	9.2
特に理由はない	1.7	10.3
無回答	1.7	0.9

（注）複数回答。なお，2005年調査は $N=173$，2010年調査は $N=565$。
（出所）筆者作成。

「2010年調査」における就業理由を集計したものである。リーダー層の請負・派遣社員は，請負先・派遣先の職場で，複数の請負・派遣社員の取りまとめ役として働く。ただし，請負・派遣会社におけるより上位の管理者とは異なり，役職のない請負・派遣社員とともに，自らも生産関連の業務遂行を行う（佐野，2010b）。このようなリーダー層の請負・派遣社員は，就業意欲の高い人材から選ばれるなどするため，役職のない請負・派遣社員とは異なる就業意識を持つ可能性がある。そこで，本章では，リーダー層について，役職のない請負・派

遣社員とは区別して集計することとした。

　集計結果から，第1に，リーダー層においても，「2010年調査」では，「正社員に限らずほかに仕事がなかったから」とする割合が最も高い。やはり，就業機会が限られる中で，現在の働き方を選択している人が多いことがわかる。ただし，図3-1で見た役職のない一般の請負・派遣社員と比べると，この選択肢を選んだ割合はやや低い（役職なし層では41.6％であるのに対して，リーダー層では29.4％）。

　第2に，「2010年調査」では，「正社員として働ける会社が請負・派遣会社以外になかったから」という回答が2番目に多い。「2005年調査」では，「正社員として働ける会社（請負・派遣会社以外）がなかったから」とする回答の割合は最も高かった。「2010年調査」においても，「2005年調査」と同様，正社員としての就業機会が限られる中で，請負・派遣社員としての就業を選んでいる人が多いことが確認できる。

　第3に，指摘率の高い選択肢について，両時点の調査間の回答割合の違いに着目すると，「2010年調査」では，「2005年調査」と比べて，上述の「正社員として働ける会社が請負・派遣会社以外になかったから」および「より収入の多い仕事に従事したかったから」という回答の割合はいずれも低くなっている。役職のない一般の請負・派遣社員の場合と同様の傾向といえる。

　このほか，「2005年調査」で指摘率のやや高かった「正社員への登用機会を得るため」という回答の割合（21.4％）が，「2010年調査」ではより低くなっている（12.6％）。就業環境の変化を背景として，正社員登用の機会が縮小した可能性が考えられる。

　以上のように，両時点の調査結果に共通して，リーダー層の請負・派遣社員においても，正社員等として就業できる機会が限られる中で，数少ない就業機会として請負・派遣社員の働き方を選んでいる割合が高い。そして，「2005年調査」と比べて「2010年調査」では，相対的な収入の高さや仕事以外の生活との両立のしやすさなどの利点を就業理由としてあげる割合が，より低くなっている。こうした傾向は，役職のない請負・派遣社員と同様である。このほか，とくにリーダー層では，両調査時点を比べると，正社員への転換の機会を期待して就業選択する割合も低くなっている。

2.3 「リーマン・ショック」前後の就業理由の違い

　上で見たように,「2010年調査」「2005年調査」ともに,請負・派遣社員の就業理由としては,就業機会が限られるからという消極的な理由をあげる割合が高い。そして,相対的な収入の高さや,仕事以外の生活との両立のしやすさなどの利点をあげる割合は,「2010年調査」では低下している。全体としては,就業機会の限定を理由として消極的に現在の働き方を選択しているという性格が強まっていると見られる。

　ただし,「2010年調査」の回答者の請負・派遣社員としての就業期間は,さまざまである。それゆえ,「2010年調査」の回答者の中でも,請負・派遣社員としての就業を開始した時点の違いによって就業選択の理由が異なる可能性がある。とりわけ,2008年後半以降のいわゆる「リーマン・ショック」後の景気後退のもと就業機会が縮小傾向にある時期とそれ以前とでは,就業環境の違いゆえに,請負・派遣社員として働き始めた理由に違いがあることが考えられる。

　そこで,図3-3では,「2010年調査」から,役職のない一般の請負・派遣社員を,およそ「リーマン・ショック」より前に請負・派遣社員として働き始めていると考えられる,調査時点において現在の会社での勤続期間が2年以上の層と,およそ「リーマン・ショック」後に請負・派遣社員として働き始めた人が多数を占めると考えられる,勤続期間が2年未満の層とに分けて,請負・派遣社員としての就業理由を集計した。

　集計結果から,勤続2年未満の層のほうが,勤続2年以上の層よりも,「正社員に限らずほかに仕事がなかったから」や「正社員として働ける会社が請負・派遣会社以外になかったから」,「ものづくりの仕事に興味があったから」という理由をあげる割合が高くなっている。

　「リーマン・ショック」後においては,とくに,正社員および非正社員の就業機会が限定される中で,数少ない就業機会として,請負・派遣社員の働き方を選択する傾向が強まっていることがわかる。このほか,指摘率自体は高くないものの,「ものづくり」への関心から,請負・派遣社員としての就業を選んでいる割合も高くなっている。正社員や非正社員としての就業機会が限られる中,生産職種の仕事に従事しようとした場合に,請負・派遣社員として働くことが重要な就業機会となっている可能性が読み取れる。

図3-3 役職のない請負・派遣社員における勤続年数別に見た就業理由の違い（2010年調査）

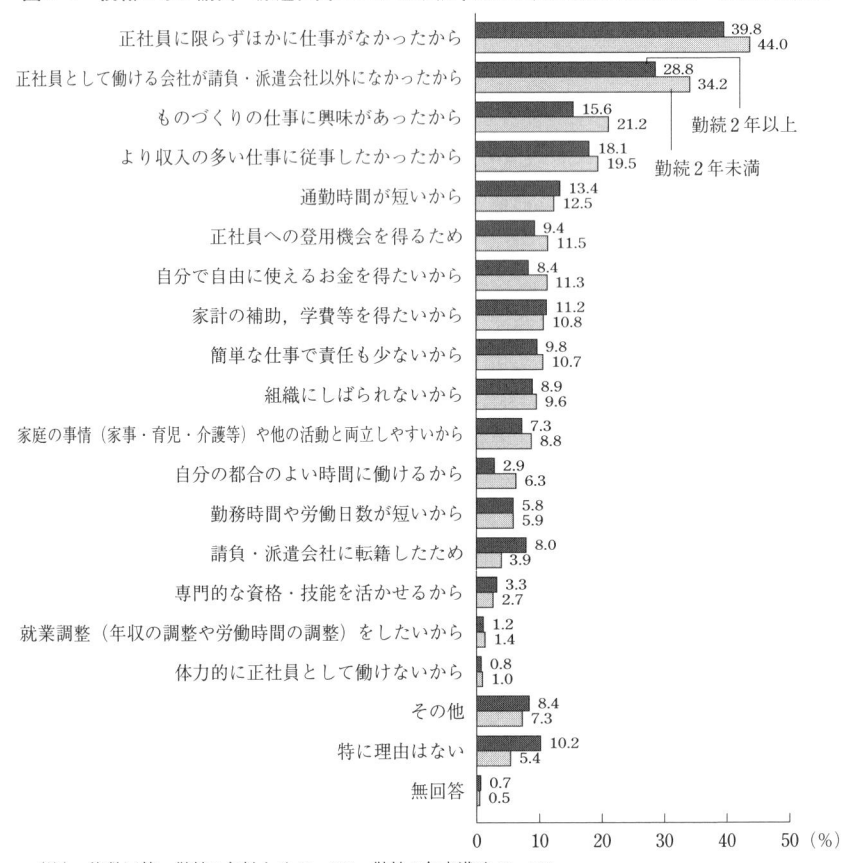

理由	勤続2年以上	勤続2年未満
正社員に限らずほかに仕事がなかったから	39.8	44.0
正社員として働ける会社が請負・派遣会社以外になかったから	28.8	34.2
ものづくりの仕事に興味があったから	15.6	21.2
より収入の多い仕事に従事したかったから	18.1	19.5
通勤時間が短いから	13.4	12.5
正社員への登用機会を得るため	9.4	11.5
自分で自由に使えるお金を得たいから	8.4	11.3
家計の補助，学費等を得たいから	11.2	10.8
簡単な仕事で責任も少ないから	9.8	10.7
組織にしばられないから	8.9	9.6
家庭の事情（家事・育児・介護等）や他の活動と両立しやすいから	7.3	8.8
自分の都合のよい時間に働けるから	2.9	6.3
勤務時間や労働日数が短いから	5.8	5.9
請負・派遣会社に転籍したため	8.0	3.9
専門的な資格・技能を活かせるから	3.3	2.7
就業調整（年収の調整や労働時間の調整）をしたいから	1.2	1.4
体力的に正社員として働けないから	0.8	1.0
その他	8.4	7.3
特に理由はない	10.2	5.4
無回答	0.7	0.5

（注）複数回答。勤続2年以上は$N=723$，勤続2年未満は$N=591$。
（出所）筆者作成。

3　就業満足度の状況

　それでは，請負・派遣社員は，現在の仕事や働き方，労働条件をどのように評価しているのだろうか。以下では，請負・派遣社員の就業満足度について見ることとしたい。

　図3-4は，役職のない社員として働く請負・派遣社員について，「2005年調査」と「2010年調査」における就業満足度を集計したものである。主な項目

図3-4 役職のない請負・派遣社員の就業満足度（2005年調査，2010年調査）

項目	年	満足	やや満足	どちらともいえない	やや不満	不満	無回答
仕事内容・やりがい	2005年	8.0	30.1	41.6	11.2	8.5	0.5
	2010年	9.0	31.9	39.9	10.4	8.2	0.7
賃金	2005年	3.7	18.3	25.5	24.0	27.5	0.2
	2010年	3.0	16.8	30.5	24.0	24.9	0.8
人事評価・処遇のあり方	2005年	2.9	13.5	44.9	18.9	18.5	1.8
	2010年	4.4	12.5	47.6	19.1	15.1	1.8
労働時間・休日等の労働条件	2005年	14.9	32.0	28.4	14.8	9.6	0.8
	2010年	14.3	29.3	33.4	15.4	6.5	1.1
教育訓練・能力開発のあり方	2005年	3.2	10.8	52.0	18.7	14.1	1.1
	2010年	3.7	11.4	50.8	18.9	14.8	
雇用の安定性	2005年	4.8	18.5	41.1	18.5	16.7	0.5
	2010年	4.3	14.1	40.0	22.9	18.2	0.5
今後の仕事やキャリアの見通し	2010年	1.5 / 6.5	47.4	21.6	22.3		0.7
職業生活全体	2005年	4.7	24.7	51.9	12.6	5.3	
	2010年	3.9	19.4	51.4	16.2	8.2	0.9

（注） 1) 2005年調査は$N=1046$，2010年調査は$N=1347$。
　　　 2) 両調査における質問項目・文言の異同については，脚注9）を参照。
（出所） 筆者作成。

に限定して集計している。両調査とも「あなたは現在の仕事にどの程度満足していますか」という設問で尋ね，ほぼ同じ項目について，仕事への満足度を訊いている。

集計結果を見ると，「2005年調査」と「2010年調査」とで，いずれの項目についても，満足度の分布に大きな違いはない。両調査とも，「仕事内容・やりがい」および「労働時間・休日等の労働条件」については，他の項目と比べて「満足」ないし「やや満足」の割合が高く，満足度が高い傾向にある。これらの項目と比較して，「賃金」「人事評価・処遇のあり方」「教育訓練・能力開発

---

9) 図で集計している項目のうち，「今後の仕事やキャリアの見通し」という項目は，「2005年調査」にはなく，「2010年調査」で新たに追加して尋ねている。図に集計していない項目としては，「2005年調査」の「就業先の社員との人間関係，コミュニケーション」を「2010年調査」では「働いている工場の正社員との人間関係，コミュニケーション」に変更し，「2005年調査」にあった「出勤時刻など勤務体制」の項目を「2010年調査」ではなくしている。その他の項目は，両調査で同じである。

のあり方」「雇用の安定性」については，「満足」ないし「やや満足」の割合が低く，満足度が低い傾向にある。

　こうした就業満足度の状況から判断する限り，賃金や評価処遇，教育訓練，雇用の安定性に関しては，2005年と2010年の調査時点に共通して，改善すべき課題となっているといえる。

　このほか，「2010年調査」で新たに追加した項目である「今後の仕事やキャリアの見通し」についても，「満足」ないし「やや満足」の割合が低く，満足度が低い傾向にある。

　「2005年調査」と「2010年調査」との違いに着目すると，「賃金」「労働時間・休日等の労働条件」「雇用の安定性」で，「満足」および「やや満足」の割合が「2010年調査」のほうがやや低くなっている。これら賃金や労働時間，雇用の安定性については，2005年と比べて2010年では，請負・派遣社員の満足度が低下している可能性がある。

　また，「2005年調査」と比べて，「2010年調査」では，「職業生活全体」の「満足」および「やや満足」の割合も低下している。請負・派遣社員としての仕事や労働条件全体についての総合的な満足度も，2005年時点と比べて2010年時点では低下している可能性がある。

　リーダー層についてはどうか。図3-5は，リーダー層の請負・派遣社員について，「2005年調査」と「2010年調査」とで，就業満足度を比較したものである。

　集計結果から，リーダー層においても，役職のない請負・派遣社員と同様，「2005年調査」「2010年調査」ともに，「仕事内容・やりがい」および「労働時間・休日等の労働条件」については，他の項目と比べて「満足」ないし「やや満足」の割合が高く，満足度が高い傾向にある。そして，これらの項目と比較して，「賃金」「人事評価・処遇のあり方」「教育訓練・能力開発のあり方」「雇用の安定性」については，「満足」ないし「やや満足」の割合が低く，満足度が低い。

　こうした就業満足度の状況から判断する限り，リーダー層においても，賃金や評価処遇，教育訓練，雇用の安定性に関しては，2005年と2010年の調査時点に共通して，改善すべき課題となっているといえる。

　「2005年調査」と「2010年調査」との違いに着目すると，「仕事内容・やり

図3-5 リーダー層の請負・派遣社員の就業満足度（2005年調査，2010年調査）

項目	年	満足	やや満足	どちらともいえない	やや不満	不満	無回答
仕事内容・やりがい	2005年	9.8	38.2	32.9	10.4	6.9	1.7
	2010年	14.2	27.4	39.1	11.5	7.8	0.0
賃金	2005年	2.3 / 16.8	26.0	28.3	25.4		1.2
	2010年	5.3 / 15.4	26.4	28.1	24.4		0.4
人事評価・処遇のあり方	2005年	2.9 / 13.9	41.6	17.3	23.1		1.2
	2010年	5.7 / 12.9	40.4	21.4	18.6		1.1
労働時間・休日等の労働条件	2005年	16.8	26.6	31.2	12.1	12.1	1.2
	2010年	13.6	28.0	34.9	17.2	6.0	0.4
教育訓練・能力開発のあり方	2005年	1.7 / 14.5	42.8	20.8	17.9		2.3
	2010年	3.7 / 11.7	46.5	25.3	12.2		0.5
雇用の安定性	2005年	8.1	24.9	40.5	14.5	11.0	1.2
	2010年	5.7 / 10.4	41.9	23.5	18.1		0.4
今後の仕事やキャリアの見通し	2010年	2.7 / 5.8	45.0	28.8	17.2		0.5
職業生活全体	2005年	3.5	22.5	53.8	11.6	6.9	1.7
	2010年	4.6	15.4	54.2	18.1	7.1	0.7

（注）1) 2005年調査はN＝173，2010年調査はN＝565。
　　　2) 両調査における質問項目・文言の異同については，脚注9) を参照。
（出所）筆者作成。

がい」および「雇用の安定性」そして「職業生活全体」で，「満足」および「やや満足」の割合が「2010年調査」のほうが低くなっている。とりわけ，「雇用の安定性」について，「満足」および「やや満足」の割合の低下が大きい。

リーダー層において，2005年と比べて2010年では，仕事内容や雇用の安定性，職業生活の総合的な満足度が低下している可能性がある。

4　就業条件改善に向けた要望

以上で見たように，請負・派遣社員において，リーダー層も含め，賃金や評価処遇，教育訓練，雇用の安定性が，2005年と2010年の調査時点に共通して，就業条件の中で満足度の低い項目となっている。また，2005年と比べて，2010年では，とくに雇用の安定性についての満足度が低下しており，総合的な満足度も低くなっている可能性がある。

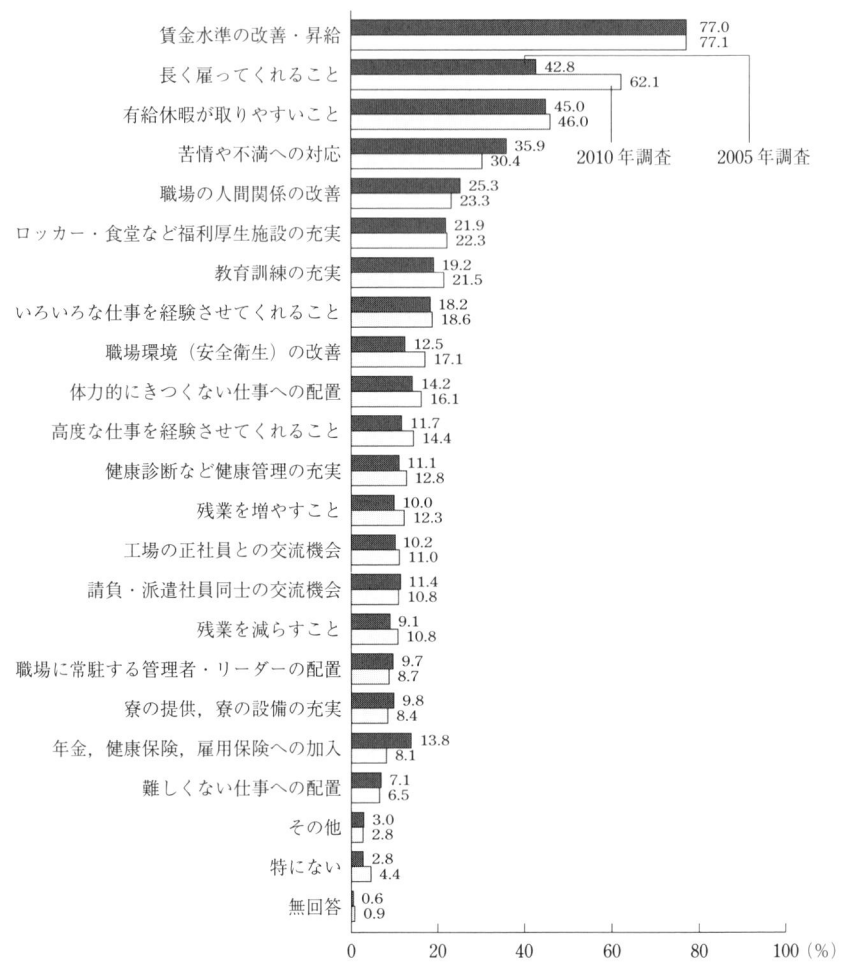

第 3 章　生産職種の請負・派遣社員の就業意識

図 3-6　役職のない請負・派遣社員の就業条件改善に向けた要望（2005 年調査, 2010 年調査）

項目	2010年調査	2005年調査
賃金水準の改善・昇給	77.0	77.1
長く雇ってくれること	42.8	62.1
有給休暇が取りやすいこと	45.0	46.0
苦情や不満への対応	35.9	30.4
職場の人間関係の改善	25.3	23.3
ロッカー・食堂など福利厚生施設の充実	21.9	22.3
教育訓練の充実	19.2	21.5
いろいろな仕事を経験させてくれること	18.2	18.6
職場環境（安全衛生）の改善	12.5	17.1
体力的にきつくない仕事への配置	14.2	16.1
高度な仕事を経験させてくれること	11.7	14.4
健康診断など健康管理の充実	11.1	12.8
残業を増やすこと	10.0	12.3
工場の正社員との交流機会	10.2	11.0
請負・派遣社員同士の交流機会	11.4	10.8
残業を減らすこと	9.1	10.8
職場に常駐する管理者・リーダーの配置	9.7	8.7
寮の提供，寮の設備の充実	9.8	8.4
年金，健康保険，雇用保険への加入	13.8	8.1
難しくない仕事への配置	7.1	6.5
その他	3.0	2.8
特にない	2.8	4.4
無回答	0.6	0.9

（注）1）複数回答。なお, 2005 年調査は $N=1046$, 2010 年調査は $N=1347$。
　　　2）両調査における質問の文言の異同については, 脚注 10）を参照。
（出所）筆者作成。

　それでは, このような状況を背景にして, 請負・派遣社員として働く人は, 就業条件の改善に向けてどのような要望を持っているだろうか。図 3-6 は, 役職のない請負・派遣社員について,「2005 年調査」と「2010 年調査」における就業条件改善に向けた要望を集計したものである。

　集計結果によると, 第 1 に,「2005 年調査」と「2010 年調査」ともに,「賃

金水準の改善・昇給」を求める割合が最も高く8割弱を占める。このほか，両調査ともに，「長く雇ってくれること」や「有給休暇が取りやすいこと」，「苦情や不満への対応」を求める割合が高い。

　これから，2005年と2010年の両時点ともに，賃金水準の向上を請負・派遣会社に期待する割合がとりわけ高いことがわかる。また，雇用の継続や，有給休暇を取得できる環境の整備，苦情対応の充実が，請負・派遣会社や就業先の職場に求められているといえる。[11]

　第2に，「2010年調査」では，「2005年調査」と比べて，とくに「長く雇ってくれること」を希望する割合が高くなっている。雇用継続への不安や関心から，雇用の継続を請負・派遣会社に期待する請負・派遣社員の割合が高くなっている可能性がある。

　2005年と2010年の両時点ともに，賃金水準の向上のほか，雇用の継続や有給休暇を取得できる環境の整備，苦情相談への対応の充実が，請負・派遣会社や就業先の職場に求められているといえる。そして，とりわけ雇用の継続を期待する割合は，2005年と比べて，2010年のほうが高くなっている。

　次に，図3-7は，リーダー層について，「2005年調査」と「2010年調査」とで，就業条件改善に向けた要望を比較したものである。

　集計結果から，第1に，「2005年調査」「2010年調査」ともに，「賃金水準の改善・昇給」を求める割合が最も高く8割強を占める。また，両調査とも，「苦情や不満への対応」を求める割合も高い。賃金水準の改善や苦情対応の充実が，請負・派遣会社ないし就業先の職場に求められているといえる。

　第2に，「2010年調査」では，「2005年調査」と比べて，とくに「長く雇ってくれること」と「有給休暇が取りやすいこと」を期待する割合が高くなって

10）「2005年調査」では「あなたが，請負・派遣会社や職場に期待することを以下の中から選んでください」として，また「2010年調査」では「あなたが，請負・派遣会社や働いている職場に期待することを以下の中から選んでください」として，ほぼ同じ設問で尋ねている。選択肢もほぼ同じである。ただし，選択肢の意味を明確にするため，「2010年調査」では，「2005年調査」での「社会保険への加入」を「年金，健康保険，雇用保険への加入」に，「健康管理制度の充実」を「健康診断など健康管理の充実」に，「職場環境（安全・衛生）の改善」を「職場環境（安全衛生）の改善」に，「ロッカー・食堂など工場の設備の充実」を「ロッカー・食堂など福利厚生施設の充実」に，それぞれ変更している。その他の選択肢は同じである。

11）派遣社員と請負社員では，それぞれ雇用関係が異なるので，就業条件改善に向けた要望を実現するための，派遣会社，請負会社，さらに就業先の取組みは異なるものとなるが，ここではこの点を分けていない点に留意されたい。

図3-7　リーダー層の請負・派遣社員の就業条件改善に向けた要望（2005年調査，2010年調査）

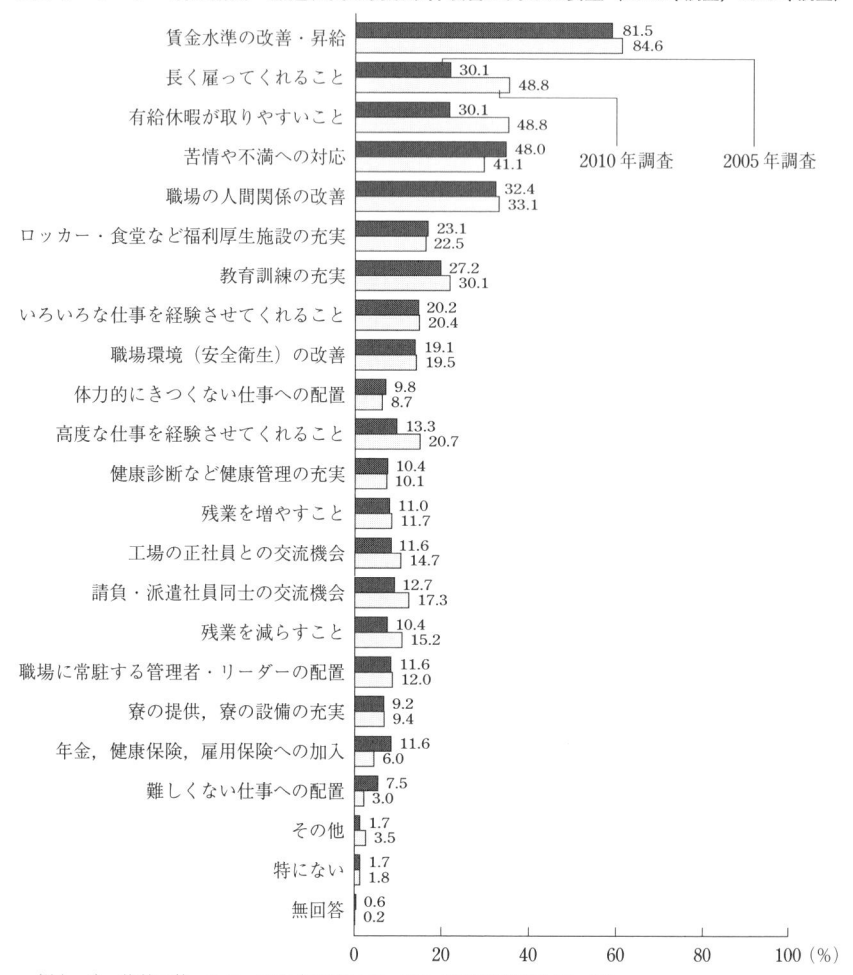

項目	2010年調査	2005年調査
賃金水準の改善・昇給	81.5	84.6
長く雇ってくれること	30.1	48.8
有給休暇が取りやすいこと	30.1	48.8
苦情や不満への対応	48.0	41.1
職場の人間関係の改善	32.4	33.1
ロッカー・食堂など福利厚生施設の充実	23.1	22.5
教育訓練の充実	27.2	30.1
いろいろな仕事を経験させてくれること	20.2	20.4
職場環境（安全衛生）の改善	19.1	19.5
体力的にきつくない仕事への配置	9.8	8.7
高度な仕事を経験させてくれること	13.3	20.7
健康診断など健康管理の充実	10.4	10.1
残業を増やすこと	11.0	11.7
工場の正社員との交流機会	11.6	14.7
請負・派遣社員同士の交流機会	12.7	17.3
残業を減らすこと	10.4	15.2
職場に常駐する管理者・リーダーの配置	11.6	12.0
寮の提供，寮の設備の充実	9.2	9.4
年金，健康保険，雇用保険への加入	11.6	6.0
難しくない仕事への配置	7.5	3.0
その他	1.7	3.5
特にない	1.7	1.8
無回答	0.6	0.2

（注）1）複数回答。なお，2005年調査は $N=173$，2010年調査は $N=565$。
　　　2）質問の文言の異同については，脚注10）を参照。
（出所）筆者作成。

いる。リーダー層の請負・派遣社員において，雇用継続や有給休暇を取得できる環境の整備を求める割合が，とくに高まっているといえる。このほか，回答割合自体は低いものの，「高度な仕事を経験させてくれること」を期待する割合も，「2005年調査」と比べて「2010年調査」では高まっている。

　こうした結果の背景を推察すると，リーダー層の請負・派遣社員においては，

雇用継続についての関心や不安が高まっているほか，有給休暇の取得が難しい状況に置かれるケースが多くなっている可能性がある。また，仕事内容の頭打ちを経験するケースも，2005年時点と比べて，増えている可能性がある。

5　就業満足度向上に向けた人事管理の課題

以上で見たように，請負・派遣社員において，賃金や評価処遇，教育訓練機会，雇用の安定性についての就業条件の改善は，2005年と2010年の調査時点に共通する課題となっている。また，2005年と比べて，2010年では，とくに雇用の安定性についての満足度が低下しており，総合的な満足度も低くなっている可能性がある。

5.1　当面の働き方

こうした就業満足度は，請負・派遣社員の離職や定着に影響を与えるかもしれない。すなわち，請負・派遣社員としての就業に満足している人ほど，今後の働き方として，請負・派遣会社への定着を志向し，反対に，不満な人ほど，より望ましい就業機会をほかで得るために離職を志向する傾向にあると考えられる。

この点に関し，図3-8は役職のない請負・派遣社員について，図3-9はリーダー層の請負・派遣社員について，いずれも「2010年調査」のデータを用いて「職業生活全体」への満足度と「当面希望する働き方」との関係を集計している。[12][13]

図3-8および図3-9から，役職のない請負・派遣社員およびリーダー層の請負・派遣社員のいずれも，「職業生活全体」に「満足」であるほど，「当面」の働き方として，現在の請負・派遣会社での就業を希望する割合が高い傾向が読み取れる。[14]

---

12)　集計において，「満足」および「やや満足」と回答した請負・派遣社員を「満足」層，「どちらともいえない」と回答した請負・派遣社員を「どちらともいえない」層，「やや不満」および「不満」と回答した請負・派遣社員を「不満」層としている。
13)　「当面希望する働き方」の設問は，単一回答を複数回答と誤解して回答したものが多かった。ここでは，正しく回答した回答者のみに限定して分析している。
14)　「今の請負・派遣会社の役職につかない請負・派遣社員」「今の請負・派遣会社の生産現場の

図 3-8 役職のない請負・派遣社員における「職業生活全体」の満足度と「当面」の働き方の希望（2010年調査）

	請負・派遣会社で働く	就業先工場の正社員となる	転職ないし独立する	働くことをやめる	特に考えていない・こだわらない	無回答
「満足」層 (n=212)	59.0	9.9	3.3	0.9	18.9	8.0
「どちらともいえない」層 (n=463)	55.1	9.9	8.6	0.6	19.0	6.7
「不満」層 (n=212)	46.7	10.4	14.2	3.8	13.7	11.3
全体 (N=887)	54.0	10.0	8.7	1.5	17.7	8.1

(出所) 筆者作成。

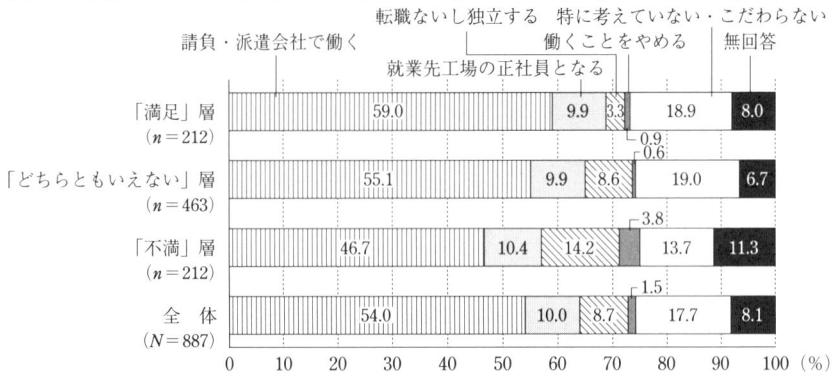

図 3-9 リーダー層の請負・派遣社員における「職業生活全体」の満足度と「当面」の働き方の希望（2010年調査）

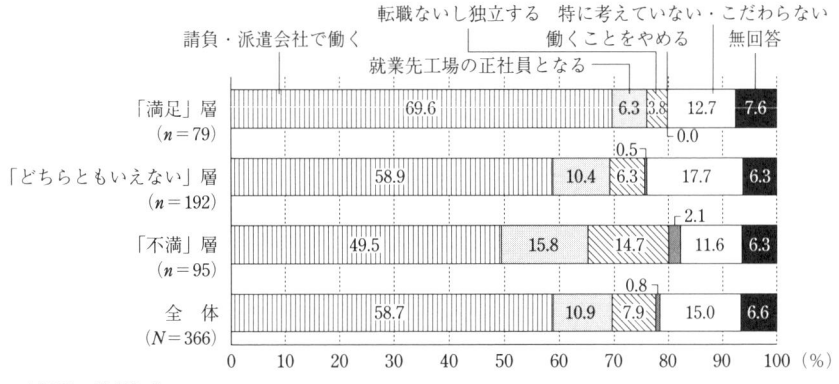

	請負・派遣会社で働く	就業先工場の正社員となる	転職ないし独立する	働くことをやめる	特に考えていない・こだわらない	無回答
「満足」層 (n=79)	69.6	6.3	3.8	0.0	12.7	7.6
「どちらともいえない」層 (n=192)	58.9	10.4	6.3	0.5	17.7	6.3
「不満」層 (n=95)	49.5	15.8	14.7	2.1	11.6	6.3
全体 (N=366)	58.7	10.9	7.9	0.8	15.0	6.6

(出所) 筆者作成。

　これから，リーダー層を含め，請負・派遣社員の就業満足度を高めることが，請負・派遣社員の自発的な離職を防ぎ，定着を促すことにつながると考えることができよう。もちろん，就業満足度が低く離職の希望を持っていても，ほかにより良好な就業機会がないなどの理由から勤続を続ける請負・派遣社員もい

管理者やリーダー」「今の請負・派遣会社の営業所や本社のスタッフ」を「請負・派遣会社で働く」とし，「他の請負・派遣会社の請負・派遣社員」「働いている工場以外の製造企業の正社員」「請負・派遣会社や製造企業でない企業の正社員」「正社員以外のパート社員や契約社員など非正社員」「自営業など自分で仕事を始める」を「転職ないし独立する」とした。「請負・派遣会社で働く」を選んだ請負・派遣社員は，当面，現在の請負・派遣会社での就業継続を考えていると見なすことができる。

ると考えられる。とはいえ、そうした請負・派遣社員についても、就業満足度が低いことは、仕事意欲の低下をもたらし、仕事への貢献を低下させる可能性があろう。

したがって、請負・派遣社員の就業満足度を高めるような施策を行うことは、請負・派遣会社および請負・派遣社員を受け入れる製造企業にとって、人事管理上の重要な課題と考えることができる。

5.2 就業条件改善への要望

それでは、請負・派遣社員の就業満足度を高める上で、請負・派遣会社や製造企業としては、どのような人事管理を行うことが重要であろうか。

この点に関して、まず、図3-10は、「2010年調査」のデータを用いて、役職のない社員として働く請負・派遣社員について、「職業生活全体」への満足度と、就業改善に向けた各要望事項の指摘率との関係を見たものである。満足度によって指摘率に違いの大きい要望事項を集計している。

集計結果から、「職業生活全体」に「不満」な層ほど、「賃金水準の改善・昇

図3-10 役職のない請負・派遣社員における「職業生活全体」の満足度と就業条件改善への要望（2010年調査）

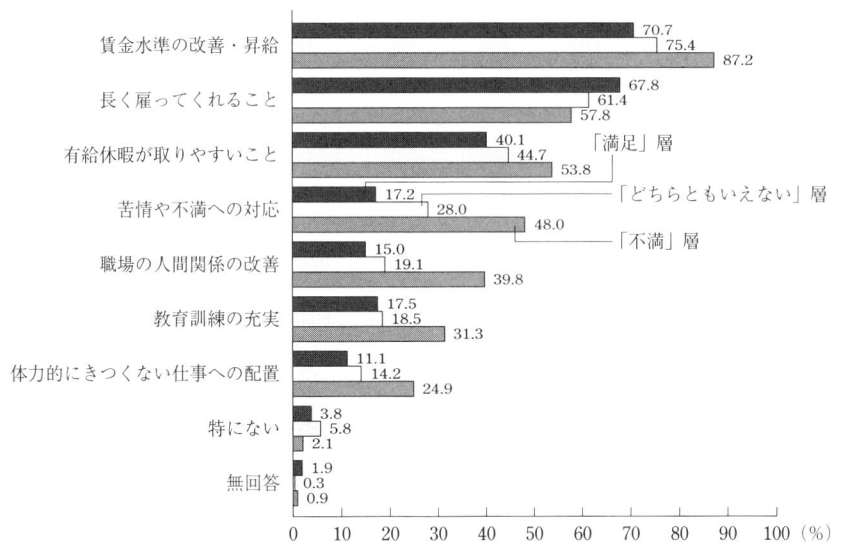

要望事項	「満足」層	「どちらともいえない」層	「不満」層
賃金水準の改善・昇給	70.7	75.4	87.2
長く雇ってくれること	67.8	61.4	57.8
有給休暇が取りやすいこと	40.1	44.7	53.8
苦情や不満への対応	17.2	28.0	48.0
職場の人間関係の改善	15.0	19.1	39.8
教育訓練の充実	17.5	18.5	31.3
体力的にきつくない仕事への配置	11.1	14.2	24.9
特にない	3.8	5.8	2.1
無回答	1.9	0.3	0.9

（注）複数回答。なお、「満足」層は $n=314$、「どちらともいえない」層は $n=692$、「不満」層は $n=329$。
（出所）筆者作成。

図3-11 リーダー層の請負・派遣社員における「職業生活全体」の満足度と就業条件改善への要望（2010年調査）

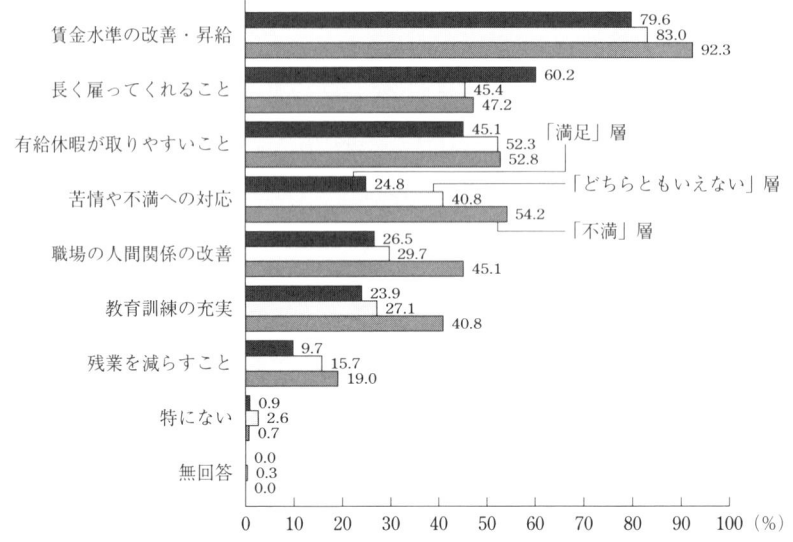

要望項目	「満足」層	「どちらともいえない」層	「不満」層
賃金水準の改善・昇給	79.6	83.0	92.3
長く雇ってくれること	60.2	45.4	47.2
有給休暇が取りやすいこと	45.1	52.3	52.8
苦情や不満への対応	24.8	40.8	54.2
職場の人間関係の改善	26.5	29.7	45.1
教育訓練の充実	23.9	27.1	40.8
残業を減らすこと	9.7	15.7	19.0
特にない	0.9	2.6	0.7
無回答	0.0	0.3	0.0

（注）複数回答。なお，「満足」層は $n=113$，「どちらともいえない」層は $n=306$，「不満」層は $n=142$。
（出所）筆者作成。

給」「有給休暇が取りやすいこと」「苦情や不満への対応」「職場の人間関係の改善」「教育訓練の充実」「体力的にきつくない仕事への配置」を要望する割合が高いことがわかる。

こうした結果を踏まえると，賃金水準の改善や，有給休暇が取得しやすい環境の整備，苦情対応，人間関係の改善，教育訓練の充実，配置に関する配慮に取り組むことが，就業満足度を向上させることにつながると考えられる。

次に，図3-11は，リーダー層について，「職業生活全体」への満足度と，就業改善に向けた各要望事項の指摘率との関係を見たものである。やはり，満足度によって指摘率の違いの大きい要望事項を集計している。

集計結果から，「職業生活全体」に「不満」な層ほど，「賃金水準の改善・昇給」「有給休暇が取りやすいこと」「苦情や不満への対応」「職場の人間関係の改善」「教育訓練の充実」「残業を減らすこと」を要望する割合が高いことがわかる。

これから，リーダー層についても，役職のない請負・派遣社員と同様，賃金水準の改善や，有給休暇が取得しやすい環境の整備，苦情対応，人間関係の改

善，教育訓練の充実に取り組むことが，就業満足度を向上させることにつながると考えられる。また，役職のない請負・派遣社員と異なり，リーダー層では，「職業生活全体」の満足度別に見て「残業を減らすこと」の指摘率の違いが大きい。したがって，とくにリーダー層においては，長時間労働の抑制が就業満足度を高める傾向にあると考えることができる。

5.3　請負・派遣会社および就業先の状況

さらに，図3-12は，「2010年調査」のデータを用いて，役職のない社員として働く請負・派遣社員について，「職業生活全体」への満足度と，請負・派遣会社や就業先における人事管理の状況との関係を見たものである。また，図3-13では，リーダー層について同じ分析を行っている。

集計結果から，役職のない請負・派遣社員およびリーダー層ともに，「職業生活全体」に「満足」している層ほど，請負・派遣会社や就業先には，「徐々

図3-12　役職のない請負・派遣社員における請負・派遣会社や就業先の状況（2010年調査）

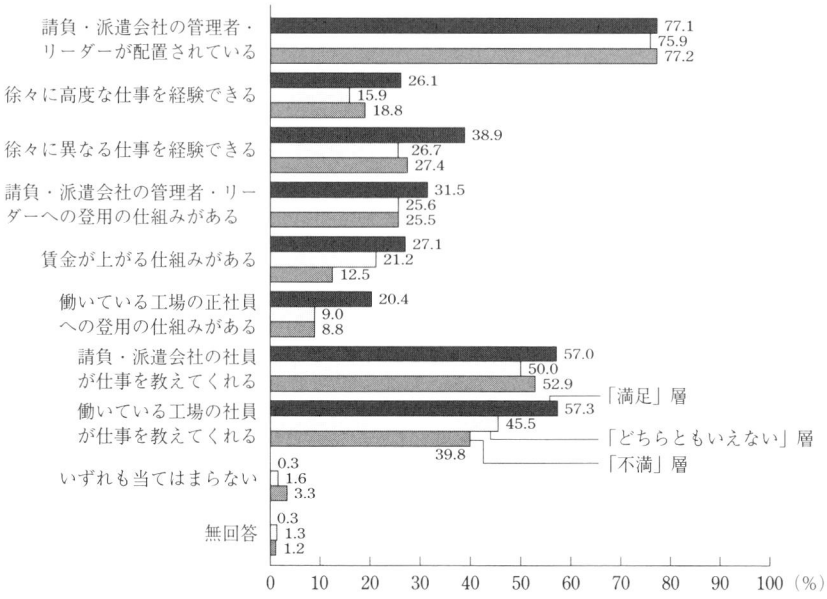

項目	「満足」層	「どちらともいえない」層	「不満」層
請負・派遣会社の管理者・リーダーが配置されている	77.1	75.9	77.2
徐々に高度な仕事を経験できる	26.1	15.9	18.8
徐々に異なる仕事を経験できる	38.9	26.7	27.4
請負・派遣会社の管理者・リーダーへの登用の仕組みがある	31.5	25.6	25.5
賃金が上がる仕組みがある	27.1	21.2	12.5
働いている工場の正社員への登用の仕組みがある	20.4	9.0	8.8
請負・派遣会社の社員が仕事を教えてくれる	57.0	50.0	52.9
働いている工場の社員が仕事を教えてくれる	57.3	45.5	39.8
いずれも当てはまらない	0.3	1.6	3.3
無回答	0.3	1.3	1.2

（注）　複数回答。なお，「満足」層は $n=314$，「どちらともいえない」層は $n=692$，「不満」層は $n=329$。
（出所）　筆者作成。

図3-13 リーダー層の請負・派遣社員における請負・派遣会社や就業先の状況（2010年調査）

項目	「満足」層	「どちらともいえない」層	「不満」層
請負・派遣会社の管理者・リーダーが配置されている	97.3	95.1	97.2
徐々に高度な仕事を経験できる	50.4	28.8	28.2
徐々に異なる仕事を経験できる	45.1	32.7	27.5
請負・派遣会社の管理者・リーダーへの登用の仕組みがある	65.5	52.3	50.0
賃金が上がる仕組みがある	52.2	41.8	32.4
働いている工場の正社員への登用の仕組みがある	18.6	12.7	9.9
請負・派遣会社の社員が仕事を教えてくれる	70.8	57.8	57.7
働いている工場の社員が仕事を教えてくれる	41.6	32.4	26.8
いずれも当てはまらない	0.0	1.3	1.4
無回答	0.9	0.7	0.0

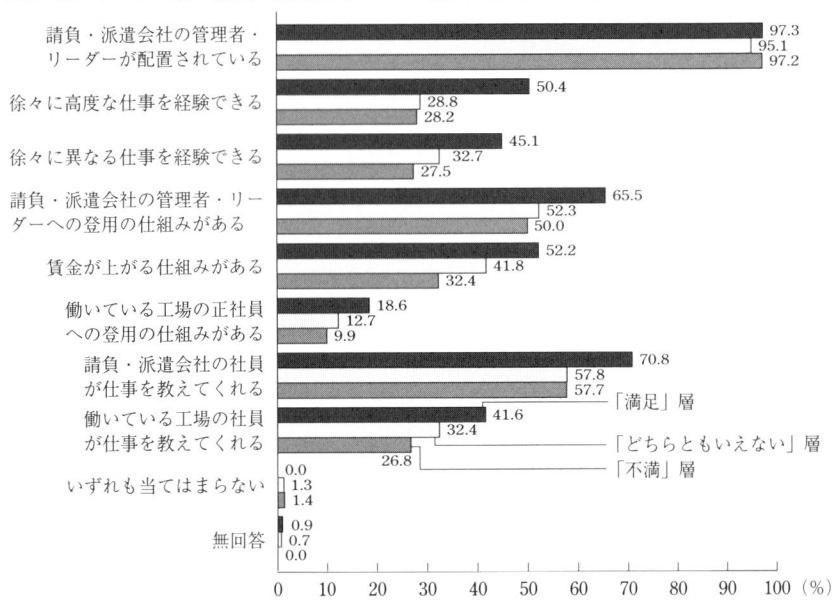

（注）複数回答。なお，「満足」層は $n=113$，「どちらともいえない」層は $n=306$，「不満」層は $n=142$。
（出所）筆者作成。

に高度な仕事を経験できる」「徐々に異なる仕事を経験できる」「請負・派遣会社の管理者・リーダーへの登用の仕組みがある」「賃金が上がる仕組みがある」「働いている工場の正社員への登用の仕組みがある」「請負・派遣会社の社員が仕事を教えてくれる」「働いている工場の社員が仕事を教えてくれる」といった状況があてはまるとしている割合が高いことがわかる。

徐々に高度な仕事や幅広い仕事を担当できるような配置や仕事の割振り，管理者やリーダーへの登用の仕組み，昇給の仕組み，製造企業の正社員への登用の仕組み，仕事上の指導を受ける機会がある場合に，請負・派遣社員の就業満足度が高まる傾向にある。

こうした集計結果を踏まえると，リーダー層を含め，請負・派遣社員の就業満足度を高める上では，①請負・派遣会社ないし製造企業が，請負・派遣社員に対して，徐々に高度な仕事や幅広い仕事を担当できるような配置や仕事の割振りを行い，職場での指導（OJT）を通じて技能向上の機会を提供することや，

②請負・派遣会社におけるリーダー・管理者への登用や製造企業の社員への転換の仕組み，昇給の仕組みを整えることが重要と考えられる。

　総じて，請負・派遣社員に対して，能力開発やキャリア形成の機会を提供することが，請負・派遣社員の就業満足度を高めることにつながると考えられる。

6　ま　と　め

　本章では，「2010年調査」と「2005年調査」という2時点で実施した請負・派遣社員への個人アンケート調査から，彼（女）らの就業選択理由，就業満足度，就業条件改善への要望について分析した。また，「2010年調査」の分析から，請負・派遣社員の就業満足度を高める上で効果的と考えられる人事管理上の施策について検討した。本章における主な分析結果を要約すると，以下の(1)から(5)のようになる。

(1)　就業理由を見ると，「2010年調査」と「2005年調査」に共通して，正社員等としての就業機会の限定を理由にあげる割合が高い。そして，「2005年調査」と比べて「2010年調査」では，相対的な収入の高さや，仕事以外の生活との両立のしやすさなどの利点ゆえに積極的に現在の働き方を選択する割合が低下している。また，リーダー層では，正社員への登用を期待して就業選択した割合も低くなっている。

(2)　「2010年調査」において，「リーマン・ショック」後に請負・派遣社員として就業を始めた層では，それ以前に請負・派遣社員として就業し始めた層と比べて，正社員および非正社員の就業機会が限定されることを就業選択の理由としてあげる割合が高い。2008年後半以降の就業環境の悪化の影響が読み取れる。ただし他方で，ものづくりの仕事への関心から，現在の働き方を選択する割合も高くなっている。

(3)　就業満足度に関して，「2005年調査」と「2010年調査」ともに，仕事内容や労働時間・休日等などと比べて，賃金や評価処遇，教育訓練，雇用の安定性についての満足度が低い。こうした傾向は，これら2つの調査時点に共通している。そして，とくに「2005年調査」と比べて「2010年調査」では，このうち雇用の安定性の満足度が低下しており，総合的な就業満足度も低下している。

(4) 請負・派遣社員が持つ就業条件改善への要望については，役職のない請負・派遣社員においては，「2005年調査」「2010年調査」ともに，賃金水準の向上のほか，雇用の継続や有給休暇を取得できる環境の整備，苦情相談への対応の充実が期待されている。そして，とりわけ雇用の継続を期待する割合は，「2005年調査」と比べて，「2010年調査」のほうが高くなっている。リーダー層においては，賃金水準の向上や，苦情対応の充実を期待する割合が高い。そして，「2005年調査」と比べて「2010年調査」では，雇用の継続および高度な仕事を経験する機会の提供を期待する割合が高まっている。

(5) 「2010年調査」の分析から，就業満足度を高める施策に関して，とくに賃金水準の改善や，有給休暇が取得しやすい環境の整備，苦情対応，人間関係の改善，教育訓練の充実に取り組むことが，請負・派遣社員の就業満足度を向上させることにつながる。加えて，とくにリーダー層では，残業の抑制も重要と考えられる。このほか，役職のない層とリーダー層ともに，①請負・派遣会社ないし製造企業が，請負・派遣社員に対して，徐々に高度な仕事や幅広い仕事を担当できるような配置や仕事の割振りを行い，職場での指導（OJT）を通じて技能向上の機会を提供することや，②請負・派遣会社におけるリーダー・管理者への登用や製造企業の社員への転換の仕組み，昇給の仕組みを整えることが，請負・派遣社員の就業満足度を高めることにつながると考えられる。

以上のように，生産職種の請負・派遣社員の就業選択の理由からは，請負・派遣社員という働き方が，必ずしも他の働き方と比べた利点ゆえに積極的に選ばれているわけではないことがわかる。そして，こうした就業意識は，調査時点である2005年と2010年の就業環境の違いを超えてあてはまる。請負・派遣社員としての働き方がより積極的に選択されるような就業機会となる上では，請負・派遣社員の就業条件の改善が，景気動向にかかわらず必要とされることを示すと考えられる。

改善すべき就業条件の項目に関し，両調査時点に共通して，請負・派遣社員の就業満足度は，賃金水準や評価処遇のあり方，教育訓練機会，雇用の安定性ついて低い傾向にある。また，賃金水準の向上や雇用の継続のほか，有給休暇取得や苦情相談対応の充実についても，期待する請負・派遣社員の割合が高い。

請負・派遣社員としての働き方の魅力を高め，積極的な就業選択を促す上では，これらの就業条件の改善がとくに重要と考えることができる。

このような，賃金水準の改善や有給休暇取得環境の整備，苦情対応の充実は，請負・派遣社員の総合的な就業足度を高めるということも，本章の分析から確認できた。また，分析から，教育訓練機会の提供や，職場での仕事の割振りと指導，リーダーへの登用や社員転換の機会の提供を通じて，請負・派遣社員の能力開発とキャリア形成を促すことも，彼（女）らの総合的な就業満足度を高めると考えられる。そのようにして請負・派遣社員の就業満足度を高めることは，請負・派遣社員の定着を促すなど，人事管理上も重要な施策となるはずである。請負・派遣社員の就業条件の改善に向け，請負・派遣企業および製造企業による一層の取組みが期待される。

第4章

生産分野の派遣スタッフの仕事・労働条件とキャリア，就業意識
製造派遣禁止に対する賛否の観点から

島貫 智行

1 はじめに

　本章の目的は，「製造業務での労働者派遣を法律で禁止すること」(以下，製造派遣禁止）に対する賛否に注目して，生産分野の派遣スタッフの仕事・労働条件やキャリア，就業意識などを検討することである。具体的には，2012年10月に施行された改正労働者派遣法の内容が議論されていた10年8~9月に製造現場で就業する派遣スタッフを対象に実施した質問票調査のデータを用いて，製造派遣禁止に対する賛否別に派遣スタッフの基本属性や仕事・労働条件，キャリア，就業意織などを比較検討し，そうした賛否の背景要因を考察する。

　製造業務派遣が解禁されたのは，2003年の派遣法改正（04年3月施行）によってである。[1] このため，生産分野の派遣スタッフの属性や仕事・労働条件，キャリアなどに関する研究は必ずしも多くない。そういった中での貴重な先行研究として，佐野（2010c）や大竹・奥平ほか（2011）がある。佐野（2010c）は，2005年2~3月に東京大学社会科学研究所が製造現場で働く請負・派遣スタッフを対象に実施した質問票調査のデータを用い，34歳までの若手層に焦点を当ててその特徴を検討している。[2] 分析対象に請負スタッフを含み若手層に限定

---

[1] 製造業務派遣を含めた労働者派遣の適用対象業務範囲の変化については，佐野（2009）を参照されたい。
[2] 回答者の就業形態は全サンプル1389のうち，派遣スタッフ（720），請負スタッフ（497），わからない・無回答（172）であり，半数以上を派遣スタッフが占めている。

1 はじめに

しているため，本章の分析対象と必ずしも同じではないが，製造現場で働く派遣スタッフの特徴を知る上での基礎となりえるものである。佐野によれば，若手層の請負・派遣スタッフの特徴を見ると，基本属性は①最終学歴は高卒が主であり，②正規社員のほかパートやアルバイトとして就業した経験を持ち，③正規社員としての就業機会がない中で，他の職種でパートやアルバイトとして働くよりも高い収入が期待できる就業機会として請負・派遣スタッフという働き方を選ぶ者が多いこと，また，仕事・労働条件に関しては④仕事の水準はさまざまであり勤続期間にかかわらず技能を要さない仕事だけを担当するスタッフがいる一方で，徐々に高度な仕事を担当しているスタッフもいること，⑤賃金水準は勤続期間による違いがほとんど見られないこと，さらに，就業意識については⑥今後の働き方として請負・派遣会社での勤続を考えているスタッフだけでなく，転職や離職を考えているスタッフや今後の働き方をとくに考えていないとするスタッフも一定割合いること，などを指摘している。

また，大竹・奥平ほか (2011) は，経済産業研究所 (RIETI) が 2008 年 12 月に登録型派遣スタッフを含む非正規社員を対象に実施した質問票調査を用い[3]，生産分野の派遣スタッフ[4]と日雇い派遣スタッフ，その他の派遣スタッフ，契約社員，パート，アルバイトなどの非正規の就業形態の中でその特徴を比較した。これらによれば，生産分野の派遣スタッフの基本属性や仕事・労働条件を見ると，①男性比率が 6 割と高く，②単身世帯が他の就業形態よりも多く，③労働日数は 1 カ月当たり 20 日前後，週当たりの平均労働時間は 38.9 時間と最も長く，④平均月収は 19.1 万円 (時給換算 1228 円)[5]と最も高く，⑤家計負担者の割合が 5 割を超え最も多い。また，彼 (女) らの⑥就業形態の選択理由 (複数回答) は「自分の都合の良い時間に働けるから」といった労働時間の柔軟性を指摘する割合は 1 割程度と最も少なく，逆に「正規社員として働ける会社がないために派遣就業を選択した」という割合が 5 割を超え最も多く，⑦今後正規

---

3) 同調査は，2008 年 12 月に第 1 回調査を実施し，その後半年おきに追跡調査を 3 回，計 4 回の調査を実施している。

4) 大竹らが分析した質問票調査において，生産分野の派遣スタッフは，「製造業派遣労働者」の呼称で「就業形態が派遣労働者 (1 カ月以上の有期雇用が中心) であり，かつ製品の製造や加工業務を行っていた人」と定義されている。

5) 平均労働日数 20 日および週平均労働時間 38.9 時間 (週 5 日勤務として 1 日平均 7.78 時間) を考慮して算出した。

社員としての就職を希望する割合が6割を超え最も多い。さらに，最近1カ月の勤務先での不満に関しては，⑧賃金が低いことや雇用の不安定さ，福利厚生が正規社員と同等でないことや昇進機会に恵まれないことに関する不満が他の就業形態よりも多い。

佐野や大竹らの分析結果を踏まえると，生産分野の派遣スタッフには以下の特徴があることが推察される。彼（女）らの基本属性は，①男性が多く，②高校卒が主であり，③家計負担者の割合が多い。また，仕事・労働条件は，④単純な仕事から高度な仕事までさまざまであり，⑤週5日のフルタイム勤務が多く，⑥賃金水準は1200円程度で，昇給の機会は少ない。さらに，彼（女）らのキャリアや就業意識は，⑦正規社員としての就業機会がないために派遣就業を選択した割合が多く，⑧今後の働き方としては正規社員就業を希望する者からとくに考えていないとする者まで多様であり，⑨賃金水準の低さや雇用の不安定性，福利厚生や昇進機会の少なさなどに関する不満が大きいということである。

本章では，こうした生産分野の派遣スタッフの全般的な特徴を踏まえた上で，製造派遣禁止に対する賛否という観点から派遣スタッフの仕事や労働条件，キャリア，就業意識などを検討する。生産分野の仕事に従事する派遣スタッフにとって製造派遣禁止は自らの就業形態が法律で禁止されることを意味するため，重要な関心事となる。彼（女）らは，現在の仕事や労働条件だけでなく，今後の働き方や自分自身の就業可能性などを考慮して，製造派遣禁止に対する賛否を考えるであろう。製造派遣禁止に対する賛否別に派遣スタッフの基本属性や仕事・労働条件，キャリア，就業意識などを比較検討することによって，賛否の背景となる要因を考察することが可能となると考えられる。

なお，製造派遣禁止に関して，鶴（2011）は，2010年1月に実施したRIETI調査のデータを用い，登録型派遣の原則禁止に関して，調査に回答した登録型派遣スタッフの3～4割（製造業派遣スタッフは3割）が原則禁止に反対し，賛成した派遣スタッフは1割前後（同1割）にとどまること，および登録型派遣禁止による失業不安が大きいと回答した割合が4～5割（同45％）となり，不安を感じていないとする割合1～2割（同15％）を上回ることを示しているが，賛否の背景要因に関する分析は行われていない。

2 生産分野の派遣スタッフを対象とした分析

　本章の分析で用いる調査データは，東京大学社会科学研究所人材フォーラムが 2010 年 8〜9 月に実施した「請負社員・派遣社員の働き方とキャリアに関するアンケート調査」の個票データである[6]。無効票などを除いた有効票は 2277 票で，有効回収率は 56.9％である。

　本調査は，生産現場で就業する請負・派遣スタッフを対象に実施されたが，回答者の就業形態を見ると，「派遣社員」(32.8％)，「請負社員」(46.3％)，「わからない」(20.1％)，「無回答」(0.7％) となっている[7]。本章では，生産現場で働く派遣スタッフに焦点を当てて検討するため，「派遣社員」のサンプルのみを取り上げることにし，請負社員および就業形態が不明とした回答者は分析対象に含めないことにする。

　以下では，まず派遣スタッフによる製造派遣禁止に対する賛否の回答結果を確認した上で，その賛否別にサンプルを分けて，派遣スタッフの個人属性や仕事・労働条件，キャリア，就業意識を比較する。

---

6) 調査は，東京大学社会科学研究所人材フォーラムが，製造分野の請負や派遣を事業とする企業を組織する全国レベルの唯一の業界団体である日本生産技能労務協会の会員企業を通じて実施した。具体的には，工場で生産業務に従事している請負社員・派遣社員を対象として，管理のみを担当している社員は調査の対象外とした。4000 人を調査対象として，日本生産技能労務協会の会員企業に対しその従業員規模に応じて調査対象者数を割り当てた。調査票の配付方法では，取引先の職場の最小の管理単位 (たとえば，班，グループなど) を選んで，その管理単位のもとで働いている請負社員・派遣社員の全員に調査票を配付することを原則とし，特定の者だけに調査票が配付されないように留意した。調査の実施時期は，2010 年 8 月 19 日から調査票の配付を開始し 9 月 1 日を投函の締切りとした。調査票の配付を依頼し，調査対象者が調査に回答した後，調査対象者が調査票を東京大学社会科学研究所宛てに投函する方式で実施した。このため，回答はこの団体に加盟する企業で就業する派遣社員や請負社員の意見であり，製造分野の請負や派遣を事業とする中堅企業等の主要な企業で就業する派遣社員や請負社員の意見をより大きく反映していると考えられる。

7) 調査における派遣社員と請負社員の区分は，調査票における下記の説明に基づいて調査対象者が自己判断したものである。調査票では，設問への回答を求める前に「請負社員とは，勤務先の会社が請負契約を結んだ取引先の生産現場で働く方のこと，派遣社員とは，勤務先の会社が労働者派遣契約を結んだ取引先の生産現場で働く方のことです。請負社員の方は取引先の工場の社員に仕事上の指示を受けることはありません。派遣社員の方は取引先の工場の社員から仕事上の指示を受けます。」との説明を設けている。

3 製造派遣禁止に対する賛否

　生産現場で働く派遣スタッフは，製造派遣禁止に対してどのような意見を持っているだろうか。本調査において製造派遣禁止の賛否に関する設問は，「製造業務での労働者派遣を法律で禁止すること」への賛否を尋ねている。したがって，本章における「製造派遣禁止に対する賛否」は，製造業務における労働者派遣が禁止となることに対する賛否であり，2012年の派遣法改正に対する賛否とは異なることに留意する必要がある[8]。

　図4-1は製造派遣禁止に対する賛否を示したものである。派遣スタッフの回答結果は，「反対」が最も多く（55.3％），「賛成」（13.5％），「どちらともいえない」（22.4％），「わからない」（6.0％）となっており，派遣スタッフの半数超が製造派遣の禁止に反対している。参考までに同じ設問に対する請負社員の回答を見ると，派遣スタッフ同様に，「反対」が最も多く（41.0％），「賛成」（20.4％），「どちらともいえない」（28.5％），「わからない」（9.0％）となる。派遣スタッフと請負社員を比較すると，派遣スタッフが請負社員よりも「反対」している割合が多く，「賛成」および「どちらともいえない」と回答した割合は少ない。

　図4-2と図4-3は派遣スタッフに限定して，製造派遣禁止に対して「反対」および「賛成」する理由を示したものである。製造派遣禁止に「反対」する理由について，回答の割合の多いものを見ると，「派遣を禁止しても，正社員などの雇用機会が増えないから」（69.5％），「自分が派遣で働けなくなるから」（65.9％）の2つの回答が多く6割を超え，「正社員の仕事が見つかるまでのつなぎの仕事がなくなるから」（39.0％），「派遣が禁止されると，自分で仕事を

---

[8] 本調査における製造派遣禁止に関する設問は，労働者派遣法の改正内容を前提としたものではない。そもそも調査時点で派遣法の改正は国会で成立しておらず，改正内容が確定していなかったため，派遣法改正の具体的な内容を前提とした設問とすることは適切でなかった。たとえば，「常用型派遣」の常用の解釈あるいは製造業務において専門業務を認めるかどうかなど，その内容は確定していなかった。それゆえ，調査における労働者派遣法改正に関する設問は，あくまで「製造業務での労働者派遣を法律で禁止すること」についての賛否を尋ねたものであり，回答結果は当該設問に関する賛否にとどまる。当然ながら，労働者派遣法の改正に関する賛否として短絡的に解釈すべきものではない。

図 4-1 製造派遣禁止に対する賛否

	禁止に賛成である	禁止に反対である	どちらともいえない	わからない	無回答
派遣社員 (N=747)	13.5	55.3	22.4	6.0	2.8
(参考) 請負社員 (N=1055)	20.4	41.0	28.5	9.0	1.0

（出所）筆者作成。

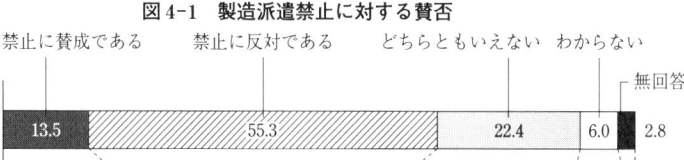

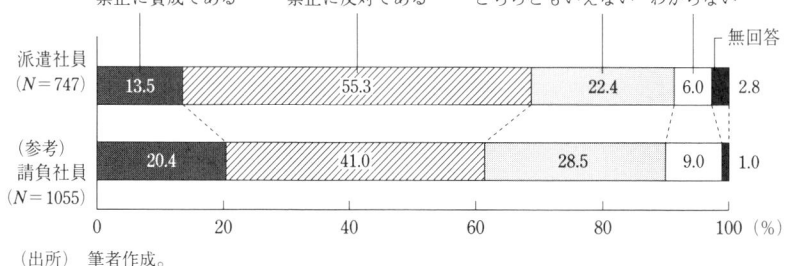

図 4-2 製造派遣禁止に反対する理由

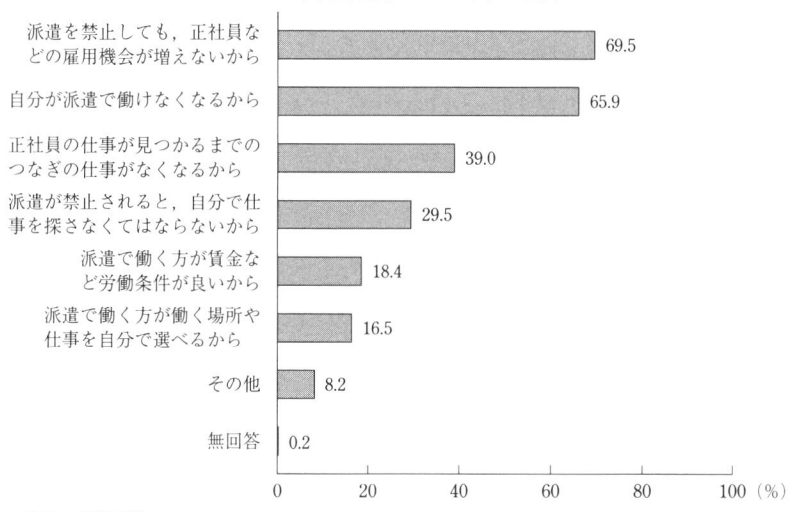

理由	%
派遣を禁止しても、正社員などの雇用機会が増えないから	69.5
自分が派遣で働けなくなるから	65.9
正社員の仕事が見つかるまでのつなぎの仕事がなくなるから	39.0
派遣が禁止されると、自分で仕事を探さなくてはならないから	29.5
派遣で働く方が賃金など労働条件が良いから	18.4
派遣で働く方が働く場所や仕事を自分で選べるから	16.5
その他	8.2
無回答	0.2

（注）複数回答。
（出所）筆者作成。

探さなくてはならないから」（29.5％）と続く。「派遣で働く方が賃金など労働条件が良いから」（18.4％）、「派遣で働く方が働く場所や仕事を自分で選べるから」（16.5％）という回答は2割に満たない。調査に回答した派遣スタッフが製造派遣の禁止に反対する理由の多くは、製造派遣が禁止となった場合に現在の就業機会を失うことや、派遣就業に代わる雇用機会を得られる見込みのないことに対する不安によるものといえる。

他方、製造派遣禁止に「賛成」する理由について回答した割合の多いものを見ると、「派遣は雇用が不安定だから」（83.2％）が最も多く8割を超え、「派

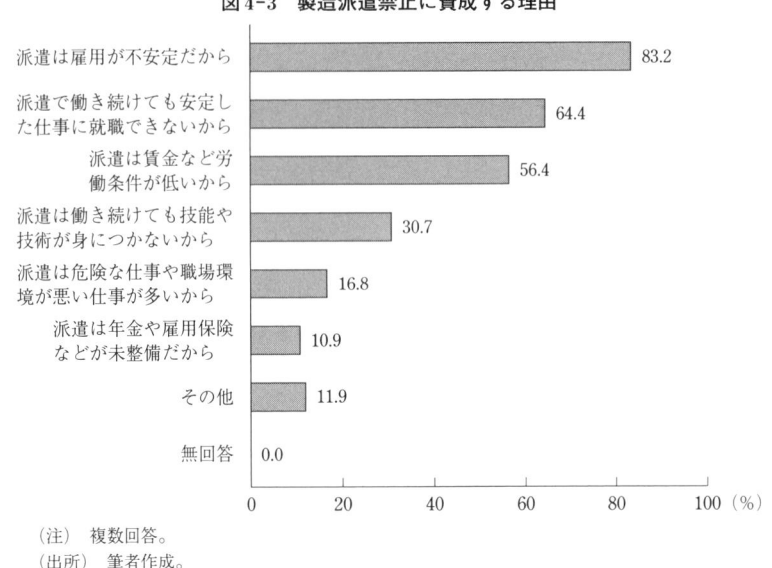

図4-3 製造派遣禁止に賛成する理由

- 派遣は雇用が不安定だから　83.2
- 派遣で働き続けても安定した仕事に就職できないから　64.4
- 派遣は賃金など労働条件が低いから　56.4
- 派遣は働き続けても技能や技術が身につかないから　30.7
- 派遣は危険な仕事や職場環境が悪い仕事が多いから　16.8
- 派遣は年金や雇用保険などが未整備だから　10.9
- その他　11.9
- 無回答　0.0

（注）複数回答。
（出所）筆者作成。

遣で働き続けても安定した仕事に就職できないから」(64.4 %),「派遣は賃金など労働条件が低いから」(56.4 %)を含む3つが半数を超えている。「派遣は働き続けても技能や技術が身につかないから」(30.7 %),「派遣は危険な仕事や職場環境が悪い仕事が多いから」(16.8 %),「派遣は年金や雇用保険などが未整備だから」(10.9 %)を理由とする割合は半数に満たない。調査に回答した派遣スタッフが製造派遣の禁止に「賛成」する理由の多くは,派遣就業が雇用の不安定な働き方であることや,派遣就業を続けても雇用の安定した仕事に従事できないこと,派遣スタッフの労働条件や賃金水準が低いことなどに対する不満によるものといえる。

上記の通り,本調査に回答した派遣スタッフのうち,製造派遣禁止に対して「反対」しているスタッフが半数超を占め,「賛成」しているスタッフは1割超にとどまる。それぞれの理由を見ると,「反対」している派遣スタッフは製造派遣が禁止となった場合に今の就業機会を失うことや派遣就業に代わる雇用機会を得られる見込みのないことに対する不安を理由にあげている。また,「賛成」しているスタッフは派遣就業が雇用の不安定な働き方であることや,派遣就業を続けても雇用の安定した仕事に従事できないこと,派遣スタッフの労働

条件や賃金水準が低いことに対する不満を理由にあげている。以下では，派遣スタッフの製造派遣禁止に対する賛否の背景要因を考えるために，賛否別に派遣スタッフの属性や仕事・労働条件，キャリア，就業意識の違いを検討する。以下の分析では，本調査に回答した派遣スタッフのうち，「反対」(413人)，「どちらともいえない」(167人)，「賛成」(101人) と回答した681人を分析対象とする。

4 派遣スタッフの基本属性や仕事・労働条件

4.1 基本属性

まず製造派遣禁止に対する賛否別に，派遣スタッフの基本属性を比較する。表4-1は派遣スタッフの性別や年齢，学歴などの基本属性を示したものである。上から順に見ていくと，性別は全体として男性の割合が多い。賛否別に見ると，男性の割合は，「反対」(66.8％)，「どちらともいえない」(68.9％)，「賛成」(83.2％) となっている。「賛成」している人の男性の割合が，「どちらともいえない」人および「反対」している人よりも高い。

平均年齢は，「反対」(35.8歳)，「どちらともいえない」(33.7歳)，「賛成」(35.9歳) となっている。「賛成」している人，および「反対」している人が，「どちらともいえない」人よりも年齢が高い。賛否別に年齢層の分布を見ると，「反対」している人では，「30～34歳」(19.9％) が最も多く，「35～39歳」(19.1％)，「25～29歳」(17.9％) の順となる。「どちらともいえない」人では，「25～29歳」(25.1％) が最も多く，「30～34歳」(21.0％)，「35～39歳」(15.0％) の順となる。「賛成」している人では，「30～34歳」(21.8％) が最も多く，「40～44歳」(20.8％)，「25～29歳」(19.8％) の順となる。

最終学歴は，全体として「高校卒」の割合が高い。賛否別に見ると，「反対」している人では，「高校卒」(69.5％) が最も多く，「中学卒」(9.2％)，「高専卒」(8.0％) の順となる。「どちらともいえない」人では，「高校卒」(71.3％) が最も多く，「短大卒」(8.4％)，「大学卒」(7.8％) の順となる。「賛成」している人では，「高校卒」(73.3％) が最も多く，次に多いのは「大学卒」(11.9％) である。

配偶者の有無に関しては，全体として「配偶者なし」の割合が多い。賛否別

表 4-1 派遣スタッフの基本属性

(単位:とくに示しているもの以外は%)

		反 対	どちらともいえない	賛 成
性 別	男 性	66.8	68.9	83.2
	女 性	32.9	30.5	16.8
	無回答	0.2	0.6	0.0
年 齢	平 均 (単位:歳)	35.8	33.7	35.9
	24歳以下	8.7	13.2	5.9
	25～29歳	17.9	25.1	19.8
	30～34歳	19.9	21.0	21.8
	35～39歳	19.1	15.0	14.9
	40～44歳	15.0	13.2	20.8
	45～49歳	10.9	9.0	6.9
	50歳以上	7.0	3.6	7.9
	無回答	1.5	0.0	2.0
学 歴	中学卒	9.2	6.6	4.0
	高校卒	69.5	71.3	73.3
	高専卒	8.0	6.0	4.0
	短大卒	4.8	8.4	5.0
	大学卒	7.5	7.8	11.9
	大学院卒	0.2	0.0	0.0
	無回答	0.7	0.0	2.0
配偶者	あ り	27.4	32.3	38.6
	な し	72.6	67.7	61.4
主たる家計負担者	自 分	60.0	56.9	68.3
	自分以外	39.2	42.5	31.7
	無回答	0.7	0.6	0.0

(出所) 筆者作成。

に見ると,「配偶者なし」の割合は,「反対」(72.6%),「どちらともいえない」(67.7%),「賛成」(61.4%) となっている。配偶者がいない割合は,「反対」「どちらともいえない」「賛成」の順に高い。

家計負担については,全体として「自分が主たる家計負担者である」とする割合が高い。賛否別に「主たる家計負担者」の割合を見ると,「反対」(60.0%),「どちらともいえない」(56.9%),「賛成」(68.3%) となっている。主たる家計負担者の割合は,「賛成」している人が「どちらともいえない」人と「反対」している人よりも高い。

4.2 派遣スタッフの仕事や労働条件

次に，生産現場で就業する派遣スタッフの仕事や労働条件を比較する。表4-2は派遣スタッフの現在の仕事や労働時間，賃金などの基本的な就業条件を示したものである。上から順に見ていくと，派遣会社による雇用期間の定めの有無に関しては，全体としては「雇用期間が定められている」（有期雇用）の割合が高い。賛否別に見ると，「有期雇用」の割合は，「反対」（70.0％），「どちらともいえない」（62.9％），「賛成」（66.3％）となっている。「雇用期間が定められている」割合は，「反対」している人が「賛成」している人および「どちらともいえない」人よりも高い。

派遣スタッフが担当している業務の難易度に関して，本調査では「製造業務の経験が全くない新人に今の仕事を担当させた場合に，ひととおり仕事をこなせるようになるまでの期間」を尋ねている。賛否別に見ると，「反対」している人では，「1日〜3週間程度」（29.5％）が最も多く，「1カ月程度」（29.1％），「2〜3カ月程度」（25.9％）と続く。「どちらともいえない」人では，「2〜3カ月程度」（29.9％）が最も多く，「1日〜3週間程度」（26.3％），「1カ月程度」（19.8％）と続く。「賛成」している人では，「2〜3カ月程度」（28.7％）が最も多く，「1日〜3週間程度」（22.8％），「1カ月程度」（17.8％）と続く。「1日〜3週間程度」と「1カ月程度」を合計して「1カ月以下」の割合を比較すると，「反対」（58.6％），「どちらともいえない」（46.1％），「賛成」（40.6％）となることから，担当業務の難易度は，「賛成」「どちらともいえない」「反対」の順に高いといえる。

1日の労働時間に関しては，本調査では「休憩時間を除き，残業時間を含む，平均的な1日の実労働時間」を尋ねている。全体として「8〜10時間未満」の割合が多い。賛否別に見ると，「反対」している人では，「8〜10時間未満」（48.2％）が最も多く，「7〜8時間未満」（29.3％）が続く。これに対して，「どちらともいえない」人では，「8〜10時間未満」（40.7％）が最も多く，「10時間以上」（31.1％）と続き，また，「賛成」している人も，同様に「8〜10時間未満」（42.6％）が最も多く，その次は「10時間以上」（34.7％）となる。1日当たりの実労働時間は，「賛成」「どちらともいえない」「反対」の順に長い。

1時間当たりの賃金額は，全体として「1000〜1200円未満」の割合が最も多く，「800〜1000円未満」が続く。賛否別に見ると，「反対」している人で

表 4-2　派遣スタッフの仕事や労働条件

(単位：%)

		反　対	どちらともいえない	賛　成
雇用期間の定めの有無	期間が定められている	70.0	62.9	66.3
	期間は定められていない	22.3	25.7	25.7
	わからない	7.7	10.2	5.9
	無回答	0.0	1.2	2.0
担当業務の難易度	1日～3週間程度	29.5	26.3	22.8
	1カ月程度	29.1	19.8	17.8
	2～3カ月程度	25.9	29.9	28.7
	半年程度	8.0	12.0	14.9
	1年程度	3.4	6.0	6.9
	1年半以上	1.7	2.4	4.0
	わからない	2.2	3.0	5.0
	無回答	0.2	0.6	0.0
1日の労働時間(休憩時間を除き,残業時間を含む)	7時間未満	1.2	2.4	2.0
	7～8時間未満	29.3	25.7	20.8
	8～10時間未満	48.2	40.7	42.6
	10時間以上	21.1	31.1	34.7
	無回答	0.2	0.0	0.0
1時間当たりの賃金額	800円未満	8.2	8.4	7.9
	800～1000円未満	31.5	25.7	27.7
	1000～1200円未満	46.7	44.3	42.6
	1200～1400円未満	11.6	14.4	13.9
	1400円以上	1.7	5.4	7.9
	無回答	0.2	1.8	0.0

(出所)　筆者作成。

は,「1000～1200円未満」(46.7％)が最も多く,「800～1000円未満」(31.5％)が続く。「どちらともいえない」人でも,「1000～1200円未満」(44.3％)が最も多く,「800～1000円未満」(25.7％)となり,また,「賛成」している人でも,同様に「1000～1200円未満」(42.6％)が最も多く,「800～1000円未満」(27.7％)となる。「800円未満」から「1000～1200円未満」までを合計して「1200円未満」の割合を比較すると,「反対」(86.4％),「どちらともいえない」(78.4％),「賛成」(78.2％)となることから,1時間当たりの賃金額は,「反対」している人が「賛成」している人および「どちらともいえない」人よりも低いといえる。

5 派遣スタッフのキャリアや就業意識

5.1 過去経験した仕事やキャリア

次に，派遣スタッフが過去に経験した仕事や働き方を見ていく。図4-4は，今の会社の派遣スタッフになるまでに経験した働き方を示したものである。全体としては，「正社員」が最も多く，「パート・アルバイト・臨時・契約社員」「派遣社員」と続く。正社員を経験している割合は約7割，パート・アルバイト・臨時・契約社員を経験している割合は6割を超える。派遣スタッフを経験した割合は4〜6割程度あるのに対して，請負社員を経験した割合は1割に満たない。

賛否別に見た場合に比較的大きな差があるのは，「派遣社員」の経験の有無である。派遣スタッフの経験がある人の割合は，「反対」(57.6％)，「どちらともいえない」(45.5％)，「賛成」(44.6％)の順となる。過去に派遣就業を経験している割合は，「反対」している人が「どちらともいえない」人および「賛成」している人よりも多い。

図4-5は，今の会社の派遣スタッフになるまでに経験した仕事を示したものである。全体としては，「製造業務」が最も多く，「販売・接客・フードサービス」が続く。製造業務を経験している割合は約6〜7割，販売・接客・フードサービスを経験している割合は4〜5割程度である。

賛否別に見た場合に比較的大きな差があるのは，「事務／オフィス・デスクワーク」「製造業務」「建設・設備・土木作業」「研究・技術職等の専門職」「働いたことがない」の5つの回答である。まず，「製造業務」経験は，「反対」が最も多く，「賛成」「どちらともいえない」の順となる。一方，「建設・設備・土木作業」経験および「研究・技術職等の専門職」経験は，「賛成」が最も多く，「どちらともいえない」「反対」の順となる。また，「事務／オフィス・デスクワーク」経験も，「賛成」が最も多く，「反対」「どちらともいえない」の順となる。最後の「働いたことがない」と回答した割合は，「どちらともいえない」が「反対」および「賛成」よりも多い。

図4-6は，派遣スタッフとして働くことにした理由を示したものである。全体としては，「正社員に限らず，他に仕事がなかったから」が最も多く4割を

108 第4章 生産分野の派遣スタッフの仕事・労働条件とキャリア,就業意識

図4-4 今の会社の派遣スタッフになるまでに経験した働き方

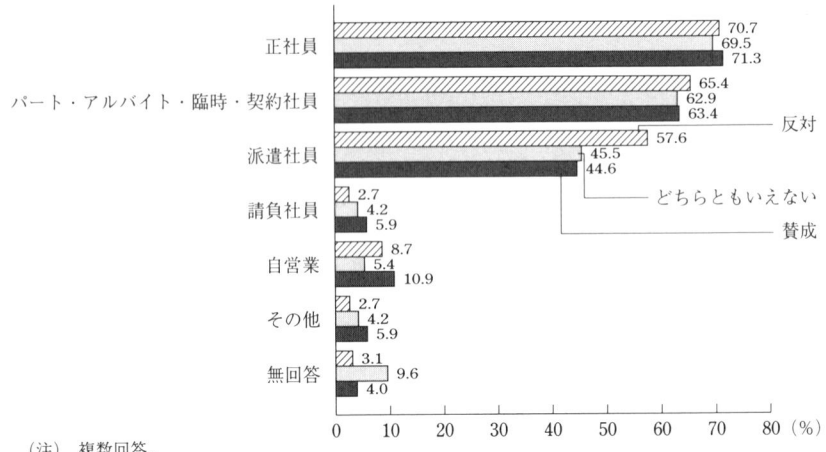

働き方	反対	どちらともいえない	賛成
正社員	70.7	69.5	71.3
パート・アルバイト・臨時・契約社員	65.4	62.9	63.4
派遣社員	57.6	45.5	44.6
請負社員	2.7	4.2	5.9
自営業	8.7	5.4	10.9
その他	2.7	4.2	5.9
無回答	3.1	9.6	4.0

(注) 複数回答。
(出所) 筆者作成。

図4-5 今の会社の派遣スタッフになるまでに経験した仕事

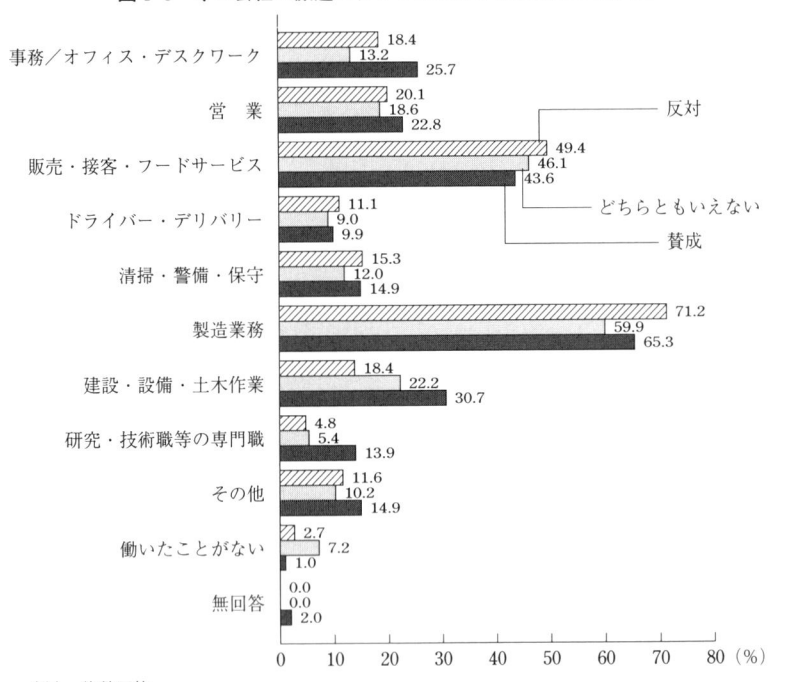

仕事	反対	どちらともいえない	賛成
事務/オフィス・デスクワーク	18.4	13.2	25.7
営業	20.1	18.6	22.8
販売・接客・フードサービス	49.4	46.1	43.6
ドライバー・デリバリー	11.1	9.0	9.9
清掃・警備・保守	15.3	12.0	14.9
製造業務	71.2	59.9	65.3
建設・設備・土木作業	18.4	22.2	30.7
研究・技術職等の専門職	4.8	5.4	13.9
その他	11.6	10.2	14.9
働いたことがない	2.7	7.2	1.0
無回答	0.0	0.0	2.0

(注) 複数回答。
(出所) 筆者作成。

図 4-6　派遣スタッフとして働くことにした理由

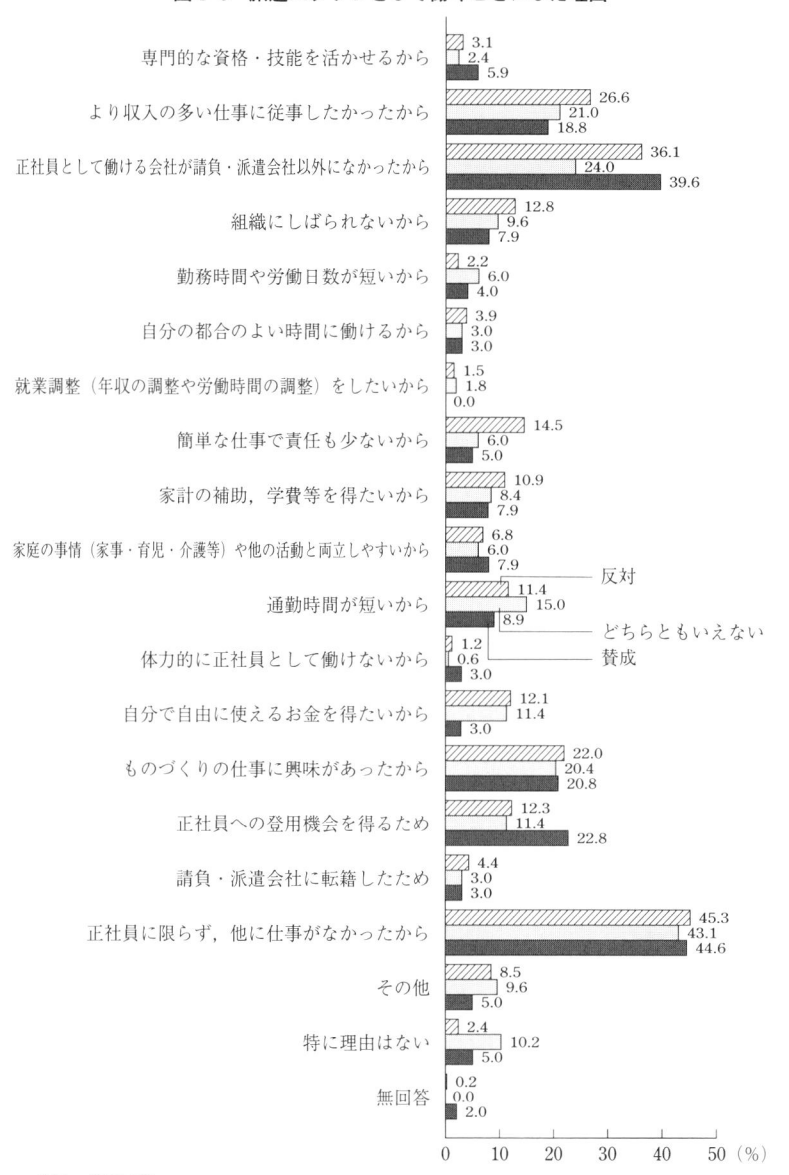

理由	反対	どちらともいえない	賛成
専門的な資格・技能を活かせるから	3.1	2.4	5.9
より収入の多い仕事に従事したかったから	26.6	21.0	18.8
正社員として働ける会社が請負・派遣会社以外になかったから	36.1	24.0	39.6
組織にしばられないから	12.8	9.6	7.9
勤務時間や労働日数が短いから	2.2	6.0	4.0
自分の都合のよい時間に働けるから	3.9	6.0	3.0
就業調整（年収の調整や労働時間の調整）をしたいから	1.5	1.8	0.0
簡単な仕事で責任も少ないから	14.5	6.0	5.0
家計の補助，学費等を得たいから	10.9	8.4	7.9
家庭の事情（家事・育児・介護等）や他の活動と両立しやすいから	6.8	6.0	7.9
通勤時間が短いから	11.4	15.0	8.9
体力的に正社員として働けないから	1.2	0.6	3.0
自分で自由に使えるお金を得たいから	12.1	11.4	3.0
ものづくりの仕事に興味があったから	22.0	20.4	20.8
正社員への登用機会を得るため	12.3	11.4	22.8
請負・派遣会社に転籍したため	4.4	3.0	3.0
正社員に限らず，他に仕事がなかったから	45.3	43.1	44.6
その他	8.5	9.6	5.0
特に理由はない	2.4	10.2	5.0
無回答	0.2	0.0	2.0

（注）　複数回答。
（出所）　筆者作成。

超える。

　賛否別に見た場合に比較的大きな差があるのは，以下の4つの理由である。「正社員として働ける会社が請負・派遣会社以外になかったから」の回答は，「賛成」および「反対」が「どちらともいえない」よりも多い。「正社員への登用機会を得るため」の回答は，「賛成」が「反対」および「どちらともいえない」よりも多い。「簡単な仕事で責任も少ないから」の回答は，「反対」が「どちらともいえない」および「賛成」よりも多い。「特に理由はない」の回答は，「どちらともいえない」が「賛成」および「反対」よりも多い。

5.2　今後希望する働き方

　次に，今後希望する働き方を見ていく[9]。図4-7は当面希望する働き方を示したものである。賛否別に見ると，「今の請負・派遣会社の役職につかない請負・派遣社員」の回答は，「反対」（47.5％）が最も多く，「どちらともいえない」（37.4％），「賛成」（33.3％）の順となる。他方，「働いている工場の正社員」「働いている工場以外の製造企業の正社員」および「請負・派遣会社や製造企業でない企業の正社員」の回答は，「反対」がそれぞれ13.3％，0.8％，3.8％，「どちらともいえない」が15.0％，5.6％，3.7％，「賛成」が26.3％，10.5％，14.0％であり，これら3つの項目を合計して正社員を希望する割合を算出すると，「賛成」（50.8％）が最も多く，「どちらともいえない」（24.3％），「反対」（17.9％）の順となる。また，「特に考えていない・働き方には特にこだわらない」の回答は，「どちらともいえない」（23.4％）が最も多く，「反対」（15.4％），「賛成」（3.5％）の順となる。

　当面の働き方としては，「反対」している人は請負・派遣スタッフとして働くことを，「賛成」している人は正社員として働くことを希望している。「どち

---

9) 「今後希望する働き方」に関する設問は，単一回答を複数回答と記入方法を間違えた者が多く，他の集計結果とサンプル・サイズが異なる。そこで，①当面希望する働き方および②数年後希望する働き方に関する設問それぞれの回答者と無回答者にサンプルを分けて，製造派遣禁止に対する賛否を比較したところ，①当面希望する働き方については，「反対」が回答者・無回答者それぞれ59.4％，62.5％，「賛成」が14.1％，15.9％，「どちらともいえない」が26.5％，21.7％，②数年後希望する働き方については，「反対」が回答者・無回答者それぞれ60.0％，61.3％，「賛成」が13.4％，16.3％，「どちらともいえない」が26.6％，22.4％となり，2つのサンプルで大きな差は確認されなかったことから，単一回答として正しく回答した者のみを分析対象と限定しても問題ないと判断した。

図4-7 当面希望する働き方

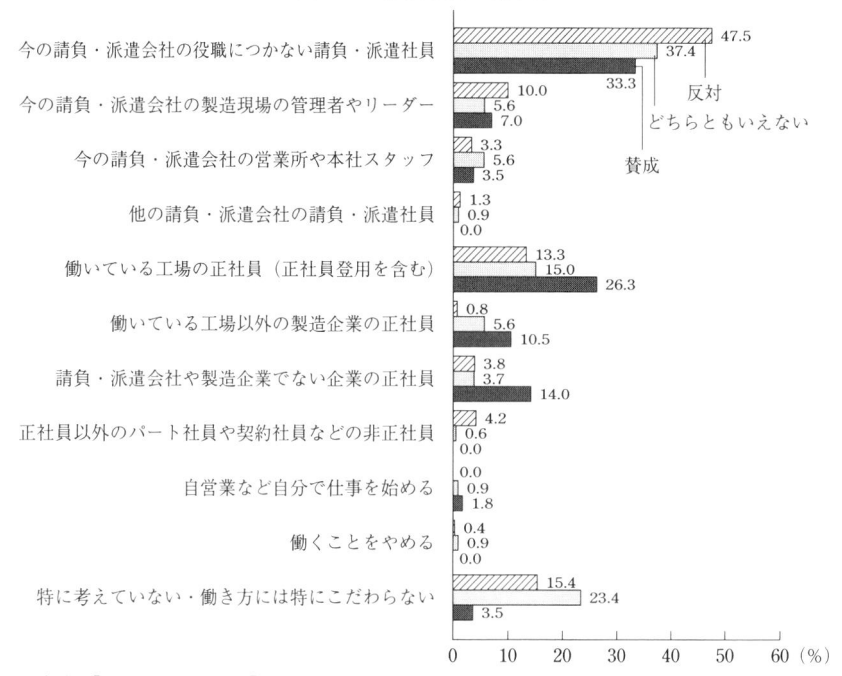

項目	反対	どちらともいえない	賛成
今の請負・派遣会社の役職につかない請負・派遣社員	47.5	37.4	33.3
今の請負・派遣会社の製造現場の管理者やリーダー	10.0	5.6	7.0
今の請負・派遣会社の営業所や本社スタッフ	3.3	5.6	3.5
他の請負・派遣会社の請負・派遣社員	1.3	0.9	0.0
働いている工場の正社員（正社員登用を含む）	13.3	15.0	26.3
働いている工場以外の製造企業の正社員	0.8	5.6	10.5
請負・派遣会社や製造企業でない企業の正社員	3.8	3.7	14.0
正社員以外のパート社員や契約社員などの非正社員	4.2	0.6	0.0
自営業など自分で仕事を始める	0.0	0.9	1.8
働くことをやめる	0.4	0.9	0.0
特に考えていない・働き方には特にこだわらない	15.4	23.4	3.5

（注）「反対」は$N=240$，「どちらともいえない」は$N=107$，賛成は$N=57$。
（出所）筆者作成。

らともいえない」人は，当面の働き方について特に考えていない，働き方には特にこだわらないとする割合が多い。

図4-8は，数年後希望する働き方を示したものである。賛否別に見ると，「働いている工場の正社員」「働いている工場以外の製造企業の正社員」「請負・派遣会社や製造企業でない企業の正社員」の回答は，「反対」がそれぞれ21.4％，11.0％，18.6％，「どちらともいえない」が15.1％，9.7％，17.2％，「賛成」が31.9％，6.4％，21.3％であり，これら3つの項目を合計して正社員を希望する割合を算出すると，「賛成」（59.6％）が最も多く，「反対」（51.0％），「どちらともいえない」（42.0％）の順となる。他方，「今の請負・派遣会社の役職につかない請負・派遣社員」の回答は，賛否いずれの場合も1割に満たない。また，「自営業など自分で仕事を始める」の回答は，「賛成」（19.1％）が最も多く，「どちらともいえない」（7.5％），「反対」（6.7％）の順

図4-8 数年後希望する働き方

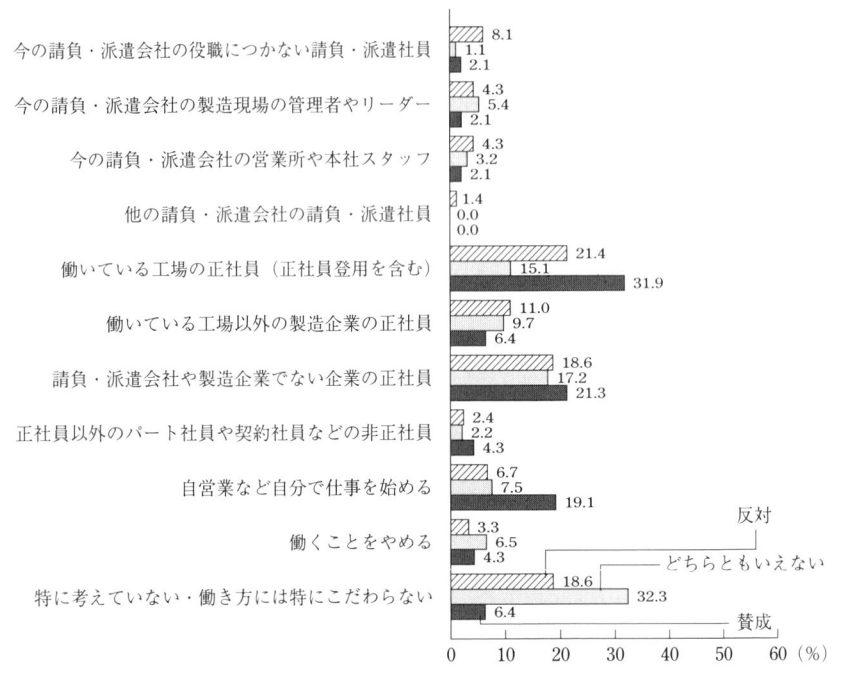

項目	反対	どちらともいえない	賛成
今の請負・派遣会社の役職につかない請負・派遣社員	8.1	1.1	2.1
今の請負・派遣会社の製造現場の管理者やリーダー	4.3	5.4	2.1
今の請負・派遣会社の営業所や本社スタッフ	4.3	3.2	
他の請負・派遣会社の請負・派遣社員	1.4	0.0	0.0
働いている工場の正社員（正社員登用を含む）	21.4	15.1	31.9
働いている工場以外の製造企業の正社員	11.0	9.7	6.4
請負・派遣会社や製造企業でない企業の正社員	18.6	17.2	21.3
正社員以外のパート社員や契約社員などの非正社員	2.4	2.2	4.3
自営業など自分で仕事を始める	6.7	7.5	19.1
働くことをやめる	3.3	6.5	4.3
特に考えていない・働き方には特にこだわらない	18.6	32.3	6.4

（注）「反対」は $N=210$,「どちらともいえない」は $N=93$, 賛成は $N=47$。
（出所）筆者作成。

となる。「特に考えていない・働き方には特にこだわらない」の回答は，「どちらともいえない」（32.3％）が最も多く，「反対」（18.6％），「賛成」（6.4％）の順となる。

　数年後希望する働き方としては，「反対」および「賛成」している人には正社員となることを希望する割合が多い。「賛成」している人では，自営業を営むことを希望する割合も多い。「どちらともいえない」人は，数年後の働き方について特に考えていない，働き方には特にこだわらないとする割合が多い。

5.3　今後の雇用（失業）可能性

　次に，派遣スタッフが感じている今後の雇用（失業）可能性について見ていく。図4-9は，今後1年間に失業する可能性についての認識を示したものである。全体としては，失業する可能性が「ある程度ある」と回答した割合が最も

図4-9　今後1年間に失業する可能性

	かなりある	ある程度ある	あまりない	まったくない	わからない	無回答
反対	20.1	33.2	13.6	1.9	18.2	13.1
どちらともいえない	13.2	32.9	15.6	1.8	26.9	9.6
賛成	21.8	27.7	11.9	5.0	20.8	12.9

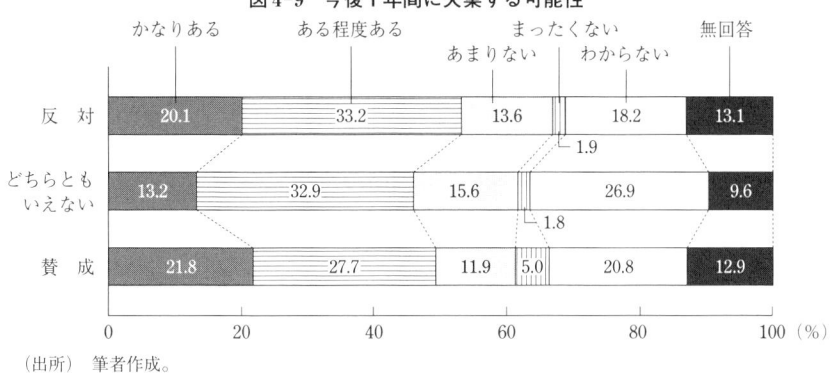

（出所）　筆者作成。

図4-10　製造派遣禁止によって失業する可能性

	かなりある	ある程度ある	あまりない	まったくない	わからない	無回答
反対	61.7	22.3	3.9	1.7	9.7	0.7
どちらともいえない	38.3	31.7	7.2	3.0	19.2	0.6
賛成	45.5	27.7	7.9	3.0	15.8	0.0

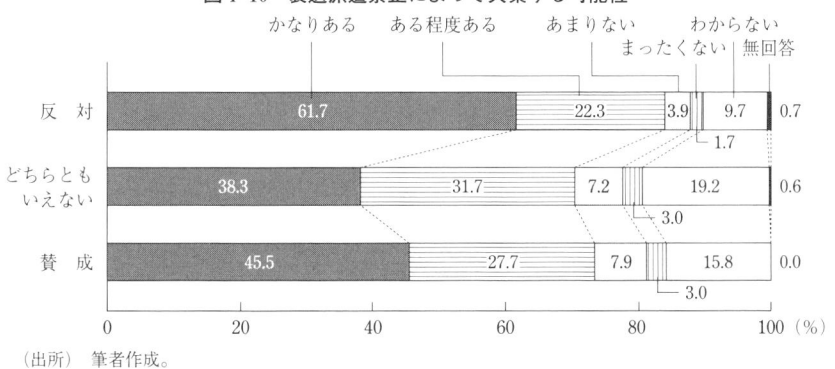

（出所）　筆者作成。

高く，3割程度である。

　失業する可能性が「かなりある」に「ある程度ある」を加えた割合を賛否別に見ると，「反対」（53.3％），「どちらともいえない」（46.1％），「賛成」（49.5％）となる。今後1年間に失業する可能性を感じている割合は，「反対」「賛成」「どちらともいえない」の順に多い。

　図4-10は，製造派遣禁止によって失業する可能性についての認識を示したものである。全体としては，製造派遣禁止によって失業する可能性が「かなりある」と回答した割合が最も高い。

　賛否別に見ると，製造派遣禁止によって失業する可能性が「かなりある」と考えている割合は，「反対」（61.7％）が最も多く，「どちらともいえない」（38.3％），「賛成」（45.5％）となる。また，製造派遣禁止によって失業する可

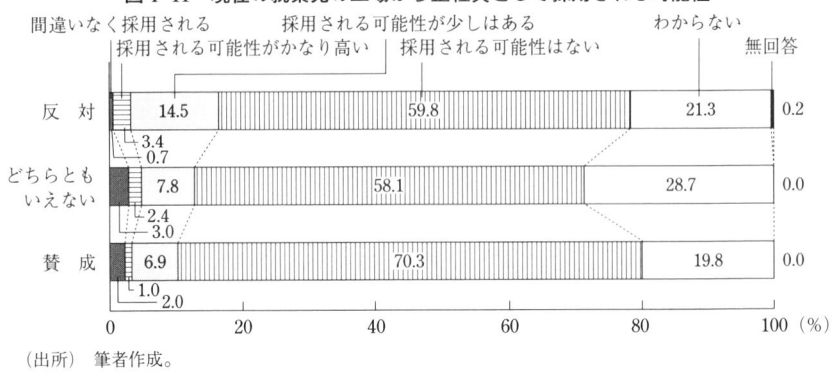

図4-11 現在の就業先の工場から正社員として採用される可能性

	間違いなく採用される	採用される可能性がかなり高い	採用される可能性が少しはある	採用される可能性はない	わからない	無回答
反対			14.5	59.8	21.3	0.2
		3.4				
		0.7				
どちらともいえない			7.8	58.1	28.7	0.0
		2.4				
		3.0				
賛成			6.9	70.3	19.8	0.0
		1.0				
		2.0				

(出所) 筆者作成。

能性が「かなりある」に「ある程度ある」を加えた割合は，「反対」(84.0％)，「どちらともいえない」(70.0％)，「賛成」(73.2％) となる。製造派遣禁止によって失業する可能性があると感じている割合は，「反対」している人が「賛成」している人および「どちらともいえない」人よりも多い。

図4-11は，製造派遣禁止とは無関係に，現在就業している工場から正社員として採用される可能性についての認識を示したものである。全体としては，現在の工場から正社員として「採用される可能性はない」と回答した割合が最も高く，6～7割を占める。

賛否別に見ると，現在の工場から正社員として「採用される可能性はない」と回答した割合は，「反対」(59.8％)，「どちらともいえない」(58.1％)，「賛成」(70.3％) となる。現在の工場から正社員として採用される可能性はないと感じている割合は，「賛成」している人が「反対」している人および「どちらともいえない」人よりも多い。

5.4 仕事や働き方の満足度

図4-12は，仕事や働き方についての満足度を示したものである。仕事内容や賃金，労働時間などの13項目に関する満足度について，満足＝5，やや満足＝4，どちらともいえない＝3，やや不満＝2，不満＝1を与えて回答の平均値を算出し満足度得点とした。全体としては，「仕事内容」「労働時間・休日」「派遣社員との人間関係」「正社員との人間関係」に関する満足度が高く，「賃金」「雇用の安定性」「教育訓練・能力開発」「今後のキャリアの見通し」に関

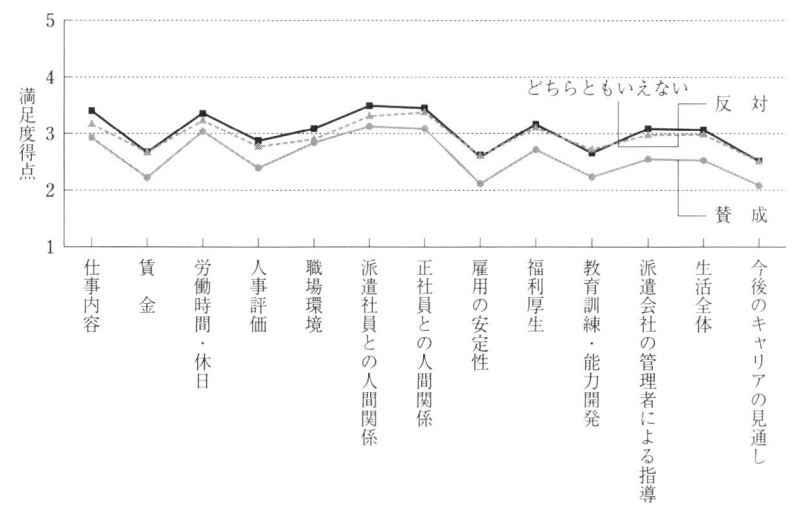

図4-12　仕事や働き方に関する満足度

（注）　算出方法は本文参照。
（出所）　筆者作成。

する満足度は低い。

　賛否別に見ると，すべての項目に関して「反対」および「どちらともいえない」の満足度得点が「賛成」よりも高い。現在の仕事や働き方についての満足度は，「反対」している人および「どちらともいえない」人が「賛成」している人よりも高い。

5.5　派遣先・派遣会社に対する要望

　図4-13は，派遣先や派遣会社に対する要望を示したものである。全体としては，「賃金水準の改善・昇給」および「長く雇ってくれること」という2つの回答が多く，それぞれ7～9割弱，5～7割を占める。

　賛否別に見ると，「賃金水準の改善・昇給」は，「賛成」が最も多く，「反対」「どちらともいえない」の順となる。一方，「長く雇ってくれること」は，「反対」が最も多く，「賛成」「どちらともいえない」の順となる。総じて，「賛成」している人は，「反対」している人および「どちらともいえない」人よりも，派遣先・派遣会社に対する要望が多い。

図4-13 派遣先・派遣会社に対する要望

項目	反対	どちらともいえない	賛成
賃金水準の改善・昇給	77.5	71.9	88.1
寮の提供，寮の設備の充実	8.5	10.2	11.9
長く雇ってくれること	73.8	54.5	64.4
有給休暇を取りやすいこと	44.1	41.3	48.5
残業を減らすこと	9.4	7.8	12.9
残業を増やすこと	19.1	13.2	16.8
職場の人間関係の改善	21.8	16.8	36.6
苦情や不満への対応	27.6	29.3	34.7
年金，健康保険，雇用保険への加入	10.7	8.4	9.9
健康診断など健康管理の充実	13.3	14.4	18.8
職場環境（安全衛生）の改善	15.7	19.8	22.8
ロッカー，食堂など福利厚生施設の充実	18.9	25.7	18.8
いろいろな仕事を経験させてくれること	17.7	25.7	21.8
高度な仕事を経験させてくれること	14.3	16.8	22.8
難しくない仕事への配置	6.8	7.8	5.9
体力的にきつくない仕事への配置	15.5	13.2	14.9
教育訓練の充実	19.6	28.1	35.6
職場に常駐する管理者・リーダーの配置	10.4	6.6	15.8
派遣社員どうしの交流機会	13.8	11.4	18.8
工場の正社員との交流機会	13.6	12.0	16.8
その他	3.6	3.0	6.9
特にない	2.4	4.2	3.0
無回答	0.2	1.2	0.0

(注) 複数回答。
(出所) 筆者作成。

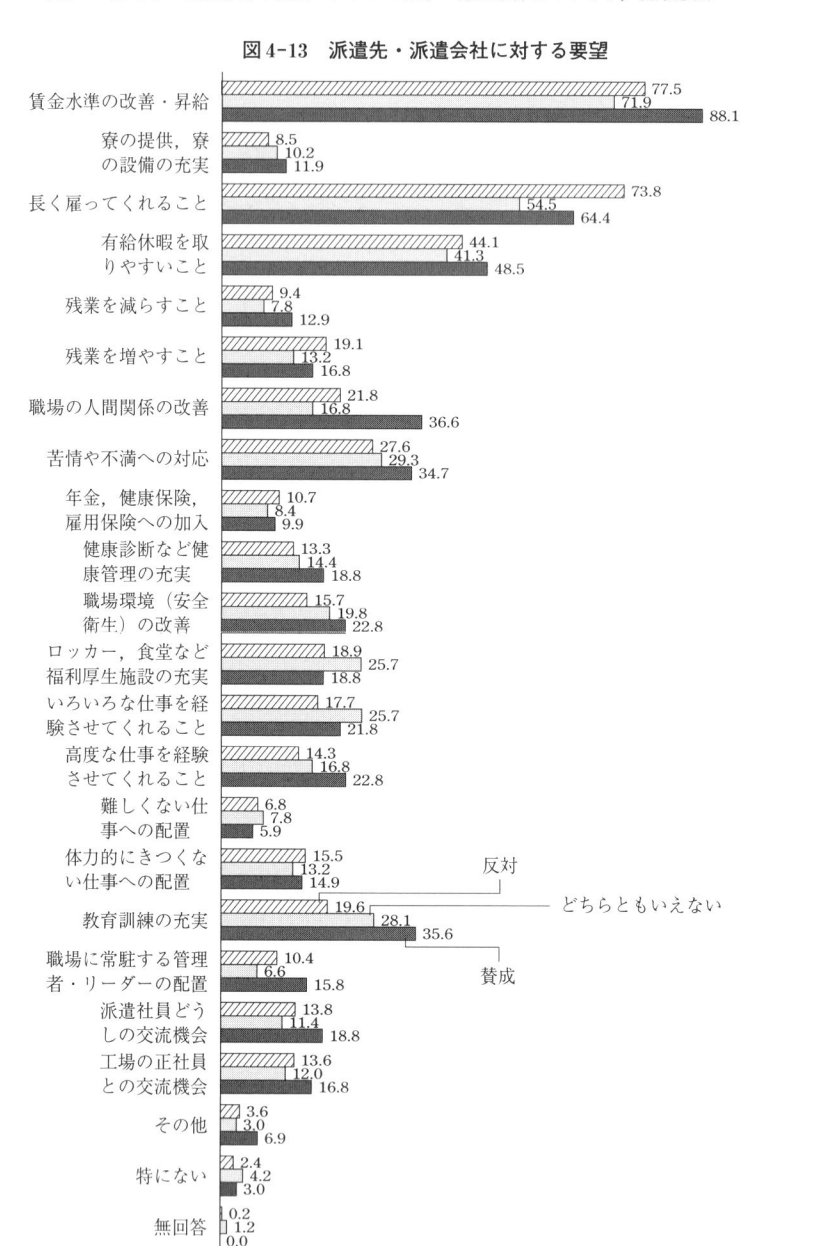

6 ま と め

　本章では，製造派遣禁止に対する派遣スタッフの賛否の実態を把握した上で，そうした賛否の背景となりうる派遣スタッフの属性や仕事・労働条件，就業意識などを比較検討した。主な発見事実を整理すると以下のようになる。

　まず，本調査における製造派遣禁止に対する派遣スタッフの賛否の意見は，「反対」が55.3％と半数を超え，「賛成」は13.5％，「どちらともいえない」は22.4％となっている。「反対」「賛成」と回答した理由を見ると，製造派遣禁止に「反対」する理由は，「派遣を禁止しても，正社員などの雇用機会が増えないから」（69.5％），「自分が派遣で働けなくなるから」（65.9％）の2つが多く，製造派遣が禁止となった場合に今の就業機会を失うことや派遣就業に代わる雇用機会を得られる見込みがないことに対する不安をあげる割合が多い。また，「賛成」する理由は，「派遣は雇用が不安定だから」（83.2％），「派遣で働き続けても安定した仕事に就職できないから」（64.4％），「派遣は賃金など労働条件が低いから」（56.4％）の3つが半数を超えており，派遣就業が雇用の不安定な働き方であることや，派遣就業を続けても雇用の安定した仕事に従事できないこと，派遣スタッフの労働条件や賃金水準が低いことに対する不満をあげる割合が多い。そこで，製造派遣禁止に対してこのように賛否が分かれる背景要因を検討するために，製造派遣禁止に対する意見が「反対」「どちらともいえない」「賛成」の3つの回答者に限定して，派遣スタッフの個人属性や仕事・労働条件，キャリア，就業意識などを比較検討した。最後に，製造派遣禁止に対する賛否別の特徴を，表4-3とともにまとめる。なお，表中の「多い」「少ない」等の記述は，「反対」「どちらともいえない」「賛成」の3つを比較した場合の相対的なものであることに留意されたい。

（1）製造派遣禁止に「反対」している派遣スタッフの特徴

　製造派遣禁止に「反対」しているスタッフは，「賛成」しているスタッフおよび「どちらともいえない」スタッフを含む3つの中で相対的に見て，男性の割合が少なく，年齢が高く，配偶者のいない割合が多い。現在派遣先で担当している仕事の難易度や賃金水準は低く，1日の実労働時間は短い。過去に派遣スタッフを経験している割合や製造業務を経験している割合が多い。

118　第4章　生産分野の派遣スタッフの仕事・労働条件とキャリア，就業意識

表4-3　製造派遣禁止の「賛否」と派遣スタッフの特徴（相対比較）

	反　対	どちらともいえない	賛　成
男性の割合	少	少	多
年　齢	高	低	高
配偶者のいない割合	多	中	少
担当業務の難易度	低	中	高
1時間当たりの賃金額	低	高	高
1日の実労働時間	短	中	長
派遣社員の経験	多	少	少
製造業務の経験	多	少	中
派遣就業を始めた理由	雇用確保，簡単な仕事	雇用確保，特に理由なし	雇用確保，正社員登用
今後希望する働き方	当面：派遣／数年後：正社員	考えていない・こだわらない	正社員
製造派遣禁止による失業可能性の認識	高	低	低
就業先における正社員としての採用可能性の認識	高	高	低
仕事や働き方への満足度	高	高	低
派遣先・派遣会社への要望	少	少	多

（注）　多・中・少などは，「反対」「どちらともいえない」「賛成」を比較した場合の相対的なものである。
（出所）　筆者作成。

雇用機会の確保や簡単な仕事などを重視して派遣就業を選択し，当面は派遣・請負社員として，数年後は正社員として就業することを希望している。製造派遣禁止によって失業する可能性が高いと感じている。仕事や働き方に関する満足度は高く，派遣先や派遣会社に対する要望は少ない。

(2)　製造派遣禁止に「賛成」している派遣スタッフの特徴

　製造派遣禁止に「賛成」しているスタッフは相対的に見て，男性の割合が多く，年齢が高く，配偶者のいない割合が少ない。派遣先での担当業務の難易度や賃金水準は高く，1日の実労働時間は長い。過去に派遣スタッフを経験している割合が少なく，製造業務を経験している割合は中程度である。雇用機会の確保や正社員登用の可能性を重視して派遣就業を選択し，当面・数年後ともに今後は正社員として就業することを希望しているが，現在の派遣先の工場で正社員に採用される可能性は低いと感じている。仕事や働き方に関する満足度は低く，派遣先や派遣会社に対する要望は多い。

(3) 製造派遣禁止に「どちらともいえない」と賛否を判断しかねている派遣スタッフの特徴

「どちらともいえない」と賛否を判断しかねているスタッフは相対的に見て，男性の割合が少なく，年齢が低く，配偶者のいない割合は中程度である。担当業務の難易度や1日の実労働時間は中程度であり，賃金水準は高い。過去に派遣スタッフを経験した割合や製造業務を経験した割合は少ない。派遣就業を選択した理由については特にないとする割合が多く，当面および数年後のいずれについても「働き方は考えていない・働き方には特にこだわらない」と回答した割合が多い。仕事や働き方に関する満足度は高く，派遣先や派遣会社に対する要望は少ない。

上記の分析結果から，製造派遣禁止の賛否を分ける背景要因として，派遣スタッフから見た製造派遣以外の雇用機会の確保の可能性や現在の仕事・働き方に関する満足度などの違いがあると考えられる。具体的には，製造派遣禁止に「賛成」している派遣スタッフは，就業機会が限られている中，将来的に正規社員として就業することを希望して派遣就業を選択しており，就業先の正規社員に登用されることを望んでいるがその可能性は低いと認識している。また，彼（女）らの仕事難易度や賃金水準は生産分野の派遣スタッフの中で相対的に高いが，現在の仕事や労働条件，働き方に関する満足度は低い。他方，製造派遣禁止に「反対」している派遣スタッフは，同様に就業機会が限られている中で自らの雇用確保や簡単な仕事に従事することなどを重視して派遣就業を選択しており，製造派遣禁止によって失業する可能性が高いと認識している。また，彼（女）らの仕事難易度や賃金水準は相対的に低いが，現在の仕事や労働条件，働き方に関する満足度は高い。

こうした点を踏まえると，製造派遣禁止に賛成・反対している派遣スタッフそれぞれに対応した就業環境改善のための取組みが必要になると考えられる。たとえば，製造派遣禁止に「賛成」している派遣スタッフのように，生産分野の派遣スタッフの中で仕事の難易度や賃金水準が相対的に高く，正規社員としての就業を希望するスタッフ層には就業条件の改善や直接雇用への移行を支援する施策が必要になると考えられる。また，「反対」している派遣スタッフのように，労働市場における就業可能性などの点で弱い立場にあると見られるスタッフ層には就業条件の改善の取組みに加えて，彼（女）らの能力や技能を向

上させる教育訓練機会の提供など労働市場における就業可能性を高める施策が必要になると考えられる。

　また，本章の分析結果は，生産分野の派遣スタッフの中に基本属性や仕事・労働条件，キャリア，就業意識の異なる労働者層がいることを示している点で重要である。たしかに本調査の分析でも，先行研究（佐野，2010c；大竹・奥平ほか，2011）が示した生産分野の派遣スタッフの特徴，すなわち基本属性は，①男性が多く，②高校卒が主であり，③家計負担者の割合が多く，④担当業務の難易度は単純な仕事から高度な仕事までさまざまであり，⑤フルタイム勤務が多く，⑥賃金は1000〜1200円未満が中心であり，⑦正規社員としての就業機会がないために派遣就業を選択した割合が多く，⑧今後の働き方としては正規社員として就業を希望する者からとくに考えていないとする者まで幅があり，⑨賃金の低さや雇用の不安定さなどに関する不満が大きいことなどが確認された。ただ，製造派遣禁止に対する賛否の観点から見た場合，生産分野の派遣スタッフは基本属性や仕事・労働条件，キャリア，就業意識などの異なる労働者層から構成されていることが推察される。今後，生産分野の派遣スタッフの就業環境改善を検討する上では，そうしたスタッフを一括りにして議論するのではなく，生産分野の派遣スタッフの中にどのような特性を持つスタッフ層が存在するのかを把握することが重要になると考えられる。

　また，以上では製造派遣禁止に「反対」「賛成」している派遣スタッフの特徴を踏まえてそれぞれに必要な施策を検討したが，製造派遣禁止に対して「どちらともいえない」とした賛否を判断しかねている派遣スタッフが2割超いたことにも留意しなければならない。彼らは「反対」「賛成」している派遣スタッフと比較して，年齢が低く，過去に派遣スタッフを経験した割合や製造業務を経験した割合が少なく，派遣就業を選択した特段の理由がなく，今後の働き方に関する希望を持っていないという特徴を持っている。こうした派遣スタッフ層に対していかなる施策が必要であるかは別途検討が必要であろう。

第 2 部

人材サービス産業が担う社会的機能
― 企業経営の視点 ―

第 5 章
派遣会社の機能と課題

第 6 章
事務系派遣営業所の運営と課題

第 7 章
労働者派遣専門 26 業務適正化プランの影響

第 8 章
派遣先企業における管理職の人事管理

第 9 章
生産請負・派遣企業による雇用継続への取組み

第 10 章
職業紹介担当者の能力ならびにスキル

第 11 章
未就職卒業者を対象とした人材ビジネス企業のマッチング機能

第5章

派遣会社の機能と課題
機能の高度化を進めるための道標を探る

大木栄一・豊島竹男・横山重宏

1　はじめに——派遣会社に必要な機能とは

　派遣労働とは，派遣先の労働サービス需要を満たしうる人的資源を保有する労働者を探し，雇用し，派遣先に派遣する仕組みである。この派遣労働は，派遣元，派遣先，派遣スタッフの3者の関係から構成される。通常の雇用関係では雇用者と使用者は同じで，雇用関係（労働契約関係）と使用関係（指揮命令関係）が同一になる。しかし，派遣労働において労働者は，派遣元と雇用関係（労働契約関係）を結ぶことになるが，使用関係（指揮命令関係）は派遣先との間に発生する。そして，派遣元と派遣先の間には労働者派遣契約が結ばれる（今野・佐藤，2009）。

　すなわち，派遣労働という雇用形態において，派遣スタッフの人事管理は，正社員やパートタイマーなどといった企業（派遣先）に直接雇用される労働者と異なり，派遣元（派遣会社）と派遣先（派遣先企業）に分担されて行われる。そのため，派遣先にとって，外部人材である派遣スタッフに意欲的に仕事に取り組んでもらうことは容易ではない。派遣先が直接雇用する場合とは異なる人事管理が不可欠になるのである。たとえば，派遣先は派遣会社が選定した派遣スタッフを派遣契約に基づく業務に配置し，業務遂行に関する指示を行う。そのため，派遣スタッフの能力開発やキャリア形成に結びつく業務への配置や業務にかかわる指揮命令を行えるのは派遣先であり，派遣元（派遣会社）はそれを行うことができない。また，派遣スタッフの日ごろの働きぶりを評価できる

のは派遣先であるが，それを処遇に反映できるのは派遣元（派遣会社）である。そのため，派遣スタッフの雇用管理を改善し，派遣スタッフが仕事に意欲的に取り組める環境をつくるには，派遣元（派遣会社）・派遣先のそれぞれが課題に取り組むとともに，両者の連携・協力が必要になってくる（鹿生，2004；島貫・守島，2004；島貫，2007；佐藤，2007；木村・鹿生，2010）。

さらに，近年，派遣会社を取り巻く市場環境は厳しさを増している。そうした中で，派遣会社は，派遣スタッフ・派遣先双方のニーズに応えるために，①「事業性」（派遣先のニーズと派遣スタッフの適性・能力・希望とをマッチングさせ，労働力の需給調整機能を適切に果たすこと）に関する機能，②「雇用管理」（派遣スタッフの処遇・労働条件の整備および派遣スタッフの能力開発・キャリア形成への支援）に関する機能，③「派遣先・派遣スタッフの苦情処理・相談対応」（派遣会社の社員が派遣先を定期的に訪問し，相談窓口を設置することで，派遣スタッフが苦情や不満を申し立てる機会を提供することなど）に関する機能の高度化を，これまで以上に進めていく必要に迫られている。

そこで本章では，筆者らが参加した「労働者派遣事業の実態に関するアンケート調査」（三菱UFJリサーチ＆コンサルティングが厚生労働省委託事業「平成21年度 優良人材ビジネス事業者育成推進事業」において企画実施したアンケート調査）[1]を活用して，第1に，派遣会社が有すべき，事業性に関する機能，派遣スタッフを対象にした雇用管理に関する機能，派遣先・派遣スタッフの苦情処理・相談対応に関する機能を整理した上で，それらの実態を分析する。それを踏まえ，派遣会社が有する機能について，対象派遣職種（事務系職種，技術系職種，製造系職種）ごとの特徴を明らかにする。

第2に，事務系職種を主力事業としている派遣会社（事務系派遣会社）に限定し，その中で，高度な機能を有する派遣会社（派遣先と派遣スタッフのマッチング，派遣スタッフの雇用管理，派遣スタッフの苦情や不満への対応に関して，多

---

[1] アンケート調査は，信頼できる大手データ会社が保有する企業名簿のうち労働者派遣事業を営む企業4000社を抽出したのに加え，一般社団法人日本人材派遣協会，一般社団法人日本生産技能労務協会，および一般社団法人日本エンジニアリングアウトソーシング協会の会員を加えた4145社に対して実施した。調査票は，2010年1月6日に配布し，2010年2月8日到着分までを回収した。有効回答は786社（回収率19.0％）。調査結果の詳細は，三菱UFJリサーチ＆コンサルティング（2010a）として刊行されている。再分析にあたり，厚生労働省より，データ利用についてのご了解をいただいた。記して謝意を表したい。

くの取組みを行っている派遣会社）にはどのような特徴があり，さらに，どのような特徴を持った事務系派遣会社が高度な機能を有しているのかについても明らかにする。

最後に，事務系職種を主力事業としている派遣会社の中でも，登録型の労働者派遣事業を実施している会社（登録型事務系派遣会社）に限定して，こうした取組みが登録型事務系派遣会社の経営パフォーマンスにどのような影響を与えているのかについても検討していきたい。

2 派遣会社が有すべき機能とそのための取組み

2.1 派遣会社が有すべき「機能」とは

前節で述べた通り，派遣会社を取り巻く近年の経済・社会環境などを鑑みると，派遣会社は，派遣スタッフ・派遣先双方のニーズに応えるために，「事業性」に関する機能，「雇用管理」に関する機能，「派遣先・派遣スタッフの苦情処理対応」に関する機能の高度化を，これまで以上に求められている。そして，この3つは，以下に詳細を示すが，(1)派遣先と派遣スタッフのマッチングをする機能，(2)派遣スタッフの能力開発を支援する機能，(3)派遣スタッフの処遇・労働条件を整備する機能，(4)派遣スタッフのキャリア形成を支援する機能，(5)派遣先・派遣スタッフの苦情処理・相談対応機能，という5つの機能から構成されている。[2]

（1） **派遣先と派遣スタッフのマッチングをする機能**——派遣先のニーズと派遣スタッフの適性・能力・希望とのマッチングを行い，労働力の需給調整を適切に果たす機能（需給調整機能）。

（2） **派遣スタッフの能力開発を支援する機能**——派遣スタッフに対する教

---

2) こうした派遣会社が有すべき「機能」を考えるに際しては，主に，鹿生（2004），島貫・守島（2004），島貫（2007），佐藤（2007），木村・鹿生（2010）等の既存研究に加え，筆者らが参加した前述の「平成21年度 優良人材ビジネス事業者育成推進事業」を実施するために招集された委員からの研究会における発言・討議を参照した。研究会の委員は，佐藤博樹（座長，東京大学），佐野嘉秀（法政大学），伊藤卓郎（テンプスタッフ・ピープル株式会社），河邉彰男（一般社団法人日本人材派遣協会），小松太郎（株式会社スタッフサービス），長谷川裕子（日本労働組合総連合会），新谷信幸（日本労働組合総連合会），鈴木英二郎（厚生労働省職業安定局），鈴木一光（厚生労働省職業安定局），髙橋弘行（一般社団法人日本経済団体連合会），および筆者らである。なお，上記の所属は報告書刊行時のものである。

育訓練や能力開発の機会の提供などを支援する機能（雇用管理の一機能であり，需給調整機能を強化するための機能）。

（3）派遣スタッフの処遇・労働条件を整備する機能――派遣スタッフの適正な処遇や配置，福利厚生の提供などの充実を果たす機能（雇用管理の一機能）。

（4）派遣スタッフのキャリア形成を支援する機能――派遣スタッフ個々人の希望に応じて，キャリア形成を支援する機能。なお，派遣スタッフが希望する場合は，派遣スタッフのために正社員への登用を支援する機能（雇用管理の一機能）を担うことになる。

（5）派遣先・派遣スタッフの苦情処理・相談対応機能――新たに発生する就業トラブルなどを未然に防ぎ，(1)～(4)の機能をさらに高度化・修正するなどして改善を促すために，派遣スタッフおよび派遣先からの苦情や相談を受け付け，その対応をする機能。

2.2 派遣会社が機能を発揮するための取組み

派遣会社が有すべき5つの機能を発揮するための，派遣会社の具体的な取組みは，以下のようになる。これらの取組みは複数の機能に関連するが，ここでは，「平成21年度 優良人材ビジネス事業者育成推進事業」を実施するために招集された研究会での発言・討議に基づいて，各機能と具体的な取組みの関係を整理した。

（1）派遣先と派遣スタッフのマッチングをする機能

この機能に該当する具体的な派遣会社の取組みとしては，①派遣先の活用ニーズや業務に関する情報を収集し，分析している，②派遣先での具体的な仕事内容を確認し，就業前に派遣スタッフに伝えている，③派遣先の活用ニーズや就業条件にかかわる情報は，自社の営業担当者やコーディネーターで共有している，④派遣スタッフの能力・希望について，就業中の派遣スタッフから実態や要望を定期的に聴取し，把握している，⑤派遣先を通じて，派遣スタッフの働きぶりを把握している，⑥派遣先から得た派遣スタッフの働きぶりに関する情報を，派遣スタッフ本人に伝えている，⑦派遣先を定期的に巡回する等により，就業中の派遣スタッフのフォローアップを行っている，⑧自社に対する派遣先の満足度を定期的に把握・分析している，という8つが考えられる。

(2) 派遣スタッフの能力開発を支援する機能

具体的な派遣会社の取組みとしては，①派遣スタッフに対して，必要とされるビジネスマナーや就業意識などの基礎教育を実施している，②派遣スタッフに対して，派遣先での就業前に，業務内容と必要となる能力や就業上の留意点について，教育を実施している，③派遣スタッフに対して，就業中の業務に役立つ教育訓練（Off-JT）の機会を無料で提供している，④派遣スタッフが派遣労働を通じて能力開発が進むよう，派遣先に対し，教育訓練（OJT）の機会を提供するよう依頼している，という4つが考えられる。

(3) 派遣スタッフの処遇・労働条件を整備する機能

具体的な派遣会社の取組みとしては，①派遣スタッフに対して，派遣先での詳細な就業条件や環境（服装や喫煙の可否などを含む）を事前に提示している，②派遣スタッフの派遣先での稼働時間が適正か否かを，随時にチェックしている，③派遣先での派遣スタッフが，派遣契約通りの就業実態であるかどうかを定期的にチェックしている，④派遣先に対して，派遣制度の仕組み（コンプライアンス，管理責任等）について啓発・周知している，⑤派遣先での派遣スタッフの管理体制や就業実態が適切か否かをチェックし，改善を行う仕組みを設けている，⑥派遣料金に見合った，仕事の内容や量を提供しているかを，評価する仕組みを設けている，⑦派遣料金の見直しに伴い，派遣スタッフの賃金の見直しも行っている，⑧就業に必要と考えられる施設等（診療所，食堂，ロッカー等）は，派遣先の労働者と同様に利用できるよう，派遣先に働きかけている，⑨派遣スタッフの有給休暇等の取得希望を聴取し，取得ができるように派遣先にも働きかけている，⑩派遣スタッフが産休・育休等の取得を希望した場合，円滑に取得できるような取組みを行っている，⑪派遣先との派遣契約の更新の有無を早期に確認している，⑫派遣契約が更新されない場合や中途解除にあたって，就業を希望する派遣スタッフには，新たな派遣先を紹介している，という12の取組みが考えられる。

(4) 派遣スタッフのキャリア形成を支援する機能

具体的な派遣会社の取組みとしては，①派遣スタッフのキャリア形成の体系を整備し，派遣スタッフに対して説明している，②派遣スタッフに対し，能力開発やキャリア形成に関するカウンセリングやアドバイスを定期的に行っている，③派遣スタッフに対して，キャリア形成に役立つ教育訓練（Off-JT）の機

会を有料（一部負担）で提供している，④派遣スタッフに対して，キャリア形成を考慮した仕事への配置や派遣先の選択ができる仕組みを有し，実施している，という4つが考えられる。

(5) 派遣先・派遣スタッフの苦情処理・相談対応機能

具体的な派遣会社の取組みとしては，①派遣先および派遣スタッフの相談や苦情を受け付けるための相談受付窓口を設置している，②相談受付窓口の連絡先や手段は，容易に確認できる状態にしている，③社外相談受付窓口（公機関等）などの利用促進・情報提供をしている，④派遣会社の従業員が定期的に派遣スタッフに会い，相談・苦情などを受け付けている，⑤派遣会社の従業員が定期的に派遣先を訪問し，相談・苦情などを受け付けている，⑥派遣先および派遣スタッフの相談や苦情の内容を記録している，⑦相談や苦情の内容を改善につなげるための具体的な仕組みを整備している，という7つが考えられる。

3 派遣会社が有する機能の実態

3.1 各機能の取組みの状況

(1) 派遣先と派遣スタッフのマッチングをするための取組み

労働者派遣事業の対象職種群のうち，2009年度の事業において売上げが最も大きい職種（各種専門事務や一般事務等の事務系職種，ソフトウェア開発・機械設計や研究開発等の技術系職種，製造・組立・修理等の製造系職種）ごとに，派遣先と派遣スタッフのマッチングをするための取組みの状況を見てみよう。

表5-1から明らかなように，第1に，対象職種を問わず，「派遣先での具体的な仕事内容を確認し，就業前に派遣スタッフに伝えている」「派遣先を通じて，派遣スタッフの働きぶりを把握している」「派遣先を定期的に巡回する等により，就業中の派遣スタッフのフォローアップを行っている」の実施率が高い。他方，「自社に対する派遣先の満足度を定期的に把握・分析している」は低くなっている。

第2に，「派遣先の活用ニーズや就業条件にかかわる情報は，自社の営業担当者やコーディネーターで共有している」「派遣スタッフの能力・希望について，就業中の派遣スタッフから実態や要望を定期的に聴取し，把握している」

表5-1 派遣先と派遣スタッフのマッチングをするための取組みの状況, および派遣スタッフの能力開発を支援するための取組みの状況

(単位:％)

		事務系派遣会社 (N=220)	技術系派遣会社 (N=167)	製造系派遣会社 (N=188)
(1) 派遣先と派遣スタッフのマッチングをするための取組み	派遣先の活用ニーズや業務に関する情報を収集し,分析している	76.4	77.2	68.1
	派遣先での具体的な仕事内容を確認し,就業前に派遣スタッフに伝えている	94.1	91.6	94.1
	派遣先の活用ニーズや就業条件にかかわる情報は,自社の営業担当者やコーディネーターで共有している	87.7	83.2	81.9
	派遣スタッフの能力・希望について,就業中の派遣スタッフから実態や要望を定期的に聴取し,把握している	86.4	79.6	75.0
	派遣先を通じて,派遣スタッフの働きぶりを把握している	93.2	89.2	89.9
	派遣先から得た派遣スタッフの働きぶりに関する情報を,派遣スタッフ本人に伝えている	82.7	80.2	73.9
	派遣先を定期的に巡回する等により,就業中の派遣スタッフのフォローアップを行っている	92.7	85.0	91.5
	自社に対する派遣先の満足度を定期的に把握・分析している	56.8	63.5	56.9
(2) 派遣スタッフの能力開発を支援するための取組み	派遣スタッフに対して,必要とされるビジネスマナーや就業意識などの基礎教育を実施している	70.9	67.7	63.3
	派遣スタッフに対して,派遣先での就業前に,業務内容と必要となる能力や就業上の留意点について,教育を実施している	73.2	67.1	69.7
	派遣スタッフに対して,就業中の業務に役立つ教育訓練(Off-JT)の機会を無料で提供している	58.2	60.5	44.7
	派遣スタッフが派遣労働を通じて能力開発が進むよう,派遣先に対し,教育訓練(OJT)の機会を提供するよう依頼している	44.1	41.3	42.6

(注) 値は実施率。
(出所) 三菱UFJリサーチ&コンサルティング(2010a)。

「派遣先から得た派遣スタッフの働きぶりに関する情報を,派遣スタッフ本人に伝えている」については,事務系職種を主力としている派遣会社(事務系派遣会社)で実施率が高く,製造系職種を主力としている派遣会社(製造系派遣会社)では低くなっている。その差は,とくに「派遣スタッフの能力・希望について,就業中の派遣スタッフから実態や要望を定期的に聴取し,把握している」で大きい(事務系派遣会社で86.4％,製造系派遣会社で75.0％)。

第3に,「派遣先の活用ニーズや業務に関する情報を収集し,分析している」

については，技術系職種を主力としている派遣会社（技術系派遣会社）で実施率が高く，製造系派遣会社では低くなっている。

(2) 派遣スタッフの能力開発を支援するための取組み

派遣スタッフの能力開発を支援するための取組み状況を見ると（表5-1），第1に，対象職種を問わず，「派遣スタッフに対して，必要とされるビジネスマナーや就業意識などの基礎教育を実施している」は実施率が高く，一方，「派遣スタッフが派遣労働を通じて能力開発が進むよう，派遣先に対し，教育訓練（OJT）の機会を提供するよう依頼している」は低くなっている。

第2に，「派遣スタッフに対して，派遣先での就業前に，業務内容と必要となる能力や就業上の留意点について，教育を実施している」については，事務系派遣会社で実施率が高く，技術系派遣会社では低くなっている。

第3に，「派遣スタッフに対して，就業中の業務に役立つ教育訓練（Off-JT）の機会を無料で提供している」については，技術系派遣会社で実施率が高く，製造系派遣会社では低くなっている。

(3) 派遣スタッフの処遇・労働条件を整備するための取組み

派遣スタッフの処遇・労働条件を整備するための取組みの状況を見ると（表5-2），第1に，対象職種を問わず，「派遣スタッフに対して，派遣先での詳細な就業条件や環境（服装や喫煙の可否などを含む）を事前に提示している」「派遣スタッフの派遣先での稼働時間が適正か否かを，随時にチェックしている」「派遣先での派遣スタッフが，派遣契約通りの就業実態であるかどうかを定期的にチェックしている」「就業に必要と考えられる施設等（診療所，食堂，ロッカー等）は，派遣先の労働者と同様に利用できるよう，派遣先に働きかけている」「派遣先との派遣契約の更新の有無を早期に確認している」の実施率が高く，一方，「派遣料金に見合った，仕事の内容や量を提供しているかを，評価する仕組みを設けている」は低くなっている。

第2に，「派遣先に対して，派遣制度の仕組み（コンプライアンス，管理責任等）について啓発・周知している」と「派遣料金の見直しに伴い，派遣スタッフの賃金の見直しも行っている」については，事務系派遣会社で実施率が高く，技術系派遣会社では低くなっている。

第3に，「派遣先での派遣スタッフの管理体制や就業実態が適切か否かをチェックし，改善を行う仕組みを設けている」「派遣スタッフの有給休暇等の取

表5-2 派遣スタッフの処遇・労働条件を整備するための取組みの状況

(単位：％)

		事務系派遣会社 ($N=220$)	技術系派遣会社 ($N=167$)	製造系派遣会社 ($N=188$)
(3) 派遣スタッフの処遇・労働条件を整備するための取組み	派遣スタッフに対して，派遣先での詳細な就業条件や環境（服装や喫煙の可否などを含む）を事前に提示している	95.9	85.6	96.3
	派遣スタッフの派遣先での稼働時間が適正か否かを，随時にチェックしている	92.3	84.4	87.2
	派遣先での派遣スタッフが，派遣契約通りの就業実態であるかどうかを定期的にチェックしている	87.3	86.2	88.3
	派遣先に対して，派遣制度の仕組み（コンプライアンス，管理責任等）について啓発・周知している	86.4	66.5	76.6
	派遣先での派遣スタッフの管理体制や就業実態が適切か否かをチェックし，改善を行う仕組みを設けている	62.3	58.1	46.3
	派遣料金に見合った，仕事の内容や量を提供しているかを，評価する仕組みを設けている	34.1	37.7	25.0
	派遣料金の見直しに伴い，派遣スタッフの賃金の見直しも行っている	82.7	69.5	71.3
	就業に必要と考えられる施設等（診療所，食堂，ロッカー等）は，派遣先の労働者と同様に利用できるよう，派遣先に働きかけている	90.5	82.0	89.4
	派遣スタッフの有給休暇等の取得希望を聴取し，取得ができるように派遣先にも働きかけている	80.0	74.9	72.9
	派遣スタッフが産休・育休等の取得を希望した場合，円滑に取得できるような取組みを行っている	60.0	48.5	45.2
	派遣先との派遣契約の更新の有無を早期に確認している	94.1	89.2	89.9
	派遣契約が更新されない場合や中途解除にあたって，就業を希望する派遣スタッフには，新たな派遣先を紹介している	76.8	65.9	78.2

(注) 値は実施率。
(出所) 表5-1に同じ。

得希望を聴取し，取得ができるように派遣先にも働きかけている」「派遣スタッフが産休・育休等の取得を希望した場合，円滑に取得できるような取組みを行っている」については，事務系派遣会社で実施率が高く，製造系派遣会社では低くなっている。その差は，とくに「派遣先での派遣スタッフの管理体制や就業実態が適切か否かをチェックし，改善を行う仕組みを設けている」で大きい（事務系で62.3％，製造系で46.3％）。

第4に，「派遣契約が更新されない場合や中途解除にあたって，就業を希望する派遣スタッフには，新たな派遣先を紹介している」については，製造系派

遣会社で実施率が高く，技術系派遣会社では低くなっている。

(4) 派遣スタッフのキャリア形成を支援するための取組み

派遣スタッフのキャリア形成を支援するための取組みの状況を見ると（表5-3），第1に，対象職種を問わず，「派遣スタッフに対して，キャリア形成に役立つ教育訓練（Off-JT）の機会を有料（一部負担）で提供している」と「派遣スタッフに対して，キャリア形成を考慮した仕事への配置や派遣先の選択ができる仕組みを有し，実施している」については，実施率が4割にも満たない。

第2に，「派遣スタッフのキャリア形成の体系を整備し，派遣スタッフに対して説明している」と「派遣スタッフに対し，能力開発やキャリア形成に関す

表5-3 派遣スタッフのキャリア形成を支援するための取組みの状況，および派遣先・派遣スタッフの苦情処理・相談対応の体制整備に向けた取組みの状況

(単位：％)

		事務系派遣会社 ($N=220$)	技術系派遣会社 ($N=167$)	製造系派遣会社 ($N=188$)
(4) 派遣スタッフのキャリア形成を支援するための取組み	派遣スタッフのキャリア形成の体系を整備し，派遣スタッフに対して説明している	35.0	43.1	33.5
	派遣スタッフに対し，能力開発やキャリア形成に関するカウンセリングやアドバイスを定期的に行っている	38.6	56.3	30.3
	派遣スタッフに対して，キャリア形成に役立つ教育訓練（Off-JT）の機会を有料（一部負担）で提供している	34.1	25.7	22.3
	派遣スタッフに対して，キャリア形成を考慮した仕事への配置や派遣先の選択ができる仕組みを有し，実施している	25.9	35.3	25.0
(5) 派遣先・派遣スタッフの苦情処理・相談対応の体制整備に向けた取組み	派遣先および派遣スタッフの相談や苦情を受け付けるための相談受付窓口を設置している	69.5	73.1	53.2
	相談受付窓口の連絡先や手段は，容易に確認できる状態にしている	73.6	76.6	68.1
	社外相談受付窓口（公機関等）などの利用促進・情報提供をしている	17.3	12.0	6.4
	自社の従業員が定期的に派遣スタッフに会い，相談・苦情などを受け付けている	89.5	87.4	84.6
	自社の従業員が定期的に派遣先を訪問し，相談・苦情などを受け付けている	85.5	83.2	84.6
	派遣先および派遣スタッフの相談や苦情の内容を記録している	73.2	51.5	55.3
	相談や苦情の内容を改善につなげるための具体的な仕組みを整備している	15.0	16.2	12.8

(注) 値は実施率。
(出所) 表5-1に同じ。

るカウンセリングやアドバイスを定期的に行っている」については，技術系派遣会社で実施率が高く，製造系派遣会社では低くなっている。

(5) 派遣先・派遣スタッフの苦情処理・相談対応の体制整備に向けた取組み

派遣先・派遣スタッフの苦情処理・相談対応の体制整備に向けた取組みの状況を見ると（表5-3），第1に，対象職種を問わず，「自社の従業員が定期的に派遣スタッフに会い，相談・苦情などを受け付けている」と「自社の従業員が定期的に派遣先を訪問し，相談・苦情などを受け付けている」の実施率が高く，一方，「社外相談受付窓口（公機関等）などの利用促進・情報提供をしている」と「相談や苦情の内容を改善につなげるための具体的な仕組みを整備している」は低く，いずれも実施率は2割に満たない。

第2に，「派遣先および派遣スタッフの相談や苦情を受け付けるための相談受付窓口を設置している」と「相談受付窓口の連絡先や手段は，容易に確認できる状態にしている」については，技術系派遣会社で実施率が高く，製造系派遣会社では低くなっている。これに対して，「派遣先および派遣スタッフの相談や苦情の内容を記録している」については，事務系派遣会社で実施率が高く，技術系派遣会社では低くなっている。

3.2 5つの機能の取組み状況の比較

5つの機能の取組み状況について，派遣会社が実施すべきと思われるすべての取組みのうち，実際に実施されている取組みの割合を算出して平均値を求め，比較して特徴を明らかにする。この分析により，今後，派遣会社が重点的に取り組むべき課題を示すことができよう。

図5-1から明らかなように，第1に，対象職種を問わず，「(1)派遣先と派遣スタッフのマッチングをする機能」と「(3)派遣スタッフの処遇・労働条件を整備する機能」は実施されている取組みの割合が高い。一方，「(4)派遣スタッフのキャリア形成を支援する機能」の取組み割合は3割前後と低くなっている。

第2に，「(1)派遣先と派遣スタッフのマッチングをする機能」「(2) 派遣スタッフの能力開発を支援する機能」「(5)派遣先・派遣スタッフの苦情処理・相談対応機能」については，事務系派遣会社の取組み割合が高い一方，製造系派遣会社では低くなっており，その差は，とくに「派遣先・派遣スタッフの苦情処理・相談対応機能」で大きい（事務系派遣会社が60.5％，製造系派遣会社は

図 5-1　5 つの機能の取組み状況（実施されている取組みの割合）の比較

(1) 派遣先と派遣スタッフのマッチングをする機能
(2) 派遣スタッフの能力開発を支援する機能
(3) 派遣スタッフの処遇・労働条件を整備する機能
(4) 派遣スタッフのキャリア形成を支援する機能
(5) 派遣先・派遣スタッフの苦情処理・相談対応機能

（単位：%）

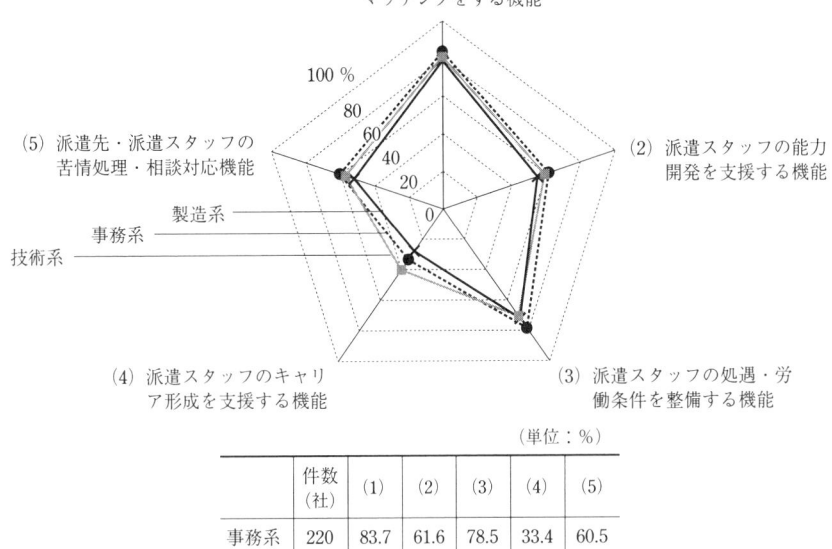

	件数（社）	(1)	(2)	(3)	(4)	(5)
事務系	220	83.7	61.6	78.5	33.4	60.5
技術系	167	81.2	59.1	70.7	40.1	57.1
製造系	188	78.9	55.1	72.2	27.8	52.1

(注)「実施されている取組みの割合」は，派遣元企業が発揮すべき機能を身につけるために，派遣元企業が実施すべきと思われるすべての取組みのうち，実際に実施されている取組みの割合を算出し，その平均値を求めることで算出した。なお，アンケート調査では，派遣元企業が発揮すべき機能を保有するために実施すべき取組みとして，上述の35項目について尋ねている。機能別の取組みの数を改めて記すと以下の通りである。(1)派遣先と派遣スタッフのマッチングをする機能：8，(2)派遣スタッフの能力開発を支援する機能：4，(3)派遣スタッフの処遇・労働条件を整備する機能：12，(4)派遣スタッフのキャリア形成を支援する機能：4，(5)派遣先・派遣スタッフの苦情処理・相談対応機能：7。
(出所)　表 5-1 に同じ。

52.1%）。

　第 3 に，「(4)派遣スタッフのキャリア形成を支援する機能」については，技術系派遣会社の取組み割合が高く（40.1%），製造系派遣会社では低い（27.8%）。

4 高度な機能を有する事務系派遣会社の特徴

4.1 機能の充実度の違い

前節の分析で，対象職種を問わず，「派遣先と派遣スタッフのマッチングをする機能」と「派遣スタッフの処遇・労働条件を整備する機能」は実施されている取組みの割合が高い一方で，「派遣スタッフのキャリア形成を支援する機能」については取組み割合が3割前後と低くなっていることが明らかになった。

本節では，対象を事務系派遣会社（220社）に限定し，高機能な事務系派遣会社（派遣先と派遣スタッフのマッチング，派遣スタッフの雇用管理，および派遣スタッフの苦情・不満への対応に関して，多くの取組みを行っている事務系派遣会社）の特徴を探っていくことにする。

分析は，実施されるべきとしたすべての取組み（35の取組み）のうち，28以上の取組みを実施している会社を「高機能な事務系派遣会社」，22～27の取組みを実施している会社を「中機能な事務系派遣会社」，21以下の会社を「低機能な事務系派遣会社」とし，「高機能な事務系派遣会社」と「低機能な事務系派遣会社」を比較する形で行った。

表5-4に示したように，5つの機能について，「高機能な事務系派遣会社」が実施している取組みの割合から「低機能な事務系派遣会社」の値を差し引くと，「(5)派遣先・派遣スタッフの苦情処理・相談対応機能」（高機能な事務系派遣会社が実施している取組みの割合：73.3％，低機能な事務系派遣会社が実施している取組みの割合：42.9％）で差が最も小さく，「(2)派遣スタッフの能力開発を支援する機能」（同88.5％，同30.9％），および「(4)派遣スタッフのキャリア形成を支援する機能」（同66.8％，同9.0％）では差が最も大きく，それぞれ6割近い差がある。

このことからわかるように，高機能な事務系会社は，「派遣スタッフの能力開発への支援」や「派遣スタッフのキャリア形成への支援」が充実した派遣会社であるという特徴を持っている。つまり，事務系派遣会社の機能の充実度の差は，「派遣スタッフの能力開発への支援」や「派遣スタッフのキャリア形成への支援」にあるのである。

そこでさらに，高機能な事務系派遣会社の特徴として浮かび上がってきた，

4 高度な機能を有する事務系派遣会社の特徴　135

表 5-4　高機能な事務系派遣会社の特徴——実施されている取組みの割合の比較

(単位：%)

	件数（社）	(1) 派遣先と派遣スタッフのマッチングをする機能	(2) 派遣スタッフの能力開発を支援する機能	(3) 派遣スタッフの処遇・労働条件を整備する機能	(4) 派遣スタッフのキャリア形成を支援する機能	(5) 派遣先・派遣スタッフの苦情処理・相談対応機能
低機能会社	64	61.1	30.9	56.0	9.0	42.9
中機能会社	80	88.9	60.6	81.1	21.3	62.5
高機能会社	76	97.4	88.5	94.7	66.8	73.3
高機能の実施率－低機能の実施率		36.3	57.6	38.7	57.8	30.4

(注)　「実施されている取組みの割合」の算出方法は，図 5-1 に同じ。
(出所)　表 5-1 に同じ。

　「派遣スタッフの能力開発を支援する機能」や「派遣スタッフのキャリア形成を支援する機能」における具体的な取組み状況の特徴を見てみよう。

　表 5-5 に示したように，第 1 に，「派遣スタッフの能力開発を支援する機能」の取組みについて，「高機能な事務系派遣会社」が実施している取組みの割合から「低機能な事務系派遣会社」の割合を差し引いた値を見ると，「派遣スタッフが派遣労働を通じて能力開発が進むよう，派遣先に対し，教育訓練（OJT）の機会を提供するよう依頼している」（高機能な事務系派遣会社が実施している取組みの割合：75.0 %，低機能な事務系派遣会社が実施している取組みの割合：14.1 %），および「派遣スタッフに対して，必要とされるビジネスマナーや就業意識などの基礎教育を実施している」（同 96.1 %，同 37.5 %）で差が大きく，それぞれ約 6 割の差がある。

　第 2 に，「派遣スタッフのキャリア形成を支援する機能」の取組みについて，「高機能な事務系派遣会社」が実施している取組みの割合から「低機能な事務系派遣会社」の割合を差し引いた値を見ると，「派遣スタッフに対し，能力開発やキャリア形成に関するカウンセリングやアドバイスを定期的に行っている」（同 78.9 %，同 4.7 %），および「派遣スタッフのキャリア形成の体系を整備し，派遣スタッフに対して説明している」（同 71.1 %，同 9.4 %）で差が大きく，それぞれ約 6 割以上の差がある。

　このことからわかるように，高機能な事務系派遣会社に特徴的なこととして，第 1 に「派遣スタッフの能力開発への支援機能」の中でも，「派遣スタッフが

表5-5 高機能な事務系派遣会社の特徴——「派遣スタッフの能力開発を支援

	件数 (社)	派遣スタッフの能力開発を支援するための取		
		派遣スタッフに対して，必要とされるビジネスマナーや就業意識などの基礎教育を実施している	派遣スタッフに対して，派遣先での就業前に，業務内容と必要となる能力や就業上の留意点について，教育を実施している	派遣スタッフに対して，就業中の業務に役立つ教育訓練(Off-JT)の機会を無料で提供している
低機能会社	64	37.5	46.9	47.0
中機能会社	80	73.8	71.3	65.0
高機能会社	76	96.1	97.4	85.5
高機能の実施率－低機能の実施率		58.6	50.5	38.5

(出所) 表5-1に同じ。

派遣労働を通じて能力開発が進むよう，派遣先に対し，教育訓練(OJT)の機会を提供するよう依頼している」取組み，および「派遣スタッフに対して，必要とされるビジネスマナーや就業意識などの基礎教育を実施している」取組みが，充実している。第2に「派遣スタッフのキャリア形成を支援する機能」の中でも，「派遣スタッフに対し，能力開発やキャリア形成に関するカウンセリングやアドバイスを定期的に行っている」取組み，および「派遣スタッフのキャリア形成の体系を整備し，派遣スタッフに対して説明している」取組みが，充実している。

4.2 派遣先と派遣スタッフのマッチング・人事管理等で多くの取組みを実施している事務系派遣会社の特徴

前項までで，高機能の事務系派遣会社の特徴（事務系派遣会社の機能の充実度の差はどの機能の差によるものか）を明らかにしてきたが，本項では，どのような特徴を持った事務系派遣会社が派遣先と派遣スタッフのマッチング，派遣スタッフの雇用管理，および派遣スタッフの苦情や不満への対応に関して多くの取組みを実施しているのかについて，順序ロジスティック回帰分析を利用して明らかにしよう。

分析により説明されるのは，各機能に関する取組みの数の合計（(1)派遣先と派遣スタッフのマッチングをする機能：8，(2)派遣スタッフの能力開発を支援する

する機能」「派遣スタッフのキャリア形成を支援する機能」に関する取組みの実施率の比較

(単位:%)

組み	派遣スタッフのキャリア形成を支援するための取組み				
派遣スタッフが派遣労働を通じて能力開発が進むよう,派遣先に対し,教育訓練(OJT)の機会を提供するよう依頼している	派遣スタッフのキャリア形成の体系を整備し,派遣スタッフに対して説明している	派遣スタッフに対し,能力開発やキャリア形成に関するカウンセリングやアドバイスを定期的に行っている	派遣スタッフに対して,キャリア形成に役立つ教育訓練(Off-JT)の機会を有料(一部負担)で提供している	派遣スタッフに対して,キャリア形成を考慮した仕事への配置や派遣先の選択ができる仕組みを有し,実施している
14.1	9.4	4.7	17.2	4.7
38.8	21.3	27.5	22.5	13.8
75.0	71.1	78.9	60.5	56.6
60.9	61.7	74.2	43.3	51.9

機能:4,(3)派遣スタッフの処遇・労働条件を整備する機能:12,(4)派遣スタッフのキャリア形成を支援する機能:4,(5)派遣先・派遣スタッフの苦情処理・相談対応機能:7)である。

これを説明する変数としては,第1に,法令遵守(労働者派遣法や派遣元事業主が講ずべき措置に関する指針の内容等,派遣元事業主が遵守するための仕組みや体制が確立されていること)との関係である。具体的には,労働者派遣法をはじめとした各種労働関連法制を継続して遵守するために関係者への周知を徹底したり,これらの労働関連法制を遵守していることを自社のホームページやパンフレットなどで宣言しているといった対策があげられる。こうした法令遵守への取組みは,派遣会社と派遣先・派遣スタッフとのトラブルを未然に防ぐことにつながり,5つの機能のベースになると考えられる。第2に,労働者派遣事業に直接携わる従業員(営業担当者,コーディネーター,コンサルタントなど)の人数である[3]。そして第3に,コントロール変数として「登録型の労働者派遣事業の実施の有無」を用意した[4]。

---

3) アンケート調査では,労働者派遣事業に直接携わる従業員として,派遣先に就業する派遣スタッフや,経営企画・経理・人事など間接・管理業務を主に担当する従業員は,人数から除いて回答してもらった。また,間接・管理業務を兼務する従業員がいる場合は,業務のおおよその比重に応じて人数換算をして回答してもらった。たとえば,労働者派遣事業の営業と経理業務を半分ずつ実施している従業員がいる場合には0.5人と数えてもらった。

4) 各変数に対するデータの取扱いについて説明する。被説明変数については,各機能に関する

138　第5章　派遣会社の機能と課題

表5-6　どのような特徴を持った事務系派遣会社が多くの取組みを実施しているのか
　　　　——順序ロジスティック回帰分析

	β	Wald
登録型の労働者派遣事業の実施の有無	−0.263	0.592
人材派遣事業に携わる従業員数（営業担当者・コーディネーター・コンサルタントなど）	0.003	3.979**
「労働関連法制等を継続して遵守するために，派遣会社の従業員が研修を受けている」ダミー	0.614	5.057**
「労働関連法制等を遵守するために，派遣先および派遣スタッフに対して周知・徹底を図っている」ダミー	1.263	21.809***
「労働関連法制等を遵守していることを，自社（派遣会社）のホームページやパンフレットなどで宣言している」ダミー	0.922	11.204***
−2 対数尤度	1047.082***	
自由度修正済み決定係数	0.239	
N	212	

（注）　***は1％水準で，**は5％水準で，*は10％水準で有意であることを示す。
（出所）　筆者作成。

　結果は表5-6から明らかなように，まず第1に，法令遵守の取組み（法令遵守の周知，および法令遵守の宣言）と5つの機能に関する取組みは密接な関係にあった。つまり，「労働関連法制等を継続して遵守するために，派遣会社の従業員が研修を受けている」派遣会社ほど，また「労働関連法制等を遵守するために，派遣先および派遣スタッフに対して周知・徹底を図っている」事務系派遣会社ほど，あるいは「労働関連法制等を遵守していることを，自社（派遣会社）のホームページやパンフレットなどで宣言している」事務系派遣会社ほど，派遣先と派遣スタッフのマッチングや派遣スタッフの人事管理に関して，多くの取組みを行っていた。第2に，労働者派遣事業に直接携わる従業員（営業担当者，コーディネーター，コンサルタントなど）の人数が多い事務系派遣会社ほど，多くの取組みを行っている。

取組みの数の合計数を得点化した数とした。他方，説明変数については，労働者派遣事業に直接携わる従業員（営業担当者，コーディネーター，コンサルタントなど）の人数は実数をとっている。これ以外の変数はすべてダミー変数であり，変数名として示された事柄に該当する場合は「1」，そうでない場合は「0」とした。ちなみに，登録型の労働者派遣事業の実施率は82.7％，「労働関連法制等を継続して遵守するために，派遣会社の従業員が研修を受けている」の実施率は69.1％，「労働関連法制等を遵守するために，派遣先および派遣スタッフに対して周知・徹底を図っている」の実施率は63.2％，「労働関連法制等を遵守していることを，自社（派遣会社）のホームページやパンフレットなどで宣言している」の実施率は32.7％である。

4.3 登録型事務系派遣会社が有する機能と経営パフォーマンスとの関係

最後に，こうした取組みが登録型事務系派遣会社の経営パフォーマンスにどのような影響を与えているのかについても，重回帰分析を利用して検討してみよう。本項では，事務系派遣会社の中でも登録型派遣会社に対象を限定し，高機能な登録型事務系派遣会社（派遣先と派遣スタッフのマッチング，派遣スタッフの雇用管理，および派遣スタッフの苦情や不満への対応に関して多くの取組みを行っている派遣会社）と経営パフォーマンスとの関係を探る。なお，対象を登録型事務系派遣会社に限定したのは，経営パフォーマンスの指標として，さまざまな指標が考えられる中，ここでは従業員1人当たりの「月平均の稼働派遣スタッフ数（稼働していない登録者などを除く）」を使用するためである。

人材ビジネス企業を対象にしたアンケート調査[5]を分析した佐野（2008）によれば，従業員1人当たり[6]の月平均稼働スタッフ数が多いほど，従業員1人当たりの年間売上高の平均値も高くなっている。人材派遣業においても，業務の生産性を高め，従業員1人が担当する派遣スタッフ数を多くすることが，従業員1人当たりの売上げを増やすことにつながることを明らかにしている。

分析により説明されるのは，前述の労働者派遣事業に直接携わる従業員（営業担当者，コーディネーター，コンサルタントなど）1人当たりの「月平均の稼働派遣スタッフ数（稼働していない登録者などを除く）」である。これを説明する変数は，各機能に関する取組みの合計（(1)派遣先と派遣スタッフのマッチングをする機能：8，(2)派遣スタッフの能力開発を支援する機能：4，(3)派遣スタッフの処遇・労働条件を整備する機能：12，(4)派遣スタッフのキャリア形成を支援する機能：4，(5)派遣先・派遣スタッフの苦情処理・相談対応機能：7）である。なお，コントロール変数として，「直近3事業年度における財務関係書類の公開状況」

---

5) このアンケート調査は，東京大学社会科学研究所人材ビジネス研究寄付研究部門に設けられた「人材ビジネスの機能と構造に関する総合的研究」プロジェクトにおいて，人材ビジネス（有料職業紹介事業，労働者派遣事業，請負事業，その他関連事業）の市場や経営の実態を把握することを目的として2007年8〜9月に実施された「第3回 人材ビジネスの市場と経営に関する総合実態調査」である。調査票配布先企業は，人材ビジネスの業界団体である，①一般社団法人日本人材紹介事業協会，②一般社団法人日本人材派遣協会，③一般社団法人日本生産技能労務協会，④有限責任中間法人日本製造アウトソーシング協会（当時），⑤中部アウトソーシング協同組合のいずれかの会員企業である。有効配布数1239票，有効回収数274票であり，有効回収率は22.1％であった。

6) このアンケート調査における従業員数は，営業担当者，コーディネーター，コンサルタント，常駐管理者などを含み，取引先の職場で業務に従事する派遣・請負スタッフは含まない。

表 5-7　登録型事務系派遣会社が有する機能と経営パフォーマンスとの関係
　　　——重回帰分析

	β	t
定　数	10.715	1.727*
5つの機能に関する取組みの合計	0.499	2.067**
「貸借対照表を公開している」ダミー	11.902	2.600**
「損益計算書を公開している」ダミー	−0.705	−0.129
「営業報告書を公開している」ダミー	−10.178	−1.514
「キャッシュフロー計算書を公開している」ダミー	7.324	0.998
F 値	3.287***	
自由度修正済み決定係数	0.066	
N	163	

（注）　***は1％水準で，**は5％水準で，*は10％水準で有意であることを示す。
（出所）　筆者作成。

を用いた[7]。

　表 5-7 から明らかなように，高機能な登録型事務系派遣会社と経営パフォーマンスとの間には密接な関係がある。派遣先と派遣スタッフのマッチング，派遣スタッフの雇用管理，および派遣スタッフの苦情や不満に対応に関して多くの取組みを行っている登録型事務系派遣会社ほど，従業員1人当たりの月平均の稼働派遣スタッフ数が多くなっている。こうした取組みを積極的に行うことが経営パフォーマンスにとってプラスの効果をもたらすことにつながるということである。つまり，従業員1人当たりの売上げを増やすことにつながるのである。

5　まとめと残された課題

　近年の経済・社会環境などを鑑みると，派遣会社には，派遣スタッフ・派遣先双方のニーズに応えるため，「事業性」に関する機能，「雇用管理」に関する機能，および「派遣先・派遣スタッフの苦情処理対応」に関する機能の高度化

---

7)　各変数に対するデータの取扱いについて説明する。被説明変数の，労働者派遣事業に直接携わる従業員（営業担当者，コーディネーター，コンサルタントなど）1人当たりの月平均の稼働派遣スタッフ数については，実数を使用した。他方，説明変数については，各機能に関する取組みの数の合計を得点化した数とした。これら以外の変数はすべてダミー変数であり，変数名として示された事柄に該当する場合に「1」，そうでない場合を「0」とした。

が，これまで以上に求められている。そして，この3つの機能は，(1)派遣先と派遣スタッフのマッチングをする機能，(2)派遣スタッフの能力開発を支援する機能，(3)派遣スタッフの処遇・労働条件を整備する機能，(4)派遣スタッフのキャリア形成を支援する機能，(5)派遣先・派遣スタッフの苦情処理・相談対応機能，という5つから構成されている。

そこで，この5つの機能に関する取組みが具体的にどの程度実施されているのかについて，労働者派遣事業を営む人材ビジネス企業を対象としたアンケート調査を行ったところ，以下のことが明らかになった。第1に，対象職種（事務系職種，技術系職種，製造系職種）を問わず，「派遣先と派遣スタッフのマッチング機能」と「派遣スタッフの処遇・労働条件を整備する機能」は実施されている取組みの割合が高い一方で，「派遣スタッフのキャリア形成を支援する機能」の取組みの割合は3割前後と低くなっている。第2に，「派遣先と派遣スタッフのマッチングをする機能」「派遣スタッフの能力開発を支援する機能」「派遣先・派遣スタッフの苦情処理・相談対応機能」については，事務系派遣会社では取組みの割合が高いが，製造系派遣会社では低く，とくに「派遣先・派遣スタッフの苦情処理・相談対応機能」では差が大きい。第3に，「派遣スタッフのキャリア形成を支援する機能」についての取組みの割合は，技術系派遣会社で高く，製造系派遣会社で低くなっており，その差も大きい。

次に，事務系派遣会社に対象を限定し，その中で，高度な機能を有する事務系派遣会社（派遣先と派遣スタッフのマッチングや派遣スタッフの雇用管理に関して多くの取組みを行っている派遣会社）にはどのような特徴があるのか分析した。その結果，高機能事務系派遣会社の特徴は，以下の3つにまとめることができる。第1に「派遣スタッフの能力開発への支援」と「派遣スタッフのキャリア形成への支援」が充実している。第2に「派遣スタッフの能力開発への支援機能」の中でも「派遣スタッフが派遣労働を通じて能力開発が進むよう，派遣先に対し，教育訓練（OJT）の機会を提供するよう依頼している」および「派遣スタッフに対して，必要とされるビジネスマナーや就業意識などの基礎教育を実施している」という取組みが充実している。第3に「派遣スタッフのキャリア形成を支援する機能」の中でも「派遣スタッフに対し，能力開発やキャリア形成に関するカウンセリングやアドバイスを定期的に行っている」および「派遣スタッフのキャリア形成の体系を整備し，派遣スタッフに対して説明してい

る」という取組みが充実している。

　さらに，どのような特徴を持った事務系派遣会社が，派遣先と派遣スタッフのマッチング，派遣スタッフの雇用管理，派遣スタッフの苦情や不満への対応に関して多くの取組みを実施しているのかを分析した結果，法令遵守の取組み（法令遵守の周知および法令遵守の宣言）と5つの機能に関する取組みが密接な関係にあることが明らかになった。「労働関連法制等を継続して遵守するために，派遣会社の従業員が研修を受けている」事務系派遣会社ほど，また「労働関連法制等を遵守するために，派遣先および派遣スタッフに対して周知・徹底を図っている」事務系派遣会社ほど，あるいは「労働関連法制等を遵守していることを，自社（派遣会社）のホームページやパンフレットなどで宣言している」事務系派遣会社ほど，派遣先と派遣スタッフのマッチングや派遣スタッフの人事管理に関して多くの取組みを行っているのである。

　最後に，登録型事務系派遣会社に対象を限定し，5つの機能に関する取組みが経営パフォーマンスにどのような影響を与えているのかを明らかにした。すると，派遣先と派遣スタッフのマッチング，派遣スタッフの雇用管理，および派遣スタッフの苦情や不満への対応に関して多くの取組みを行っている登録型事務系派遣会社ほど，従業員1人当たりの月平均の稼働派遣スタッフ数が多くなっていることがわかった。これは，こうした取組みを積極的に行うことが，経営パフォーマンスにプラスの効果をもたらすことにつながるということである。つまり，従業員1人当たりの売上げを増やすことにつながるのである。

　本章では，派遣会社が有すべき事業性（需給調整機能），派遣スタッフを対象にした雇用管理に関する機能，および派遣先・派遣スタッフの苦情処理・相談対応機能を整理するとともに，その機能への取組みの状況と特徴について検討してきた。しかしながら，こうした取組みを派遣会社が進めることが経営パフォーマンスにどのような影響を及ぼすのかについては，暫定的にしか明らかにすることができなかった。5つの機能に関する取組みを，どのような順番で，どのように組み合わせて，どの程度実施すれば，経営上どのような効果が現れるのかを明らかにすることが，残された最も大きな課題である。それと同時に，こうした取組みを派遣会社が進めることが，派遣先および派遣スタッフにどのようなメリットをもたらすのかを，多面的に明らかにすることも重要である。すなわち，こうした取組みを「投資」という観点で派遣会社・派遣先・派遣ス

タッフの3者に理解してもらうためには，まず，派遣会社にとって経営上どのようなメリットがあるのかを多面的に明らかにすることが必要不可欠な課題といえるのである。

第6章

事務系派遣営業所の運営と課題
独立系企業と資本系企業の比較分析

島貫 智行

1 はじめに

　本章の目的は，一般に「独立系」と「資本系」と呼ばれる派遣会社の資本形態に注目して，事務系派遣事業を営む派遣会社の営業所（以下，派遣営業所）の運営と課題を検討することである。独立系とは親会社を持たない独立した企業もしくは人材ビジネスを本業とする親会社を持つ派遣会社を，資本系とは製造業や金融業など人材ビジネス以外の事業を本業とする親会社を持つ派遣会社を指す[1]（高橋, 2010a, 2010b）。

　1986年の労働者派遣法の施行以降，日本の労働者派遣市場は，事務系派遣事業を中心に大きな成長を遂げてきた（木村, 2010）。だが，2008年の金融危機や11年の東日本大震災の影響などにより，近年その市場規模は減少傾向にある。また，2012年の労働者派遣法の改正により日雇い派遣の原則禁止やグループ企業内派遣の上限設定などの事業規制が強化された。このように派遣会社を取り巻く経営環境が厳しくなる中，派遣会社はどのような派遣先への営業戦略や派遣スタッフの雇用管理を行っているのだろうか。

　事務系派遣事業を中心とする登録型派遣事業の経営に関して，木村（2010）は，派遣会社が顧客企業に提供するサービスは自社の派遣スタッフによる労働サービスの提供にあることを指摘した上で，派遣スタッフの雇用管理とそうし

---

[1] 以下で，「独立系」「資本系」は，それぞれ独立系派遣会社，資本系派遣会社を指すものとする。

1 はじめに

たスタッフの管理を担う自社社員の育成や管理が重要になることを主張している。具体的には，派遣会社としては①顧客である派遣先のニーズに対応できる能力と技能を有する派遣スタッフを登録者として確保し，自社の派遣スタッフとして継続的に活用するとともに，②派遣先に対する営業活動と派遣スタッフの管理の双方を担う外勤営業担当者の計画的育成や戦略的活用を行うことが必要になるという。こうした点は登録型派遣事業を営む派遣会社の経営に広く該当するものといえよう。

だが，いうまでもなく派遣会社の経営は同じではない。この派遣会社の経営の違いを理解する上で重要な視点が，派遣会社の資本形態である（高橋，2007，2010a, 2010b）。たとえば，高橋（2007）は，2005年に実施された派遣会社を対象とした質問票調査のデータを用いて，事務系派遣事業を営む独立系と資本系の派遣会社の経営を比較した結果，①事業戦略については，独立系が新規顧客の開拓をはじめとして紹介予定派遣や高付加価値職種の派遣を，資本系が親会社やグループ企業への派遣をより重視していること，②派遣スタッフの雇用管理については，コンプライアンス教育には資本系がより積極的に取り組んでいるものの，それ以外の雇用管理，たとえば派遣スタッフの希望や適性に応じた仕事の紹介，派遣スタッフが希望する教育訓練の提供，能力や勤続期間を反映した賃金設定，キャリア・カウンセリングなどには独立系がより積極的に取り組んでいること，③外勤営業担当者に必要な能力としては，独立系では粘り強さや熱意，苦情対応能力が，資本系では親会社やグループ企業の業界や個別企業，派遣職種に関する知識や法律知識が求められていることなどを明らかにしている。

また，高橋（2010b）は，2005年に実施された「大手独立系」と「中堅資本系」の派遣スタッフを対象とした質問票調査のデータを分析した結果，大手独立系の派遣スタッフは派遣会社への満足度が高く，中堅資本系の派遣スタッフは派遣先への満足度が高いことを指摘する[2]。高橋はこの背景要因として，派遣会社の事業展開によって派遣スタッフの雇用管理に違いが生じていることを主張する。具体的には，大手独立系は，幅広い派遣先を顧客企業としているため，

---

[2] 高橋（2010a）は，2007年度の派遣会社の売上高ランキングで上位10社中9社を独立系派遣会社が，上位11〜100社のうち58社を資本系派遣会社が占めていることを踏まえて，人材派遣業には「大手独立系」と「中堅資本系」という大まかな業界構造が読み取れるとしている。

規模の経済性を発揮しやすい教育訓練やカウンセリングなどのキャリア支援の仕組みを構築しやすい。だが，大手独立系の顧客は広く分散しているため，営業担当者やコーディネーターがさまざまな派遣先の職場や仕事内容を深く理解することが難しく，派遣スタッフの希望や適性に合ったマッチングが相対的に困難となる。一方，中堅資本系は，派遣先の大半が親会社やグループ企業であり，それらと安定的な取引関係を形成しているため，営業担当者やコーディネーターが派遣先の職場や仕事内容を熟知している場合が多く，派遣スタッフの希望や適性に合ったマッチングを行いやすい。だが，中堅資本系が企業グループ内での派遣を維持しようとする限り事業規模の拡大を図ることは難しく，教育訓練やキャリア・カウンセリングなどの仕組みを構築することは難しいと考察している。

さらに，高橋（2007, 2010a）は，2004年当時の事務系派遣事業を営む資本系派遣会社の事例研究を通じて，資本系では企業グループとしての事業拡大を目的とした親会社からの派遣会社への優先発注や，親会社と派遣会社の間での出向・転籍による人事交流などの仕組みが重なり合うことによって両者の間に緊密かつ継続的な取引が行われているが，今後グループ企業内での事業拡大が望めない場合にはそれ以外の企業への派遣を拡大する可能性があることを主張している[3]。

上記の先行研究は，独立系と資本系では派遣会社の設立経緯や事業構造が異なるために，派遣スタッフの雇用管理，営業担当者に必要な能力や彼らの活動が異なることを示している点で重要である。ただ，先行研究は主に企業レベルを対象とした質問票調査や事例調査に基づいたものであり，営業所レベルに注目したものではない。同じ派遣会社であっても営業所ごとに取引先が異なるためにその取引先に対する営業活動や派遣スタッフの雇用管理が異なる可能性があることを踏まえると，派遣会社の営業所における営業戦略や派遣スタッフの雇用管理の取組みを明らかにすることがより望ましいと考えられる。また，先行研究は大手独立系や中堅資本系といった事業規模の相対的に大きい派遣会社

---

3) 水野（2009）もまた，事務系派遣事業を営む資本系派遣会社の2社の事例研究を通じて高橋（2007）の主張を支持するとともに，今後の資本系派遣会社はグループ企業に対して一定の派遣人数を維持しながらグループ企業以外への派遣を強化していく可能性が高いことを指摘している。

を調査対象としているが（高橋，2007, 2010a；水野，2009），事業規模の小さい派遣会社を調査対象に含めることによって派遣会社の経営の実態をより適切に把握できると思われる。さらに，先行研究は2000年代半ばの派遣労働市場が拡大していた時期の調査に基づくものであるが，その後，前述のように金融危機や東日本大震災，労働者派遣法の改正による規制強化などにより，派遣会社を取り巻く環境は厳しくなってきている。近年の派遣会社はそうした環境変化に対応するために事業展開や取引先への営業戦略，派遣スタッフの雇用管理などを見直していることも考えられる。

本章は，そうした問題意識に基づき，派遣営業所における事業方針や取引先への営業戦略，派遣スタッフの雇用管理などに関して，独立系と資本系の比較を通じて明らかにする。より具体的には，事務系派遣事業を営む派遣営業所を対象とした質問票調査データを用い，①営業所の事業内容と派遣先への営業戦略，②派遣スタッフの雇用管理，③営業所長の属性と日常の活動，④営業所内の組織体制と運営上の課題に関して，独立系と資本系を比較していく。

2　派遣営業所レベルの調査

本章の分析に用いたデータは，2012年1月に東京大学社会科学研究所人材フォーラムが実施した「事務系派遣事業を営む営業所・支店の運営に関するアンケート調査[4]」のデータである。本調査は，前述したように，近年派遣会社を取り巻く経営環境が厳しくなる中で，派遣会社がどのような事業展開や取引先に対する営業戦略，派遣スタッフの雇用管理などを行っているのかを明らかにすることを目的として実施された。調査の特徴は以下の点にある。まず，派遣労働市場の中で最も大きな事業規模を占める事務系職種の派遣事業に焦点を絞り，当該事業を営む派遣営業所を調査対象としたことによって，企業レベルの

4）　調査は，一般社団法人日本人材派遣協会の加盟企業の中で事務系派遣事業を営む人材派遣会社（本社が東日本大震災の災害救助法適用地にある会社を除く）420社の営業所・支店を対象とした。調査票の配布方法は，調査対象とした420社に対して，派遣会社の事業規模や営業所・支店の数などに応じて調査票（10通・5通・3通・1通）を割り付け，派遣会社の人事担当責任者宛に調査票一式を送付し，各社の事務系派遣事業を営む営業所長・支店長宛てに転送してもらうよう依頼した。調査票は営業所長・支店長による記入後，東京大学宛てに直接郵送してもらった。

調査では把握しにくい取引先に対する営業活動や派遣スタッフの雇用管理の実態を把握できていることである。また，営業所における取引先に対する営業戦略や派遣スタッフの雇用管理だけでなく，営業所内の分業体制や外勤営業担当者の人材育成への取組み，営業所の運営を担う営業所長の属性やキャリアなどに関する調査項目を設けたことによって，派遣営業所の運営にかかわる幅広い内容を把握できている。さらに，派遣会社の事業方針・組織体制と営業所の運営・活動の双方に精通していると考えられる営業所長・支店長に回答を依頼することによって，派遣営業所の運営や課題の実態に関してより正確な内容を把握できていると考えられることである。

　調査票の配布数は803通であり，最終的な回答数は107通（有効回答率13.3％）であった。回答数は必ずしも多くないが，独立系と資本系の割合がほぼ半数であり，また大規模な派遣会社から中小規模の派遣会社までを幅広く含んでいることから，派遣営業所の運営を分析する上で有用なデータであると考えられる。

　分析に入る前に，回答した営業所が所属する派遣会社全体の売上高を確認することにしよう。売上高などの事業規模は，資本形態と並んで派遣会社を類型化する上で重要な視点である（高橋，2010a）。図6-1には資本形態別に直近年度の会社全体の売上高の分布を示した。独立系は，売上高50億円以上が最も多く32.8％を占め，5～10億円未満が19.0％，20～50億円未満が15.5％と続く。資本系は，20～50億円未満が最も多く32.7％を占め，次に10～20億円未満が26.5％と続く。独立系の中には大企業と中小企業がそれぞれ一定割合あるのに対して，資本系は売上高10～50億円未満の中堅企業が中心となる。これを踏まえて，独立系については売上高20億円以上と20億円未満に分けることにし，以下の分析では，①独立系（大手中堅，売上高20億円以上），②独立系（中小，売上高20億円未満），③資本系の3類型で比較することにする。

　なお，会社全体の売上高に関して無回答のサンプルを除いた結果，それぞれのサンプル・サイズは，①独立系（大手中堅）が28，②独立系（中小）が23，③資本系が44となった。サンプル・サイズが小さいことを考慮して，以下の分析では，全体的な傾向と類型間で比較的大きな違いが見られる点を中心に記述していくことにする。

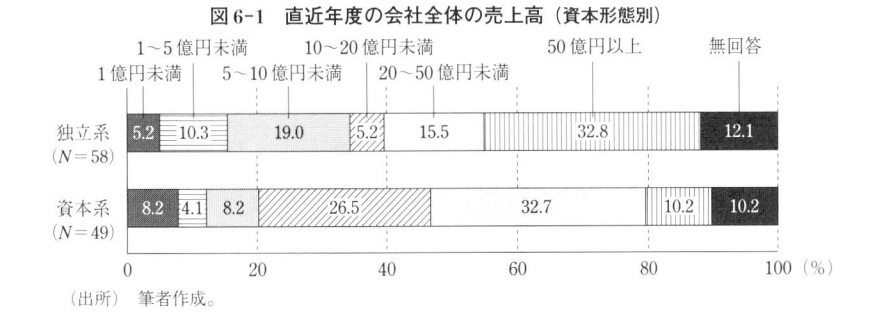

図6-1 直近年度の会社全体の売上高（資本形態別）

凡例：1億円未満／1～5億円未満／5～10億円未満／10～20億円未満／20～50億円未満／50億円以上／無回答

独立系（N=58）：5.2 | 10.3 | 19.0 | 5.2 | 15.5 | 32.8 | 12.1

資本系（N=49）：8.2 | 4.1 | 8.2 | 26.5 | 32.7 | 10.2 | 10.2

（出所）筆者作成。

3　営業所の基本属性

表6-1は，回答営業所の基本属性を示したものである。上から順に見ていくと，まず，営業所の所在地は，「独立系（大手中堅）」「独立系（中小）」「資本系」のいずれも東京圏・大阪圏・愛知圏といった大都市圏の合計が6割以上を占める。大都市圏以外の割合は，「独立系（大手中堅）」39.3％，「独立系（中小）」26.1％，「資本系」29.5％であり，「独立系（大手中堅）」の大都市圏以外の営業所の割合がほかに比べて多い。

営業所の従業員数（正規社員と非正規社員の合計）を資本形態別に見ると，「独立系（大手中堅）」は5～9名（32.1％）が最も多く，10～19名（28.6％），5名未満と30名以上（いずれも17.9％）と続く。「独立系（中小）」は，5～9名（47.8％）が最も多く，次が5名未満（17.4％）となる。「資本系」は，5～9名（31.8％）が最も多く，次が30名以上（25.0％），5名未満（20.5％）となる。いずれも10名未満の営業所が半数を占めているが，「独立系（大手中堅）」と「資本系」の従業員数がやや多い傾向が見られる。

営業所の従業員に占める正規社員の割合を資本形態別に見ると，「独立系（大手中堅）」は，80％以上（64.3％）が最も多く，次が60～80％未満（17.9％）である。「独立系（中小）」は，80％以上（47.8％）が最も多く，次が20～40％未満（26.1％）である。「資本系」は，80％以上（43.2％）が最も多く，次が20％未満（27.3％）となる。いずれも正規社員の割合が60％以上となる営業所が半数以上を占めているが，「独立系（大手中堅）」「独立系（中小）」「資本系」の順に正規社員の比率が高い傾向が見られる。

表 6-1　営業所の基本属性

(単位：％)

		独立系 (大手中堅)	独立系 (中小)	資本系
N		28	23	44
営業所・支店の所在地	東京圏	35.7	34.8	34.1
	大阪圏	14.3	13.0	18.2
	愛知圏	10.7	21.7	15.9
	その他	39.3	26.1	29.5
	無回答	0.0	4.3	2.3
営業所・支店の従業員数（正社員と非正規社員の合計）	5名未満	17.9	17.4	20.5
	5〜9名	32.1	47.8	31.8
	10〜19名	28.6	13.0	9.1
	20〜29名	3.6	4.3	11.4
	30名以上	17.9	13.0	25.0
	無回答	0.0	4.3	2.3
営業所・支店の従業員に占める正規社員の割合	20％未満	7.1	13.0	27.3
	20〜40％未満	7.1	26.1	4.5
	40〜60％未満	3.6	0.0	15.9
	60〜80％未満	17.9	8.7	9.1
	80％以上	64.3	47.8	43.2
	無回答	0.0	4.3	0.0
営業所・支店の正規社員に占める中途採用者の割合	20％未満	21.4	21.7	15.9
	20〜40％未満	3.6	0.0	6.8
	40〜60％未満	10.7	8.7	11.4
	60〜80％未満	21.4	8.7	11.4
	80％以上	39.3	52.2	52.3
	無回答	3.6	8.7	2.3
営業所・支店の正規社員に占める女性の割合	20％未満	7.1	39.1	22.7
	20〜40％未満	10.7	21.7	15.9
	40〜60％未満	39.3	4.3	40.9
	60〜80％未満	35.7	8.7	15.9
	80％以上	7.1	17.4	2.3
	無回答	0.0	8.7	2.3

(出所)　筆者作成。

　正規社員に占める中途採用者の割合を資本形態別に見ると，「独立系（大手中堅）」は，80％以上（39.3％）が最も多く，次が60〜80％未満および20％未満（ともに21.4％）となる。「独立系（中小）」は，80％以上（52.2％）が最も多く，次が20％未満（21.7％）となる。「資本系」は，80％以上（52.3％）が最も多く，次が20％未満（15.9％）となる。いずれも正規社員に占める中

途採用者の割合が60％以上となる営業所が半数以上を占めているが，「独立系（大手中堅）」の中途採用者の割合がほかに比べてやや少ない傾向が見られる。

正規社員に占める女性の割合を資本形態別に見ると，「独立系（大手中堅）」は，40〜60％未満（39.3％）が最も多く，次が60〜80％未満（35.7％）となる。「独立系（中小）」は，20％未満（39.1％）が最も多く，次が20〜40％未満（21.7％）となる。「資本系」は，40〜60％未満（40.9％）が最も多く，次が20％未満（22.7％）となる。正規社員に占める女性の割合は，「独立系（大手中堅）」「資本系」「独立系（中小）」の順に高い傾向が見られる。

4　営業所の事業展開と営業戦略

図6-2は，営業所の事業内容（複数回答）を示したものである。資本形態別に見ると，「独立系（大手中堅）」は，一般派遣事業（100％），紹介予定派遣事業（96.4％），請負事業（82.1％）の割合が多い。「資本系」は，一般派遣事業（100％）と紹介予定派遣事業（90.9％）の割合が多いが，請負事業と特定派遣事業は半数に満たない。「独立系（中小）」は，一般派遣事業（91.3％），請負事業（65.2％），紹介予定派遣事業（60.9％）が半数を超えているが，これらの事業を行っている割合は「独立系（大手中堅）」よりも少ない。ただし，「独立系（中小）」は，特定派遣事業（34.8％）がほかよりも多い。

図6-3には，事業の組合せを示した。「独立系（大手中堅）」は，「一般派遣事業＋紹介予定派遣事業＋請負事業」（60.7％）が最も多く，次が「一般派遣＋特定派遣＋紹介予定＋請負」（21.4％）となる。「資本系」は，「一般派遣事業＋紹介予定派遣事業」（45.5％）が最も多く，次が「一般派遣＋紹介予定＋請負」（31.8％）となる。「独立系（中小）」は，「一般派遣事業＋紹介予定派遣事業＋請負事業」（30.4％）が最も多いが，それ以外の組合せも一定割合ある。

図6-4は，派遣先の企業数（2011年10月末時点）を示したものである。資本形態別に見ると，「独立系（大手中堅）」は，100〜199社（42.9％）が最も多く，2〜49社（28.6％）と続く。これに対して，「独立系（中小）」と「資本系」は，2〜49社が最も多く，それぞれ73.9％，86.4％となる。「独立系（大手中堅）」は「独立系（中小）」「資本系」に比べて多くの派遣先企業を顧客としている。

152 第6章 事務系派遣営業所の運営と課題

図6-2 営業所の事業内容

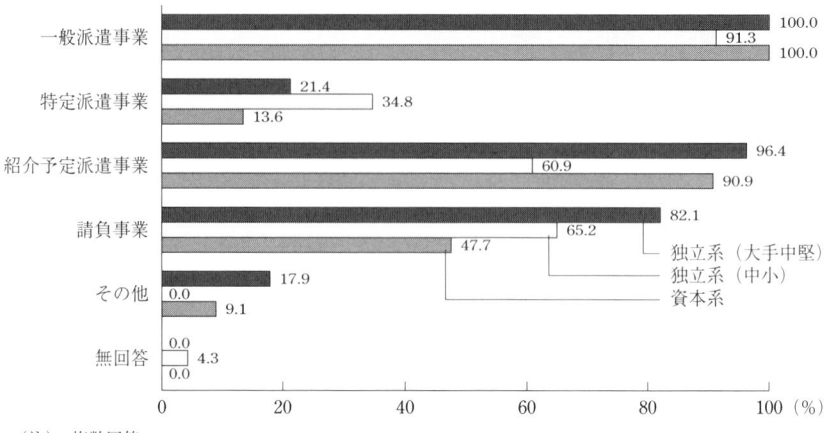

一般派遣事業
- 100.0
- 91.3
- 100.0

特定派遣事業
- 21.4
- 34.8
- 13.6

紹介予定派遣事業
- 96.4
- 60.9
- 90.9

請負事業
- 82.1
- 65.2
- 47.7

その他
- 17.9
- 0.0
- 9.1

無回答
- 0.0
- 4.3
- 0.0

凡例：独立系（大手中堅）、独立系（中小）、資本系

（注）複数回答。
（出所）筆者作成。

図6-3 営業所の事業内容（事業の組合せ別）

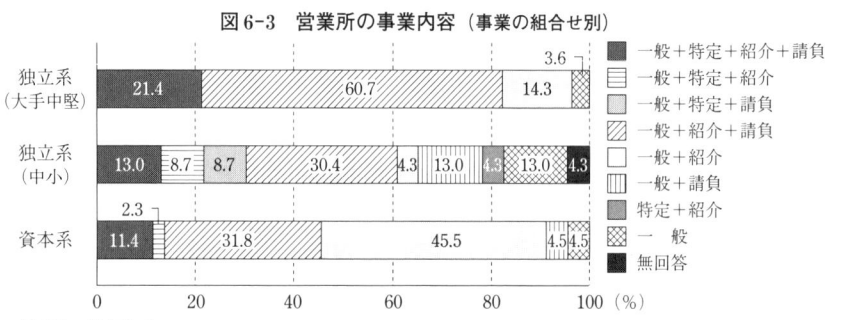

独立系（大手中堅）: 21.4 / 60.7 / 14.3 / 3.6
独立系（中小）: 13.0 / 8.7 / 8.7 / 30.4 / 4.3 / 13.0 / 4.3 / 13.0 / 4.3
資本系: 11.4 / 2.3 / 31.8 / 45.5 / 4.5 / 4.5

凡例：一般+特定+紹介+請負、一般+特定+紹介、一般+特定+請負、一般+紹介+請負、一般+紹介、一般+請負、特定+紹介、一般、無回答

（出所）筆者作成。

図6-4 派遣先の企業数

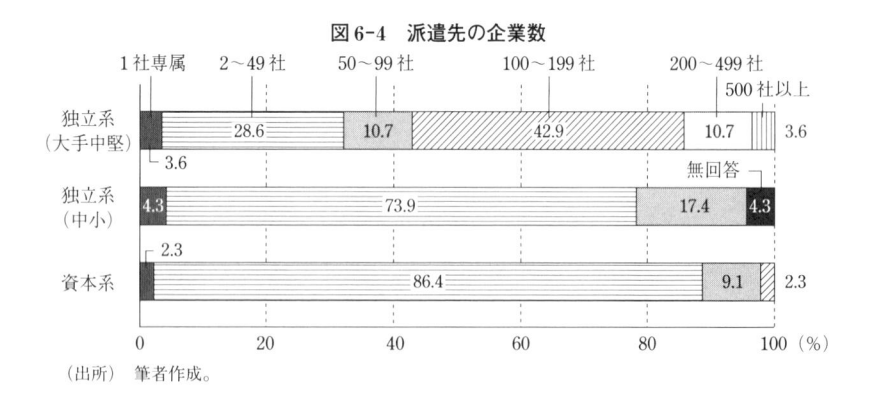

凡例：1社専属、2～49社、50～99社、100～199社、200～499社、500社以上、無回答

独立系（大手中堅）: 3.6 / 28.6 / 10.7 / 42.9 / 10.7 / 3.6
独立系（中小）: 4.3 / 73.9 / 17.4 / 4.3
資本系: 2.3 / 86.4 / 9.1 / 2.3

（出所）筆者作成。

図 6-5　派遣先の業種

業種	独立系（大手中堅）	独立系（中小）	資本系
建設業	3.6	0.0	6.8
製造業	21.4	26.1	36.4
電気・ガス・熱供給・水道業	3.6	4.3	2.3
情報通信業	17.9	26.1	11.4
運輸業，郵便業	0.0	4.3	2.3
卸売業，小売業	7.1	4.3	6.8
金融業，保険業	7.1	0.0	6.8
不動産業，物品賃貸業	0.0	0.0	2.3
学術研究，専門・技術サービス業	7.1	4.3	9.1
生活関連サービス業，娯楽業	0.0	4.3	0.0
教育，学習支援業	3.6	4.3	0.0
医療，福祉	7.1	8.7	0.0
複合サービス事業	3.6	0.0	0.0
他サービス業	7.1	0.0	9.1
公務	3.6	0.0	0.0
その他	3.6	0.0	4.5
無回答	3.6	13.0	2.3

（出所）　筆者作成。

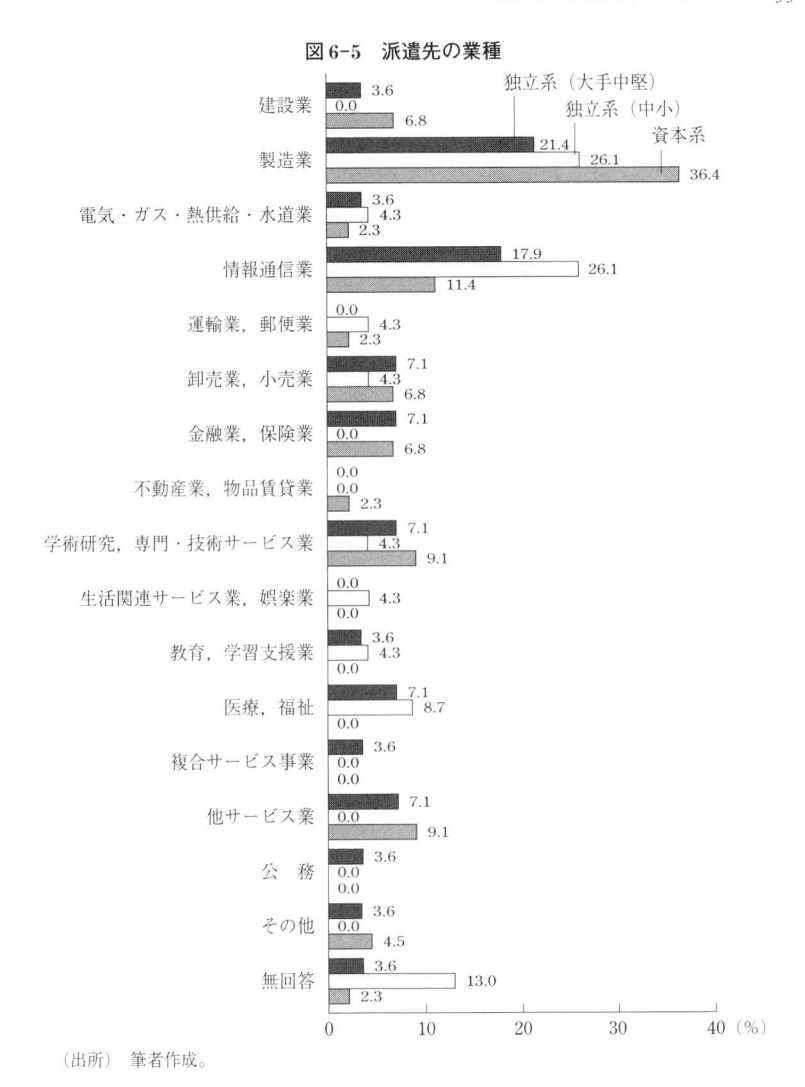

　図 6-5 は，営業所が最も多くの派遣スタッフを派遣している業種（単一回答）を示したものである。資本形態別に見ると，「独立系（大手中堅）」は，製造業（21.4％）が最も多く，次に情報通信業（17.9％），さらに卸売業・小売業，金融業・保険業，学術研究・専門・技術サービス業，医療・福祉，他サービス業（いずれも 7.1％）と続く。「独立系（中小）」は，製造業と情報通信業（いずれも 26.1％）が最も多い。「資本系」は，製造業（36.4％）が最も多く，情報通信業

154　第6章　事務系派遣営業所の運営と課題

図6-6　派遣職種

稼働人数が最も多い職種

- 事務用機器操作（5号）: 57.1 / 47.8 / 70.5
- 通訳, 翻訳, 速記（6号）: 0.0 / 0.0 / 2.3
- 秘書（7号）: 0.0 / 0.0 / 0.0
- 財務処理（10号）: 0.0 / 0.0 / 4.5
- 取引文書作成（11号）: 0.0 / 0.0 / 0.0
- 自由化業務（一般事務）: 39.3 / 47.8 / 20.5
- 無回答: 3.6 / 4.3 / 2.3

（凡例：独立系（大手中堅）／独立系（中小）／資本系）

稼働人数が2番目に多い職種

- 事務用機器操作（5号）: 32.1 / 39.1 / 13.6
- 通訳, 翻訳, 速記（6号）: 0.0 / 4.3 / 11.4
- 秘書（7号）: 3.6 / 0.0 / 4.5
- 財務処理（10号）: 7.1 / 8.7 / 6.8
- 取引文書作成（11号）: 0.0 / 0.0 / 4.5
- 自由化業務（一般事務）: 46.4 / 30.4 / 43.2
- 無回答: 10.7 / 17.4 / 15.9

（出所）筆者作成。

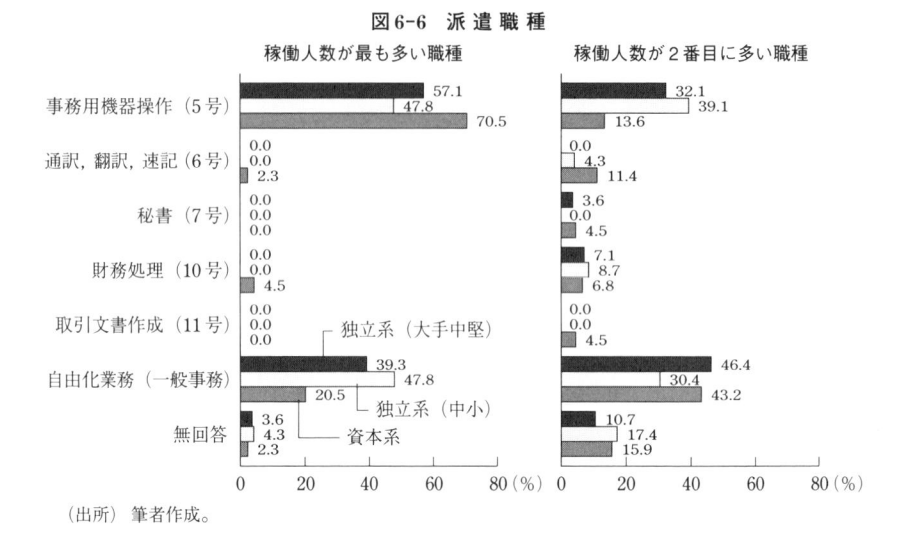

（11.4％）と合わせて半数弱となる。「独立系（大手中堅・中小）」は製造業と情報通信業を中心に幅広い業種に派遣しているが，「資本系」は製造業が多く，「独立系（大手中堅・中小）」に比べて業種はやや限定的である。

　図6-6は，稼働している派遣スタッフの職種（稼働人数の多いものから2職種）を示したものである。資本形態別に稼働人数が最も多い職種を見ると，「独立系（大手中堅）」と「資本系」は，事務用機器操作（5号。それぞれ57.1％，70.5％）が最も多く，次が自由化業務（一般事務）となる（それぞれ39.3％，20.5％）。「独立系（中小）」は，事務用機器操作と自由化業務（一般事務）が同じ割合（47.8％）であった。また，稼働人数が2番目に多い職種は，「独立系（大手中堅）」では，自由化業務（一般事務）が最も多く（46.4％），次が事務用機器操作（32.1％）である。「独立系（中小）」は，事務用機器操作（39.1％）が最も多く，次が自由化業務（一般事務）となった（30.4％）。「資本系」は，自由化業務（一般事務）が最も多く（43.2％），事務用機器操作（13.6％），通訳・翻訳・速記（6号。11.4％）と続く。

　図6-7には，稼働人数の最も多い職種と2番目に多い職種の組合せを示した。「独立系（大手中堅）」は，「事務用機器操作（5号）＋自由化業務（一般事務）」（46.4％）が最も多く，次が「一般事務＋5号」（32.1％）となる。「独立系（中小）」は，「一般事務＋5号」（39.1％）が最も多く，次が「5号＋一般事務」

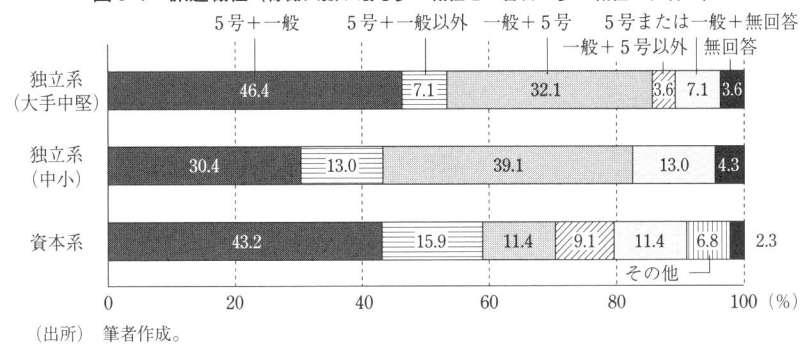

図6-7 派遣職種（稼働人数が最も多い職種と2番目に多い職種の組合せ）

	5号＋一般	5号＋一般以外	一般＋5号	一般＋5号以外	5号または一般	無回答
独立系（大手中堅）	46.4	7.1	32.1	3.6	7.1	3.6
独立系（中小）	30.4	13.0	39.1		13.0	4.3
資本系	43.2	15.9	11.4	9.1	11.4 / 6.8	2.3

（その他）

（出所）筆者作成。

（30.4％）となる。これに対して「資本系」は，「5号＋一般事務」（43.2％）が最も多くの割合を占めるが，次は「5号＋一般事務以外」（15.9％）となり，他の組合せも一定割合見られる。「独立系（大手中堅）」と「独立系（中小）」は，事務用機器操作と一般事務の組合せがそれぞれ8割弱，7割弱になるが，「資本系」は事務用機器操作と一般事務の組合せが5割超とやや少なく，それ以外の派遣職種を中心に派遣している営業所もある。

図6-8は，派遣先への営業戦略において重視している点（複数回答3つまで）を示したものである。「独立系（大手中堅）」「独立系（中小）」「資本系」のいずれも，新規派遣先の開拓，既存派遣先との取引の継続・拡大という2つの回答が多く，共通して重視されていることがわかる。ただし，「独立系（大手中堅）」と「資本系」は既存派遣先との取引の継続・拡大という回答のほうが多く，「独立系（中小）」は新規派遣先の開拓という回答のほうが多い。資本形態別に見ると，「独立系（大手中堅）」では，派遣以外の事業への多角化（42.9％）と付加価値の高い派遣サービスの提供（35.7％）がほかに比べて多い。また，「資本系」では，親会社やグループ企業への派遣拡大（18.2％）がほかに比べて多いが，2割程度にとどまる。

図6-9は，派遣料金に占めるマージン（派遣料金－（派遣スタッフの手取り給与＋自己負担分社会保険料・税金））の比率を示したものである。[5] 資本形態別に

---

[5] 2012年10月に施行された改正労働者派遣法において，派遣会社は派遣料金のマージン率を開示することを義務づけられたが，この場合のマージン率とは派遣料金から派遣スタッフの賃金を差し引いた金額を指しており，本章で分析した調査における定義とは異なることに留意さ

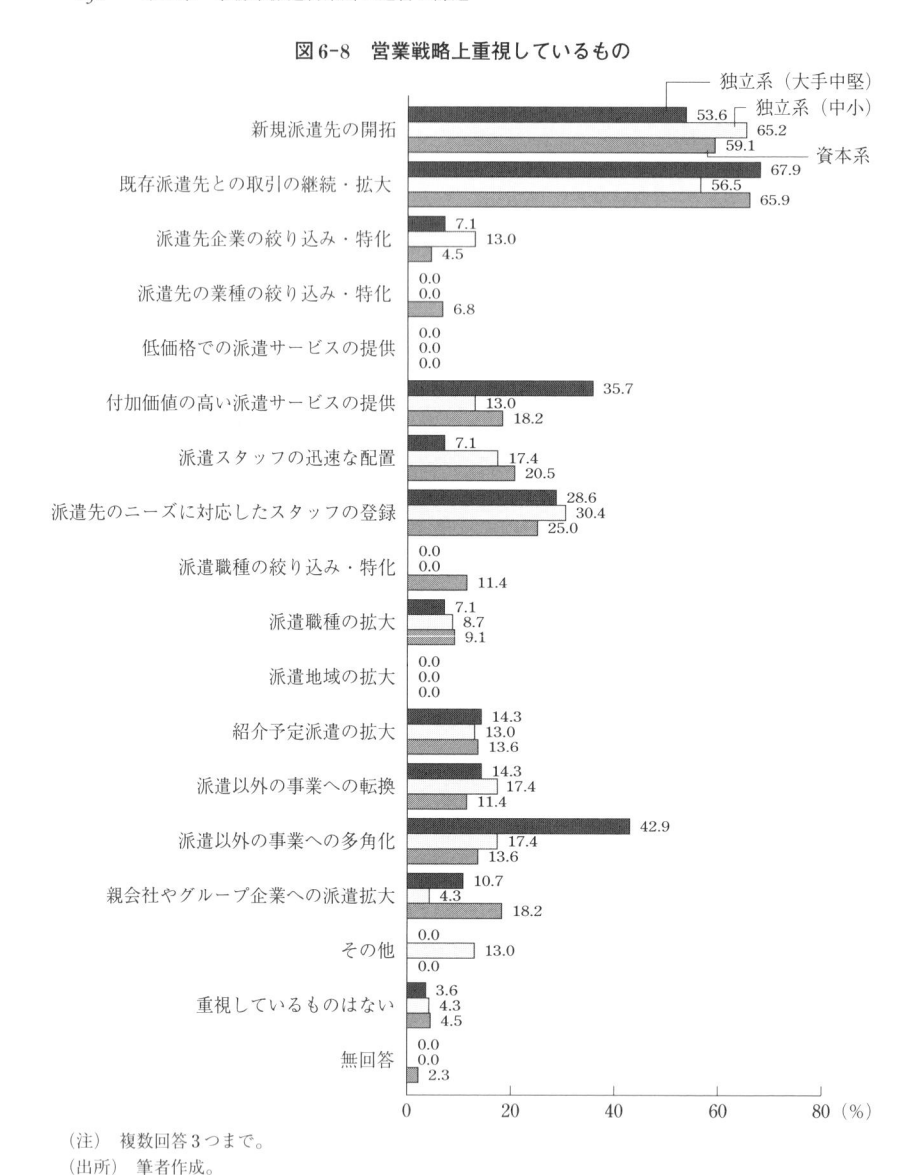

図6-8 営業戦略上重視しているもの

凡例：独立系（大手中堅） / 独立系（中小） / 資本系

項目	独立系（大手中堅）	独立系（中小）	資本系
新規派遣先の開拓	53.6	65.2	59.1
既存派遣先との取引の継続・拡大	67.9	56.5	65.9
派遣先企業の絞り込み・特化	7.1	13.0	4.5
派遣先の業種の絞り込み・特化	0.0	0.0	6.8
低価格での派遣サービスの提供	0.0	0.0	0.0
付加価値の高い派遣サービスの提供	35.7	13.0	18.2
派遣スタッフの迅速な配置	7.1	17.4	20.5
派遣先のニーズに対応したスタッフの登録	28.6	30.4	25.0
派遣職種の絞り込み・特化	0.0	0.0	11.4
派遣職種の拡大	7.1	8.7	9.1
派遣地域の拡大	0.0	0.0	0.0
紹介予定派遣の拡大	14.3	13.0	13.6
派遣以外の事業への転換	14.3	17.4	11.4
派遣以外の事業への多角化	42.9	17.4	13.6
親会社やグループ企業への派遣拡大	10.7	4.3	18.2
その他	0.0	13.0	0.0
重視しているものはない	3.6	4.3	4.5
無回答	0.0	0.0	2.3

（注）複数回答3つまで。
（出所）筆者作成。

見ると，「独立系（大手中堅）」は，25～30％未満が最も多く（28.6％），次が15～

れたい。

図6-9 派遣料金のマージン率

区分	5％未満	5～10％未満	10～15％未満	15～20％未満	20～25％未満	25～30％未満	30～35％未満	35％以上	無回答
独立系（大手中堅）		17.9	17.9	25.0	10.7		28.6		
独立系（中小）			43.5	26.1	8.7	17.4			4.3
資本系	2.3	13.6	27.3	13.6	11.4	27.3	2.3	2.3	

（出所）筆者作成。

図6-10 派遣料金のマージン率（主要な派遣職種が5号と一般事務の営業所に限定した場合）

区分	5％未満	5～10％未満	10～15％未満	15～20％未満	20～25％未満	25～30％未満	30～35％未満	35％以上	無回答
独立系（大手中堅）(N=24)		16.7	20.8	25.0	8.3		29.2		
独立系（中小）(N=19)			42.1	26.3	10.5	21.1			
資本系 (N=29)	3.4	17.2	24.1	10.3	13.8	27.6		3.4	

（出所）筆者作成。

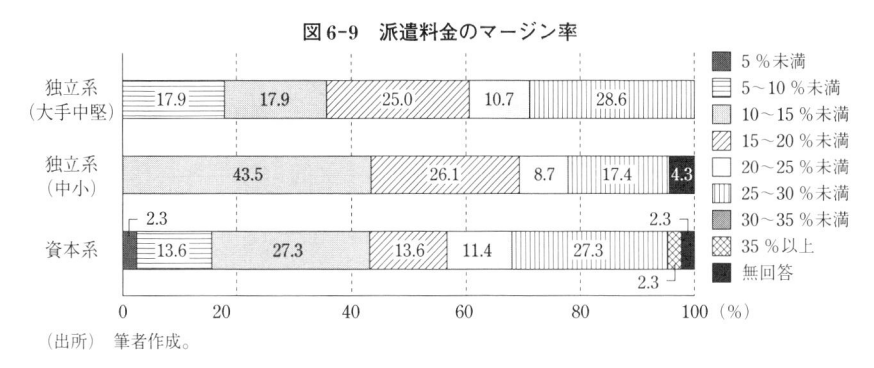

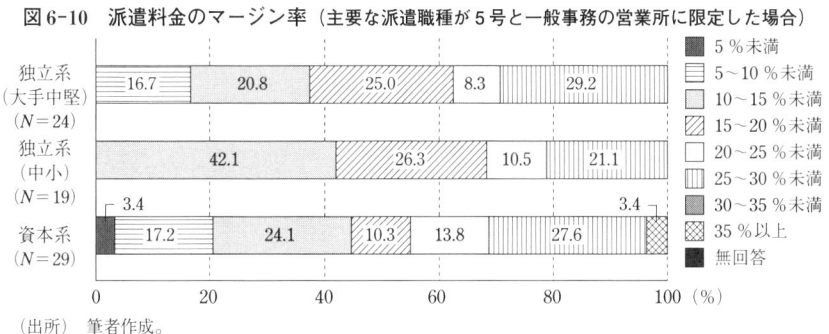

20％未満となる（25.0％）。「独立系（中小）」は，10～15％未満が最も多く（43.5％），次が15～20％未満となる（26.1％）。「資本系」は，25～30％未満と10～15％未満が最も多い（いずれも27.3％）。

資本形態による主要な派遣職種に違いがあることを考慮して，図6-10には，稼働人数が多い派遣職種が「事務用機器操作（5号）」「自由化業務（一般事務）」とする営業所に限定した場合の，派遣料金に占めるマージン率を示した。資本形態別に見ると，「独立系（大手中堅）」は，25～30％未満が最も多く（29.2％），次が15～20％未満となる（25.0％）。「独立系（中小）」は，10～15％未満が最も多く（42.1％），次が15～20％未満となる（26.3％）。「資本系」は，25～30％未満が最も多く（27.6％），次が10～15％未満となり（24.1％），図6-9とほぼ同様の結果となる。「独立系（大手中堅）」と「資本系」にはマージン率が10％未満である営業所の割合がほぼ2割あることに留意する必要があるが，これらはマージン率20％以上の営業所の割合も「独立系（中小）」より多い。

図6-11は，派遣先企業に対して定期的に派遣料金の改定交渉を実施してい

図 6-11 定期的に派遣料金の改定交渉をしている派遣先の割合

	1割未満	1～2割未満	2～4割未満	4～6割未満	6～8割未満	8割以上	全て	個別(派遣スタッフごと)に行っている	改定交渉はしていない
独立系（大手中堅）	10.7	3.6	10.7	3.6	10.7	7.1		50.0	3.6
独立系（中小）	4.3	8.7	13.0	4.3				56.5	13.0
資本系	18.2	2.3	6.8	2.3	11.4	4.5		38.6	15.9

（出所）筆者作成。

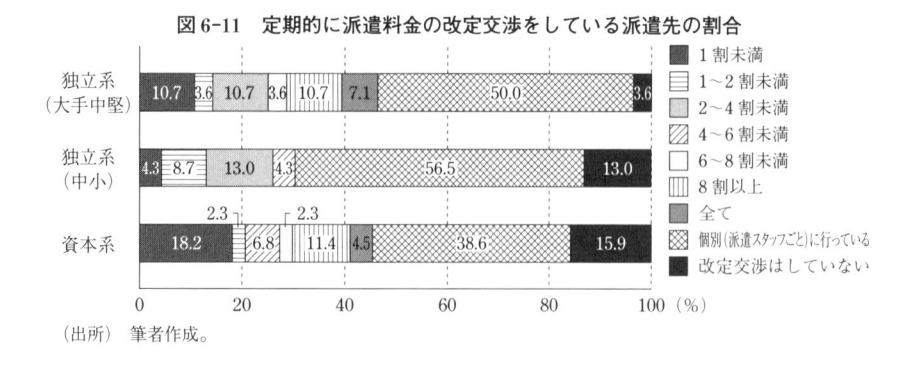

る割合を示したものである。資本形態別に見ると，派遣料金の交渉を個別（派遣スタッフごと）に行っている営業所と交渉を定期的に行っている派遣先がある営業所の合計は，「独立系（大手中堅）」（96.4％），「独立系（中小）」（87.0％），「資本系」（84.1％）となっている。派遣先企業と派遣料金の改定交渉を実施している割合は，「独立系（大手中堅）」「独立系（中小）」「資本系」の順に高い。

5　派遣スタッフの雇用管理

　図 6-12 に，派遣スタッフの雇用管理において重視しているもの（複数回答3つまで）を示した。資本形態別に回答割合が多いものを見ていくと，「独立系（大手中堅）」は，派遣スタッフが希望する内容の仕事への配置（53.6％）が最も多く，次が派遣スタッフの継続就業・雇用の安定化（42.9％）となる。「独立系（中小）」は，派遣スタッフが希望する内容の仕事への配置と派遣スタッフの相談体制・苦情受付処理体制の整備（ともに52.2％）が最も多く，次いで派遣スタッフの継続就業・雇用の安定化（43.5％）となる。「資本系」は，派遣スタッフが希望する内容の仕事への配置（59.1％）が最も多く，次が派遣スタッフの派遣先への定着（40.9％）となる。派遣スタッフが希望する内容の仕事への配置は共通して重視されており，「独立系（大手中堅）」はスタッフの雇用の安定化を，「独立系（中小）」はスタッフの相談・苦情処理体制の整備とスタッフの雇用の安定化を，「資本系」は派遣先への定着を重視している。

　図 6-13 は，派遣スタッフの雇用契約期間を示したものである。資本形態別に見ると，「独立系（大手中堅）」は，3 カ月（82.1％）が最も多く，8 割を超え

5 派遣スタッフの雇用管理

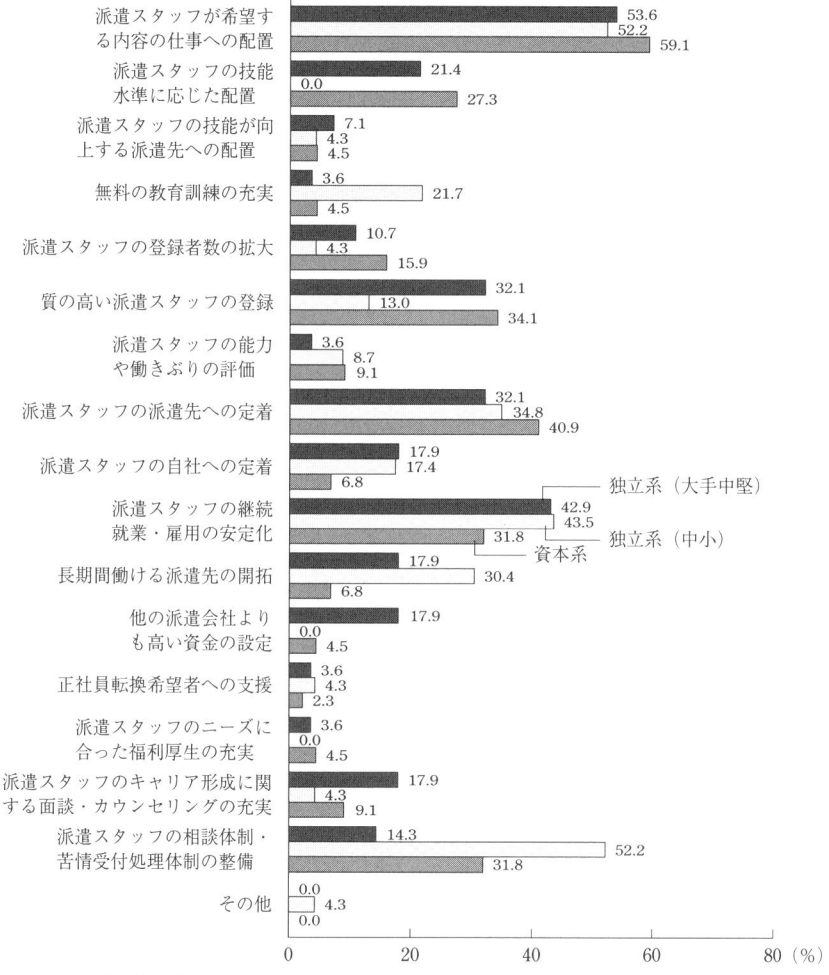

図6-12 派遣スタッフの雇用管理で重視しているもの

項目	独立系（大手中堅）	独立系（中小）	資本系
派遣スタッフが希望する内容の仕事への配置	53.6	52.2	59.1
派遣スタッフの技能水準に応じた配置	21.4	0.0	27.3
派遣スタッフの技能が向上する派遣先への配置	7.1	4.3	4.5
無料の教育訓練の充実	3.6	21.7	4.5
派遣スタッフの登録者数の拡大	10.7	4.3	15.9
質の高い派遣スタッフの登録	32.1	13.0	34.1
派遣スタッフの能力や働きぶりの評価	3.6	8.7	9.1
派遣スタッフの派遣先への定着	32.1	34.8	40.9
派遣スタッフの自社への定着	17.9	17.4	6.8
派遣スタッフの継続就業・雇用の安定化	42.9	43.5	31.8
長期間働ける派遣先の開拓	17.9	30.4	6.8
他の派遣会社よりも高い資金の設定	17.9	0.0	4.5
正社員転換希望者への支援	0.0	4.3	2.3
派遣スタッフのニーズに合った福利厚生の充実	3.6	0.0	4.5
派遣スタッフのキャリア形成に関する面談・カウンセリングの充実	17.9	4.3	9.1
派遣スタッフの相談体制・苦情受付処理体制の整備	14.3	52.2	31.8
その他	0.0	4.3	0.0

（注）複数回答3つまで
（出所）筆者作成。

る。「独立系（中小）」は，3カ月（56.5％）が最も多く，次が6カ月（17.4％）となる。「資本系」は，3カ月（52.3％）が最も多く，次が6カ月（29.5％）となる。「独立系（大手中堅）」では3カ月契約が大半を占めるが，「独立系（中小）」と「資本系」では3カ月超の契約が4割程度あり，スタッフの雇用契約期間は，「資本系」「独立系（中小）」「独立系（大手中堅）」の順に長い傾向が見られる。

160　第6章　事務系派遣営業所の運営と課題

図6-13　派遣スタッフの雇用契約期間

	3ヵ月未満	3ヵ月	3ヵ月超〜6ヵ月未満	6ヵ月	6ヵ月超〜1年未満	1年	1年超
独立系（大手中堅）		82.1	7.1		3.6	3.6	3.6
独立系（中小）		56.5	13.0	17.4	8.7		4.3
資本系	2.3	52.3	4.5	29.5	6.8		4.5

（出所）筆者作成。

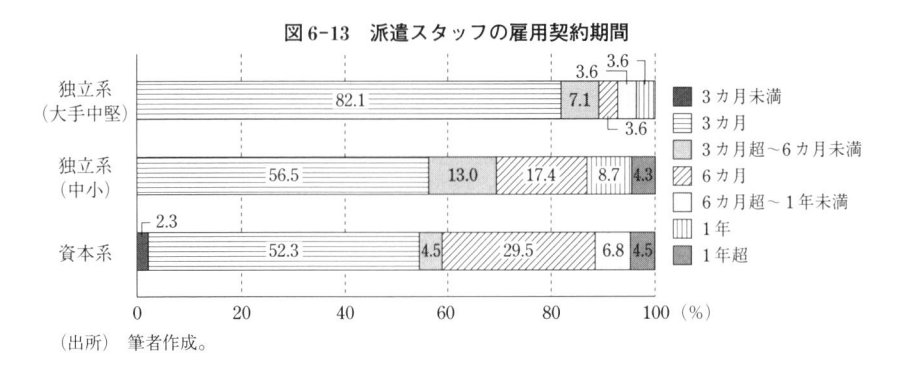

　図6-14は，派遣スタッフの平均賃金を示したものである。資本形態別に見ると，「独立系（大手中堅）」は，1200円未満（35.7％）が最も多く，1200〜1300円未満と1300〜1400円未満，1400〜1500円未満（いずれも17.9％）が続く。「独立系（中小）」は，1200円未満（43.5％）が最も多く，1200〜1300円未満と1300〜1400円未満（いずれも17.4％）が続く。「資本系」は，1200円未満と1300〜1400円未満（いずれも25.0％）が最も多く，次が1200〜1300円未満（15.9％）となる。

　資本形態による主要な派遣職種の違いがあることを考慮して，図6-15には，稼働人数が多い派遣職種が「事務用機器操作（5号）」「自由化業務（一般事務）」とする営業所に限定した場合の派遣スタッフの平均賃金を示した。資本形態別に見ると，「独立系（大手中堅）」は，1200円未満（33.3％）が最も多く，次が1200〜1300円未満と1400〜1500円未満（いずれも20.8％）となる。「独立系（中小）」は，1200円未満（42.1％）が最も多く，次が1200〜1300円未満（21.1％）となる。「資本系」は，1300〜1400円未満（34.5％）が最も多く，次が1200円未満と1400〜1500円未満（いずれも17.2％）となる。派遣スタッフの平均賃金は，「資本系」「独立系（大手中堅）」「独立系（中小）」の順に高い傾向が見られる。

　図6-16は，派遣スタッフの昇給を実施している割合を示したものである。「独立系（大手中堅）」「独立系（中小）」「資本系」のいずれも，派遣スタッフの昇給を個別に行っているとする割合が8割を超える。資本形態別に見ると，昇給を行っている割合（昇給の制度・仕組みがある＋昇給制度・仕組みはないが個別に行っている）は，「独立系（大手中堅）」（85.7％），「独立系（中小）」（100％），

図6-14 派遣スタッフの平均賃金

	1200円未満	1200〜1300円未満	1300〜1400円未満	1400〜1500円未満	1500〜1600円未満	1600円以上
独立系（大手中堅）	35.7	17.9	17.9	17.9	3.6	7.1
独立系（中小）	43.5	17.4	17.4	4.3	13.0	4.3（無回答）
資本系	25.0	15.9	25.0	11.4	13.6	9.1

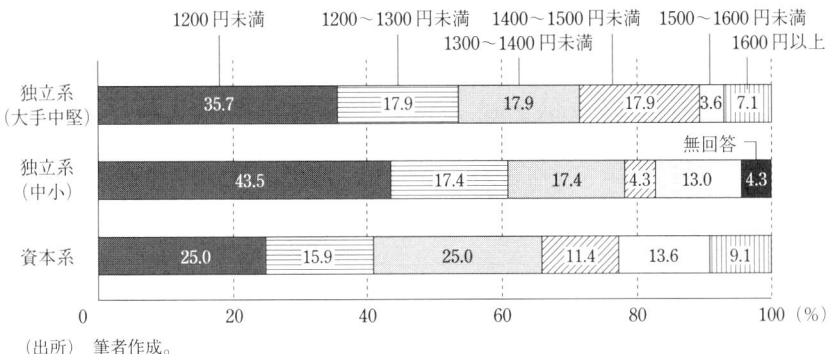

（出所）筆者作成。

図6-15 派遣スタッフの平均賃金（主要な派遣職種が5号と一般事務の営業所に限定した場合）

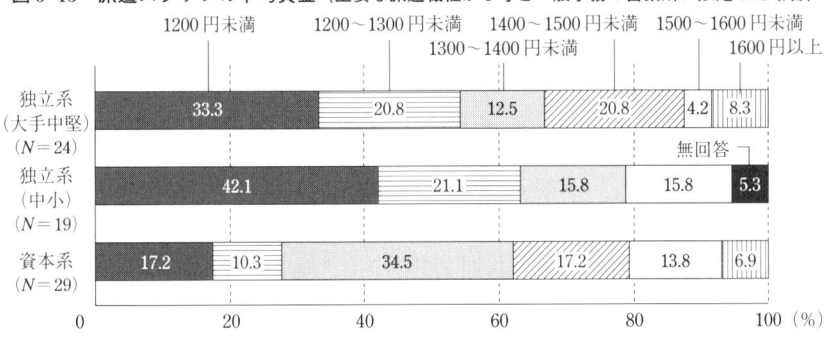

	1200円未満	1200〜1300円未満	1300〜1400円未満	1400〜1500円未満	1500〜1600円未満	1600円以上
独立系（大手中堅）(N=24)	33.3	20.8	12.5	20.8	4.2	8.3
独立系（中小）(N=19)	42.1	21.1	15.8		15.8	5.3（無回答）
資本系（N=29）	17.2	10.3	34.5	17.2	13.8	6.9

（出所）筆者作成。

図6-16 派遣スタッフの昇給

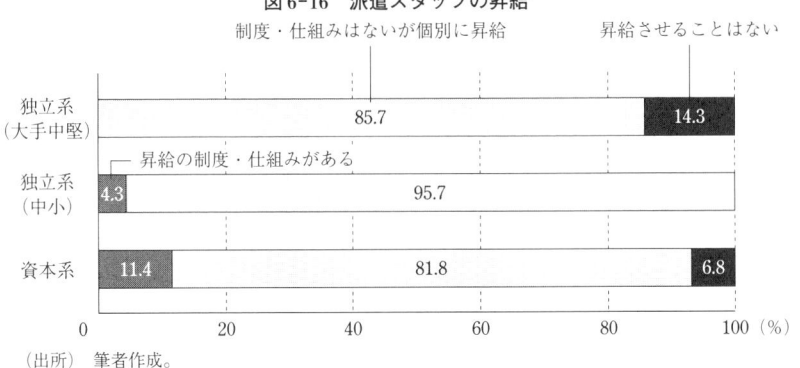

	昇給の制度・仕組みがある	制度・仕組みはないが個別に昇給	昇給させることはない
独立系（大手中堅）		85.7	14.3
独立系（中小）	4.3	95.7	
資本系	11.4	81.8	6.8

（出所）筆者作成。

「資本系」(93.2%) となっており，派遣スタッフの昇給を実施している割合は，「独立系（中小）」「資本系」「独立系（大手中堅）」の順に高い。なお，昇給の制度・仕組みがあるとする割合は，「独立系（大手中堅）」(0.0%)，「独立系（中小）」(4.3%)，「資本系」(11.4%) となる。

6 営業所長の属性と日常の活動

図6-17は，営業所長の性別を示したものである。「独立系（大手中堅）」「独立系（中小）」「資本系」のいずれも，男性が約9割を占める。資本形態による違いは大きくない。

図6-18は営業所長の年齢を示したものである。資本形態別に見ると，「独立系（大手中堅）」は40～44歳 (28.6%) が最も多く，次が35～39歳 (25.0%) となる。「独立系（中小）」は，50～54歳 (26.1%) が最も多く，次が35～39歳および40～44歳（いずれも21.7%）となる。「資本系」は，60歳以上 (27.3%) が最も多く，次が55～59歳 (25.0%) となる。営業所長の年齢は，「資本系」「独立系（中小）」「独立系（大手中堅）」の順に高い傾向が見られる。

図6-19は，営業所長の入社形態を示したものである。「独立系（大手中堅）」「独立系（中小）」「資本系」のいずれも中途入社の割合が半数を超える。「独立系（中小）」「資本系」では9割弱となるが，「独立系（大手中堅）」は6割にとどまり，新卒入社の営業所長も4割弱いる。

図6-20は，営業所長の勤続年数を示したものである。資本形態別に見ると，「独立系（大手中堅）」は，10～15年未満 (35.7%) が最も多く，5～10年未満 (25.0%)，15～20年未満 (21.4%) と続く。「独立系（中小）」は，5～10年未満 (34.8%) が最も多く，次が10～15年未満 (30.4%) となる。「資本系」は，5年未満 (36.4%) が最も多く，次が5～10年未満 (31.8%) となる。営業所長の勤続年数は，「独立系（大手中堅）」「独立系（中小）」「資本系」の順に長い。

図6-21は，営業所長の外勤営業経験年数を示したものである。資本形態別に見ると，「独立系（大手中堅）」は，10～15年未満 (42.9%) が最も多く，次が5～10年未満および15～20年未満 (21.4%) となる。「独立系（中小）」は，10～15年未満 (43.5%) が最も多く，次が5～10年未満 (30.4%) となる。「資本系」は，5年未満 (47.7%) が最も多く，次が5～10年未満 (25.0%) となる。

図6-17 営業所長の性別

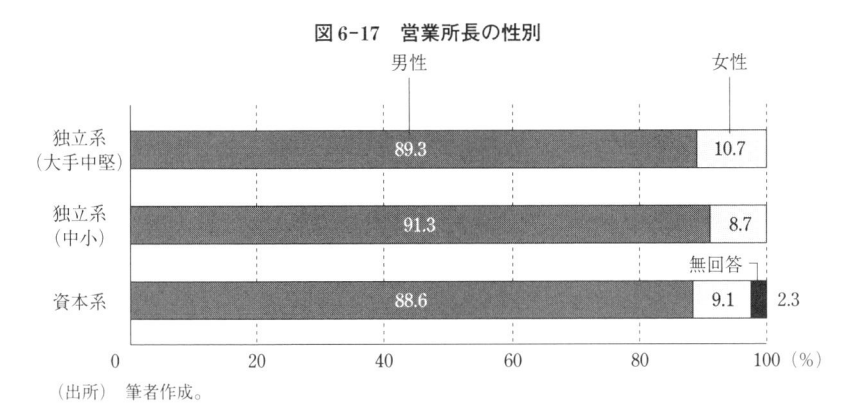

	男性	女性	無回答
独立系(大手中堅)	89.3	10.7	
独立系(中小)	91.3	8.7	
資本系	88.6	9.1	2.3

(出所) 筆者作成。

図6-18 営業所長の年齢

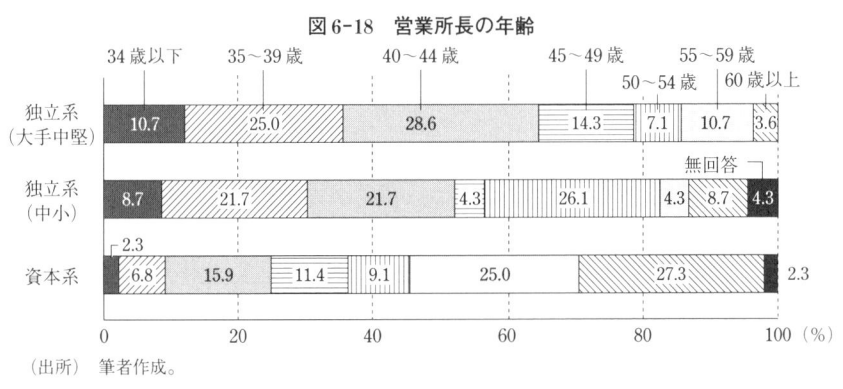

区分: 34歳以下／35～39歳／40～44歳／45～49歳／50～54歳／55～59歳／60歳以上／無回答

- 独立系(大手中堅): 10.7 / 25.0 / 28.6 / 14.3 / 7.1 / 10.7 / 3.6
- 独立系(中小): 8.7 / 21.7 / 21.7 / 4.3 / 26.1 / 4.3 / 8.7 / 4.3
- 資本系: 2.3 / 6.8 / 15.9 / 11.4 / 9.1 / 25.0 / 27.3 / 2.3

(出所) 筆者作成。

図6-19 営業所長の入社形態

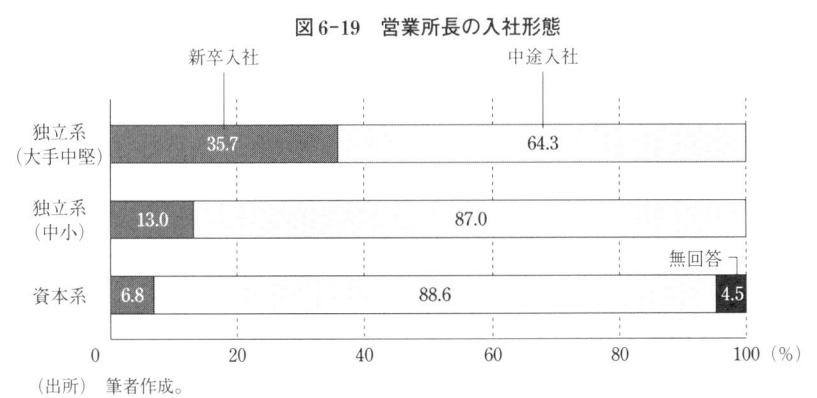

	新卒入社	中途入社	無回答
独立系(大手中堅)	35.7	64.3	
独立系(中小)	13.0	87.0	
資本系	6.8	88.6	4.5

(出所) 筆者作成。

図6-20　営業所長の勤続年数

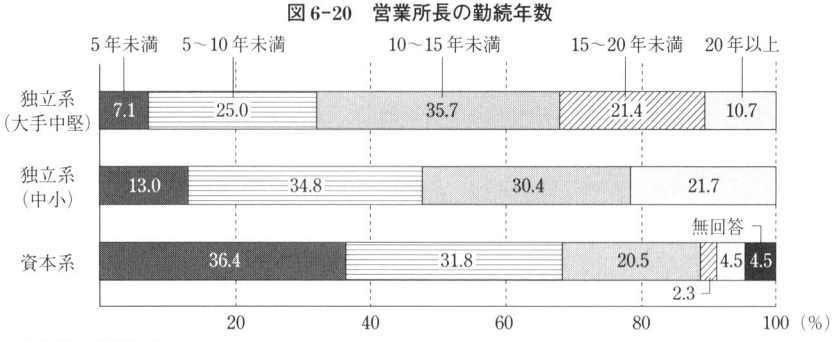

	5年未満	5～10年未満	10～15年未満	15～20年未満	20年以上	無回答
独立系（大手中堅）	7.1	25.0	35.7	21.4	10.7	
独立系（中小）	13.0	34.8	30.4		21.7	
資本系	36.4	31.8	20.5	2.3	4.5	4.5

（出所）　筆者作成。

図6-21　営業所長の外勤営業経験年数

	5年未満	5～10年未満	10～15年未満	15～20年未満	20年以上	無回答
独立系（大手中堅）	10.7	21.4	42.9	21.4	3.6	
独立系（中小）	17.4	30.4	43.5		8.7	
資本系	47.7	25.0	18.2	2.3	2.3	4.5

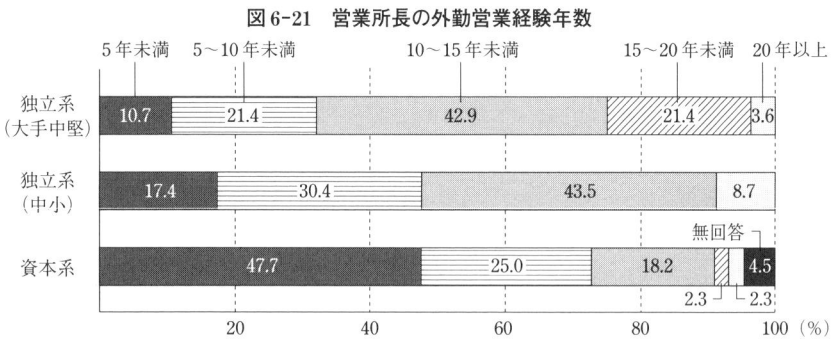

（出所）　筆者作成。

営業所長の外勤営業経験年数は，「独立系（大手中堅）」「独立系（中小）」「資本系」の順に長い。

図6-22は，営業所長のこれまでの実務経験（複数回答）を示したものである。資本形態別に回答割合が多いものを見ていくと，「独立系（大手中堅）」では，人材派遣業におけるマッチング業務（82.1％）や，人材派遣業における他の営業所・支店での所長業務（67.9％），請負事業および職業紹介事業（ともに75.0％）が多く，人材ビジネスに関する実務を幅広く経験している。「独立系（中小）」は，人材派遣業におけるマッチング業務（60.9％）や，人材派遣業における他の営業所・支店での所長業務（52.2％），人材ビジネス以外のマネジメント経験（60.9％），人材ビジネス以外の営業業務（47.8％）が多く，人材派遣事業と人材ビジネス以外の営業・マネジメントを経験している。「資本系」では，人材派遣業におけるマッチング業務（52.3％）を除くと人材ビジネスに

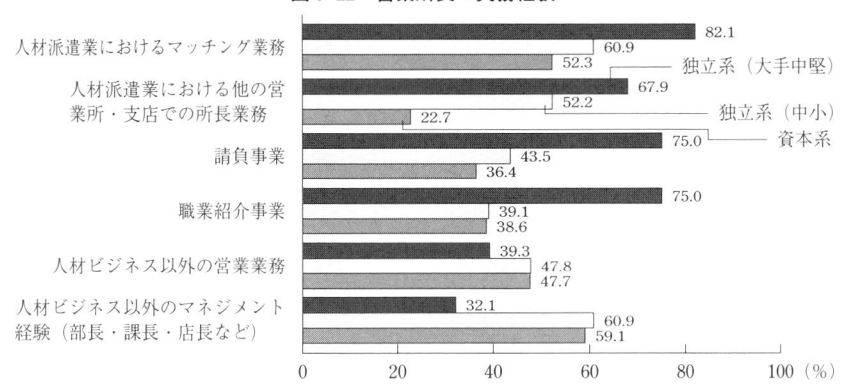

6 営業所長の属性と日常の活動 165

図6-22 営業所長の実務経験

- 人材派遣業におけるマッチング業務: 82.1 / 60.9 / 52.3 ‥‥独立系（大手中堅）
- 人材派遣業における他の営業所・支店での所長業務: 67.9 / 52.2 / 22.7 ‥‥独立系（中小）
- 請負事業: 75.0 / 43.5 / 36.4 ‥‥資本系
- 職業紹介事業: 75.0 / 39.1 / 38.6
- 人材ビジネス以外の営業業務: 39.3 / 47.8 / 47.7
- 人材ビジネス以外のマネジメント経験（部長・課長・店長など）: 32.1 / 60.9 / 59.1

（注）　複数回答。
（出所）　筆者作成。

図6-23 営業所長の1週間の労働時間のうち多くを占めるもの

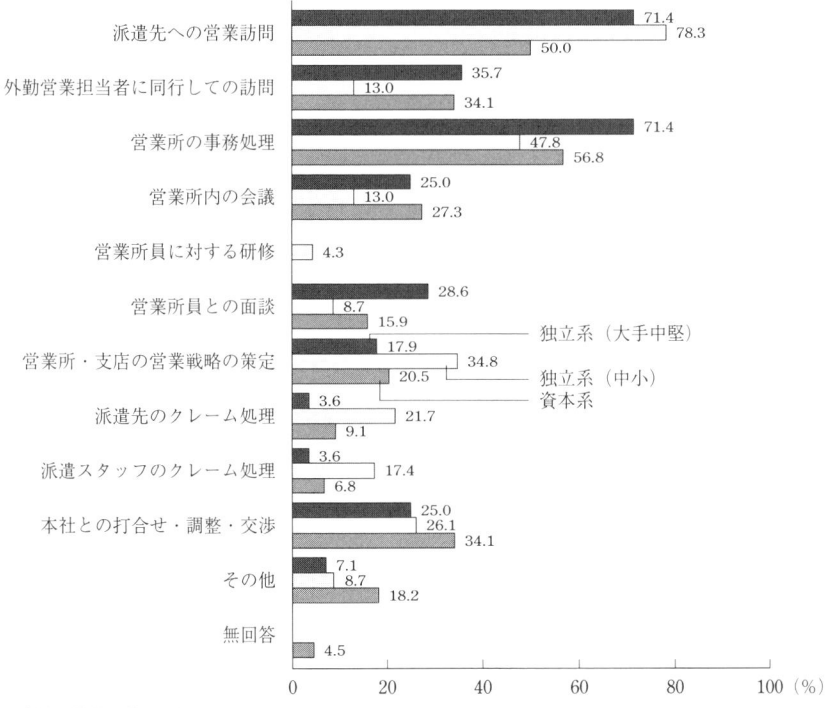

- 派遣先への営業訪問: 71.4 / 78.3 / 50.0
- 外勤営業担当者に同行しての訪問: 35.7 / 13.0 / 34.1
- 営業所の事務処理: 71.4 / 47.8 / 56.8
- 営業所内の会議: 25.0 / 13.0 / 27.3
- 営業所員に対する研修: 4.3
- 営業所員との面談: 28.6 / 8.7 / 15.9 ‥‥独立系（大手中堅）
- 営業所・支店の営業戦略の策定: 17.9 / 34.8 / 20.5 ‥‥独立系（中小）
- 派遣先のクレーム処理: 3.6 / 21.7 / 9.1 ‥‥資本系
- 派遣スタッフのクレーム処理: 3.6 / 17.4 / 6.8
- 本社との打合せ・調整・交渉: 25.0 / 26.1 / 34.1
- その他: 7.1 / 8.7 / 18.2
- 無回答: 4.5

（注）　複数回答3つまで。
（出所）　筆者作成。

関する実務経験は4割に満たず，人材ビジネス以外のマネジメント経験(59.1％)，人材ビジネス以外の営業業務(47.7％)といった人材ビジネス以外の経験を積んでいる割合が多い。

　図6-23は，営業所長の1週間の労働時間のうち多くを占めるもの（複数回答3つまで）を示したものである。資本形態別に回答割合が多いものを見ていくと，「独立系（大手中堅）」は，派遣先への営業訪問および営業所の事務処理（ともに71.4％）が最も多く，次が外勤営業担当者に同行しての訪問（35.7％）となる。「独立系（中小）」は，派遣先への営業訪問（78.3％）が最も多く，営業所の事務処理（47.8％），営業所・支店の営業戦略の策定（34.8％）が続く。「資本系」は，営業所の事務処理（56.8％）が最も多く，派遣先への営業訪問（50.0％），外勤営業担当者に同行しての訪問および本社との打合せ・調整・交渉（ともに34.1％）が続く。営業所長の日常の活動は，派遣先への営業訪問と営業所の事務処理を中心に，「独立系（大手中堅）」では同行営業に，「独立系（中小）」では営業戦略の策定に，「資本系」では同行営業と本社との打合せ・調整に時間が割かれている。

7　営業所の組織体制と課題

　図6-24は，営業所内の外勤営業担当者の人数を示したものである。資本形態別に見ると，「独立系（大手中堅）」は，5名未満（39.3％）が最も多く，5〜9名（35.7％），10〜19名（21.4％）が続く。「独立系（中小）」は，5〜9名（43.5％）が最も多く，次が5名未満（39.1％）となる。「資本系」は，5名未満（52.3％）が最も多く，次が5〜9名（25.0％）となる。いずれも10名未満の割合が8割程度を占めているが，「独立系（大手中堅）」は10〜19名の割合が多く，他に比べて外勤営業担当者の人数が多い傾向が見られる。

　図6-25は，外勤営業担当者の業務範囲（複数回答）を示したものである。「独立系（大手中堅）」「独立系（中小）」「資本系」のいずれも，派遣スタッフのフォローも通常業務として担当しているとする割合が100％であり，通常，外勤営業担当者の業務範囲にスタッフのフォローが含まれていることがわかる。マッチング業務も通常業務として担当しているとする割合は，「独立系（中小）」(82.6％)，「独立系（大手中堅）」(75.0％)，「資本系」(61.4％)であり，いずれ

7　営業所の組織体制と課題　167

図 6-24　営業所内の外勤営業担当者の人数

	5名未満	5〜9名	10〜19名	20〜29名	30名以上	無回答
独立系（大手中堅）	39.3	35.7	21.4			3.6
独立系（中小）	39.1	43.5	4.3	4.3		8.7
資本系	52.3	25.0	9.1	4.5	2.3	6.8

(出所)　筆者作成。

図 6-25　外勤営業担当者の業務範囲

	独立系（大手中堅）	独立系（中小）	資本系
派遣スタッフの登録も通常業務として担当	42.9	69.6	52.3
マッチング業務も通常業務として担当	75.0	82.6	61.4
派遣スタッフのフォローも通常業務として担当	100.0	100.0	100.0
派遣先の営業だけに専念	0.0	4.3	6.8
新規開拓と既存取引先の営業担当者を明確に区分	0.0	0.0	9.1

(注)　複数回答。
(出所)　筆者作成。

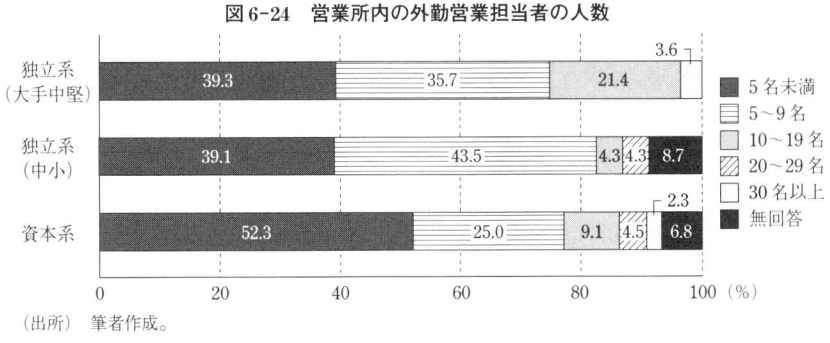

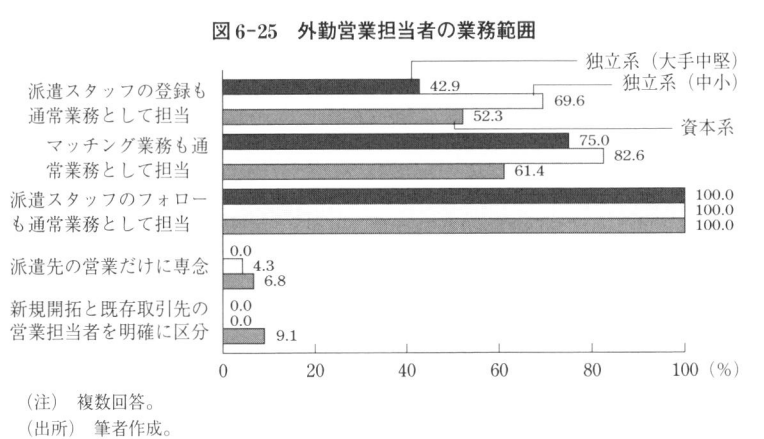

も半数以上となっている一方，派遣スタッフの登録業務も通常業務として担当している割合は，「独立系（中小）」（69.6％），「資本系」（52.3％），「独立系（大手中堅）」（42.9％）となる。外勤営業担当者の業務範囲は，「独立系（中小）」が「独立系（大手中堅）」「資本系」よりも広いといえる。なお，外勤営業担当者を営業だけに専念させている割合や，新規開拓と既存取引先の営業担当者を明確に区分している割合は，1割弱にとどまる。

図 6-26 は，営業所の業務をサポートする専門部署の有無（複数回答）を示したものである。「独立系（大手中堅）」「独立系（中小）」「資本系」のいずれも，派遣スタッフの給与計算や保険手続きなどを担当する専門部署がある割合は，半数を超えている。派遣スタッフの募集・登録を担当する専門部署やマッチングを担当する専門部署がある割合は，半数に満たない。給与計算や保険手続きを担当する専門部署，マッチングを担当する専門部署，スタッフの募集・登録

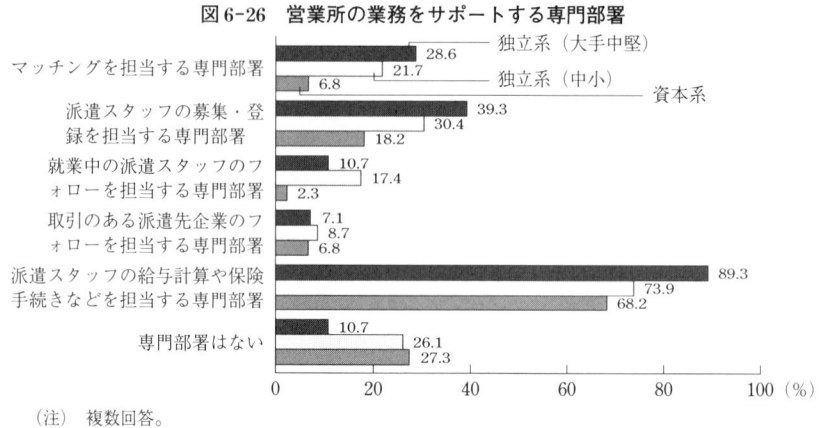

168　第6章　事務系派遣営業所の運営と課題

図6-26　営業所の業務をサポートする専門部署

項目	独立系（大手中堅）	独立系（中小）	資本系
マッチングを担当する専門部署	28.6	21.7	6.8
派遣スタッフの募集・登録を担当する専門部署	39.3	30.4	18.2
就業中の派遣スタッフのフォローを担当する専門部署	10.7	17.4	2.3
取引のある派遣先企業のフォローを担当する専門部署	7.1	8.7	6.8
派遣スタッフの給与計算や保険手続きなどを担当する専門部署	89.3	73.9	68.2
専門部署はない	10.7	26.1	27.3

（注）　複数回答。
（出所）　筆者作成。

を担当する専門部署のいずれも，「独立系（大手中堅）」「独立系（中小）」「資本系」の順に設置している割合が多い。「独立系（中小）」と「資本系」では，専門部署を設置していないとする割合が4分の1を占める。

図6-27は，営業所で行っている取組み（複数回答）を示したものである。資本形態別に回答割合の多いものを見ると，「独立系（大手中堅）」は，営業方針の策定（82.1％），自社の戦略や業績に関する情報共有（89.3％），派遣業界の市況に関する情報共有（78.6％），トラブル対応等に関する事例勉強会（71.4％），営業担当者に対する日常的指導育成（92.9％），営業担当者に対する目標管理や評価（96.4％），営業担当者との個人面談（89.3％），日報やメールによる進捗管理の徹底（71.4％），営業所員との懇親会や交流会の実施（64.3％）などの割合が多く，営業方針の策定や営業担当者の育成・管理に関する取組みを実施している割合が他に比べて多い。「独立系（中小）」は，営業方針の策定や情報共有，営業担当者の育成・管理に関する取組みを実施している割合が多いが，その割合は「独立系（大手中堅）」よりも少ない。「資本系」も，営業戦略の策定や情報共有，営業担当者の育成・管理に関する取組みを実施しているが，その割合は3類型の中で最も少ない。「資本系」は「独立系」に比べて，事務業務マニュアルの整備（47.7％）や営業業務マニュアルの整備（36.4％）に取り組んでいる割合が多い。なお，営業担当者の日常的な指導や目標管理・評価などと比べると，営業担当者の配置転換や派遣先の変更などを実施してい

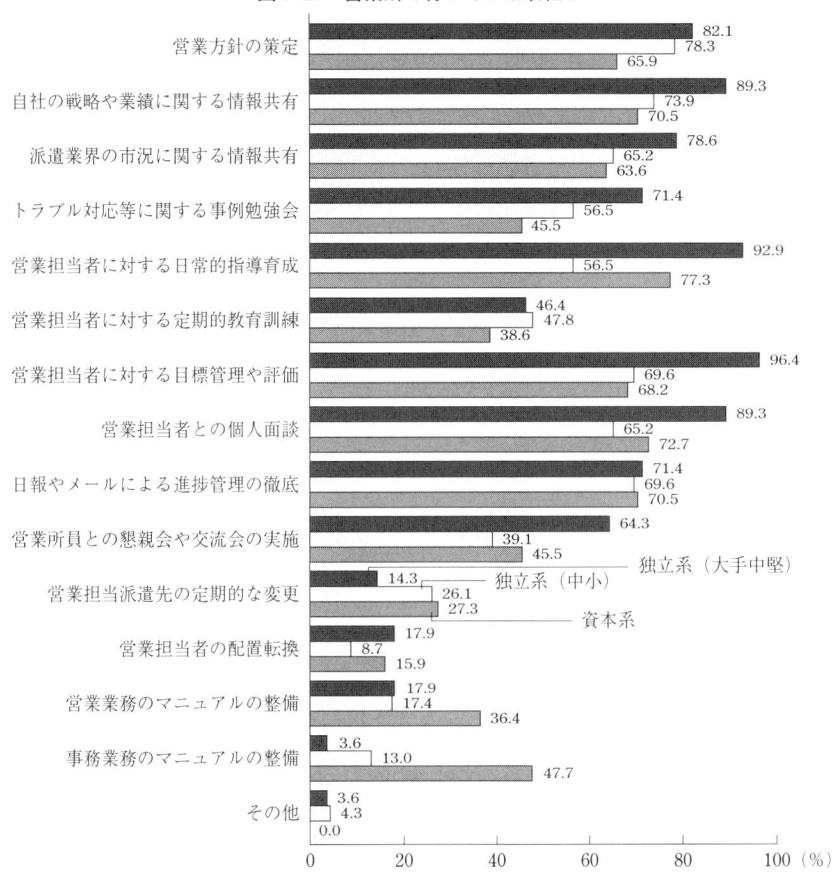

7 営業所の組織体制と課題　169

図 6-27　営業所で行っている取組み

項目	独立系（大手中堅）	独立系（中小）	資本系
営業方針の策定	82.1	78.3	65.9
自社の戦略や業績に関する情報共有	89.3	73.9	70.5
派遣業界の市況に関する情報共有	78.6	65.2	63.6
トラブル対応等に関する事例勉強会	71.4	56.5	45.5
営業担当者に対する日常的指導育成	92.9	56.5	77.3
営業担当者に対する定期的教育訓練	46.4	47.8	38.6
営業担当者に対する目標管理や評価	96.4	69.6	68.2
営業担当者との個人面談	89.3	65.2	72.7
日報やメールによる進捗管理の徹底	71.4	69.6	70.5
営業所員との懇親会や交流会の実施	64.3	39.1	45.5
営業担当派遣先の定期的な変更	14.3	26.1	27.3
営業担当者の配置転換	17.9	8.7	15.9
営業業務のマニュアルの整備	17.9	17.4	36.4
事務業務のマニュアルの整備	3.6	13.0	47.7
その他	3.6	4.3	0.0

（注）　複数回答。
（出所）　筆者作成。

る割合は少ない。

　図 6-28 は，営業所運営上の問題点や課題（複数回答）を示したものである。資本形態別に回答割合の多いものを見ていくと，「独立系（大手中堅）」は，営業担当者が一人前になるまでに時間がかかる（53.6％）が最も多く，次に営業ノウハウが蓄積・継承しにくい（46.4％），一部の営業担当者に過度に仕事が集中している（32.1％）となる。「独立系（中小）」は，営業ノウハウが蓄積・継承しにくい（52.2％）が最も多く，次に営業担当者が一人前になるまでに時間がかかる（39.1％），一部の営業担当者に過度に仕事が集中している（34.8％）

図6-28 営業所運営上の問題点や課題

項目	独立系（大手中堅）	独立系（中小）	資本系
営業ノウハウが蓄積・継承しにくい	46.4	52.2	43.2
営業担当者が一人前になるまでに時間がかかる	53.6	39.1	25.0
一部の営業担当者に過度に仕事が集中している	32.1	34.8	22.7
営業担当者の残業時間が長い	25.0	8.7	20.5
営業担当者のモチベーションが低い	14.3	21.7	25.0
取引先のニーズに対応できていない	21.4	13.0	47.7
営業担当者が定着しない	0.0	13.0	2.3
営業所内のトラブルが多い	0.0	0.0	6.8
派遣スタッフが派遣先に定着しない	3.6	4.3	4.5
派遣スタッフが自社に定着しない	7.1	4.3	6.8
派遣先からの苦情が多い	3.6	0.0	0.0
派遣スタッフからの苦情が多い	0.0	0.0	4.5
その他	0.0	0.0	4.3
課題や問題点はない	3.6	4.3	6.8

（注）複数回答。
（出所）筆者作成。

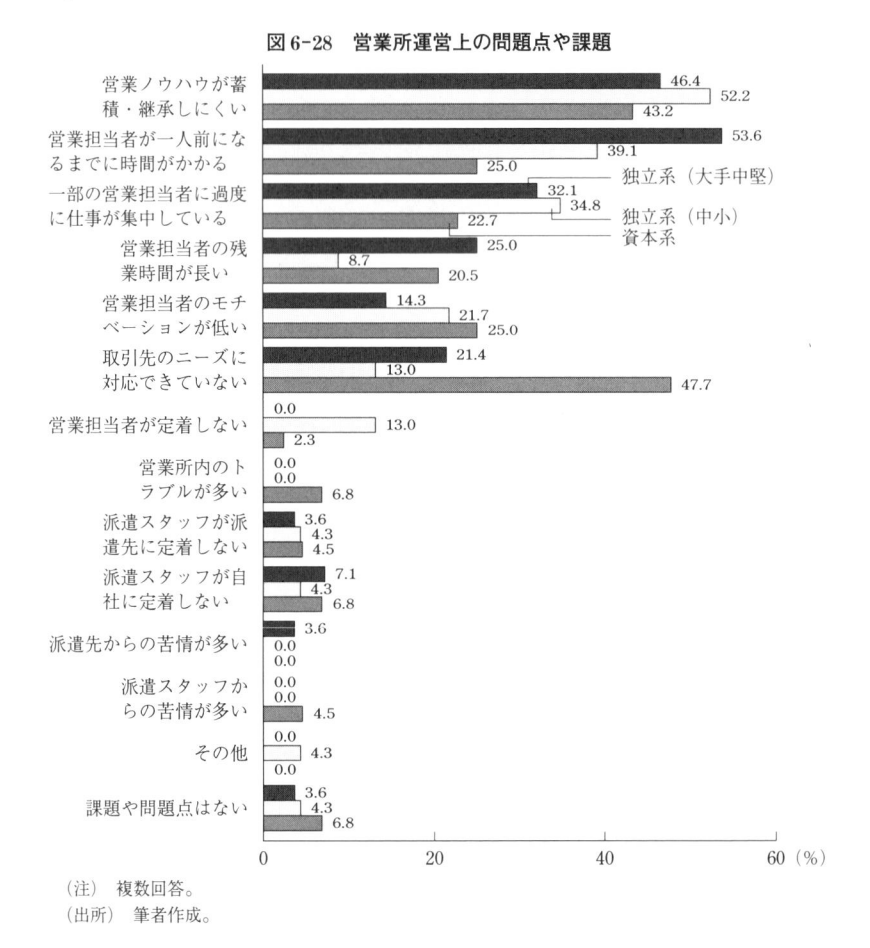

となる。「資本系」は、取引先のニーズに対応できていない（47.7％）が最も多く、次に営業ノウハウが蓄積・継承しにくい（43.2％）となる。営業ノウハウの蓄積と継承は資本形態によらず共通の課題となっているが、さらに「独立系」では営業担当者の早期育成や業務の適正配分が、「資本系」では取引先のニーズへの対応が課題となっている。なお、派遣スタッフの派遣先や派遣会社への定着度合い、派遣スタッフからの苦情など派遣スタッフの活用に関する課題は1割程度にとどまる。

8 まとめ

　本章では，独立系と資本系という派遣会社の資本形態に注目して，事務系派遣事業を営む派遣営業所の運営と課題の実態を明らかにしてきた。直近年度の会社全体の売上高の分布を踏まえて，営業所を，①独立系（大手中堅，売上高20億円以上），②独立系（中小，売上高20億円未満），③資本系の3つに類型化し，それぞれの事業内容や派遣先への営業戦略，派遣スタッフの雇用管理，営業所長の属性や日常の活動，営業所の組織運営と課題を比較した。以下では，それぞれの営業所の運営と課題について分析結果をまとめていこう。

(1)　独立系（大手中堅）

　「独立系（大手中堅）」の事業内容は，一般派遣事業と紹介予定派遣事業が中心で，請負事業を展開している割合も多い。派遣先の企業数は多く，製造業と情報通信業をはじめとして幅広い業種に，事務用機器操作（5号）および自由化業務（一般事務）を中心に派遣サービスを展開している。また，営業戦略では，既存派遣先との取引拡大と新規顧客の開拓に加えて，高付加価値サービスの提供や派遣以外の事業への多角化を重視している。派遣料金のマージン率が高い営業所が多く含まれ，派遣先に対する派遣料金の交渉を実施している割合は多い。一方，派遣スタッフの雇用管理では，派遣スタッフの希望する仕事への配置，スタッフの継続就業や雇用の安定化を重視している。スタッフの雇用契約期間は3カ月が大半を占め，賃金水準はやや高く，昇給を実施している割合は8割超である。

　「独立系（大手中堅）」の営業所長は，中途入社が半数を超えるものの，新卒入社も一定割合いる。年齢層は30歳代後半から40歳代前半が中心であり，過去に人材派遣事業に加えて請負事業や職業紹介など人材ビジネスの実務を幅広く経験している。営業所長の日常活動は，本人による訪問営業や外勤営業担当者との同行営業，営業所の事務処理が多くを占める。また，営業所の組織体制は，ほかよりも多くの外勤営業担当者を配置し，彼らが外勤営業とスタッフのフォロー，マッチング業務を担当し，スタッフの募集・登録やマッチングを担当する専門部署のサポートを受けながら活動している。営業方針の策定や戦略や市況に関する情報共有，営業担当者の育成・評価・管理に

関して最も積極的に取り組んでいる。営業所運営上の課題として，営業担当者の早期育成に加えて，営業ノウハウの蓄積・継承，営業業務の適正配分を指摘する割合が多い。

(2) 独立系（中小）

「独立系（中小）」の事業内容は，一般派遣事業と紹介予定派遣事業が中心で，特定派遣事業を営む割合がほかに比べて多い。派遣先の企業数は「独立系（大手中堅）」よりも少ないが，製造業と情報通信業を中心に幅広い業種に，事務用機器操作（5号）と自由化業務（一般事務）を中心に派遣サービスを展開している。また，営業戦略では，新規顧客の開拓と既存派遣先との取引拡大を重視している。派遣料金のマージン率は相対的に低い。一方，派遣スタッフの雇用管理では，スタッフの希望する仕事への配置やスタッフの相談窓口・苦情処理体制の整備，スタッフの継続就業や雇用の安定化を重視している。派遣スタッフの雇用契約期間は3カ月が多く，賃金水準は相対的に低い。昇給を実施している割合は他の類型よりも多い。

営業所長は中途入社が多く，年齢は50～55歳未満および30歳代後半から40歳代前半が中心となる。人材派遣業と人材ビジネス以外の営業・マネジメントを経験している割合が多い。営業所長の日常活動は本人による訪問営業や営業所の事務処理，営業戦略の策定が多くの時間を占める。また，営業所の組織体制は，外勤営業担当者がスタッフのフォローに加えて，マッチング業務，登録業務まで幅広く担当している。営業所の業務をサポートする専門部署を設置している割合は少ない。営業所運営上の課題として，営業ノウハウの蓄積・継承，営業業務の適正配分，営業担当者の早期育成を指摘する割合が多い。

(3) 資本系

「資本系」の事業内容は，一般派遣事業と紹介予定派遣事業が中心となっている。業種は製造業が多く，事務用機器操作（5号）と自由化業務（一般事務）に加えて，それ以外の職種を中心に派遣している営業所もある。また，営業戦略では，新規顧客の開拓と既存派遣先との取引拡大を重視している。独立系よりも親会社やグループ会社への派遣拡大を重視しているが，その割合は2割にとどまる。「独立系（大手中堅）」同様，派遣料金のマージン率が高い営業所が多く含まれているが，派遣先との派遣料金の交渉を実施してい

る割合は独立系よりも少ない。一方，派遣スタッフの雇用管理では，派遣スタッフの希望する仕事への配置に加えて，派遣先への定着を重視している。スタッフの雇用契約期間は3カ月に加えて6カ月も多い。賃金水準は相対的に高く，9割超の営業所で昇給を実施している。[6]

営業所長は中途入社が多く，年齢層は55〜60歳未満および60歳以上が多い。彼らの多くは人材ビジネス以外の営業・マネジメントを経験している。営業所長の日常活動は，派遣先への営業と営業所の事務処理に加えて，本社との打合せや調整が多くの時間を占める。また，営業所の組織体制は，外勤営業担当者がスタッフのフォローとマッチング業務を担当しており，営業所の業務をサポートする専門部署を設置している割合は少ない。営業方針の策定や情報共有を実施している割合は独立系よりも少ないが，営業業務や事務業務のマニュアル整備に積極的に取り組んでいる。営業所運営上の課題として，取引先のニーズへの対応のほか，営業ノウハウの蓄積・継承を指摘する割合が多い。

上記の分析結果は，派遣営業所の運営と課題に関して，独立系と資本系を比較した場合に，以下の共通点があることを示している。たとえば，独立系・資本系いずれの派遣営業所も，営業戦略においては既存派遣先との取引継続・拡大と新規派遣先の開拓を重視しており，派遣スタッフの雇用管理においてはスタッフの希望に応じた仕事の配置やスタッフの就業継続を重視している。木村（2010）が指摘するように，登録型派遣事業では自社の派遣スタッフを派遣先に長期的に派遣することが重要であることから，派遣先をより多く確保し，派遣スタッフを長期的に配置するのが派遣会社に共通した戦略となっていることが読み取れる。また，独立系・資本系ともに営業ノウハウの蓄積・継承が課題となっている。営業担当者の仕事は新規開拓・受注・人選・派遣契約・契約更新などの「顧客企業管理」と，派遣スタッフの募集・採用から派遣契約，派遣後のフォローにかかわる「スタッフ管理」の2つに分かれるが，いずれも非定

---

6) 派遣スタッフの賃金水準の差は，派遣会社の資本形態の違いによるとは必ずしもいえない。高橋（2010b）の分析では，中堅資本系の派遣スタッフの賃金水準のほうが大手独立系のそれよりも高いが，派遣スタッフの年齢と派遣職種を考慮すると資本形態による影響はほとんど観察されない。本章では，事務用機器操作（5号）と自由化業務（一般事務）を主要職種として事業展開する派遣営業所に限定して派遣スタッフの賃金水準を比較したが，派遣スタッフの年齢等の属性やその他の要因は考慮されていない。

型な問題解決を要する仕事が多く，営業担当者それぞれの能力や技能に依存せざるをえないために（木村，2010），会社として営業ノウハウを蓄積したり継承したりすることが難しいということであろう。

こうした共通点がある一方，独立系と資本系ではそれぞれに異なる傾向も見られる。たとえば，「独立系（大手中堅）」は，ほかに比べて高付加価値サービスの提供や派遣以外への事業の多角化を重視している。派遣労働の市場規模が縮小する中「独立系（大手中堅）」は事業拡大だけでなく事業の高度化を図ろうとしているのである。

ただ，このような事業の高度化は容易ではない。「独立系（大手中堅）」は，ほかに比べて営業担当者の早期育成を課題とする営業所の割合が多い。この背景として，1つには，営業担当者に求められる能力や技能水準が高度化し，短期間での営業担当者の育成が難しくなっていることが考えられる。従来のような新規派遣先の開拓に専念する営業戦略のもとでは営業担当者にとって重要なのは新規開拓のための粘り強さや熱意であったが（高橋，2007），事業の高度化を図る上では派遣先の人材ニーズを把握して適切な派遣サービスを提案できる能力や派遣先と派遣スタッフの利害調整を通じて問題解決を行う能力（木村，2010）がより必要となっているのかもしれない。また，営業担当者に求められる能力や技能が高度になる中，営業担当者の育成体制が十分でないことも考えられる。「独立系（大手中堅）」の営業担当者の育成方法の多くは営業所でのOJTであるが，若手層の営業担当者に対する指導体制は営業所内の人員構成などにより異なるために必ずしも会社全体として体系的なOJTが行われているわけではない（木村，2010）。このように，「独立系（大手中堅）」にとって営業担当者の早期育成が難しいとされる背景には，営業所の運営体制が新規顧客の開拓を中心とする従来の営業戦略に基づくものにとどまっており，高付加価値化や事業の多角化を図るための運営体制への転換が十分に進んでいないことが考えられる。

一方，「資本系」は，ほかに比べて親会社やグループ企業への派遣拡大を重視しているが，その割合は必ずしも多くない。前述のように，「資本系」においても新規派遣先の開拓が重視されている点を踏まえると，「資本系」は市場規模の縮小や法改正に対応して，従来の親会社やグループ企業との取引に大きく依存した事業運営からの転換を図ろうとしていると考えられる。

ただ，こうした事業の転換は容易ではない。「資本系」は，ほかに比べて取引先のニーズへの対応を課題とする割合が多い。その背景として，「資本系」では従来，親会社やグループ企業への派遣を前提として，親会社やグループ企業の退職者を派遣したり，そうした企業での就業を希望する派遣スタッフを中心に活用したりしていたため（高橋, 2010a, 2010b），グループ企業以外のニーズに対応できる派遣スタッフを確保できていないことが考えられる。また，「資本系」は親会社やグループ企業との安定的取引のもとで，これまで独立系に比べて新規顧客の獲得や取引の拡大に大きなエネルギーを割かなくとも安定的な経営を維持できていたため（高橋, 2007, 2010a, 2010b），営業ノウハウの整備や営業担当者の育成が十分でないことも考えられる。さらに，「資本系」では親会社からの出向や転籍などの人事交流が行われており（高橋, 2010a），人材ビジネスの実務経験のない営業所長も多いこともその一因となっているかもしれない。「資本系」にとって取引先のニーズに対応することが難しいとされる背景には，営業所の運営体制が親会社やグループ企業に依存した従来の営業戦略に基づくものになっており，グループ以外の取引先を開拓するための運営体制への転換が十分に進んでいないことが考えられる。

したがって，本章の議論を要約するならば，近年の派遣労働市場の縮小や派遣法改正などで経営環境が厳しくなる中，派遣営業所における派遣先に対する営業戦略や派遣スタッフの雇用管理は，高橋（2007, 2010a, 2010b）が分析した2000年代半ばのそれと比較した場合，独立系と資本系という資本形態による違いはやや小さくなってきていると考えられる。そして，「独立系（大手中堅）」は高付加価値サービスと事業の多角化を強く志向し，「資本系」は親会社やグループ企業との取引に依存した事業からの転換を目指すなど，独立系と資本系はそれぞれ従来の事業展開や営業戦略からの転換を図ろうとしている。ただ，派遣会社がそうした事業戦略の転換を実現する上では，営業所内の運営，具体的には営業ノウハウの蓄積・継承に加えて，とりわけ「独立系（大手中堅）」では営業担当者の早期育成が，「資本系」では取引先ニーズへの対応が，大きな課題となっている。その背景としては，派遣会社の営業所内の運営体制が従来の事業方針や営業戦略に基づいたものにとどまっており，新たな事業方針や営業戦略に対応した営業所の運営体制，とりわけ人材育成体制の整備が十分に進んでいないことが考えられる。本章の分析結果は，独立系・資本系いずれの

派遣会社も派遣先に対する営業戦略を見直す上で営業所内の運営に課題を抱えていることを示しており，言い換えれば，営業担当者の育成や活用などの営業所内の運営が派遣会社の経営にとってこれまで以上に重要になってきていることを示唆するものといえよう。

第7章

労働者派遣専門26業務適正化プランの影響
派遣元・派遣先・派遣労働者の変化

小林　徹

1　はじめに

　本章では，2010年2月以降，厚生労働省によって実施されてきた，専門26業務派遣適正化プランが派遣労働市場にどのような変化をもたらしたのかを確かめるため，計量分析を行う。労働者派遣に関連する政策は，本章で注目する26業務適正化プラン以外にもたびたび修正が加えられてきたが，その効果検証の調査・研究が行われることはあまりなかった。しかし，近年，他の多くの分野においてはPDCAのサイクルに基づく政策論議がされ始めており，派遣政策に関してもその効果のチェック（C, check）は重要であろう。そこで本章では，2010年から行われている労働者派遣専門26業務適正化プランが派遣労働市場にどのような影響をもたらしているのかについて，検討していきたい。

　具体的な分析の前に，これまでの政策の流れを，1986年の派遣法施行以降に関して概観しよう。第1の大きな動きとしては，1996年の派遣法改正があげられる。ここで，派遣可能な業務がこれまでの16業務から26業務へと拡大され，労働者派遣に適するとされる26の業務がはじめて定義された。その後1999年に，製造業や港湾業務などの一部の業務を除いて派遣業務が原則自由化され，現在のような自由化業務と26業務という2つの括りが発生するに至った。続いて2004年には，製造業もネガティブ・リストから外れ，現在は自由化業務の一部に加わっている。

　このような派遣可能業務に関する規制緩和と同時に，派遣期間制限の緩和も

行われてきた。1999年の改正時には，26業務は3年，自由化業務は1年であったが，その後2004年の改正で，製造業務以外の自由化業務は上限3年[1]とされ，26業務は制限自体が撤廃されるに至った。ただし，これらの規制緩和に伴って運用上の問題も発生した。とくに，派遣自由化業務と26業務の期間制限が異なることから，実態は26業務にあたらない業務に関しても，派遣期間の制限を免れようと業務内容の拡大解釈や歪曲解釈がなされ，26業務として契約されている事案が少なくないことが顕在化してきた。しかし，そもそも政令の記述によるだけでは26業務の定義は具体的なものではなく，何をもって拡大解釈や歪曲解釈とするかは，非常に判断が難しい。とりわけ，2008年には全派遣労働者の約58％（「労働者派遣事業統計調査」2008年）を占めていた「5号（事務用機器操作）」業務の定義は，労働者派遣法施行令第4条によれば以下の通りであるが，このような内容のみでは判断する者によって5号業務か自由化業務の一般事務かの判断が分かれるのも無理はないと思われる。

5号事務用機器操作

電子計算機，タイプライター，テレックス又はこれらに準ずる事務用機器の操作の業務

イ　1号のロに掲げる電子計算機，タイプライター，テレックスほか，これらに準ずるワードプロセッサー，テレタイプ等の事務用機器についての操作の業務及びその過程において一体的に行われる準備及び整理の業務をいう。

ロ　当該機器は，法第40条の2第1項第1号イの趣旨から迅速かつ的確な操作に習熟を必要とするものに限られるものであり，ファクシミリ，シュレッダー，コピー，電話機，バーコード読取器等迅速かつ的確な操作に習熟を必要としない機器は含まれない。

ハ　機器の保守管理，中継車の運転等は，当該機器の操作でもなく機器の操作の「過程において一体的に行われる準備及び整理」とも解することができないので留意すること。

ニ　電子計算機の操作を行う者が行う処理結果が印字された連続紙の切離し，

---

[1] 労働者の過半数からの意見聴取によって，上限3年までの派遣が許される。その後，2007年には製造業務についても上限3年となり期間制限の拡大が認められている。

仕分けの業務は，機器の操作の「過程において一体的に行われる準備及び整理」の業務に含まれる。ただし，当該連続紙を梱包し又は発送する業務はこれに含まれない。

ただし，派遣労働にかかわる当事者間の認識の違いによって裁判へと発展する事例も発生し，こういった問題が無視できないものとなってきた。そこで2010年3,4月に，都道府県労働局により，「専門26業務派遣適正化プラン」として集中的に派遣元・派遣先企業への指導監督が行われた[2]。さらに，2010年5月28日には，専門26業務の解釈に関する「疑義応答集」が厚生労働省より発表され，業務内容の拡大・歪曲解釈の是正基準として，どのような業務が専門26業務にあたるかの定義がより明確に示された。

しかし，この政策については批判も多い。まず，政策手続きの面からは，「労働者派遣法第40条の2第1項第1号のロにおける期間制限のない業務を規定する法律表記と疑義応答集で規定される表記が異なっていること」や，「労働者派遣法では期間制限のない業務かどうかは政令によって指定されなければならないことが示されているが，『疑義応答集』は通達であり，法律上厳密ではない手続きによって，期間制限のない業務かどうかが指定されてしまう」ことなどが，指摘されている（2011年9月に参議院に提出された「『専門26業務に関する疑義応答集』等に関する質問主意書」）。

また，雇用面からは，これまで期間制限を受けなかった派遣労働者が2010年を境に期間制限を伴うようになることで，雇用の喪失や雇用条件の悪化につながるのではないかとの懸念があがった。より細かくいうと，今回の26業務適正化プランやその疑義応答集で示された26業務の定義はこれまでより厳格化されたものであり，既存の多くの派遣契約は期間制限のある「自由化業務」契約に変更される。この契約修正時に，すでに自由化業務としての制限期間を過ぎてしまっている場合には，派遣先企業への直接雇用[3]など適正な雇用契約に切り替えるか，当該業務についての派遣利用を打ち切る必要が直ちに発生す

---

[2] この結果，2010年3月および4月については，指導監督891件のうち違反があったとされた227件の指導が行われた。なお，以降の期間についても継続的に指導監督が行われている。

[3] 派遣制限期間後に労働者の希望がありながらも，派遣先企業が当該派遣スタッフの直接雇用をしない場合には，労働局によって指導や勧告がなされることがある（労働者派遣法第40条の3,4,5，ならびに第48条，第49条）。

ることになる。しかし，後者の場合には，労働者はこれまで従事していた仕事を失ってしまうことになるし，たとえ直接雇用に切り替えられたとしても派遣就業時と同等の給与が支給される保障はない。雇用喪失の懸念への回答としては，厚生労働省が 2010 年 10 月に調査報告を示し，「26 業務適正化プランによる是正指導を行った対象案件の 97.6 ％は雇用が失われることなく存続している」と報告している（厚生労働省 Press Release, 2010 年 10 月 26 日）。ただし，当該報告をよく見ると，是正後も期間の定めのない派遣契約で存続している例は 52 ％であり，それ以外の約半数は何らかの雇用契約の変更がなされていることも確認でき，大きな影響があったことが窺える。また，それらの契約変更によって，給与面などにどのような変化が生じたかまでは言及されていない。さらに，このたびの政策手続きは，既存の派遣契約だけでなく今後の派遣求人・求職にも影響していることが考えられるが，その後の派遣利用の変化に関する研究や調査報告例もまだ見られない。

そこで本章では，専門 26 業務適正化プランの派遣先企業や派遣元企業への影響や，派遣労働者への影響を検討していく。具体的には，以下の 3 点の問いについて検証していく。第 1 に，「26 業務適正化プラン」は派遣元の業績にどのような影響を与え，派遣元の運営方針や経営戦略についても影響があったのかどうか。第 2 に，派遣先は「26 業務適正化プラン」にどのように対応し，今後の派遣労働力の利用方針についての影響はどうなっているのか。第 3 に，派遣労働者の雇用は「26 業務適正化プラン」によって失われていないかどうか。また，契約変更や直接雇用化によって労働条件はどのように変化しているのか。

これらの問いに対し，次節では，今回の政策がどのようなメカニズムでどのような影響を与えうるかを経済理論の視点から検討し，本政策の影響仮説を考察する。続いて第 3 節では，仮説検証の分析に用いるデータ詳細と仮説の検証方法を具体的に示す。その後の第 4 節で，分析結果を検討し，最後の第 5 節で，分析結果を整理して結論を考察する。

---

4) その内訳は，期間制限のある派遣業務へ変更して雇用継続が 19.2 ％，派遣先で直接雇用（期間の定めなし）が 1.2 ％，派遣先で直接雇用（期間の定めあり）が 20.0 ％，適正な請負などによる雇用維持が 2.2 ％，他企業などへ就職が 3 ％，となっていることが確認できる。

2 理論的に考えうる適正化プランの影響

　本節では，今回の 26 業務適正化プランが派遣労働市場に与えた影響に関し，その影響の内容や発生メカニズムについて理論的に検討する。まず，その事前段階として，そもそも人材派遣が担っていた労働市場への役割について考えたい。

　経済学の議論の中では，Autor (2008) が「人材派遣業」の役割について述べている。ここでは，人材派遣はマッチングの専門家が市場に介在することによって，失業期間を短期化させる機能を有するとされている。しかし，この説明だけでは「人材紹介業」にも同様の説明が可能であり，派遣業独自の違いは明確にならない。そこで，大竹・李 (2011) では，勤務先企業でのみ活用が可能な「企業特殊的スキル」が重要視される労働力需給とそうではない労働力需給とを分けて考えることで，前者については人材紹介や広告など直接雇用による採用で需給調整を行うが，後者については人材派遣が需給調整機能を担うということを示唆している。要するに，人材派遣は「企業特殊的スキル」をあまり必要としない労働力需給に特化した調整機能を担っていると考えられるが，この議論の前提には経済学の人的資本理論がある。

　この理論では，企業は，企業特殊的スキルに対する能力開発は行うが，他企業でも活用できる一般的スキルに関する能力開発については転職されてしまう可能性も高まるために行いにくい。また，企業特殊的スキルを要しない業務については，即戦力となる労働者は企業外部にも存在するし教育投資回収の必要もないので，雇用保障を伴う労働力の内部保有よりも，必要に応じた雇用調整が可能な外部調達によるほうがメリットが大きくなる。その結果，企業特殊的スキルが重要な業務については正社員を自社で訓練するなど直接雇用によって労働力を内部化し，そうではない労働については労働力を外部調達するなど労働力を分けて活用するようになる。一方で，労働者側にとっても，企業特殊的スキルは蓄積すればするほどその企業での賃金は高くなるが，失職・転職した場合にはスキルロスというデメリットが大きくなるため，一企業との長期的な関係を望まない労働者は，企業特殊的スキルの蓄積に努力を払うよりも，そのようなスキルをあまり要しない仕事に就くことが望ましい。

人材派遣業は，上記のような2者の需給ニーズに対して需給調整機能を果たしてきたと考えられ，企業特殊的スキルの必要性の低い業務に特化した，マッチングによる入口の調整と，解雇回避義務が伴わないことで雇用調整がしやすいという出口の調整機能を担っていると考えられる。ただし，たとえ双方のニーズに適うからといって無制限に派遣利用が許されてしまうと，社会的には不具合が発生する恐れもある。企業特殊的スキルを要しない業務の中には，資格を必要とするような専門性の高い業務と専門性の低い雑務的な業務とがあると考えられるが，後者に従事する場合は長期間勤務しても能力は高まらず，長期的に低収入にとどまってしまう。よって，派遣によって雑務的な業務に従事させる場合でも，それは一時的なものとして，後には専門職に転換してもらうか，企業特殊的な能力獲得が可能な仕事に切り替えてもらうことが望ましくなる。現行の派遣制限期間後の直接雇用の推進は，後者の，企業特殊的スキルを獲得できる業務への切替えを期待したものと考えられる。

しかし，上記のような本来的な役割以外にも，派遣が活用されてきたことがいわれている。直接雇用をすべきであろう企業特殊的スキルを要する業務についても，解雇回避義務を逃れるという目的から正社員など直接雇用の代替として派遣が用いられているという指摘である。法学分野の議論では，もともと，派遣法は「常用雇用（典型雇用）の代替防止という趣旨に基づき同一業務に関する派遣期間の上限を3年と定め，上限を超えた派遣を禁止している」という意見がある（土田, 2004）。また，経営学の先行研究からは清水（2007）が，派遣であっても同じ派遣先企業に長期勤続することで技能レベルを高めている派遣労働者のタイプが存在すると指摘している。さらに島貫（2010）では，同じ派遣先に長期勤続する派遣先固定型の派遣スタッフは，長期勤続に伴い業務の難易度も高度化している傾向があると指摘されている。これらの発見からは派遣であっても企業特殊的スキルの蓄積が行われている可能性が窺える。しかし，清水（2007），島貫（2010）のいずれにおいても，一方で派遣先を繰り返し変更しながら派遣スタッフとして従事している労働者も相当数いることが報告されており，これまでの人材派遣業が担ってきた機能には，直接雇用の代替として企業特殊的スキルを要する仕事へ労働力を供給してきたという面と，企業特殊的スキルを要しない業務の労働力需給という双方があったと考えるのが現実的ではないかと思われる。では，この2つの役割についてこのたびの26業

務適正化プランは，どのような影響を与えると考えられるのか。

　第1に，企業特殊的スキルを要しない業務については，自由化業務への切替えが促進され，契約の打切りが増加したとしても，労働者にとってはスキル蓄積のロスは発生せず，同等の賃金の仕事は比較的見つけやすいと思われる。また派遣先企業にとっても，クーリング期間を経れば，再度同様のスキルを持つ労働力を派遣によって確保しやすいものと思われるため，政策による影響は少ないと予想できる。一方で，企業特殊的スキルを要する派遣業務については，労働者にとってはスキル蓄積のロス，派遣先企業にとっては人的資本投資のロスが発生し，企業・労働者間の勤務関係の解消は双方にとって望ましくないものとなる。よって，このたびの適正化で派遣制限期間への抵触が厳格に運用されることにより，派遣から直接雇用への移行が，これまでより増えていることが予想できる。しかし，もともと派遣という非正規雇用により対応されてきた業務であれば，直接雇用へ移行したとしても契約社員やパート採用といった非正規によるものである可能性は考えられる。

　また，直接雇用後の賃金については，プラス・マイナスの両面が考えられる。直接雇用がなされるならば派遣期間に蓄積された企業特殊的スキルの活用は可能であり，生産性の面からは賃金を変化させる動きはないが，派遣先と派遣元の給与体系の違いによって賃金に変化が見られる可能性がある。1つの状況として，派遣会社が引抜きや移籍の防止などのために派遣スタッフの賃金に何らかのプレミアムを支払っているような場合には，派遣時賃金は市場賃金や派遣先企業の給与体系の賃金よりも高い可能性がある。そうであれば直接雇用の提案がされても，派遣スタッフの側から派遣先との関係を解消し他企業へ移るという事例が増えることも考えられるし，転職コストが高いならば直接雇用を受け入れても賃金が下がっている例が増えていることも考えられる。また，もう1つの状況としては，たとえば何らかの要因により派遣元の中間マージンが大きいなどの例があるのであれば，派遣時の賃金は市場賃金や派遣先企業の給与体系の賃金よりも低くなりやすいと思われ，直接雇用への移行によって賃金が増加する可能性は高いはずである。

　あるいは，そもそも直接雇用が実現できなかった場合には，他企業に転職ができたとしても企業特殊的スキルのロスが発生するし，また転職期間が十分にとれない場合には，マッチングの質も担保できない可能性が高く，賃金は下が

りやすいと思われる。さらに，直接雇用に移れなかったことが負のシグナルにつながり，転職自体が難しくなってしまう恐れもある。

　以上の議論を踏まえ，26業務適正化プランによる影響仮説を派遣先企業，派遣スタッフ，派遣会社の3者について整理すると，派遣先については，これまでと同様に外部労働力で対応する業務が残ると同時に，派遣スタッフを直接雇用へ切り替える例が増えることも考えられる。派遣スタッフについても同様に，派遣先に直接雇用者として雇用形態が切り替わる者が多くなっていることが考えられると同時に，派遣時と同等の賃金が保障されない場合にはこれまで勤務していた会社を変える者も増えている可能性がある。また直接雇用に移行した場合でも賃金に何らかの変化が生じている可能性がある。最後に派遣会社にとっては，企業特殊的スキルを要しない派遣については政策の影響は少ないものの，企業特殊的スキルを要する業務への派遣については派遣契約を継続させることができず，この分野についての契約の終了や新規契約獲得が減少し，収益の悪化が発生している可能性がある。

3　具体的な分析の枠組み

　以降の節では上記で見てきた派遣元・派遣先・派遣スタッフ3者への影響仮説をデータから確認するため，具体的には以下の問いに関する分析を行う。まず第1に，派遣会社の業績はどのような影響を受けており，派遣会社の経営方針や経営戦略についても影響があったのかどうか。第2に，派遣先企業は直接雇用への切替えを増やしているか，また今後の派遣労働力の利用方針はどうなっているのか。第3に，派遣スタッフは直接雇用に変わる者が増えているのか。また同時に就業先企業を変える者も増えているのかどうか。直接雇用への移行や就業先の変更が伴う場合，彼らの賃金はどのような変化をしているのか。

　まず第1，第2の分析については，東京大学社会科学研究所人材フォーラムによって2012年1月に行われた「事務系派遣事業を営む営業所・支店の運営に関するアンケート調査」（以下，事業所調査）のデータより，回答者である派遣元企業への影響を主に確認するとともに，付随的に見えてくる取引先派遣先企業への影響を確認する。

　本調査の回答者の属性に関する基本統計は，表7-1に掲載した。事業所内人

表7-1 派遣元企業事業所長調査に関する基本統計量

		N	構成比
総数		107人	100.0 %
事業所人員規模	5名未満	19	17.8
	5～10名未満	38	35.5
	10～30名未満	28	26.2
	30名以上	20	18.7
	無回答	2	1.9
最も派遣している職種	5号事務用機器操作	64	59.8
	自由化業務の一般事務	36	33.6
	その他	4	3.7
	無回答	3	2.8
企業売上規模	1億円未満	21	19.6
	1～5億円未満	23	21.5
	5～20億円未満	28	26.2
	20億円以上	21	19.6
	無回答	14	13.1
企業資本形態	独立系	58	54.2
	資本系	49	45.8
26適正化の外的影響（複数回答）	営業所に行政の訪問があった	29	27.1
	取引先に行政の訪問があった	55	51.4
	電話等で行政から指導があった	16	15.0
	本社からの指導があった	54	50.5
	行政・本社いずれからも指導はない	9	8.4
	専門26業務プランを知らない	0	0.0
	その他	2	1.9
	無回答	2	1.9

（出所）筆者作成。

員が5～30名の間の事業所に所属する回答者が多くなっており，5号業務の派遣が中心の事業所が多くなっている。そのほか，企業規模や資本形態についてはほぼ均等に分かれている。サンプル数が少ないこともあり，第1の分析では，「派遣元事業所の2009年度と比較した2011年度の売上高の増減」「派遣元事業所が専門26業務派遣適正化プランに対して行った対応」などの質問について集計データやクロス表を中心に確認していくことで政策の影響を検討する。ただし，政策前後の派遣元売上高の増減については，景気や事業所地域の影響など政策以外の多くの要因が複数絡んでいると考えられることから，以下の(7.1)式のプロビット分析も試みた。

Pr（売上げが増えた：1）
　＝f（事業所属性，適正化プランに関する指導の有無，適正化プランへの派遣元事業所の対応）
(7.1)

　また，第2の分析については，質問に設けられた「派遣先が行っている専門26業務派遣適正化プランへの対応」について，やはり集計データやクロス集計表を中心に確認する。

　さらに，第3の派遣スタッフの雇用形態変化や賃金変化については，「慶應義塾家計パネル調査」（KHPS）と「日本家計パネル調査」（JHPS）のマッチング・データを，分析に使用する。どちらの調査も毎年1月時点に行われるパネル調査である。KHPSは2004年から調査が行われており，JHPSは09年から調査が開始されているが，JHPSの開始年に合わせるため，両調査とも2009～12年の調査データについて分析していく。この2つの調査は，調査の実施時期が近く，調査実施主体も同じであり，質問文と選択肢が同一の調査項目を多く含み，調査票の構成や流れも非常に似ている。また，両調査は異なる対象者に質問しているため，双方に共通する調査項目についてデータを結合することで，各調査単体では派遣就業しているサンプルが少ないという問題の改善を図ることができよう。ただし，両調査では回答者の対象年齢の上限が異なるため，本章の分析では対象年齢をともに60歳未満に揃えた。両調査でサンプル抽出条件が若干異なるという点には留意が必要であるため，推計ではJHPSダミーを作成し，その影響をコントロールした。また，雇用者ではない自営業者や家族従業者は分析サンプルから除いた。これらの手続き後の分析データの基本統計量は，表7-2のようになる。なお，説明変数のうちの26業務適正化後ダミーは，2011年調査と2012年調査の回答であれば1，そうでない調査年のデータの場合は0としてある。

　この第3の分析では，計量経済学の分野で政策評価分析を行う際に一般的に用いられているDID（difference in difference）推定を行う。この分析は，政策によって影響を受けるグループと受けないグループについて，それぞれの政策実行前後の変化の違いを比較することで，政策前後で発生する景気変化など政策以外の要因を取り除いた純粋な効果を見ようというものである。表7-3をもとにその手続きを見ると，適正化プラン前においては派遣労働者とその他の労働者の違いはB_1のみによって表現できる。しかし，適正化プラン後になると，

表7-2 KHPS・JHPS サンプルの基本統計量

変数		N	平均	標準偏差
今期の雇用形態ダミー	正社員	9,764	0.529	0.499
	派遣	9,764	0.014	0.116
	その他非正規	9,764	0.277	0.118
	自営	9,764	0.000	0.000
	失業・非労働力	9,764	0.180	0.384
前期の雇用形態ダミー	正社員	9,764	0.526	0.499
	派遣	9,764	0.016	0.126
	その他非正規	9,764	0.275	0.446
	自営	9,764	0.000	0.000
	失業・非労働力	9,764	0.183	0.387
前期に派遣で今期は派遣以外の非正規ダミー		5,924	0.005	0.072
同上（26適正化後）		5,924	0.002	0.049
就業規則の変化ありダミー		9,764	0.042	0.200
同上（26適正化後）		9,764	0.020	0.138
年齢		9,764	42.769	9.810
男性ダミー		9,764	0.470	0.499
前期既婚ダミー		9,764	0.749	0.434
前期未就学児ありダミー		9,764	0.185	0.500
大学，大学院卒ダミー		9,764	0.310	0.463
前期派遣×26適正化後ダミー		9,764	0.007	0.081
26適正化後ダミー		9,764	0.471	0.499
賃金		5,924	2,249.627	2,572.771
前期：世帯所得		9,764	728.637	444.618
前期：有効求人倍率		9,764	0.581	0.120
今期勤続年数		5,924	12	10
JHPSダミー		9,764	0.401	0.490

（出所）筆者作成。

表7-3 26業務適正化プランの影響をDID推定で分析する際の概念

	適正化プラン前	適正化プラン後	差
派遣労働者	B_1（これまでの派遣独自の特徴）	B_1 + B_2（適正化プランの影響による特徴）+ B_3（適正化プラン前後の景気などの時間経過による特徴）	$B_2 + B_3$
その他の労働者		B_3（適正化プラン前後の景気などの時間経過による特徴）	B_3
差	B_1	$B_1 + B_2$	B_2

（出所）筆者作成。

派遣労働者には適正化プランの実行効果そのものの影響である B_2 が発生するし、そもそも時間が異なり景気変化などが伴っている影響 B_3 も発生する。政策の前後で B_2+B_3 の違いが発生していることになる。一方で、派遣以外の労働者に発生するのは、適正化プラン後では時間が異なることによる影響 B_3 のみであり、その前後では B_3 の違いしかない。次に、両者の政策前後の差同士を比較してみると、その違いとして政策の実行効果そのものである B_2 のみが抽出されることになる。

実際の分析においては、以下の (7.2)、(7.3) 式を推定することで、B_1、B_2、B_3 の大きさを抽出していく。

$$雇用_{it}（転職_{it}） = B_1 派遣_{it-1} + B_2 派遣_{it-1} S_t + B_3 S_t + \theta X_{it} + \alpha_i + e_{it} \tag{7.2}$$

$$W_{it} - W_{it-1} = B_1 (派遣_{it-1} \sim 非正規_{it}) + B_2 (派遣_{it-1} \sim 非正規_{it}) S_t \\ + B_3 S_t + B_4 転職_{it} + B_5 転職_{it} 派遣_{it-1} S_t + \theta X_{it} + \alpha_i + e_{it} \tag{7.3}$$

(7.2) 式の、雇用$_{it}$ は、現在の雇用形態や失業などの就業状態を表す選択肢変数である。これを、派遣$_{it-1}$（前期派遣ダミー）、S_t（今期適正化プラン後ダミー）、またそれらの交差項、X_{it}（その他の属性変数）で回帰する、多項ロジット分析を行う。なお α_i は固定効果、e_{it} は誤差項である。この分析によって、政策効果を示すパラメータ B_2 が正社員への移行に有意な効果を持つのか、あるいは派遣以外の非正規による直接雇用への移行に有意な効果を持つのかを確認していく。同様に、被説明変数を、就業先企業を変更したかどうかを示す、転職$_{it}$ ダミーに置き換えたプロビット分析も行い、適正化プランによって派遣社員の就業先企業の変更が発生しやすくなっているかどうかも見ていく。

次に (7.3) 式の分析では、前年との賃金の変化を被説明変数に置いて回帰分析を行うが、適正化後に派遣から非正規による直接雇用へ移行した場合（(派遣$_{it-1}$～非正規$_{it}$)S_t）に賃金変化が有意にプラスとなるのかマイナスとなるのかを B_2 を見ることで確認していく。また、派遣社員だった者が適正化後に就業先企業を変えた場合（転職$_{it}$ 派遣$_{it-1}$ S_t）についても、賃金変化がどのようになるのかを B_5 から確認していく。ただし、(7.3) 式の分析では、そもそも派遣から直接雇用の非正規に移行した者は賃金が高まったから移行に承諾したのであって、賃金が下がるオファーを受けた場合には移行を断ることで賃金が

データに表れず，賃金が下がる可能性をそもそも省いて分析してしまっていることが考えられる。通常の賃金推計においても，そもそも低賃金可能性が高い者ほど仕事をしていないために賃金が観察されず，そのような者を省いた分析にならざるをえないために発生するサンプル・セレクション・バイアスが問題とされる。この問題への対処として，通常の賃金推計の場合は，まず就業決定要因を推計し，推計結果を用いてそもそも就業しやすい者の特性を考慮した賃金の推計を行う2段階推計がある。そこで本章では，(7.2) 式の分析で求められた「適正化後に派遣から直接雇用の非正規へ移行しやすい傾向」「適正化後に派遣から就業先企業の変化を伴いやすい傾向」を考慮した (7.3) 式の分析を行う。具体的には，坂本 (2006) の賃金推計でも用いられている傾向値 (propensity score) でウェイト調整を行った，(7.3) 式の分析を試みる。[5] この手続きの趣旨を簡単に述べると，統計的な手法によって，上記2種の傾向が同様であるそれぞれのグループ間で実際に移行や就業先変化があった場合とそうでない場合の賃金変化の比較をしていることになる。

4 分析で見られる適正化プランの影響

4.1 26業務適正化プランの指導はどれだけ行われたか

派遣元・派遣先への影響については「事業所調査」のデータを中心に確認していくが，まずはじめに，このたびの政策においてどれだけの事業所や派遣先に直接指導が行われたかを確認する。図7-1は，派遣元事業所が適正化プランにおいてどのような指導を受けたかを，派遣元事業所に訊いたものである。総数における回答割合では「取引先に行政の訪問があった」や「本社からの指導があった」が半数以上と多くなっており，派遣元・派遣先ともに指導が行われていることがわかる。また，どのような事業所が影響を受けているかをクロス表から確認していくと，全社の売上規模が1億円未満の企業に属する事業所では「行政・本社いずれからも指導はない」が23.8％と多くなっている一方で，

---

[5] 具体的には，(7.2) 式の分析で得られた派遣から非正規直接雇用への移行確率の理論値である傾向値からウェイト値を求め（ウェイト値は，$[p(x_i)/(1-p(x_i))] \times [c/t]$ で計算），これを用いてウェイト調整したサンプルで (7.3) 式を推計する。なお，この際，傾向値の推計に用いた説明変数のうち，属性変数は (7.3) 式の分析から省いている。

第7章　労働者派遣専門26業務適正化プランの影響

図7-1　行政から営業所・支店への指導・要請

(単位：%)

		N(人)	①取引先に行政の訪問があった	②本社からの指導があった	③営業所に行政の訪問があった	④電話等で行政から指導があった	⑤行政・本社いずれからも指導はない
総数		107	51.4	50.5	27.1	15.0	8.4
最も派遣している職種	5号事務用機器操作	64	43.8	53.1	29.7	15.6	9.4
	自由化業務の一般事務	36	69.4	50.0	22.2	13.9	5.6
	その他	4	25.0	25.0	50.0	25.0	0.0
	無回答	3	33.3	33.3	0.0	0.0	33.3
企業売上規模	1億円未満	21	38.1	33.3	19.0	14.3	23.8
	1～5億円未満	23	34.8	43.5	26.1	26.1	8.7
	5～20億円未満	28	50.0	57.1	32.1	17.9	7.1
	20億円以上	21	76.2	61.9	19.0	9.5	0.0
	無回答	14	64.3	57.1	42.9	0.0	0.0
企業資本形態	独立系	58	62.1	55.2	20.7	10.3	8.6
	資本系	49	38.8	44.9	34.7	20.4	8.2
事業所所在地	東京圏	40	50.0	42.5	25.0	12.5	12.5
	大阪圏	15	53.3	60.0	40.0	26.7	0.0
	愛知圏	15	60.0	33.3	20.0	20.0	6.7
	その他	35	51.4	65.7	28.6	11.4	5.7

回答別の割合（総数）

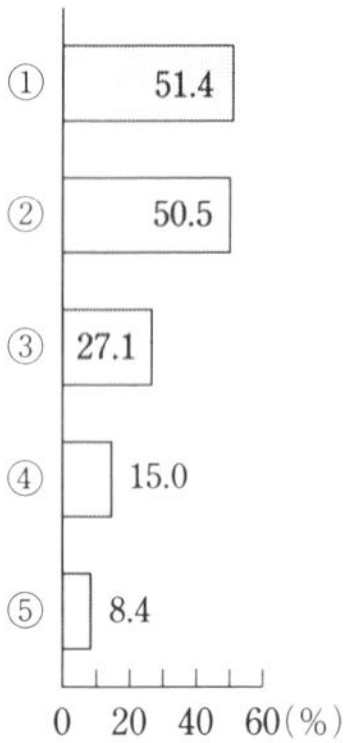

① 51.4
② 50.5
③ 27.1
④ 15.0
⑤ 8.4

(注)　1)　複数回答。
　　　2)　左表中，濃い網かけは「総数」の割合を5％以上上回る部分，薄い網かけは同5％以下下回る部分。
(出所)　筆者作成。

全社の売上規模が20億円以上の企業に属する事業所では「取引先に行政の訪問があった」が76.2％，「本社からの指導があった」も61.9％と，他の企業規模の事業所よりも高くなっている。企業規模によって指導や影響の受け方が異なっており，小企業よりも大企業のほうが指導や影響を受けていることが確認できる。

4.2　派遣先への影響

次に，派遣元事業所の回答から間接的に見られる派遣先への適正化プランの影響について確認していきたい。図7-2の左図で全体的な派遣先の行った適正

4 分析で見られる適正化プランの影響　191

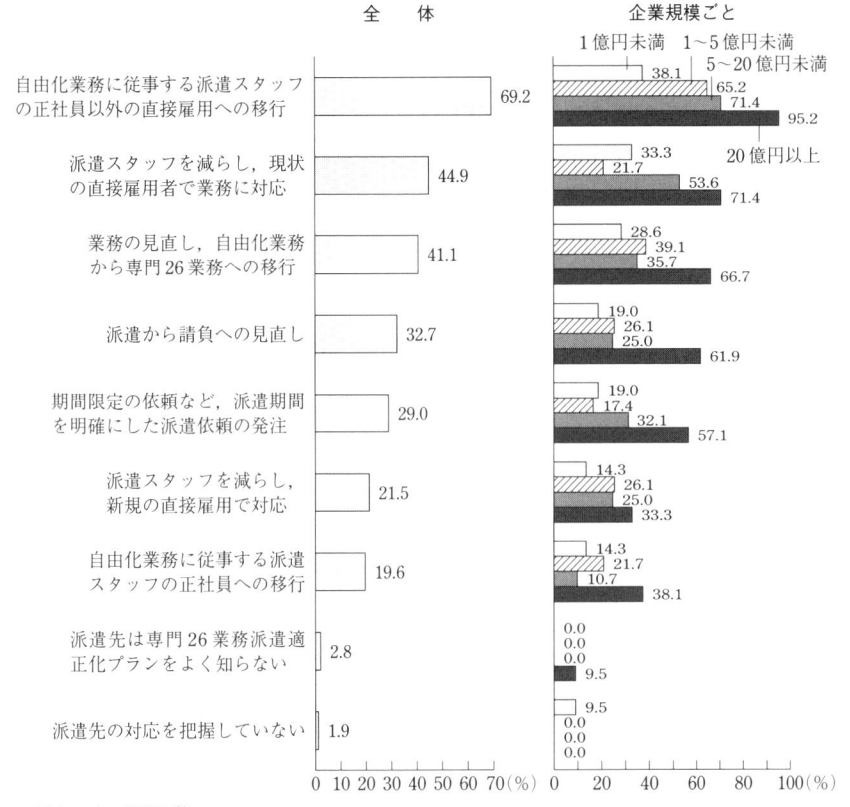

図7-2　派遣先事業所が行った対応

全体 (%)
- 自由化業務に従事する派遣スタッフの正社員以外の直接雇用への移行: 69.2
- 派遣スタッフを減らし，現状の直接雇用者で業務に対応: 44.9
- 業務の見直し，自由化業務から専門26業務への移行: 41.1
- 派遣から請負への見直し: 32.7
- 期間限定の依頼など，派遣期間を明確にした派遣依頼の発注: 29.0
- 派遣スタッフを減らし，新規の直接雇用で対応: 21.5
- 自由化業務に従事する派遣スタッフの正社員への移行: 19.6
- 派遣先は専門26業務派遣適正化プランをよく知らない: 2.8
- 派遣先の対応を把握していない: 1.9

企業規模ごと (%)　1億円未満／1～5億円未満／5～20億円未満／20億円以上

項目	1億円未満	1～5億円未満	5～20億円未満	20億円以上
自由化業務に従事する派遣スタッフの正社員以外の直接雇用への移行	38.1	65.2	71.4	95.2
派遣スタッフを減らし，現状の直接雇用者で業務に対応	33.3	21.7	53.6	71.4
業務の見直し，自由化業務から専門26業務への移行	28.6	39.1	35.7	66.7
派遣から請負への見直し	19.0	26.1	25.0	61.9
期間限定の依頼など，派遣期間を明確にした派遣依頼の発注	19.0	17.4	32.1	57.1
派遣スタッフを減らし，新規の直接雇用で対応	14.3	26.1	25.0	33.3
自由化業務に従事する派遣スタッフの正社員への移行	14.3	21.7	10.7	38.1
派遣先は専門26業務派遣適正化プランをよく知らない	0.0	0.0	0.0	9.5
派遣先の対応を把握していない	9.5	0.0	0.0	0.0

(注)　1)　複数回答。
　　　2)　右図は，無回答を除く。「1億円未満」は$N=21$，「1～5億円未満」は$N=28$，「5～20億円未満」は$N=23$，「20億円以上」は$N=21$。
(出所)　筆者作成。

化プランへの対応について見ると，「自由化業務に従事する派遣スタッフの正社員以外の直接雇用への移行」が約7割と非常に多くなっている。多くの派遣先が適正化プランによって派遣労働者を直接雇用したことが窺える。しかし，「自由化業務に従事する派遣スタッフの正社員への移行」は 19.6 % にとどまっており，直接雇用を行ったとしても非正規への雇用が中心であることがわかる。また，「派遣スタッフを減らし，現状の直接雇用者で業務に対応」が 44.9 % であるのに対し，「派遣から請負への見直し」が 32.7 %，「派遣スタッフを減らし，新規の直接雇用で対応」は 21.5 % と少なく，派遣スタッフが減った分を

直接雇用で埋めるよりは，減ったままの人員で対応したり，請負による外部社員を活用するなどの動きが見られる。やはり企業特殊的スキルを要しない労働力へのニーズが残されているのか，労働力の内部化よりも外部労働力を活用しようというニーズはまだ高いものと推察される。

また，図7-2の右図にて企業規模ごとの回答を見ると，どの項目も20億円以上の大企業において顕著に回答が多くなっており，規模の大きい派遣元企業の取引先である派遣先企業ほど多くの対応をとっている様子が見られ，影響も大きかったことが窺える。

4.3 派遣元への影響

さらに「事業所調査」より，派遣元事業所の適正化プラン後に行った対応を見ていく。図7-3左図で全サンプルの回答を見ると，「契約に関する事務管理の徹底」から「紹介予定派遣への契約の切り替えの派遣先への交渉」までは半数を超える派遣元が行っており，多くの派遣元が指導に沿うような現業対応を行っている様子が見られる。また，「人材紹介など，他人材サービス事業への注力」「専門26業務の職種への営業強化」といった営業戦略上の方針転換にかかわるような動きを行う事業所も少なからず見られる。

次に，図7-3の右図で企業規模ごとの回答を見ると，やはり企業規模が大きい派遣元ほど高い回答率となり，適正化プランによって比較的規模の大きい派遣元ほど適正化プランの影響が大きかったことが推察される。

では，これら派遣元の行動の変化だけでなく，派遣元事業所の業績面にはどのような変化が見られるのか。図7-4は，「新規派遣成約数」の2009年10月と11年同月の比較（左図）と，「年間売上高」の09年と11年の比較（右図）を示している。「新規派遣成約数」については増えた事業所よりも減った事業所のほうが若干多く，「年間売上高」については減った事業所が63.6％と非常に多くなっていることがわかる。

しかし，これらの業績変化は，景気や企業規模などの複数の要因をコントロールした場合に影響が異なってくるかもしれない。そこで，(7.1) 式のプロビット分析を行い，複数の要因をコントロールした場合の売上高および成約数の変化を表7-4で確認していく。

表7-4で新規成約数の増加に関する要因を見ると，登録専門部署のある派遣

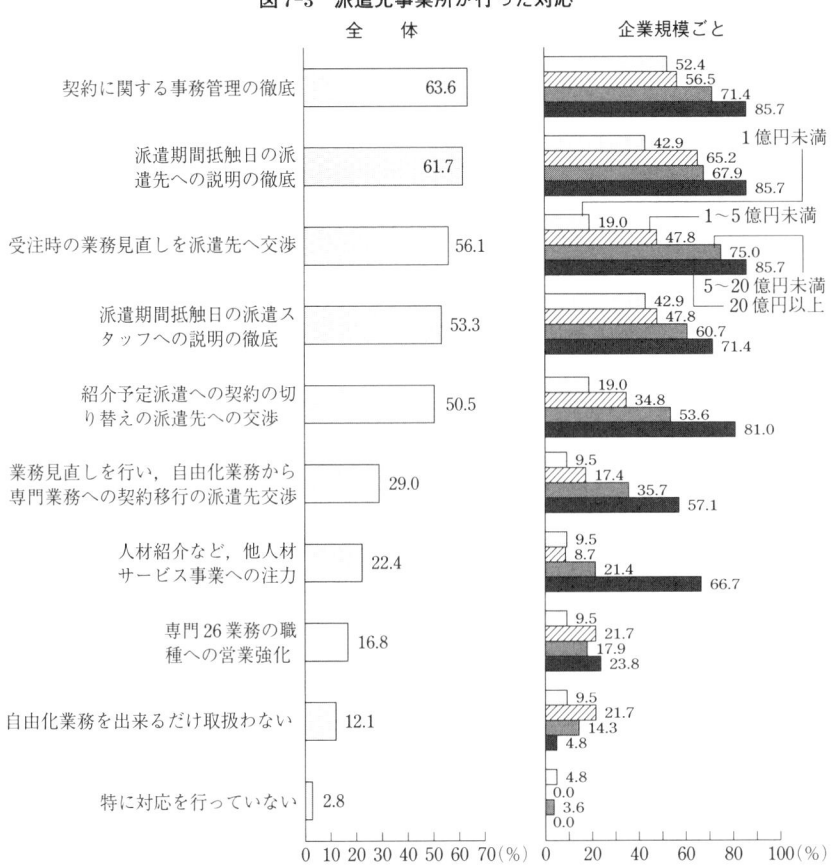

4　分析で見られる適正化プランの影響　193

図7-3　派遣元事業所が行った対応

全体 / 企業規模ごと

項目	全体	1億円未満	1〜5億円未満	5〜20億円未満	20億円以上
契約に関する事務管理の徹底	63.6	52.4	56.5	71.4	85.7
派遣期間抵触日の派遣先への説明の徹底	61.7	42.9	65.2	67.9	85.7
受注時の業務見直しを派遣先へ交渉	56.1	19.0	47.8	75.0	85.7
派遣期間抵触日の派遣スタッフへの説明の徹底	53.3	42.9	47.8	60.7	71.4
紹介予定派遣への契約の切り替えの派遣先への交渉	50.5	19.0	34.8	53.6	81.0
業務見直しを行い，自由化業務から専門業務への契約移行の派遣先交渉	29.0	9.5	17.4	35.7	57.1
人材紹介など，他人材サービス事業への注力	22.4	9.5	8.7	21.4	66.7
専門26業務の職種への営業強化	16.8	9.5	21.7	17.9	23.8
自由化業務を出来るだけ取扱わない	12.1	9.5	21.7	14.3	4.8
特に対応を行っていない	2.8	4.8	0.0	3.6	0.0

(注)　1)　複数回答。
　　　2)　右図は，無回答を除く。「1億円未満」はN＝21,「1〜5億円未満」はN＝28,「5〜20億円未満」はN＝23,「20億円以上」はN＝21。
(出所)　筆者作成。

会社の事業所で有意に成約数増加確率が高くなっている。資本系ダミーも有意にプラスであり，これらの特徴を有する事業所ほど，2011年においても比較的，成約数の悪化がないものと思われる。また，事業所所在地によって影響が異なり，東京圏や愛知圏は有意にマイナスであり悪化が目立つ。地域による景気状況の違いが反映されているのかもしれない。適正化プランの影響の受け方が異なると思われる，最も多い派遣職種が5号であることと自由化の一般事務であることの違いは，明確には見られない。ただし，図7-1に示した「行政か

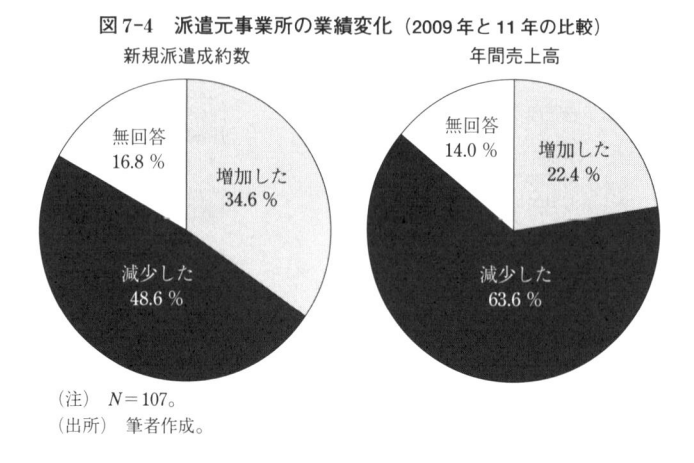

図7-4 派遣元事業所の業績変化（2009年と11年の比較）

新規派遣成約数
- 無回答 16.8 %
- 増加した 34.6 %
- 減少した 48.6 %

年間売上高
- 無回答 14.0 %
- 増加した 22.4 %
- 減少した 63.6 %

（注）N＝107。
（出所）筆者作成。

ら営業所・支店への指導・要請」についての質問から作成した「26業務適正化の指導なしダミー」は，有意に新規成約数の増加につながっている。何らかの指導を受けた事業所に比べ，まったく受けなかった事業所が新規成約を伸ばしており，適正化プランの指導を受けた派遣元ほど新規成約が減った可能性が窺える。

また，同表で，年間売上高の増加に関する要因について見ると，新規成約数の場合と異なり，登録専門部署の有無や資本系ダミーは有意になっていない。ただし，最も多い派遣職種が5号であることや自由化の一般事務であることが，すべての説明変数を用いた分析では有意にマイナスとなっている。どちらも，いわゆる「一般事務」が多い事業所と考えられ，このような事業所ほどその他の職種が多い事業所よりも売上げが減少しやすいことが示されている。また，売上げにおいても東京圏や愛知圏は有意にマイナスとなっており，その他の地域に比べて比較的売上げが減少しやすかったことがわかる。さらに，「26業務適正化の指導なしダミー」もやはり有意にプラスを示しており，新規成約と同様に適正化プランの指導を受けた派遣元ほど，売上げが減少していた可能性が窺える。

以上の結果から適正化プランの派遣会社への影響について整理すると，適正化プランによって派遣会社の業績は悪化している可能性が考えられる。景気などの要因も考えられるものの，地域差やその他の複数要因をコントロールしても適正化プランの指導そのものによって新規成約の減少，派遣契約終了の増加

4 分析で見られる適正化プランの影響

表7-4 2009年から11年の新規成約数および年間売上高の変化に関するプロビット分析

被説明変数		新規成約数（増えた＝1, 減った＝0）			年間売上高（増えた＝1, 減った＝0）		
モデル		プロビット					
説明変数		限界効果					
事業所人員（30名以上との比較）	10名未満	−0.209 [0.488]	−0.158 [0.535]	−0.161 [0.701]	−0.023 [0.493]	0.026 [0.538]	0.054 [1.054]
	30名未満	−0.223 [0.583]	−0.238 [0.646]	−0.285 [0.850]*	−0.051 [0.576]	−0.046 [0.631]	0.092 [1.128]
専門部署の有無	マッチング，登録ともに専門部署あり	−0.301 [0.867]	−0.28 [0.929]*	−0.276 [1.066]*	0.168 [0.842]	0.113 [0.880]	0.554 [1.426]
	登録専門部署あり	0.53 [0.688]**	0.645 [0.776]**	0.717 [0.931]**	−0.042 [0.691]	0.05 [0.700]	−0.007 [0.953]
	専門部署まったくなし	0.068 [0.442]	0.009 [0.477]	−0.109 [0.624]	0.076 [0.428]	0.007 [0.478]	0.067 [0.943]
X_i：全社事務系派遣売上げ（10億円以上との比較）	1億円未満	−0.061 [0.586]	−0.176 [0.698]	−0.086 [0.911]	0.01 [0.535]	−0.175 [0.716]	−0.207 [2.001]*
	10億円未満	−0.075 [0.437]	−0.058 [0.455]	0.022 [0.602]	0 [0.430]	0.016 [0.451]	−0.055 [0.847]
資本系ダミー		0.346 [0.421]**	0.377 [0.504]***	0.443 [0.587]***	−0.08 [0.398]	−0.067 [0.449]	−0.116 [0.826]
最も多い派遣職種	5号業務	0.042 [0.891]	−0.212 [0.947]	−0.311 [1.053]	−0.18 [0.747]	−0.43 [0.912]	−0.99 [2.822]**
	自由化の一般事務	0.196 [0.882]	0.032 [0.897]	0.002 [0.938]	−0.255 [0.763]	−0.339 [0.916]*	−0.542 [2.439]**
所在地域（その他地域との比較）	東京圏	−0.279 [0.433]**	−0.313 [0.505]**	−0.317 [0.655]*	−0.244 [0.421]**	−0.271 [0.476]**	−0.197 [0.977]**
	大阪圏	0.108 [0.519]	0.182 [0.538]	0.213 [0.626]	−0.201 [0.553]	−0.126 [0.567]	−0.068 [1.057]
	愛知圏	−0.387 [0.837]**	−0.369 [1.017]**	−0.374 [1.221]**	−0.267 [0.680]**	−0.236 [0.778]*	−0.096 [1.488]*
26業務適正化の指導なし		—	0.612 [0.773]**	0.644 [0.942]**	—	0.697 [0.744]***	0.99 [2.250]**
派遣元のとった対応	紹介予定派遣への契約の切り替えの派遣先への交渉	—	—	0.393 [0.672]*	—	—	0.26 [0.856]*
	受注時の業務見直しを派遣先へ交渉	—	—	−0.002 [0.586]	—	—	0.054 [0.935]

派遣元のとった対応（続き）	派遣期間抵触日の派遣スタッフへの説明の徹底	—	—	−0.095 [0.607]	—	—	−0.118 [0.944]
	派遣期間抵触日の派遣先への説明の徹底	—	—	−0.082 [0.584]	—	—	−0.011 [0.927]
	契約に関する事務管理の徹底	—	—	0.02 [0.581]	—	—	−0.064 [0.735]
	専門26業務の職種への営業強化	—	—	−0.114 [0.976]	—	—	−0.072 [1.182]
	自由化業務を出来るだけ取扱わない	—	—	−0.165 [0.925]	—	—	−0.101 [1.556]*
	人材紹介など，他人材サービス事業への注力	—	—	−0.078 [0.681]	—	—	−0.211 [1.951]**
	特に対応を行っていない	—	—	−0.228 [1.617]	—	—	−0.05 [1.995]
N			75			72	

(注) 1) [ ] 内の値は White (1980) の一致性を持つ標準誤差を表す。
　　2) *** は1％水準，** は5％水準，* は10％水準で有意であることを示す。
(出所) 筆者作成。

が起き，結果売上高が減少している様子が見られた。このたびの適正化プランが派遣会社にとっては非常に厳しいものであったことが窺える。次に，派遣先企業にとっては，適正化プランは派遣スタッフの直接雇用への移行を推し進めるものである様子が見られた。しかし，正社員よりも非正規社員として直接雇用をする割合がはるかに多かった。また，適正化プラン適用後も新たな直接雇用は行わず，現状人員での対応や請負への切替え対応を行っており，やはり労働力の内部化を進めることを避け外部労働力によって対応させようというニーズは残っている様子が見られた。分析結果は，理論的に考えうる仮説と概ね整合的であり，やはり企業特殊的スキルを重要とする派遣業務の部分は減少していくが，そうではない業務についての外部労働力ニーズは残り，その分野については請負も合わせて今後も外部労働力の活用が引き続き行われていくであろうと考えられる。

4.4　派遣労働者への影響

最後に，26業務適正化プランの派遣スタッフへの影響について考えていく。KHPS・JHPS のデータによる分析を行う前に，「事業所調査」から得られた

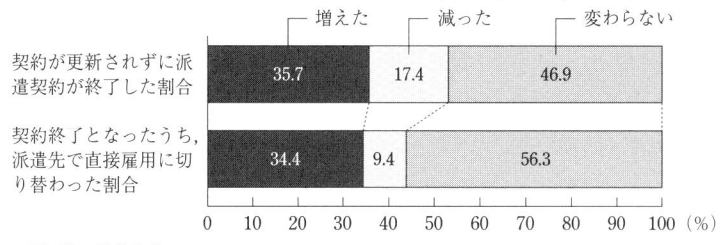

4 分析で見られる適正化プランの影響

図7-5 派遣スタッフの雇用への影響（2009年と11年の比較）

	増えた	減った	変わらない
契約が更新されずに派遣契約が終了した割合	35.7	17.4	46.9
契約終了となったうち，派遣先で直接雇用に切り替わった割合	34.4	9.4	56.3

（出所）筆者作成。

派遣契約の終了状況の変化やその際の直接雇用の申入れ状況の変化から，派遣スタッフの雇用への影響を確認したい。

図7-5は，上図が派遣契約が更新されずに契約終了となった割合，下図が契約終了となったうち派遣先の直接雇用従業員になった割合を，それぞれ2009年と11年で比較した結果である。契約終了の割合を見ると，契約終了が「増えた」事業所が「減った」事業者よりも多くなっている。さらに，そのうち派遣先の直接雇用になった割合は，「増えた」が34.4％，「減った」が9.4％となっており，派遣契約の終了も増えているがその後に派遣先に直接雇用されている例も増えていることがわかる。

そこで図7-6の左図で，契約終了が「増えた」または「減った」と回答した事業所のその理由を見ると，最も多い理由が「派遣先企業の業績が悪化したため」で61.5％，次が「景気が悪化したため」で46.2％となっており，経済環境が思わしくないことを理由にあげた事業所が多くなっている。ただし，「専門26業務派遣適正化プランが実施されたため」も32.7％と，3番目に多く，派遣契約の終了には政策の影響も少なからずあることが事業所の回答から窺える。

続いて，図7-6の右図で，契約終了のうち派遣先への直接雇用が「増えた」または「減った」理由を見ていく。最も多い理由は「専門26業務派遣適正化プランが実施されたため」で，次が「派遣先が派遣スタッフの正社員化に取り組んだため」となっており，政策の影響が主であることがわかる。契約終了の主要因には景気の影響が考えられる中で，派遣社員の直接雇用への移行が増えた要因には26業務適正化プランがあげられていることから，適正化プランそのものによって派遣先への直接雇用が促進された可能性は考えられる。ただし，

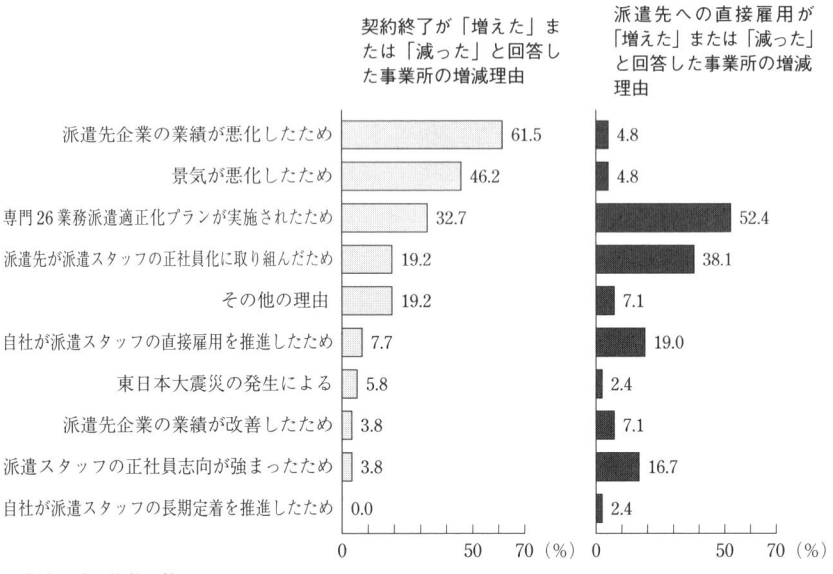

198 第7章 労働者派遣専門26業務適正化プランの影響

図7-6 派遣スタッフの雇用へ影響を及ぼした理由

契約終了が「増えた」または「減った」と回答した事業所の増減理由：
- 派遣先企業の業績が悪化したため 61.5
- 景気が悪化したため 46.2
- 専門26業務派遣適正化プランが実施されたため 32.7
- 派遣先が派遣スタッフの正社員化に取り組んだため 19.2
- その他の理由 19.2
- 自社が派遣スタッフの直接雇用を推進したため 7.7
- 東日本大震災の発生による 5.8
- 派遣先企業の業績が改善したため 3.8
- 派遣スタッフの正社員志向が強まったため 3.8
- 自社が派遣スタッフの長期定着を推進したため 0.0

派遣先への直接雇用が「増えた」または「減った」と回答した事業所の増減理由：
- 派遣先企業の業績が悪化したため 4.8
- 景気が悪化したため 4.8
- 専門26業務派遣適正化プランが実施されたため 52.4
- 派遣先が派遣スタッフの正社員化に取り組んだため 38.1
- その他の理由 7.1
- 自社が派遣スタッフの直接雇用を推進したため 19.0
- 東日本大震災の発生による 2.4
- 派遣先企業の業績が改善したため 7.1
- 派遣スタッフの正社員志向が強まったため 16.7
- 自社が派遣スタッフの長期定着を推進したため 2.4

(注) 1) 複数回答。
　　 2) 左図は $N=52$，右図は $N=42$。
(出所) 筆者作成。

先の図7-2で見られたように，正社員よりも非正社員による直接雇用化が中心であろう。正社員としての直接雇用を推し進める効果まで持っているかどうかについてはまだ断言できず，以降の分析によって得られる結果も複合して検討していきたい。

次に，KHPS・JHPSのデータから以下の3点について確認していく。まず第1に，派遣スタッフの回答データによっても，適正化プランは直接雇用への移行を進め，正社員への移行にも効果があるといえるのかどうか。第2に，就業先企業を変更せざるをえない状況にもつながっているのかどうか。第3に，上記のような変化が伴う場合の賃金はどのようになっているのか。

まずは，(7.2) 式の分析結果から，第1，第2の問いについて確認していこう。分析結果は表7-5に掲載した。はじめに今期の正社員就業への影響を見ていくと，男性や大学・大学院卒者は有意にプラスで正社員につながりやすくなっているが，前期派遣就業と適正化後ダミーとの交差項は有意ではない。次に，今期の派遣就業への影響を見ると，前期派遣や大学・大学院卒者のみ有意にプ

表7-5 適正化プランの就業状態変化への影響分析（DID分析）

サンプル		全サンプル（自営業者を除く）				前期雇用者
被説明変数		正社員	派遣	その他非正規	失業・非労働力	就業先変化あり
モデル		多項ロジット				プロビット
説明変数		限界効果				
前期の雇用形態（比較対象：その他非正規）	正社員	0.219 [0.005]***	−0.003 [0.003]	−0.242 [0.007]***	0.027 [0.007]***	−0.036 [0.059]***
	派遣	0.028 [0.018]	0.037 [0.003]***	−0.127 [0.023]***	0.062 [0.021]***	−0.008 [0.191]
	失業・非労働力	−0.010 [0.006]*	−0.006 [0.003]	−0.201 [0.005]***	0.216 [0.003]***	—
個人属性	年齢	−0.001 [0]***	0.000 [0]	0.000 [0]	0.001 [0]***	−0.001 [0.003]***
	男性ダミー	0.063 [0.005]***	−0.002 [0.002]	−0.036 [0.008]***	−0.025 [0.007]***	−0.007 [0.059]
	前期 既婚ダミー	−0.003 [0.005]	−0.002 [0.002]	0.006 [0.007]	−0.001 [0.007]	−0.015 [0.060]***
	前期 未就学児の子どもありダミー	0.005 [0.005]	−0.003 [0.003]	−0.011 [0.007]***	0.009 [0.005]*	0.005 [0.054]
	大学，大学院卒ダミー	0.020 [0.005]***	0.007 [0.002]***	−0.030 [0.007]***	0.002 [0.006]	−0.007 [0.058]
26適正化前後	前期派遣×26適正化後ダミー	0.008 [0.029]	−0.002 [0.004]	0.032 [0.038]	−0.038 [0.038]	0.004 [0.301]
	26適正化後ダミー	0.003 [0.005]	0.002 [0.003]	0.000 [0.006]	−0.004 [0.005]	−0.003 [0.051]
前期の状況	世帯所得	1.57E−05 [0]***	−2.16E−06 [0]	−2.56E−05 [0]***	1.20E−05 [0]**	0.00E+00 [0.000]***
	有効求人倍率	−0.007 [0.019]	−0.004 [0.008]	−0.022 [0.025]	0.033 [0.022]	0.052 [0.217]***
	JHPSダミー	−0.004 [0.005]	−0.001 [0.002]	0.006 [0.006]	−0.001 [0.006]	0.007 [0.056]
N		9,764				8,115
擬似決定係数		0.6415				0.0563
対数尤度		−3,709.2314				−1,529.3267

（注）1）＊＊＊は1％水準，＊＊は5％水準，＊は10％水準で有意であることを示す。
　　　2）係数の値は限界効果。
　　　3）［　］内の値は標準誤差。
（出所）筆者作成。

ラスとなり，やはり適正化の影響は有意にならない。また，今期の派遣以外の非正規就業への影響を見ると，男性や未就学児を持つ大卒者が有意にマイナスとなり，子どものいない短大・高卒女性ほど派遣以外の非正規になりやすい様子が見られる。しかし，ここでも適正化の影響は有意な影響を示していない。また，失業・非労働力への影響を見ると，女性や未就学児あり，高齢者で多くなる様子が確認できる。ここでもやはり適正化の影響は有意な結果を示していない。最後に就業先企業の変化に関する分析結果を見ると，正社員や高齢者，既婚者ほど，そのような就業先企業の移動をしていない。こちらに関しても，符号はプラスであるものの，適正化プランの影響は有意になっていない。

先の事業所調査の結果では非正規による直接雇用が増えている様子が見られたが，KHPS・JHPSデータによる分析では適正化プランが就業状態の変化に与える影響は確認できない。適正化プランの対象者が派遣受入期間1年ないしは3年以上の自由化業務勤務継続者であるという狭い限定となっているためか，派遣スタッフ全体にとってのインパクトは小さいのかもしれない。派遣社員全体を取り上げるのではなく，派遣社員の中でも自由化業務の1〜3年以上の勤務継続者の変数をつくり，計量分析を行うことができれば，違う結果が得られるのかもしれないが，KHPS・JHPSの結合データでもそのような該当者は分析に耐えうるほどは存在しない。政府統計などまた別の調査データを用いた検証が望まれるが，それは今後の課題としたい。しかし，符号の正負だけを見ると，正社員や派遣以外の非正規ではプラス，派遣や失業・非労働力ではマイナスになっている。派遣から直接雇用への移行は増加し，雇用喪失も発生しないという仮説と矛盾しない動きを示している。ただし，正社員への移行に関しては限界効果も非常に小さい。

次に，3点目の問いである「適正化によって派遣から非正規の直接雇用になった者の賃金変化」「適正化によって派遣から就業先企業を変えた者の賃金変化」について見ていく。これについての（7.3）式の分析結果は，表7-6に掲載した。

表7-6より，非正規の直接雇用で就業する傾向をコントロールした際の分析結果を見ると，「適正化後に派遣から就業先企業が変化した者の賃金変化」が有意にマイナスとなっている。これは，能力など非正規の直接雇用移行に関連する特性には違いがないものの，実際には移行した者と移行をせずに就業先企

業を変えてしまった者がおり，企業を変えた者ほど有意に賃金が下がってしまったということである。直接雇用の機会はありつつも，たまたま提示賃金が低かったために就業先を変更せざるをえず，急な転職によってこれまで蓄積したスキルとのミスマッチが起きてしまった場合があるのかもしれない。元来着目していた「適正化による派遣から非正規の直接雇用への移行」は有意な結果を示していない。これはウェイト調整をしない場合の推計でも同様であり，適正化によって派遣から非正規の直接雇用へ移行した場合でも，賃金は変化しないことが確認できる。

　さらに，派遣先を辞め，就業先企業を変更する傾向をコントロールした際の分析結果を見ると，今度は「適正化によって派遣以外の非正規で直接雇用になった者」が有意にマイナスとなっている。データでわかる範囲の転職傾向は同様なのに，転職せず直接雇用の非正規として会社にとどまった者ほど賃金が下がるとはどういうことか。本来なら転職するが，データ外の原因により同企業にとどまらざるをえず，本来の機会を活かせなかったのかもしれない。ほかに考えうることとしては，そもそもその会社のファンであるなど，就業先企業への嗜好性や愛着が強い者とそうではない者の違いが考えられる。就業先企業に強い嗜好性や愛着があった場合には，賃金条件が下がったとしても当該企業に残る可能性は高いだろう。このような嗜好性や愛着はデータで確認できずこのたびの分析ではコントロールされていないが，このような嗜好性や愛着の影響が結果を異ならせているのかもしれない。本分析では各傾向の高い者に合わせてコントロールを行っているため，データでわかる潜在的な傾向とは反対の結果に陥ってしまった者ほど適正化プランによって賃金が下がったということを，複数の分析結果から共通に指摘することができる。そのような者は必然的に少数派であると思われるが，適正化プランによって就業条件が悪化するパターンも存在するといえる。

　以上のKHPS・JHPSデータによる分析結果を整理しよう。第1に，適正化プランによって派遣から直接雇用に移っている様子は強くは観察できず，雇用喪失への影響も強くは観察できなかった。派遣社員の中でも一部の者に適用される政策であったために，派遣社員全体としては大きなインパクトを持っていなかったのかもしれない。第2に，適正化プランがとくに派遣社員の就業先企業の変更を増やしている様子も見られなかった。また第3に，非正規の直接雇

202　第7章　労働者派遣専門26業務適正化プランの影響

表7-6　適正化プランの賃金変化への影響

サンプル	直接雇用の非正規で就業する傾向値でウェイト調整		就業先が変化する傾向値でウェイト調整		ウェイト調整なし
被説明変数	今期賃金－前期賃金				
モデル	OLS				
説明変数	係数				
今期の状態（比較対象：正社員）　前期派遣今期派遣以外非正規	−18.48 [13.005]	−10.25 [12.766]	24.443 [22.809]	27.876 [22.415]	−2.526 [21.264]
前期派遣今期派遣以外非正規×適正化後	4.377 [43.470]	−5.454 [40.523]	−143.934 [77.173]*	−152.915 [77.068]**	−22.581 [36.101]
就業企業の変化あり	−15.195 [11.551]	−15.098 [11.586]	−37.257 [6.966]***	−41.692 [8.400]***	−34.965 [5.329]***
前期派遣×就業企業の変化あり×適正化後	−168.527 [67.034]**	−169.619 [68.846]**	25.242 [84.435]	32.628 [86.452]	−26.046 [65.307]
個人属性　年齢	−0.472 [0.381]	—	−0.646 [0.572]	—	−0.71 [0.152]***
男性ダミー	−14.286 [9.477]	—	−16.137 [9.627]*	—	−4.523 [2.598]*
既婚ダミー	−11.162 [7.161]	—	−3.139 [8.927]	—	−5.361 [3.036]*
未就学児の子どもありダミー	5.966 [7.246]	—	18.141 [8.751]**	—	3.892 [3.642]
大学，大学院卒ダミー	24.754 [10.456]**	—	25.581 [14.348]*	—	3.379 [2.564]
26適正化後ダミー	10.687 [10.953]	3.16 [6.367]	8.131 [21.398]	−3.317 [8.917]	22.471 [5.086]***
有効求人倍率	−44.987 [55.286]	—	−65.408 [94.834]	—	−95.431 [28.090]***
勤続年数	−0.458 [0.532]	−1.001 [0.504]**	−0.38 [0.432]	−0.965 [0.125]***	−0.321 [0.140]***
切片	66.304 [34.717]*	20.721 [4.726]***	76.426 [63.214]	23.366 [3.728]***	92.962 [16.058]***
N	5,924				
決定係数	0.026	0.007	0.043	0.025	0.022
自由度修正済み決定係数	0.024	0.006	0.042	0.024	0.02

（注）　1）　***は1％水準，**は5％水準，*は10％水準で有意であることを示す。
　　　2）　[ ]内の値は標準誤差。
（出所）　筆者作成。

用に移行する傾向が一定でも適正化プランによって転職した者や，転職傾向は一定でも適正化プランによって非正規の直接雇用になった者など，傾向と実際が異なっている者ほど賃金条件が悪化していた。このような者は例外的な場合と思われるが，適正化プランによって賃金条件に負の影響を受けてしまう労働者が一部で発生していることが窺われた。

5 まとめ

　本章で行った複数の分析の結果，26業務適正化プランの派遣先・派遣元・派遣労働者に対する影響がいくつか見えてきた。まず派遣元については，事業所による直接指導や本社を通じた指導により，多くの派遣元事業所が契約管理の徹底や契約内容に関する説明を強化していることが見えてきた。しかし，派遣元の業績面に関しては，指導を受けた事業所ほど売上げが増えにくくなっているなど，負の影響も垣間見られた。また派遣先に対しても，行政から直接指導が行われる例が多く見られ，派遣社員の直接雇用や業務内容の見直しを多くの派遣先が行っていた。しかし，直接雇用といっても，正社員による雇用よりも非正規による雇用が非常に多かった。あるいは，派遣社員を減らしても新規採用はせずに現状の人員で対応を図るなどの動きも見られた。派遣スタッフについては，KHPS・JHPSによる分析では，直接雇用への動きも雇用喪失への影響も有意な結果は見られなかった。しかし，適正化による勤務先企業の転換や非正規の直接雇用化に伴い，賃金が減少しやすくなる様子も見られた。

　本章のまとめとして，これらの確認事項から，このたびの26業務適正化プランについてどのような結論が導き出されるかを検討していこう。これについて，まずは適正化プランの目的が果たされたかどうかについて，次に派遣スタッフ・派遣先・派遣元など派遣労働における当事者へのメリット，デメリットの視点から考えていくことにしたい。まず，26業務適正化プランの当初の目的であるが，厚生労働省の「専門26業務派遣適正化プラン（別紙2）」によると，「（専門26業務ではない労働について——引用者注）26業務と称した違法な労働者派遣が行われることは（略）労働者の保護に欠けることになる（以下略）」と主張されており，要するに，26業務に関する契約を適正化することで労働者保護と労働市場への悪影響を是正する目的があったことが読み取れる。また

同時に，厚生労働省の 2010 年 10 月 26 日のプレスリリースによると，26 業務適正化プランによって「是正に伴って労働者が解雇されてしまわないことを重視する」とも述べられている。つまり 26 業務適正化プランの当初の目的をまとめると，「雇用を失わずに本来の 26 業務のみに契約を是正していく」ことであったと思われるのである。これら契約の是正の実現，かつ雇用が失われないという視点に基づいて検討するならば，契約の是正についてはそれに沿うような派遣先・派遣元の行動が観察できたし，雇用喪失については派遣先が派遣社員を減らす動きが見られながらも非正規による直接雇用化も行われ，派遣社員全体の分析では雇用喪失は観察できなかったことから，適正化プランの実施は目的に沿うような結果を得られていると考えられる。この点においては，このたびの政策の実施は評価できると思われる。

　では，このような是正の結果，派遣元・派遣先・派遣スタッフに対するメリット，デメリットはどちらが大きかったと考えられるだろうか。本章で扱ったデータからは，派遣会社の業績悪化や，派遣先企業が派遣を減らし現状人員で対応するなど，企業の人材活用に関しては状況を厳しくする影響も窺われた。派遣スタッフに対しては，正社員への転換効果は少なく，非正規への直接雇用転換が中心であった。また，非正規直接雇用への転換や転職によって賃金が悪化する影響が一部の派遣スタッフの間には確認でき，反対に賃金が高まる様子は見られなかった。このたびの 26 業務適正化プランがその目的を果たしながらも，人材派遣にかかわる当事者に対するメリットが大きかったとは現時点ではいえないという結果が見られる。この点を考慮するならば，このたびの政策の評価も一定のものにとどまる。

　中長期的にはこのたびの契約の是正による当事者へのメリットも明らかになってくるかもしれない。しかし，このまま長期的に 26 業務適正化を続けるにしても，課題はある。まず，行政の草の根活動によるチェックや指導は人員や業務的な付加が大きいと思われる。また，このたび新たに示された 26 業務の定義によっても，たとえば派遣先社内の専用システムや基幹システムの操作が事務用機器操作にあたるかどうかなど，まだ 26 業務なのか自由化業務なのかを判断しかねるという声も聞かれる。中長期的な効果は今後の徹底の次第によるかもしれない。あるいは，中長期的な効果を求めるならば，26 業務の適正化以外にも散見される，本来的な派遣システムと現実との乖離を適正化してい

くことにも同時に踏み込む必要があるのかもしれない。たとえば，派遣前の事前確認などの慣行は面接行為にあたるのか，これは適正化をしなくともよいのか，それとも法律自体を変えるべきか，このような議論も残されたままとなっている。今後の人材派遣に関する政策においては，非難や指摘の声があがってきた問題についてその都度ごとに政策メニューを実行していくよりも，派遣のあるべき姿を見据えた上で，その実現につながるいくつかのプランを複合的に中長期的に実行していくことが求められるのではないかと思われる。

第8章

派遣先企業における管理職の人事管理
派遣スタッフの活用を高める人事管理とは

大木栄一・平田薫

1 はじめに──職場の管理職の役割とは

　企業は経営目標を達成するために，外部から「ヒト」「モノ」「カネ」「情報」の経営資源を調達し，それらを内部で製品やサービスに変換し，それを外部に提供する。こうした経営活動を効果的・効率的に行うために組織がつくられ，それぞれの部門で調達・変換・外部への提供が行われる。その中で，「ヒト」にかかわる部分を担当する管理のサブシステムが人事管理であり，基本方針を決定するトップ・マネジメント，主に計画立案や制度づくりをし従業員に対するサービスを提供する人事部門，現場で実際に「ヒト」を調達・育成・活用することにより組織あるいは部門の目標の達成を図るライン管理職という，3者による「分権的管理体制」が敷かれている。これら3つの主体の中で重要な役割を果たしているのは，職場の管理職である（今野・佐藤, 2009; 佐藤, 2009）。

　たとえば，小売業・飲食店の店長を対象にした調査研究をまとめた佐藤・鎌田（2000）によれば，小売業における競争力の基盤は，企業から店舗へ，さらには店長へと，その重点を移動させてきている。しかも，店舗の要となる店長の店舗管理は社員の人事管理や人材育成をも実質的には兼ねていることから，店舗を単位とする人事管理の優劣が企業の盛衰を左右し，本社・本部による標準化された商品管理システム（人事管理や人材育成を含む）よりも，店長による個別化された店舗管理のノウハウが小売業の新たな競争力基盤を形成しつつあることが指摘されている。また，筆者がかかわった飲食店調査（雇用開発セン

ター，2005, 2006）も，部下に仕事を任せられない店長は，すべての仕事に深く関与し自分が進めていくことに囚われて，時間的にも精神的にも余裕をなくしてしまい，結果として，すべての仕事をこなしきれずに中途半端になり，顧客からの信頼や従業員のやる気を失うことにつながる，ということを明らかにしている。これらの調査研究は，店長が，「非正社員の人事管理を担う管理職」の典型例であることや「管理職の人事管理が職場のパフォーマンスを左右する」典型例であることを示している。

さらに，近年，企業を取り巻く環境が変化し，多様な人材を適切に業務に配置し，仕事に意欲的に取り組んでもらうためには，企業の人事部門だけでなく，現場の管理職の担うべき役割が大きくなっている。とくに，外部人材である派遣スタッフの活用に関しては，受入れ職場の管理職が担う人事管理に加え，派遣元である派遣会社との連携が不可欠である。派遣スタッフを活用している職場の管理職は，派遣会社の営業担当者やコーディネーターに派遣スタッフの日ごろの働きぶりについての評価を適宜伝え，処遇の面で派遣元である派遣会社をフォローできるようにサポートすることが必要になる。派遣スタッフの人事管理は，正社員やパートタイマーなどの企業に直接雇用される労働者と異なり，派遣元（派遣会社）と派遣先（派遣先企業）が分担して行うためである（鹿生，2004; 島貫・守島，2004; 島貫，2007; 佐藤，2007; 木村・鹿生，2010）。

そこで本章では，筆者らが参加した「派遣先企業管理者調査」（三菱UFJリサーチ＆コンサルティングが厚生労働省委託事業「平成20年度労働者派遣事業における雇用管理改善推進事業」において企画実施したアンケート調査）[1]を活用し，派遣労働者の多くを占める「登録型の事務系職種の派遣労働者」（以下，単に「派

---

1) このアンケート調査は，事務系職種の派遣スタッフを受け入れるライン・マネジャーに注目して実施された，派遣スタッフの管理監督者（部課長）と指揮命令者（係長）を対象とした，インターネット調査である。調査対象の抽出については，インターネット調査会社のモニターに管理職（部課長，係長）で登録している人に対して，プレ調査で部下に事務系派遣スタッフがいるかどうかを尋ねてスクリーニングし，該当者に回答を依頼した。実施期間は2008年11月25日（火）～26日（水），回収枚数は515名（目標回収数500名）であった。調査結果の詳細は，三菱UFJリサーチ＆コンサルティング（2009）として刊行されている。研究会委員は，佐藤博樹（座長，東京大学），秋元次郎（株式会社コンサルティングミッション），乾美由紀（テンプスタッフ株式会社），小松太郎（株式会社スタッフサービス），と筆者らである。なお，所属は報告書刊行時のものである。また，全文を http://www.mhlw.go.jp/bunya/koyou/other40/ からダウンロードすることができる。再分析にあたり，厚生労働省より，データ利用についてのご了解をいただいた。記して謝意を表したい。

遣スタッフ」）に限定して，第1に，外部人材である派遣スタッフの活用に関して受入れ職場の管理職が担うべき人事管理に関する機能を整理した上で，その機能ごとの取組み状況を分析する。

第2に，こうした職場の管理職の派遣スタッフに対する取組みが派遣スタッフの活用パフォーマンスにどのような影響を与えているのかについても検討する。

第3に，派遣スタッフを活用するために積極的に人事管理に取り組んでいる管理職は，どのような特徴を持った管理職であるのか（どのような企業に勤務し，これまでにどのような経験をしてきているのか）を明らかにする。

2　職場の管理職が有すべき人事管理機能

2.1　派遣スタッフの効果的な活用のため職場の管理職が有すべき「人事管理機能」とは

自社の社員だけでなく，外部人材である派遣スタッフも含めた社員のやる気を高め，能力を引き出し，職場のパフォーマンスを上げるためには，企業の人事部門に加えて，職場の管理職自身が担う役割が大きい。その役割は，人事管理の観点から，(1)人間関係マネジメント，(2)仕事・業績マネジメント，(3)職場環境マネジメント，(4)人材育成マネジメント，(5)派遣元である派遣会社との連携，という5つの機能に整理することができる[2]。

(1)　人間関係マネジメント

人間関係マネジメントとは，派遣スタッフを受け入れている職場の管理職や社員が，派遣スタッフに対して，自社の社員にするのと同様のコミュニケーションをとるなどして対応することである。派遣スタッフを名前で呼ぶ，出退時に声をかける，初日に職場の社員全員に紹介するなど，職場の仲間として普通

---

2) こうした，職場の管理職が有すべき「人事管理機能」を考えるにあたっては，佐藤（2007）に加えて，筆者らも参加した「平成20年度 労働者派遣事業における雇用管理改善推進事業」（三菱UFJリサーチ&コンサルティング，2009）の研究会における委員の発言・討議を参照した。なお，佐藤（2007）では，経済産業省委託の「平成18年度 サービス産業創出支援事業（実務教育サービス分野）」（外部人材活用支援プロジェクト，委員長・佐藤博樹）による調査研究の成果に基づき，主に派遣技術者を対象に，管理者が担うべき人材マネジメントの基本的な考え方と具体的なポイントが紹介されている。

に接することは，派遣スタッフが不安や孤立感を抱くことなく，明るい気持ちで出社し，意欲的に働くことにつながるため，職場の生産性を高める上でも非常に大切な取組みである。

(2) 仕事・業績マネジメント

仕事・業績マネジメントとは，第1に，派遣スタッフが担当する仕事を高度化したり，仕事の幅を広げたりすることにより，派遣スタッフに活躍の場を提供することである。第2に，派遣スタッフが担当している仕事の意義や位置づけを説明して，派遣スタッフが目的意識を持って取り組めるようにすることである。第3に，派遣スタッフの働きぶりに対する派遣先での評価を，派遣スタッフ本人や周囲に見える形で示すことである。

(3) 職場環境マネジメント

職場環境マネジメントは，派遣スタッフに対する初期対応と人的・物的な環境，そして仕事上必要な情報の共有から構成される。すなわち，業務上必要な機器・備品などが派遣開始時にすぐに使える状態で用意されていること，派遣先に来て間もないうちから身近に相談できる相手がいること，仕事上必要な情報が社員と派遣スタッフに共有されていること，などである。

(4) 人材育成マネジメント

人材育成マネジメントとは，個々の派遣スタッフが求めるキャリア形成の方向を把握することである。そして，能力開発やキャリア形成支援の観点から，現在の職場で提供できるものは何かを派遣スタッフに伝え，すり合わせをしていくことである。

(5) 派遣元である派遣会社との連携

派遣スタッフに意欲的に働いてもらうためには，派遣元である派遣会社との連携が必要である。派遣会社の営業担当者やコーディネーターに派遣スタッフの日ごろの働きぶりについての評価を適宜伝え，派遣元である派遣会社が処遇の面からフォローできるようにサポートすることが必要である。さらに，派遣スタッフのキャリア形成を念頭に置いた人材活用について派遣会社と話し合い，派遣スタッフの長期的な目標と職場で依頼する短期的な目標とを可能な限りすり合わせることも，必要になってきている。

2.2 職場の管理職が機能を発揮するための取組み

派遣スタッフを効果的に活用するために有すべき5つの機能を発揮するための職場の管理職にとっての具体的な取組みを以下のように整理した。これらの取組みはそれぞれが複数の機能に関連すると考えられるが，ここでは，前項の機能同様，主に派遣技術者を対象に管理者が担うべき人材マネジメントの基本的な考え方と具体的なポイントを紹介している佐藤（2007）に加え三菱UFJリサーチ＆コンサルティング（2009）の研究会における委員の発言・討議に基づいて，各機能と具体的な取組みの関係を整理した。

（1） 人間関係マネジメント

この機能に該当する，職場の管理職の具体的な取組みとしては，①派遣スタッフも正社員と同様に社員食堂などの福利厚生を利用できる，②派遣スタッフにも正社員と同様に，制服や備品を支給・貸与している，③派遣スタッフも部や会社内の歓送迎会や食事会，飲み会に誘っている，④派遣スタッフを名前で呼んでいる，⑤部下の派遣スタッフに，出退勤時に声をかけている，という5つが考えられる。

（2） 仕事・業績マネジメント

①派遣スタッフの派遣前または派遣開始時に，担当してもらう仕事内容について十分説明をしている，②派遣スタッフの実際の仕事と契約内容にミスマッチがないか，常に気を付けている，③派遣スタッフの仕事が契約時と変わった場合は，契約変更をしている，④派遣スタッフの仕事と正社員の仕事を区別せず，派遣スタッフ本人のスキルや能力に応じて仕事を割り振っている，⑤派遣スタッフが全体の業務の中での自分の仕事の位置づけを理解できるように説明している，⑥派遣スタッフの仕事ぶりについての評価を派遣スタッフ本人に伝えるようにしている，⑦派遣スタッフの仕事の幅が広がったり，難易度が高くなった場合は，派遣料金の引上げに応じることがある[3]，⑧勤続年数の長くなった派遣スタッフについて派遣料金の引上げに応じることがある，という8つが考えられる。

3） 派遣先の管理職が派遣スタッフの賃金管理にかかわることはできないが，「派遣料金の引上げを通じて派遣スタッフの賃金が上昇することが多い」ため，派遣料金の引上げに応じることは効果的な取組みである。

(3) 職場環境マネジメント

①派遣スタッフの受入れ時に教育担当者を付けている，②派遣スタッフの受入れにあたって事前に備品を準備し，派遣開始と同時に使用できるようにしている，③派遣スタッフも正社員と同様に，朝会等の職場の会議・ミーティングに参加している，④派遣スタッフにも，部や会社のイベント・スケジュールなどの情報を共有している，⑤正社員の部下と同様に，派遣スタッフの仕事への意欲の維持・向上に気を配っている，という5つが考えられる。

(4) 人材育成マネジメント

①派遣スタッフのキャリアアップを支援している，②派遣スタッフにも，本人の習熟度が向上すれば，より高度な仕事を任せている，③派遣スタッフに，仕事の幅を広げる機会を提供している，④派遣スタッフにもOff-JT（日常業務を離れて行われる研修）を行っている，⑤派遣スタッフにも社員と同じOff-JTを行っている，という5つの取組みが考えられる。

(5) 派遣元である派遣会社との連携

①派遣スタッフの雇用管理や派遣後のフォローをしっかりやってくれる派遣会社と契約するようにしている，②派遣スタッフの仕事ぶりについての評価を派遣会社に適宜伝えるようにしている，③派遣スタッフの仕事ぶりに問題を感じた場合，派遣会社と連携して対応するようにしている，④派遣スタッフの将来のキャリアについて，派遣会社と話し合うようにしている，⑤職場の派遣スタッフの要望や不満を派遣会社が職場の管理職に伝えてくれている，という5つの取組みが考えられる。

3 職場の管理職が有すべき人事管理機能の実態

3.1 各機能に関する取組みの状況

(1) 人間関係マネジメント

派遣スタッフを受け入れている職場の管理職が人間関係マネジメントに関する取組みをどの程度実施しているのかについて，見てみよう。

表8-1から明らかなように，「部下の派遣スタッフに，出退勤時に声をかけている」（実施率92.4％）と，「派遣スタッフも部や会社内の歓送迎会や食事会，飲み会に誘っている」（同90.7％）は，いずれも実施率が9割超と高くなって

212　第 8 章　派遣先企業における管理職の人事管理

表 8-1　人間関係マネジメントおよび仕事・業績マネジメントに関する取組みの状況（実施率）

(単位：%)

(1) 人間関係マネジメント	派遣スタッフも正社員と同様に社員食堂などの福利厚生を利用できる	72.6
	派遣スタッフにも正社員と同様に，制服や備品を支給・貸与している	81.4
	派遣スタッフも部や会社内の歓送迎会や食事会，飲み会に誘っている	90.7
	派遣スタッフを名前で呼んでいる	88.7
	部下の派遣スタッフに，出退勤時に声をかけている	92.4
(2) 仕事・業績マネジメント	派遣スタッフの派遣前または派遣開始時に，担当してもらう仕事内容について十分説明をしている	93.2
	派遣スタッフの実際の仕事と契約内容にミスマッチがないか，常に気を付けている	83.1
	派遣スタッフの仕事が契約時と変わった場合は，契約変更をしている	77.7
	派遣スタッフの仕事と正社員の仕事を区別せず，派遣スタッフ本人のスキルや能力に応じて仕事を割り振っている	65.0
	派遣スタッフが全体の業務の中での自分の仕事の位置づけを理解できるように説明している	87.0
	派遣スタッフの仕事ぶりについての評価を派遣スタッフ本人に伝えるようにしている	59.0
	派遣スタッフの仕事の幅が広がったり難易度が高くなった場合は，派遣料金の引上げに応じることがある	66.6
	勤続年数の長くなった派遣スタッフについて派遣料金の引上げに応じることがある	63.3

(出所)　三菱 UFJ リサーチ&コンサルティング (2009)。

いる。次いで，「派遣スタッフを名前で呼んでいる」（同 88.7 %），および「派遣スタッフにも正社員と同様に，制服や備品を支給・貸与している」（同 81.4 %）も，実施率が 8 割を超えている。最も実施率が低い「派遣スタッフも正社員と同様に社員食堂などの福利厚生を利用できる」（同 72.6 %）でも 7 割を超えており，派遣スタッフを受け入れている職場の管理職が派遣スタッフに対し，自社の社員にするのと同様にコミュニケーションをとるなどといった対応を積極的にとっていることが窺える。受入れ職場の管理職は派遣スタッフを対象にした人間関係マネジメントにかなり力を入れていることがわかる。

(2) 仕事・業績マネジメント

仕事・業績マネジメントに関する取組みの状況を見ると（表 8-1），第 1 に，「派遣スタッフの派遣前または派遣開始時に，担当してもらう仕事内容について十分説明をしている」（実施率 93.2 %）は実施率が 9 割超と高く，次いで，「派遣スタッフが全体の業務の中での自分の仕事の位置づけを理解できるように説明している」（同 87.0 %），と「派遣スタッフの実際の仕事と契約内容にミ

スマッチがないか，常に気を付けている」(同83.1％)も，実施率が8割を超えている。職場の管理職が派遣スタッフが担当している仕事の意義や位置づけを説明し，派遣スタッフが目的意識を持って仕事に向かえるような取組みを積極的に実施していることが窺える。

第2に，「派遣スタッフの仕事が契約時と変わった場合は，契約変更をしている」(同77.7％)，および「派遣スタッフの仕事と正社員の仕事を区別せず，派遣スタッフ本人のスキルや能力に応じて仕事を割り振っている」(同65.0％)等，派遣スタッフが担当する仕事を高度化したり，仕事の幅を広げたりすることにより，派遣スタッフに活躍の場を提供するような取組みについては，上記の「仕事の意義の明確化」と比べれば実施率は低くなっているものの6割を超えており，取組みの状況は低調ではない。

これらに対して，第3に，「派遣スタッフの仕事の幅が広がったり難易度が高くなった場合は，派遣料金の引上げに応じることがある」(同66.6％)，「勤続年数の長くなった派遣スタッフについて派遣料金の引上げに応じることがある」(同63.3％)，「派遣スタッフの仕事ぶりについての評価を派遣スタッフ本人に伝えるようにしている」(同59.0％)等，派遣スタッフの働きぶりに対する派遣先での評価を派遣スタッフ本人や周囲に見える形で示すという取組みについては，上述の「仕事の意義の明確化」や「活躍の場の提供」と比べると実施率が低くなっており，今後改善すべき課題の1つであると考えられる。

(3) 職場環境マネジメント

職場環境マネジメントに関する取組みの状況を見ると(表8-2)，「派遣スタッフにも，部や会社のイベント・スケジュールなどの情報を共有している」(実施率87.0％)，「派遣スタッフの受入れにあたって事前に備品を準備し，派遣開始と同時に使用できるようにしている」(同85.2％)，「正社員の部下と同様に，派遣スタッフの仕事への意欲の維持・向上に気を配っている」(同83.9％)が，いずれも実施率が8割超と高くなっている。次いで，「派遣スタッフも正社員と同様に，朝会等の職場の会議・ミーティングに参加している」(同71.5％)の実施率も7割を超えている。職場の管理職が，派遣スタッフに対する初期対応としての物的な環境の整備や仕事上必要な情報の共有に積極的に取り組んでいることが窺える。

これに対して，「派遣スタッフの受入れ時に教育担当者を付けている」(同

表8-2 職場環境マネジメントおよび人材育成マネジメントに関する取組みの状況（実施率）

(単位：％)

(3) 職場環境マネジメント	派遣スタッフの受入れ時に教育担当者を付けている	61.0
	派遣スタッフの受入れにあたって事前に備品を準備し，派遣開始と同時に使用できるようにしている	85.2
	派遣スタッフも正社員と同様に，朝会等の職場の会議・ミーティングに参加している	71.5
	派遣スタッフにも，部や会社のイベント・スケジュールなどの情報を共有している	87.0
	正社員の部下と同様に，派遣スタッフの仕事への意欲の維持・向上に気を配っている	83.9
(4) 人材育成マネジメント	派遣スタッフのキャリアアップを支援している	47.6
	派遣スタッフにも，本人の習熟度が向上すれば，より高度な仕事を任せている	77.9
	派遣スタッフに，仕事の幅を広げる機会を提供している	68.2
	派遣スタッフにも Off-JT（日常業務を離れて行われる研修）を行っている	38.4
	派遣スタッフにも受入れ企業の社員と同じ Off-JT を行っている	35.0

(出所) 表8-1に同じ。

61.0％）の実施率は上記 4 つの取組みよりも低く，直接的なコストが高い初期対応としての人的な環境の整備は，物的な環境の整備と比較して実施率が低くなっていることがわかる。今後は，派遣スタッフの受入れ時に教育担当者を付けることによって生じる直接的なコストを下げるような工夫が求められることになろう。

(4) 人材育成マネジメント

人材育成マネジメントに関する取組みの状況を見ると（表 8-2），「派遣スタッフにも，本人の習熟度が向上すれば，より高度な仕事を任せている」（実施率 77.9％）と，「派遣スタッフに，仕事の幅を広げる機会を提供している」（同 68.2％）は，いずれも 7 割前後と高くなっており，職場の管理職が，派遣スタッフが担当する仕事を高度化したり仕事の幅を広げたりすることによって派遣スタッフに活躍の場を提供するような取組みに積極的であることがわかる。

これに対して，「派遣スタッフのキャリアアップを支援している」（同 47.6％），「派遣スタッフにも Off-JT（日常業務を離れて行われる研修）を行っている」（同 38.4％），「派遣スタッフにも受入れ企業の社員と同じ Off-JT を行っている」（同 35.0％）は，いずれも実施率が 5 割にも達しておらず，とくに，直接コストがかかる Off-JT の機会の提供については 4 割に満たない。ここから，個々の派遣スタッフが求めるキャリア形成の方向を把握し，派遣スタッフの能力開

3 職場の管理職が有すべき人事管理機能の実態　215

表8-3　派遣元である派遣会社との連携に関する取組みの状況（実施率）

(単位：％)

取組み	実施率
派遣スタッフの雇用管理や派遣後のフォローをしっかりやってくれる派遣会社と契約するようにしている	92.4
派遣スタッフの仕事ぶりについての評価を派遣会社に適宜伝えるようにしている	73.6
派遣スタッフの仕事ぶりに問題を感じた場合，派遣会社と連携して対応するようにしている	88.3
派遣スタッフの将来のキャリアについて，派遣会社と話し合うようにしている	36.9
職場の派遣スタッフの要望や不満を派遣会社が職場の管理職に伝えてくれている	68.3

(出所)　表8-1に同じ。

発やキャリア形成に役立つような教育訓練機会をコストをかけて提供している派遣先はあまり多くないという状況が，浮かび上がってくる。

(5)　派遣元である派遣会社との連携

派遣元である派遣会社との連携に関する取組みの状況を見ると（表8-3），「派遣スタッフの雇用管理や派遣後のフォローをしっかりやってくれる派遣会社と契約するようにしている」（実施率92.4％）と，「派遣スタッフの仕事ぶりに問題を感じた場合，派遣会社と連携して対応するようにしている」（同88.3％）は，実施率が8割超と高く，次いで，「派遣スタッフの仕事ぶりについての評価を派遣会社に適宜伝えるようにしている」（同73.6％）と，「職場の派遣スタッフの要望や不満を派遣会社が職場の管理職に伝えてくれている」（同68.3％）は，実施率が7割前後に上っている。職場の管理職が，派遣会社の営業担当者やコーディネーターに，派遣スタッフの日ごろの働きぶりやその評価，あるいは要望や不満を適宜伝え，処遇の面から派遣元である派遣会社がフォローできるようにサポートする取組みを積極的に行っていることが窺える。

これに対して，「派遣スタッフの将来のキャリアについて，派遣会社と話し合うようにしている」（同36.9％）は実施率が4割にも満たず，派遣スタッフのキャリア形成を念頭に置いた人材活用を派遣会社と話し合い，派遣スタッフの長期的な目標と職場で依頼する短期的な目標とを可能な限りすり合わせるような取組みについては，十分に行われているとはいえない状況にある。

3.2　5つの人事管理機能に関する取組みの状況の比較

ここでは，職場の管理職がその人事管理機能を発揮するために実施すべきと考えられる5つの機能に関するすべての取組みのうち，実際に実施されている

表8-4　5つの人事管理機能に関する取組みの状況の比較

(単位：%)

	N (名)	(1) 人間関係マネジメント	(2) 仕事・業績マネジメント	(3) 職場環境マネジメント	(4) 人材育成マネジメント	(5) 派遣元である派遣会社との連携
全体	515	85.2	74.4	77.7	53.4	71.9
部長クラス	93	88.2	79.4	80.2	60.4	76.8
課長クラス	216	85.6	75.3	77.9	52.2	71.4
係長・主任クラス	206	83.4	71.1	76.4	51.5	70.3
部長クラス実施率−係長・主任クラスの実施率	—	4.8	8.3	3.8	8.9	6.5
低機能管理職	160	71.9	50.4	56.6	24.3	50.4
中機能管理職	195	87.8	78.0	81.4	51.4	74.2
高機能管理職	160	95.3	93.9	94.3	85.0	90.8
高機能の実施率−低機能の実施率	—	23.4	43.5	37.7	60.7	40.4

(注)　実施率の算出にあたっては，職場の管理職がその人事管理機能を発揮するために実施すべきと思われるすべての取組みのうち実際に実施されている取組みのパーセンテージを算出し，その平均値を求めた。なお，アンケート調査では，職場の管理職が実施すべき取組みとして表8-1～8-3にあげた28項目について尋ねており，機能別に見た取組みの数を改めて記せば，以下の通りである。(1)人間関係マネジメントに関する取組み：5，(2)仕事・業績マネジメントに関する取組み：8，(3)職場環境マネジメントに関する取組み：5，(4)人材育成マネジメントに関する取組み：5，(5)派遣元である派遣会社との連携に関する取組み：5。
(出所)　表8-1に同じ。

取組みのパーセンテージを算出し，その平均値の比較から，管理職のタイプ（派遣労働者の管理監督者である「部長クラス」と「課長クラス」，および派遣スタッフの指揮命令者である「係長・主任クラス」）ごとの特徴を明らかにしよう。

さらに，全部で28ある取組みのうち24以上を実施している管理職を「高機能管理職」，19～23を実施している管理職を「中機能管理職」，18以下しか実施していない管理職を「低機能管理職」とし，「高機能管理職」と「低機能管理職」を比較する形で検討した。

表8-4から，以下のことが明らかである。第1に，「人間関係マネジメントに関する取組み」が85.2％と職場の管理職による実施率が高く，これに，「職場環境マネジメントに関する取組み」（実施率77.7％），「仕事・業績マネジメントに関する取組み」（同74.4％），「派遣元である派遣会社との連携に関する取組み」（同71.9％）が続き，最も実施率が低いのが「人材育成マネジメントに関する取組み」であるが，これも5割強（同53.4％）には達している。

第2に，管理職のタイプ別に見たときも，取組みの実施率の順は，いずれのタイプにおいても，上で確認した全体の傾向と変わらなかった。

　第3に，どの人事管理機能に関する取組みの実施率も，役職位が上がるほど上昇する傾向にある。このことから，同じように部下に派遣スタッフがいる場合でも，管理監督者（部課長クラス）と指揮命令者（係長・主任クラス）では，取組みに対する認識が異なる可能性が高いと考えられる。

　第4に，5つの人事管理機能それぞれに関する取組みの実施率について「部長クラス」から「係長・主任クラス」を引いた差が大きいのは，「人材育成マネジメントに関する取組み」と「仕事・業績マネジメントに関する取組み」であり，その差は8.9ポイント，8.3ポイントと，実施状況に大きな差がある。これに対して，「職場環境マネジメントに関する取組み」と「人間関係マネジメントに関する取組み」は，その差は3.8ポイントおよび4.8ポイントであり，「部長クラス」と「係長・主任クラス」の間で実施状況に大きな差はない。

　第5に，5つの機能それぞれについて「高機能管理職」の実施率から「低機能管理職」のそれを差し引いた値を見ると，「人間関係マネジメントに関する取組み」で最も差が小さく（高機能管理職：95.3 %，低機能管理職：71.9 %），「人材育成マネジメントに関する取組み」では最も差が大きく約6割の差がある（同85.0 %，24.3 %）。このことから，高機能管理職は，派遣スタッフの人材育成に積極的に取り組んでいる管理職であるという特徴を持っていることがわかる。

4　派遣スタッフの仕事への意欲および職場での正社員との連携に与える影響

4.1　派遣スタッフの活用パフォーマンスへの影響

　これまでの分析で，職場の管理職が有すべき人事管理機能に関する取組みについては，「人間関係マネジメントに関する取組み」の実施率が最も高く，これに，「職場環境マネジメントに関する取組み」「仕事・業績マネジメントに関する取組み」「派遣元である派遣会社との連携に関する取組み」が続き，最も実施率が低いのが「人材育成マネジメントに関する取組み」であることを明らかにしてきた。

次に本節では，職場の管理職が有すべき人事管理機能に関する取組みが派遣スタッフの活用パフォーマンスにどのような影響を与えているのかについて，ロジスティック回帰分析を用いて探っていくことにする。

派遣スタッフの活用パフォーマンスとして，ここでは，職場の管理職から見た「職場の派遣スタッフの仕事への意欲」に注目する。その理由は，島貫（2007）が指摘しているように，事務系派遣の高い生産性は，派遣スタッフが仕事を効率的に遂行しようとする意欲などによって達成され，また，派遣スタッフが派遣先で高い生産性を発揮すると，結果として派遣スタッフを配置した派遣会社（派遣元）の評価も高まるため，このことについては派遣会社の関心も高いからである。

分析により説明されるのは，職場の管理職から見た「職場の派遣スタッフの仕事への意欲の高さ」である。他方，説明する変数は，職場の管理職が有すべき人事管理機能を発揮するために実施した取組みの数の合計，および5つの機能別の取組みの数である。なお，コントロール変数として，「管理職が勤務している企業の業種」「会社全体の従業員数（常用雇用者数から派遣社員および請負社員を除いた人数）」「管理職の役職位」「職場の派遣スタッフ数」「職場における事務系職種の派遣スタッフの常駐状況」[4]を用いた。

表8-5から，以下のことが明らかである。第1に，管理職が有すべき人事管理機能に関する取組み全体と職場の派遣スタッフの仕事への意欲の高さとの間には，有意な関係がある。管理職が人事管理の取組みを積極的に実施することが職場の派遣スタッフの仕事意欲を高めることに貢献している。

第2に，人事管理機能ごとの結果を見ると，5つの人事管理機能それぞれについて，それに関する取組みと職場の派遣スタッフの仕事への意欲の高さとの間には有意な関係がある。とくに，人間関係マネジメントに関する取組み，職場環境マネジメントに関する取組み，および人材育成マネジメントに関する取

---

[4] 各変数についてのデータの取扱いは以下の通り。被説明変数である，職場の派遣スタッフの仕事への意欲については，「意欲が高い」に該当する場合を「1」，そうでない場合を「0」とした。他方，説明変数について，各人事管理機能に関する取組みの数の合計，および職場における事務系職種の派遣スタッフの常駐状況（「常にいる」4点，「常にではないが，いることが多い」3点，「時々いる」2点，「ごく稀にいる」1点）は，得点化したものを用いた。また，「会社全体の従業員数（常用雇用者数から派遣社員および請負社員を除いた人数）」「職場の派遣スタッフ数」については，実数を使用した。これら以外はすべてダミー変数であり，変数名として示された事柄に該当する場合を「1」，そうでない場合を「0」とした。

組みとの間には，強い関係がある。

第3に，職場に常に事務系職種の派遣スタッフがいることが職場の派遣スタッフの仕事意欲を高めることに貢献する。指揮命令ないし管理監督する必要がある事務系職種の派遣スタッフが常にいることは，職場の管理職が有すべき5つの人事管理機能に関する取組みが常に行われる状況をつくり出し，特別なコストをかけずに取組みが行われ，それが派遣スタッフの仕事への意欲を高めることに貢献しているのではないかと推測できる。

4.2 派遣スタッフの職場のパフォーマンスへの影響

さらに，職場の管理職が有すべき人事管理機能に関する取組みが，派遣スタッフが勤務している職場パフォーマンスにどのような影響を与えているのかについて，ロジスティック回帰分析を用いて探っていくことにする。

職場のパフォーマンスとして，ここでは，職場の管理職から見た「職場の派遣スタッフと正社員の連携」に注目する。その理由は，職場の派遣スタッフと正社員の連携は，職場のチームワークの向上を通じて，職場の生産性に大きく貢献するからである。そして，このことが結果として派遣スタッフを配置した派遣会社（派遣元）の評価を高めるため，それについての派遣会社の関心も高いからである[5]。

分析により説明されるのは，職場の管理職から見た「職場での派遣スタッフと正社員の連携の状況」である。説明する変数は，職場の管理職が有すべき人事管理機能を発揮するために実施した取組みの数の合計，および5つの機能それぞれについての取組みの数である。なお，コントロール変数として，「管理職が勤務している企業の業種」「会社全体の従業員数（常用雇用者数から派遣社員および請負社員を除いた人数）」「管理職の役職位」「職場の派遣スタッフ数」「職場における事務系職種の派遣スタッフの常駐状況」[6]を用いた。

---

[5] 派遣先の仕事の割振り方によっては必ずしも連携を必要としないケースも考えられるが，チームワークで仕事を行うことの多い日本企業にとっては，派遣スタッフの職場パフォーマンスを考えるに際して，「職場の派遣スタッフと正社員の連携」が重要な視点になると考えられる。

[6] 各変数についてのデータの取扱いは以下の通り。被説明変数である，職場での派遣スタッフと正社員の連携の状況については，「連携がよくとれている」に該当する場合を「1」，そうでない場合を「0」とした。他方，説明変数について，各人事管理機能に関する取組みの数の合計，および職場における事務系職種の派遣スタッフの常駐状況（「常にいる」4点，「常にではないが，いることが多い」3点，「時々いる」2点，「ごく稀にいる」1点）は，得点化したもの

表8-5 職場の管理職の人事管理と派遣スタッフ

	β	Wald	β	Wald
建設業ダミー	0.148	0.166	0.235	0.414
電気・ガス・水道業ダミー	−0.934	1.153	−0.784	0.800
情報通信業ダミー	0.288	0.867	0.384	1.548
運輸業ダミー	−0.739	1.027	−0.610	0.706
卸売・小売業ダミー	−0.299	0.645	−0.184	0.245
金融・保険・不動産業ダミー	−0.316	0.979	−0.191	0.361
サービス業ダミー	−0.307	1.198	−0.263	0.868
その他ダミー	−0.117	0.080	−0.208	0.253
300〜999人ダミー	−0.398	2.192	−0.446	2.751
1000人以上ダミー	0.007	0.001	0.053	0.053
部長クラス・ダミー	0.551	4.107**	0.619	5.304**
課長クラス・ダミー	0.577	7.795**	0.582	7.961***
職場の派遣スタッフ数	0.000	0.317	0.000	0.442
職場に常に事務系職種の派遣スタッフがいるか	0.376	5.920**	0.326	4.472**
人事機能全体	0.067	12.506***		
人間関係マネジメントに関する取組み			0.323	11.005***
仕事・業績マネジメントに関する取組み				
職場環境マネジメントに関する取組み				
人材育成マネジメントに関する取組み				
派遣元である派遣会社との連携に関する取組み				
定　数	−3.111	17.903***	−3.018	16.936***
−2対数尤度	667.484***		668.676***	
自由度修正済み決定係数	0.106		0.103	
N	515		515	

(注) 1) 業種の基準は「製造業」，会社全体の従業員数の基準は「299人以下」，管理職の役職
　　 2) ***は1％水準，**は5％水準，*は10％水準で，統計的に有意であることを示す。
(出所) 筆者作成。

　表8-6から，以下のことが明らかである。第1に，管理職が有すべき人事管理機能に関する取組み全体と職場での派遣スタッフと正社員の連携の状況との間には，有意な関係がある。管理職が人事管理の取組みを積極的に実施することが職場での派遣スタッフと正社員の連携を高めることに貢献するということである。

　第2に，人事管理機能ごとの結果を見ると，5つの人事管理機能それぞれに

を用いた。また，「会社全体の従業員数（常用雇用者数から派遣社員および請負社員を除いた人数）」「職場の派遣スタッフ数」については，実数を使用した。これら以外はすべてダミー変数であり，変数名として示された事柄に該当する場合を「1」，そうでない場合を「0」とした。

の活用パフォーマンス——ロジスティック回帰分析

β	Wald	β	Wald	β	Wald	β	Wald
0.135	0.141	0.121	0.113	0.111	0.094	0.109	0.093
−0.952	1.220	−0.863	0.985	−1.008	1.336	−0.997	1.347
0.308	1.004	0.334	1.172	0.330	1.137	0.279	0.820
−0.689	0.909	−0.705	0.941	−0.690	0.898	−0.752	1.077
−0.270	0.539	−0.245	0.439	−0.269	0.530	−0.336	0.828
−0.274	0.745	−0.285	0.806	−0.330	1.067	−0.330	1.069
−0.342	1.511	−0.303	1.175	−0.343	1.499	−0.376	1.826
−0.186	0.204	−0.120	0.084	−0.065	0.025	−0.123	0.087
−0.374	1.970	−0.398	2.208	−0.388	2.099	−0.401	2.257
0.064	0.079	0.060	0.068	0.084	0.134	0.043	0.035
0.618	5.244**	0.641	5.698**	0.605	5.020**	0.623	5.365**
0.576	7.886***	0.598	8.494***	0.616	8.938***	0.603	8.648***
0.000	0.407	0.000	0.565	0.000	0.233	0.000	0.340
0.364	5.661**	0.351	5.202**	0.387	6.305**	0.372	5.901**
0.097	3.778*						
		0.223	7.749***				
				0.189	10.505***		
						0.185	5.573**
−2.317	11.618***	−2.582	14.080***	−2.350	13.293***	−2.411	12.747***
676.983***		672.774***		670.089***		675.150***	
0.083		0.093		0.100		0.087	
515		515		515		515	

位の基準は，「係長・主任クラス」である。

ついて，それに関する取組みと職場での派遣スタッフと正社員の連携の状況との間には有意な関係がある。なお，もし仮に，すべての取組みを同時に行うことができない場合に，職場を派遣スタッフと正社員の連携がよくとれている状況にしたいと考えるのであれば，まず最初に派遣元である派遣会社との連携に関する取組みおよび職場環境のマネジメントに関する取組みを行い，その後で仕事・業績マネジメントに関する取組みおよび人間関係マネジメントに関する取組みを行い，最後に人材育成のマネジメントに関する取組みを行う，という順番で実施することが効果的である。

表 8-6 職場の管理職の人事管理と派遣スタッフ

	β	Wald	β	Wald
建設業ダミー	−0.591	2.373	−0.480	1.617
電気・ガス・水道業ダミー	−0.745	0.854	−0.542	0.455
情報通信業ダミー	0.102	0.078	0.247	0.471
運輸業ダミー	0.170	0.041	0.312	0.145
卸売・小売業ダミー	−0.205	0.265	−0.041	0.011
金融・保険・不動産業ダミー	0.031	0.007	0.207	0.314
サービス業ダミー	−0.332	1.231	−0.285	0.927
その他ダミー	0.299	0.388	0.186	0.153
300〜999人ダミー	0.736	6.263***	0.667	5.316**
1000人以上ダミー	0.427	2.970*	0.513	4.403**
部長クラス・ダミー	0.105	0.120	0.251	0.710
課長クラス・ダミー	0.038	0.028	0.076	0.114
職場の派遣スタッフ数	0.000	0.174	0.000	0.318
職場に常に事務系職種の派遣スタッフがいるか	0.271	3.022*	0.200	1.717
人事機能全体	0.106	27.618***		
人間関係マネジメントに関する取組み			0.335	13.247***
仕事・業績マネジメントに関する取組み				
職場環境マネジメントに関する取組み				
人材育成マネジメントに関する取組み				
派遣元である派遣会社との連携に関する取組み				
定　数	−2.501	11.393***	−1.676	5.711**
−2 対数尤度	568.543***		585.349***	
自由度修正済み決定係数	0.143		0.101	
N	515		515	

(注) 1) 業種の基準は「製造業」，会社全体の従業員数の基準は「299 人以下」，管理職の役職
2) *** は 1 ％水準，** は 5 ％水準，* は 10 ％水準で，統計的に有意であることを示す。
(出所) 筆者作成。

5　積極的に人事管理に取り組んでいる管理職の特徴

5.1　会社から管理職への支援状況

　これまで，職場の管理職の人事管理が派遣スタッフの仕事への意欲・職場での正社員との連携に与える影響について明らかにしてきたが，最後に，派遣スタッフを活用するために積極的に人事管理に取り組んでいる管理職はどのような特徴を持っているのかということを，派遣スタッフの活用のために会社が管理職に対して行う支援という観点から見てみよう。

の職場のパフォーマンス──ロジスティック回帰分析

β	Wald	β	Wald	β	Wald	β	Wald
-0.584	2.404	-0.631	2.875	-0.619	2.746^{*}	-0.662	3.015^{*}
-0.778	0.948	-0.589	0.532	-0.784	0.965	-0.937	1.381
0.107	0.088	0.172	0.224	0.182	0.258	0.034	0.009
0.224	0.072	0.176	0.145	0.276	0.111	0.014	0.000
-0.198	0.256	-0.133	0.113	-0.159	0.168	-0.377	0.889
0.087	0.056	0.090	0.059	0.082	0.049	-0.045	0.015
-0.380	1.665	-0.305	1.047	-0.386	1.754	-0.459	2.372
0.176	0.136	0.321	0.442	0.336	0.495	0.387	0.623
0.748	6.651^{**}	0.735	6.273^{**}	0.727	6.346^{**}	0.705	5.795^{**}
0.457	3.483^{*}	0.481	3.820^{*}	0.542	5.045^{**}	0.413	2.785^{*}
0.177	0.343	0.240	0.633	0.253	0.723	0.165	0.297
0.022	0.010	0.084	0.136	0.099	0.197	0.083	0.134
0.000	0.228	0.000	0.355	0.000	0.169	0.000	0.148
0.265	3.033^{*}	0.235	2.327	0.270	3.184^{*}	0.295	3.625^{*}
0.210	16.135^{***}						
		0.402	23.740^{***}				
				0.193	9.351^{***}		
						0.436	26.251^{***}
-1.602	5.625^{**}	-1.876	7.513^{***}	-0.995	2.501	-1.948	8.087^{**}
582.589^{***}		574.353^{***}		589.556^{***}		571.467^{***}	
0.108		0.129		0.090		0.136	
515		515		515		515	

位の基準は「係長・主任クラス」である。

　管理職が派遣スタッフを活用するために積極的に人事管理に取り組むためには，派遣スタッフを活用するための会社から管理職へのサポートが必要になってくる。第1に，職場の管理職が派遣活用の方針を理解するための「マニュアル」「ガイドライン」などである。たとえば，派遣スタッフをどのような場合に雇用・活用できるかを定めたガイドライン，派遣スタッフを日々，指揮命令したり管理監督する社員のためのマニュアルなどが考えられる。また，派遣スタッフに気持ちよく働いてもらう上での気配りやノウハウの共有など，ソフト面に関する整備も必要である。第2に，職場の管理職や職場メンバーが派遣活用知識を習得するための「教育研修」である。職場の管理職が有すべき人事管

224　第8章　派遣先企業における管理職の人事管理

表8-7　派遣スタッフを活用する

	件数(名)	派遣スタッフの発注や契約を一括して行う部門・担当者の設置	派遣スタッフをどのような場合に雇用・活用できるかを定めたガイドライン	派遣スタッフを日々，指揮命令したり管理監督する社員のためのマニュアル	派遣スタッフの契約担当者のための教育・研修
全体	515	45.6	28.9	18.1	20.4
低機能管理職	160	33.8	18.8	10.0	12.5
中機能管理職	195	48.2	31.3	19.0	17.4
高機能管理職	160	54.4	36.3	25.0	31.9
高機能の実施率－低機能の実施率	―	20.6	17.5	15.0	19.4

（注）　複数回答。
（出所）　表8-1に同じ。

理機能に関する取組みのベースになっている，派遣労働に関する法知識を習得するために，教育・研修の実施が必要である。と同時に，派遣スタッフと一緒に仕事をするのは管理職だけではないため，管理職以外の社員に対しても，派遣労働に関する法知識の習得のための教育・研修の実施が必要になる。最後に，職場の管理職の派遣活用業務の負担を軽減するための「発注・契約窓口」「相談窓口」の設置である。たとえば，派遣スタッフの発注や契約を一括して行う部門・担当者の設置や派遣スタッフの相談・苦情を受け付ける窓口が必要になってくる。

　では，上記のような取組みは，実際，どの程度実施されているのであろうか。表8-7に示したように，「派遣スタッフの発注や契約を一括して行う部門・担当者の設置」が実施率45.6％で最も高く，次いで「派遣スタッフをどのような場合に雇用・活用できるかを定めたガイドライン」（実施率28.9％）が3割弱に上り，「派遣スタッフの契約担当者のための教育・研修」（同20.4％），「派遣スタッフを日々，指揮命令したり管理監督する社員のためのマニュアル」と「派遣労働に関する法知識を習得するための教育・研修（管理監督者を対象）」（いずれも18.1％）が2割前後で続いているが，「とくに整備しているものはない」も21.9％に達しており，派遣スタッフを活用するための会社から管理職へのサポートは，充実，あるいは十分に行われているという状況にはない。

　次に，派遣スタッフを活用するための会社から管理職への支援状況と，職場

5 積極的に人事管理に取り組んでいる管理職の特徴

ための会社から管理職への支援状況

(単位：％)

派遣労働に関する法知識を習得するための教育・研修(管理監督者を対象)	派遣労働に関する法知識を習得するための教育・研修(一般社員を対象)	派遣スタッフに気持ちよく働いてもらう上での気配りやノウハウの共有	派遣スタッフの相談や苦情を受け付ける窓口	その他	とくに整備しているものはない
18.1	14.8	16.9	14.6	0.2	21.9
13.8	6.3	10.0	6.9	0.6	36.3
13.8	12.8	16.4	14.4	0.0	18.5
27.5	25.6	24.4	22.5	0.0	11.9
13.7	19.3	14.4	15.6	−0.6	−24.4

の管理職が有すべき人事管理機能に関する取組みの状況との関係を，見てみよう。

表8-7に示したように，第1に，高機能管理職ほど，派遣スタッフを活用するために会社から受ける支援が多くなっている。他方，低機能管理職の約4割は，会社からの支援がまったくないと認識している。第2に，会社から「高機能管理職」に対して実施されている支援の割合から「低機能管理職」へのそれを差し引いた値を見ると，「派遣労働に関する法知識を習得するための教育・研修（管理監督者を対象）」（高機能管理職：27.5％，低機能管理職：13.8％）および「派遣スタッフに気持ちよく働いてもらう上での気配りやノウハウの共有」（同24.4％，10.0％）で差が最も小さく，「派遣スタッフの発注や契約を一括して行う部門・担当者の設置」（同54.4％，33.8％）で最も大きな2割強の差があった。

5.2 会社による支援が職場の管理職の人事管理に与える効果

前項の結果を踏まえて，最後に，派遣スタッフを活用するために積極的に人事管理に取り組んでいる管理職がどのような特徴を持っているか（どのような企業に勤務し，これまで会社からどのような支援を受けてきているか）について，順序ロジスティック回帰分析を利用して明らかにしていこう。これは，派遣先（人事部門）による支援が職場の管理職の取組みの状況に与える効果を分析す

ることにもなる。

　分析によって説明されるのは、職場の管理職が有すべき人事管理機能を発揮するために実施した取組みの数の合計である。説明する変数は、第1に、会社の派遣スタッフの活用方針である。具体的には、派遣スタッフを特定の職種や仕事に就かせるか否かの方針を決めているかということである。このことは、派遣スタッフへの活躍の場の提供と密接に関係している。第2に、派遣スタッフを活用するための会社から管理職への支援の状況である。なお、コントロール変数として、「管理職が勤務している企業の業種」「会社全体の従業員数（常用雇用者数から派遣社員および請負社員を除いた人数）」「管理職の役職位」を用意した。[7]

　表8-8から、以下のことが明らかである。第1に、会社の派遣スタッフの活用方針と、職場の管理職が有すべき人事管理機能に関する取組み状況の間には、有意な関係が見られる。しかも、派遣スタッフを雇用・活用する職種や仕事を決めずに、いろいろな職種や仕事に就かせる可能性があるという活用方針を持っている職場ほど、派遣スタッフを活用するために積極的に人事管理に取り組んでいる。こうした柔軟な活用方針が派遣スタッフへ活躍の場を提供することにつながるのであろう。

　第2に、派遣スタッフを活用するための会社から管理職への支援と、職場の管理職が有すべき人事管理機能に関する取組みの状況の間にも、有意な関係が見られる。とくに、職場の管理職の派遣活用業務の負担を軽減するために派遣スタッフの発注や契約を一括して行う部門・担当者を設置していたり、職場の管理職や職場メンバー等が派遣活用知識を習得するための教育・研修を実施している企業に勤務している管理職ほど、派遣スタッフを活用するために積極的に人事管理に取り組んでいる。教育・研修の中でも、とくに、「派遣スタッフの契約担当者のための教育・研修」と「派遣労働に関する法知識を習得するための教育・研修（一般社員を対象）」がいずれも有意な関係にあることから、人事部門の役割も重要であることが窺える。

---

7) 各変数についてのデータの取扱いは以下の通り。被説明変数である、各人事管理機能に関する取組みの数の合計は、得点化して用いた。他方、説明変数は、すべてダミー変数であり、変数名として示された事柄に該当する場合を「1」、そうでない場合を「0」とした。

表 8-8 会社による支援が職場の管理職の人事管理に与える効果
──順序ロジスティック回帰分析

		β	Wald
建設業ダミー		0.132	0.186
電気・ガス・水道業ダミー		−0.464	0.462
情報通信業ダミー		0.079	0.090
運輸業ダミー		0.495	0.728
卸売・小売業ダミー		0.497	2.568*
金融・保険・不動産業ダミー		0.318	1.375
サービス業ダミー		−0.154	0.432
その他ダミー		−0.444	1.612
300〜999人ダミー		−0.104	0.218
1000人以上ダミー		0.524	7.163***
部長クラス・ダミー		0.820	12.899***
課長クラス・ダミー		0.274	2.498
会社の活用方針	決まっていないが特定の職種で活用ダミー	0.205	1.360
	決まっておらず，さまざまな職種で活用ダミー	0.533	4.380**
派遣スタッフの発注や契約を一括して行う部門・担当者		0.395	5.807**
派遣スタッフをどのような場合に雇用・活用できるかを定めたガイドライン		0.110	0.313
派遣スタッフを日々，指揮命令したり管理監督する社員のためのマニュアル		0.214	0.847
派遣スタッフの契約担当者のための教育・研修		0.514	6.078**
派遣労働に関する法知識を習得するための教育・研修（管理監督者を対象）		0.127	0.303
派遣労働に関する法知識を習得するための教育・研修（一般社員を対象）		0.609	5.741**
派遣スタッフに気持ちよく働いてもらう上での気配りやノウハウの共有		0.343	2.276
派遣スタッフの相談や苦情を受け付ける窓口		0.243	0.955
−2対数尤度		2713.065***	
カイ2乗		90.792	
自由度修正済み決定係数		0.162	
N		515	

(注) 1) 業種の基準は「製造業」，会社全体の従業員数の基準は「299人以下」，管理職の役職位の基準は「係長・主任クラス」，活用方針の基準は「活用する職種や仕事が決まっている」である。
     2) ***は1％水準，**は5％水準，*は10％水準で，統計的に有意であることを示す。
(出所) 筆者作成。

6 まとめと残された課題

　これまで明らかにしてきたように，職場の管理職が，自社の社員だけでなく，外部人材である派遣スタッフも含めた社員のやる気を高め，能力を引き出し，職場のパフォーマンスを上げるためには，企業の人事部門だけでなく，職場の管理職自身が担う役割が大きい。その役割は，人事管理の観点から，(1)

人間関係マネジメント，(2)仕事・業績マネジメント，(3)職場環境マネジメント，(4)人材育成マネジメント，(5)派遣元である派遣会社との連携，という5つの機能に整理することができる。

　そこで，管理職が有すべき5つの人事管理機能に関する取組みが具体的にどの程度実施されているのかについて，派遣スタッフを活用している管理職を対象としたアンケート調査から概観したところ，以下のようなことがわかった。第1に，「人間関係マネジメントに関する取組み」の実施率が8割に上り最も高く，これに「職場環境マネジメントに関する取組み」「仕事・業績マネジメントに関する取組み」「派遣元である派遣会社との連携に関する取組み」が続き，最も実施率が低いのが「人材育成マネジメントに関する取組み」であるが，これも約5割に達していた。また，こうした取組みの状況は，管理職のタイプ（派遣労働者の管理監督者である「部長クラス」と「課長クラス」，および派遣スタッフの指揮命令者である「係長・主任クラス」）を問わず共通して見られる傾向にあった。第2に，5つの人事管理機能いずれに関する取組みも，役職位が上がるほど実施率が上昇する傾向にあったが，「部長クラス」の実施率から「係長・主任クラス」のそれを引いた差が大きいのは「人材育成マネジメントに関する取組み」であった。第3に，高機能管理職（派遣スタッフの人事管理に関して多くの取組みを行っている管理職）の特徴を見たところ，派遣スタッフの人材育成に積極的に取り組んでいるという特徴を持っていた。

　次に，職場の管理職が有すべき人事管理機能に関する取組みが，派遣スタッフの活用パフォーマンスにどのような影響を与えているのかを分析した。結果は以下のようなものである。第1に，管理職が有すべき人事管理機能に関する取組みの全体的な状況と，職場の派遣スタッフの仕事への意欲の高さとの間には，有意な関係が見られた。管理職が人事管理に関する取組みを積極的に実施することが，職場の派遣スタッフの仕事意欲を高めるのに貢献するということである。第2に，5つの人事管理機能ごとに見ても，それぞれの機能に関する取組みいずれについても，職場の派遣スタッフの仕事への意欲の高さとの間に有意な関係が見られ，とくに，人間関係マネジメントに関する取組み，職場環境マネジメントに関する取組み，および人材育成マネジメントに関する取組みとの間には，強い関係が見られた。

　同様に，職場の管理職が有すべき人事管理機能に関する取組みが，派遣スタ

ッフが勤務している職場パフォーマンスにどのような影響を与えているのかについても見た。第1に，管理職が有すべき人事管理機能に関する取組みの全体的な状況と，職場における派遣スタッフと正社員の連携状況との間には，有意な関係が見られた。これも，管理職が人事管理に関する取組みを積極的に実施することが，職場での派遣スタッフと正社員の連携を高めるのに貢献するということである。第2に，5つの人事管理機能ごとに見ても，それぞれの機能に関する取組みいずれについても，職場における派遣スタッフと正社員の連携状況との間に有意な関係があった。ここではとりわけ，派遣元である派遣会社との連携に関する取組みと職場環境マネジメントに関する取組みとの間で強い関係が見られた。

　さらに，派遣スタッフを活用するための会社から管理職への支援状況に注目したところ，「派遣スタッフの発注や契約を一括して行う部門・担当者の設置」に4割強の回答があり最も高く，次いで「派遣スタッフをどのような場合に雇用・活用できるかを定めたガイドライン」が3割弱，「派遣スタッフの契約担当者のための教育・研修」「派遣スタッフを日々，指揮命令したり管理監督する社員のためのマニュアル」「派遣労働に関する法知識を習得するための教育・研修（管理監督者を対象）」が2割前後で続いたが，派遣スタッフを活用するための会社から管理職へのサポートは，充実している状況ではなかった。

　最後に，派遣スタッフを活用するために積極的に人事管理に取り組んでいる管理職が，どのような特徴を持っているか（どのような企業に勤務し，これまで会社からどのような支援を受けてきているか）を見たところ，以下のようなことがわかった。第1に，派遣スタッフを雇用・活用する職種や仕事を決めずに，いろいろな職種や仕事に就かせる可能性があるという活用方針を持っている会社の管理職ほど，派遣スタッフを活用するために積極的に人事管理に取り組んでいた。第2に，職場の管理職の派遣活用業務の負担を軽減するために派遣スタッフの発注や契約を一括して行う部門・担当者を設置していたり，職場の管理職や職場メンバー等が派遣活用知識を習得するための教育・研修を実施している企業に勤務している管理職ほど，派遣スタッフを活用するために積極的に人事管理に取り組んでいた。教育・研修の中でも，とくに，派遣スタッフの契約担当者のための教育・研修，および派遣労働に関する法知識を習得するための教育・研修（一般社員を対象）との間には，有意な関係が見られ，このこと

から人事部門の役割も重要であることが窺われた。

　本章では，職場の管理職が有すべき人事管理機能に関する取組みを整理するとともに，それらの機能に関する取組みの状況と特徴について検討してきた。しかしながら，こうした取組みを職場の管理職が進めることが派遣スタッフの活用パフォーマンスや職場のパフォーマンスにどのような影響を及ぼすのかについては，暫定的にしか明らかにすることができなかった。とくに職場のパフォーマンスについては，「職場での派遣スタッフと正社員の連携」だけでなく，多様な指標を活用した分析が必要不可欠であると考えられる。さらに，会社からの派遣スタッフを活用するための管理職への支援が充実していない状況を，どのようにすれば改善できるのか明らかにすることも，残された大きな課題の1つである。多様な人材をマネジメントし戦力として活用することができる職場の管理職を，効果的に育成するためには，改めて人事部門の役割が重要になってくると考えられるからである。

# 第 9 章

生産請負・派遣企業による雇用継続への取組み
リーマン・ショック直後の経験を踏まえて

佐野嘉秀・大木栄一

1 はじめに

　2008年後半以降のいわゆる「リーマン・ショック」に伴う景気後退期においては，生産業務での派遣事業や請負事業を営む人材ビジネス企業の多くが，急速かつ大幅な受注の減少を経験し，派遣社員や請負社員の雇用調整を余儀なくされたと見られる。[1] 厚生労働省（2010）によれば，生産関連業務に従事する派遣社員の数は，2008年6月1日（調査対象時点）の約56万人から，翌09年6月1日の約25万人へと，半分以下への減少を経験している。同時期，業務請負の活用規模も大幅に縮小したと考えられる。こうした状況を背景に，生産分野の派遣・請負社員の雇用の不安定さに対して社会的な関心が向けられるようになった。[2]

　しかし，他方で，同時期において，生産業務での派遣・請負事業を営む人材ビジネス企業（以下，「人材ビジネス企業」と略す）により，派遣・請負社員の雇用継続に向けた取組みが行われていたことも事実である。そうした実態について，筆者らが参加した電機連合総合研究企画室（電機総研）の調査は，「リ[3]

---

1) ここでいう請負社員は，人材ビジネス企業に雇用され，人材ビジネス企業が製造企業から受注した請負業務に従事する。派遣社員は，同じく人材ビジネス企業に雇用され，労働者派遣契約に基づき派遣の製造企業に派遣されてそこでの業務に従事する。
2) 同時期の経験を踏まえた，生産分野の派遣・請負社員として働く人の就業意識については，本書第3章を参照されたい。
3) アンケート調査は，日本生産技能労務協会の会員企業とその他人材ビジネス企業の協力のも

ーマン・ショック」直後の時期においても，人材ビジネス企業が，派遣契約ないし請負契約の終了した派遣・請負先で就業していた派遣・請負社員を他の派遣・請負先に配置換えすることで雇用継続を図っていたことを明らかにしている（電機総研，2010）。また，このような配置換えによる雇用継続の難しい派遣・請負社員に対しては，派遣・請負契約の終了後も一時的に雇用を維持したり，寮等の利用を認めたり，失業保険給付の受給方法や公共職業安定所の情報を提供したりといった，就業と生活の安定に向けた支援を実施していた。

　もちろん，人材ビジネスの営業所すべてがそうした取組みを実施したわけではなく，また，実施の対象となる派遣・請負社員は一部に限定される傾向があった。こうした限界はあるものの，「リーマン・ショック」後の急速な景気後退の中でも，人材ビジネス企業による雇用継続や就業支援への取組みを通じて，派遣・請負社員として就業してきた人の就業と生活の安定化が一定程度はかられていたことは確かである。

　しかし，このような人材ビジネス企業による派遣・請負社員に対する雇用継続や就業支援の取組みについて，これまで十分な検討がなされてきたとはいえない。請負・派遣社員の就業安定に向けた施策について考える上では，そうした取組みを通じて人材ビジネス企業が果たしうる就業安定に関する機能も，視野に置く必要があろう。「リーマン・ショック」時のような景気後退期も含め，人材ビジネス企業による雇用継続と就業支援に向けた取組みが広がることは，派遣・請負社員として働く人の就業と生活の安定に貢献すると考えられる。

　こうした問題関心から，本章では，電機総研（2010）の調査をもとに，「リ

と，製造業務への派遣・請負事業を行う人材ビジネス企業84社に対して実施した。調査対象は，実際に派遣・請負社員の採用，人事配置，教育，契約交渉等を行う部署である「営業所・支店」とした。調査票は，電機連合が一括して日本生産技能労務協会加盟企業その他の人材ビジネス企業に送り，各企業の本社から，製造業務への派遣事業・請負事業のいずれかもしくは両方を行う「営業所・支店」へ配布された。調査票回収は，「営業所・支店」から電機連合への直接の返送による。2010年3月に調査票を配布し，同年4～5月に回収を行った。557営業所・支店に調査票を配布し，有効回答は158営業所・支店（回収率28.4％）。調査結果の詳細は，電機総研（2010）として刊行されている（全文を http://www.jeiu.or.jp/research/1010/ からダウンロードできる）。同報告書の執筆には，筆者2名のほか，土屋直樹（武蔵大学経済学部准教授），藤本真（労働政策研究・研修機構副主任研究員），内藤直人（電機連合総合研究企画室書記）が参加した（所属・肩書は報告書刊行時のもの）。本章は，同報告書2章「派遣先・請負先の転換による雇用継続と人事管理」（執筆は佐野嘉秀）を加筆・修正したものである。

ーマン・ショック」前後の期間における派遣・請負社員の雇用継続および就業支援に関する人材ビジネス企業の営業所レベルでの取組みの実態について確認した上で，派遣・請負社員の雇用継続に積極的な営業所の事業方針や人事管理の特徴を明らかにしたい。[4]

事業方針に関して，新規取引先の開拓を重視する場合も，既存取引先との関係の強化を重視する場合も，ともに雇用継続を通じて，就業意欲や技能の高い人材を確保することが重要になると考えられる。派遣事業と請負事業において，実際にはどのような事業方針をとる営業所が，雇用継続に積極的であったのだろうか。また，そうした質の高い人材の確保のためには，雇用継続のほか，能力開発やキャリア形成支援を通じた人材育成も重要と考えられる。雇用継続に積極的な営業所においては，これらの取組みが合わせて行われる傾向にあるのだろうか。上記アンケート調査の分析を通じて，こうした点を明らかにしていく。

2 派遣先・請負先の転換を通じた雇用継続の状況

取引先との間で派遣契約や請負契約が終了した場合でも，人材ビジネス企業が派遣・請負社員を他の派遣・請負先に配置換えすることで継続的に雇用することは，派遣・請負社員として働く人の雇用の安定につながる（佐野，2004b；佐藤，2010）。しかし，とくに2008年後半の「リーマン・ショック」に伴って多くの人材ビジネス企業が経験したであろう急速かつ大幅な受注減少の中では，そのような配置換えを通じて派遣・請負社員の雇用を継続させることは容易ではなかったと考えられる。人材ビジネス企業の営業所は，こうした配置換えによる雇用継続をどれくらい実施していたのだろうか。

表9-1は，人材ビジネス企業の営業所が，2008年前半（1～6月），および08年11月～09年4月の期間に，派遣・請負契約が終了した派遣・請負社員のうち，1カ月程度のうちに他の派遣ないし請負先へと配置換えを行った割合で

---

[4] 企業ではなく営業所に着目したのは，営業所ごとに異なる取引先へのニーズに対応するため事業方針や人事管理のあり方が異なる可能性があることや，営業所ごとに受注の状況が異なるために雇用継続に向けた取組みも異なる可能性があること，雇用継続および就業支援に向けた取組みの担い手は営業所であり，そうした取組みの状況については営業所レベルが最も正確に把握していると考えられることによる。

表 9-1 請負・派遣契約終了後 1 カ月以内に他の派遣先・請負先に配置換えした派遣・請負社員の割合

(単位:％)

	派遣社員		請負社員	
	2008年前半	08年11月～09年4月	2008年前半	08年11月～09年4月
いない	17.9	25.4	52.7	53.6
1割未満	22.4	37.3	15.2	18.8
1～2割未満	21.6	23.9	8.9	11.6
2～4割未満	14.2	6.7	3.6	2.7
4～6割未満	3.7	1.5	6.3	0.9
6～8割未満	3.7	0.0	0.9	0.9
8割以上	4.5	1.5	1.8	1.8
無回答	11.9	3.7	10.7	9.8
総　計	100.0	100.0	100.0	100.0
N	134		112	

(出所) 電機総研 (2010)。

ある。2008年前半は，急速な景気後退により製造業務における派遣や請負への需要が大幅に減少する前の状況，08年11月～09年4月は，製造業務における派遣や請負への需要が大幅に減少する時期の状況を示すと考える。

集計結果によると，派遣社員については，2008年前半（1～6月）では，派遣契約が終了した派遣社員のうち，1カ月程度のうちに他の取引先に派遣した派遣社員が「いない」とした営業所の割合が17.9％となっている。他方，70.2％の営業所において，派遣先の転換を通じた派遣社員の雇用継続が行われている。そうした派遣社員の割合は，派遣契約が終了した派遣社員の4割未満までである営業所が多く，合わせて58.2％を占めている。また，4割以上の派遣社員を他の派遣先に派遣した営業所も，合わせて11.9％を占める。「リーマン・ショック」に伴う景気後退前の，比較的安定的な受注があった時期におい

---

5) 本調査は，生産業務での請負・派遣営業所の全国のリストをもとにしたランダム・サンプルによる調査ではない。前述のように，調査票は日本生産技能労務協会加盟企業を中心とする人材ビジネス企業の営業所に配布されており，回答した営業所においては，その他の営業所と比べて，派遣・請負社員の雇用継続や就業支援を実施する割合が高くなっている可能性もある。また，派遣先や請負先の転換による雇用継続の割合の母数には，派遣契約や請負契約の終了に伴い，派遣・請負企業での雇用継続を望まず自発的に離職した派遣社員や請負社員も含まれると考えられる。したがって，集計結果は，雇用継続の希望者に占める雇用継続対象者の割合を示すわけではない。これらの点には留意が必要である。

ては，調査対象とした派遣事業の営業所の過半数が，派遣契約が終了した派遣社員の一部を他の派遣先に派遣することで雇用の継続を図っていたことがわかる。

次に，2008年11月〜09年4月の状況を見ると，派遣契約が終了した派遣社員のうち，1カ月程度のうちに他の取引先に派遣した派遣社員が「いない」とする営業所の割合は，2008年前半と比べてやや高い25.4％である。また，派遣契約が終了した派遣社員のうち2割以上を他の派遣先に転換している割合が減少し，「1割未満」(37.3％)や「1〜2割未満」(23.9％)とする割合が高くなっている。「リーマン・ショック」直後の時期においては，派遣契約が更新されず終了するケースが増える一方で新規の受注が減少する中，他の派遣先への派遣により派遣社員の雇用を継続することが難しくなっていた状況が読み取れる。

とはいえ，そうした中でも過半数（61.2％）の営業所が，2割未満の派遣社員を，他の派遣先に派遣することで雇用を維持している。2割以上の派遣社員を他の派遣先に派遣した営業所も，合わせて9.7％を占める。派遣契約の受注が大幅に減少する中にあっても，人材ビジネス企業の営業所において，派遣先の転換を通じ派遣社員の雇用継続が図られていたことが確認できる。

同じく表9-1で，請負社員について見ると，請負契約が終了した請負社員のうち，1カ月程度のうちに他の取引先に配置転換した請負社員が「いない」とする割合は，2008年前半と08年11月〜09年4月のいずれの時期においても約半数（2008年前半では52.7％，08年11月〜09年4月では53.6％）を占める。派遣先の転換による派遣社員の雇用継続を実施した営業所の割合と比べて，請負先の転換により請負社員の雇用継続を実施した営業所の割合は少ないといえる。ただし，請負事業（生産業務）を営む営業所の多く（調査対象営業所の81.2％）は派遣事業（生産業務）も営んでいることから，請負契約終了後に，請負社員として就業していた社員を派遣社員として派遣先に派遣することで雇用継続を図ったケースがあったであろうことも推測される。しかし，調査設計上，その実施状況を把握することはできない。

いずれにせよ，両時期ともに3割程度の営業所では，「1割未満」ないし「1〜2割未満」の請負社員を請負契約終了後に他の請負先に配置転換することで継続的に雇用している。そして，対象者の割合を問わず配置換えを実施した

営業所(「1割未満」以上の割合)は,2008年前半では36.7％,08年11月～09年4月でも36.7％を占める。これらのことから,2008年後半以降の請負契約の受注が大幅に減少した時期も含め,人材ビジネス企業の営業所において,請負先の転換を通じて請負社員の雇用継続が図られていたことが確認できる。

3 派遣・請負社員の雇用継続に積極的な営業所の特徴

3.1 営業所による雇用継続の積極性の違い

このように,2008年後半以降の受注が大幅に減少した時期においても,人材ビジネス企業の営業所では,派遣・請負契約が終了した派遣・請負社員を他の派遣先・請負先に配置することで,派遣・請負社員の雇用継続を図っていた。ただし,こうした雇用継続への取組みは,すべての事業所において実施されたわけではなく,実施状況は営業所により異なる。

それでは,配置換えによる雇用継続を実施した営業所は,事業方針および派遣・請負社員に対する人事管理に関して,どのような特徴を持っているのだろうか。分析のため,以下では,派遣先・請負先の転換を通じた雇用継続の実施状況をもとに,「雇用継続型」と「雇用非継続型」という2つの類型を作成し両者を比較することとする。

類型化にあたり,派遣事業については,2008年前半に派遣契約が終了した派遣社員の1割以上を1カ月程度のうちに他の派遣先に派遣して雇用継続しており,かつ,08年11月～09年4月の時期に派遣契約を終了した派遣社員について,割合を問わず他の派遣先に派遣して雇用継続した営業所を「雇用継続型」とし,それ以外の営業所を「雇用非継続型」とした。請負事業については,2008年前半と08年11月～09年4月の時期ともに,請負契約が終了した請負社員について,割合を問わず1カ月程度のうちに他の請負先に配置換えして雇用継続した営業所を「雇用継続型」とし,それ以外の営業所を「雇用非継続型」としている[6]。類型をつくる上で,「リーマン・ショック」前後の時期の取組み

---

[6] 表9-1に関して指摘したように,請負先の転換による雇用継続の対象者の割合は,派遣先の転換による雇用継続の対象者の割合よりも低い。そこで,それぞれの事業内において相対的に雇用継続に積極的な事業所の特徴を把握する趣旨から,請負事業に関しては「雇用継続型」の要件の1つである2008年前半の雇用継続の実施状況について,対象者の割合を問わず実施していることとし,派遣事業についてよりも対象者割合の要件を緩和して類型化した(本文でも

3 派遣・請負社員の雇用継続に積極的な営業所の特徴　237

表9-2　雇用継続の積極性に関する類型別に見た2008年6月から
　　　　1年間における稼働人数の変化

(単位：%)

		増えた	変わらない	減少して7〜9割程度になった	減少して4〜6割程度になった	減少して1〜3割程度になった	N
派遣事業	雇用継続型	3.9	0.0	11.8	58.8	25.5	51
	雇用非継続型	8.6	5.2	13.8	48.3	24.1	58
	全体	6.6	4.1	13.1	51.6	24.6	122
請負事業	雇用継続型	18.5	11.1	40.7	25.9	3.7	27
	雇用非継続型	20.9	32.6	27.9	16.3	2.3	43
	全体	19.8	22.2	32.1	23.5	2.5	81

(注)　1)　2008年6月と09年6月のいずれにも派遣社員（請負社員）がいるサンプルのみ集計。
　　　2)　全体は，雇用継続に関する設問に無回答のサンプルを含む集計である。表9-3以降についても同様。
(出所)　表9-1に同じ。

をともに対象とすることで，市場環境にかかわらず一貫して派遣・請負社員の雇用継続に取り組んできた，雇用継続に積極的な営業所の特徴を明らかにできると考える。2つの類型のうち「雇用継続型」がそうした営業所にあたる[7]。

　もちろん，派遣・請負先の転換を通じた派遣・請負社員の雇用継続を実施している営業所は，単に，「リーマン・ショック」直後においても受注規模の減

　　　述べたように，派遣事業については，2008年前半において派遣契約が終了した派遣社員の1
　　　割以上の雇用継続を要件の1つとしている）。
　7)　生産関連の主な業務について，回答営業所（$N=158$）のうち，2008年度と09年度ともに
　　　派遣・請負事業の対象としていた営業所の割合は，「電気機械・電子・通信機器」61.4 %，「半
　　　導体・電子部品」48.7 %，「精密機械」30.4 %，「自動車・同部品」44.3 %，「一般機械・産業
　　　用機器」28.5 %，「食品」32.9 %，「鋼材・金属」12.0 %，「住宅・建材」19.0 %，「科学・医療
　　　品」25.3 %である。また，主な業務について，2008年度は受注していたものの，09年度には
　　　受注しなくなった営業所の割合は，「電気機械・電子・通信機器」5.7 %，「半導体・電子部品」
　　　7.6 %，「精密機械」7.0 %，「自動車・同部品」12.7 %，「一般機械・産業用機器」10.8 %，「食
　　　品」8.2 %，「鋼材・金属」12.0 %，「住宅・建材」7.0 %，「科学・医療品」3.8 %であった。さ
　　　らに，主な業務について，2009年度から受注を始めた営業所の割合は，「電気機械・電子・通
　　　信機器」5.7 %，「半導体・電子部品」3.8 %，「精密機械」3.2 %，「自動車・同部品」5.1 %，
　　　「一般機械・産業用機器」1.3 %，「食品」2.5 %，「鋼材・金属」2.5 %，「住宅・建材」3.2 %，
　　　「科学・医療品」3.2 %である。回答営業所においては，「リーマン・ショック」の時期をはさ
　　　み，「自動車・同部品」「一般機械・産業用機器」「鋼材・金属」の業務についての受注の比重
　　　が低くなっていると考えられる。なお，紙幅の制約から集計値は示さないが，主な業務の多く
　　　について，「雇用継続型」のほうが「雇用非継続型」よりも，2008年度と09年度ともに受注
　　　の割合が高い傾向にある。

238 第9章 生産請負・派遣企業による雇用継続への取組み

表9-3 雇用継続の積極性に関する類型別に見た2008年11月～

		派遣・請負契約終了後も一時的に雇用契約を維持	寮等の宿泊施設を一定期間は滞在できるようにした	一時金等を支給した	需要が回復した際に連絡が取れるように、派遣スタッフの連絡先を確保	新規の派遣先の情報をニュースレターなどで提供した	住宅の公的支援に関する情報を提供した
派遣事業	雇用継続型	30.2	77.4	22.6	81.1	28.3	49.1
	雇用非継続型	31.3	65.6	20.3	79.7	20.3	39.1
	全体	29.9	67.9	20.9	80.6	23.9	41.8
請負事業	雇用継続型	54.5	87.9	27.3	97.0	24.2	39.4
	雇用非継続型	12.3	23.1	7.7	35.4	6.2	15.4
	全体	25.9	45.5	13.4	55.4	14.3	26.8

(注) 複数回答。
(出所) 表9-1に同じ。

少幅が小さく，雇用継続を実施する余地が大きかっただけという可能性もある。そこで，表9-2に，派遣事業と請負事業それぞれについて，営業所の類型別に，2008年6月と09年6月を比べて，派遣社員ないし請負社員の稼働人数の変化を集計した。

まず，派遣事業の集計を見ると，「雇用継続型」の営業所のほうが，「雇用非継続型」の営業所よりも，派遣社員の稼働人数が，「増えた」ないし「変わらない」「減少して7～9割程度になった」とする割合が低く，その分，とくに「減少して4～6割程度になった」とする割合が高くなっている。請負事業も，「雇用継続型」の営業所のほうが，「雇用非継続型」の営業所よりも，請負社員の稼働人数が，「増えた」ないし「変わらない」とする割合が低く，その分，とくに「減少して7～9割程度になった」や「減少して4～6割程度になった」とする割合が高い。

派遣事業と請負事業ともに，むしろ「雇用継続型」の営業所のほうが，2008年後半以降の景気後退を受けて，受注を減らしていた傾向が見られる。このことから，請負事業と派遣事業ともに，「雇用継続型」の営業所では，単に受注規模の維持ができたために，派遣・請負社員の雇用継続が行われているというわけではないことがわかる。もちろん，上記の傾向は，受注の大幅な減少を経験するほど，派遣・請負社員の雇用継続のために配置換えが必要になったとい

09年4月に派遣・請負契約を終了した派遣・請負社員への対応

(単位：%)

失業保険給付の受給方法等の情報を提供した	生活保護給付の受給方法等の情報を提供した	ハローワーク等の就職斡旋機関等の情報を提供した	公的な教育訓練機関に関する情報を提供した	その他	特に取り組んでいない	無回答	N
92.5	37.7	56.6	20.8	3.8	0.0	0.0	53
73.4	17.2	46.9	29.7	6.3	0.0	0.0	64
80.6	25.4	51.5	24.6	4.5	0.0	1.5	134
81.8	36.4	60.6	33.3	3.0	0.0	0.0	33
29.2	12.3	18.5	9.2	30.8	10.8	12.3	65
47.3	20.5	32.1	17.0	20.5	6.3	10.7	112

うことを反映している可能性はある。とはいえ他方で，そうした営業所では，配置換え先となる派遣・請負先も減少しているはずであり，派遣・請負社員の雇用維持という明確な方針がない限り，配置換えを実施するとは考えづらい。したがって，営業所間の雇用継続の実施状況の違いは，やはり営業所ごとの雇用継続に対する積極性の違いを大きく反映していると考えることができよう[8]。

ところで，「雇用継続型」の営業所は，「雇用非継続型」の営業所と比べて，

---

[8] 営業所の基本属性に関しては，類型間で大きな違いは見られない。基本属性に関して最も回答の多い選択肢とその選択割合を示すと，派遣事業では，①営業所の所在地については「首都圏」（「雇用継続型」で34.0％，「雇用非継続型」で20.3％）および3大都市圏・政令市以外（「雇用継続型」で34.0％「雇用非継続型」で42.2％），②2008年度の取引先事業所数については「1～19カ所」（「雇用継続型」で45.3％，「雇用非継続型」で59.4％），③企業の営業所・支店数は「10カ所以上」（「雇用継続型」で62.3％，「雇用非継続型」67.2％），④製造業を主に営む親会社の有無は「ない」（「雇用継続型」で88.7％，「雇用非継続型」で95.3％），⑤企業の08年度の製造業務の派遣・請負事業の売上高は「10億円以上」（「雇用継続型」で83.0％，「雇用非継続型」で82.8％）であった。請負事業では，①営業所の所在地は3大都市圏・政令市以外（「雇用継続型」で39.4％，「雇用非継続型」で35.4％），②2008年度の取引先事業所数は「1～19カ所」（「雇用継続型」で48.5％，「雇用非継続型」で67.7％），③企業の営業所・支店数は「10カ所以上」（「雇用継続型」で72.7％，「雇用非継続型」で75.4％），④製造業を主に営む親会社の有無は「ない」（「雇用継続型」で93.9％，「雇用非継続型」で93.8％），⑤企業の08年度の製造業務の派遣・請負事業の売上高は「10億円以上」（「雇用継続型」で84.8％，「雇用非継続型」で87.7％）であった。類型間で割合に相違はあるものの，統計的に有意な違いは見られなかった（カイ二乗検定による）。

表9-4 雇用継続の積極性に関す

		低い契約価格でのサービスの提供	安定した業務量がある取引先の開拓	高度な業務の積極的な受注	料金引上げのための取引先との交渉	新規顧客の開拓
派遣事業	雇用継続型	0.0	64.2	3.8	26.4	81.1
	雇用非継続型	3.1	60.9	14.1	29.7	67.2
	全体	1.5	63.4	8.2	29.1	73.1
請負事業	雇用継続型	3.0	54.5	15.2	42.4	72.7
	雇用非継続型	1.5	58.5	7.7	26.2	67.7
	全体	1.8	58.9	9.8	32.1	69.6

(注) 複数回答。
(出所) 表9-1に同じ。

　配置換えを通じた派遣・請負社員の雇用継続に取り組むだけでなく，雇用継続が困難な派遣・請負社員に対しても，生活や就業の安定に向けた支援を行う傾向にある。こうした傾向に関して，表9-3は，類型別に，派遣・請負契約が終了した派遣・請負社員に対する就業や生活の安定に向けた支援の実施状況を集計したものである。派遣事業，請負事業のいずれにおいても，「雇用継続型」の営業所のほうが，「雇用非継続型」の営業所よりも，「寮等の宿泊施設を一定期間は滞在できるようにした」「新規の派遣先の情報をニュースレターなどで提供した」「住宅の公的支援に関する情報を提供した」「失業保険給付の受給方法等の情報を提供した」「ハローワーク等の就職斡旋機関等の情報を提供した」など，派遣・請負社員として雇用していた人の就業と生活の安定に向けた支援を幅広く実施していることがわかる。

　このように，派遣・請負社員の雇用継続に積極的な営業所は，派遣・請負契約の終了に伴って雇用継続が困難となった派遣・請負社員に対しても就業と生活の安定に向けた支援を広く実施する傾向にあった。「リーマン・ショック」直後の時期において，人材ビジネス企業の営業所によるこうした取組みは，派遣・請負社員の就業と生活の安定に貢献した可能性がある。それでは，派遣・請負社員の雇用継続に積極的な営業所は，事業方針や人事管理に関してどのような特徴を持っているのだろうか。

3　派遣・請負社員の雇用継続に積極的な営業所の特徴　241

る類型別に見た重視する事業方針

（単位：％）

既存取引先事業所との取引の拡大	コンプライアンス	業種の絞り込み・特化	生産・工程管理	無回答	N
88.7	86.8	11.3	17.0	1.9	53
90.6	90.6	15.6	31.3	3.1	64
89.6	89.6	13.4	26.9	3.0	134
93.9	93.9	18.2	42.4	0.0	33
78.5	93.8	13.8	30.8	3.1	65
83.9	93.8	13.4	33.9	2.7	112

3.2　雇用継続に積極的な営業所の事業方針の特徴

（1）　事業方針における重視事項

　まず，雇用継続への積極性と，事業方針において重視する事項との関係について検討したい。事業上，新規取引先の開拓を重視するにせよ，既存取引先との関係の強化を重視するにせよ，雇用継続による人材確保が重要になると考えられる。実際にはどのような事業方針の営業所が，雇用継続に積極的なのだろうか。

　そうした事業方針の特徴は，派遣事業と請負事業とで異なる可能性もある。調査時点において，労働者派遣法により，同一職場の同一業務における派遣期間が3年までに限定されている派遣事業では，派遣社員の雇用継続を図る上で，新規取引先の開拓を重視する必要が生じていると考えられる。他方で，請負事業には，そうした取引期間の限定がないため，既存の取引先との間で，取引の安定化や拡大，受注業務の高度化等による高付加価値化を図る事業戦略をとりやすいであろう。そして，雇用継続による技能の高い請負社員の確保は，そうした事業方針を支えると考えられる。実際にはどうか。

　表9-4は，類型別に，「非常に重視している」事業方針を集計したものである。まず，派遣事業における「雇用継続型」の営業所では，「雇用非継続型」の営業所と比べて，「新規顧客の開拓」および「安定した業務量がある取引先の開拓」を指摘する割合が高い。このことから，派遣事業における「雇用継続型」の営業所は，新規取引先の開拓を通じて受注の安定化や拡大を図る事業方

針をとる傾向にあるといえる。

同じく表9-4で、請負事業について見ると、「雇用継続型」の営業所では、「雇用非継続型」の営業所と比べて、「高度な業務の積極的な受注」「料金引上げのための取引先との交渉」「新規顧客の開拓」「既存取引先事業所との取引の拡大」「業種の絞り込み・特化」「生産・工程管理」を重視する割合が高い。請負事業における「雇用継続型」の営業所は、新規取引先の開拓のほか、受注業務の高度化や対象業種の特化、生産・工程管理の充実、既存取引先との間での取引拡大と料金引上げを重視する事業方針をとる傾向にあることがわかる。

派遣事業と請負事業ともに、派遣・請負社員の雇用継続に積極的な営業所では、新規取引先の開拓を重視して受注の安定化や拡大を図る傾向にある。さらに、請負事業においては、雇用継続に積極的な営業所ほど、そうした取引先開拓に加え、受注業務の高度化のほか、取引先との間での取引拡大と料金引上げを重視している。

これらの背景について考えると、取引先開拓や既存取引先からの受注の拡大・安定化は、派遣・請負社員の雇用継続の前提となる。それゆえ、雇用継続を重視する営業所にとり、取引先開拓のほか、請負事業では既存取引先との取引の拡大・安定化が重要な事業方針となっているものと考えられる。また、新規取引先の獲得や既存取引先との取引の安定化・拡大、業務の高度化といった事業方針を実現する上で、雇用継続による技能の高い人材の確保が求められているのだと考えられる。

(2) 派遣・請負契約の期間

事業方針に関する別の側面として、短期的な需要変動への対応よりも、安定的な人材の派遣や業務遂行を重視する営業所では、その担い手として派遣・請負社員の雇用継続を重視する傾向にあると考えられる。この点に関して、表9-5で、類型別に、最も多い派遣・請負契約の期間について集計した。取引先と結ぶ派遣・請負の契約期間が長いほど、短期的な需要変動への対応よりも、安定的な人材派遣や請負業務遂行の機能を重視していることを示すと考えられる。雇用継続を重視する営業所ほど、安定的な人材の派遣や業務遂行の機能を重視する事業方針をとっており、その分、派遣・請負契約の期間が長い傾向にあると予想されるのである。実際にはどうか。

表9-5で、まず派遣事業について見ると、やはり「雇用継続型」のほうが、

3 派遣・請負社員の雇用継続に積極的な営業所の特徴 243

表9-5 雇用継続の積極性に関する類型別に見た最も多い派遣・請負契約の期間

(単位:%)

		1カ月未満	1～2カ月未満	2～3カ月未満	3～6カ月未満	6カ月～1年未満	1年を超える期間	N
派遣事業	雇用継続型	1.9	0.0	45.3	28.3	17.0	7.5	53
	雇用非継続型	1.6	4.7	56.3	25.0	9.4	3.1	64
	全体	1.5	3.0	50.7	27.6	11.9	5.2	134
請負事業	雇用継続型	3.0	15.2	21.2	36.4	24.2	0.0	33
	雇用非継続型	1.5	15.4	20.0	41.5	20.0	1.5	65
	全体	1.8	15.2	21.4	37.5	21.4	2.7	112

(注) 集計対象は,契約上の派遣期間および請負期間であり,実際の派遣期間や請負期間とは異なる。一般的には,派遣契約ないし請負契約を更新し,実際の派遣期間や請負期間はより長期となる。
(出所) 表9-1に同じ。

派遣契約の期間が長い傾向にあり,6カ月を超える派遣契約を結ぶ営業所の割合を合わせると24.5％という少なくない割合を占めている(「雇用非継続型」は12.5％)。同じ表から,請負事業についても,「雇用継続型」のほうが,請負契約の期間が長い傾向にあることがわかる。すなわち,「雇用継続型」のほうが,「3～6カ月未満」の割合が低く,代わりに「6カ月～1年未満」の割合が高い。

このように,派遣事業と請負事業ともに,「雇用継続型」の営業所ほど,取引先との派遣・請負契約の期間を長く設定している。その背景として,短期的な需要変動への対応よりも,安定的な人材の派遣や業務遂行を重視して事業運営する営業所では,その担い手である派遣・請負社員の雇用継続を重視する傾向があると考えられる。

(3) **仕事や技能を反映した個別的な派遣料金設定**

ところで,派遣事業においては,派遣料金の設定の際に,派遣社員の担当業務や技能を踏まえて個別に派遣料金を設定する場合と,職種やおよその業務内容ごとに一律に派遣料金を設定する場合とがある。前者のような個別的に派遣料金設定を行う営業所は,派遣社員の担当業務や技能に応じてより高い水準の派遣料金を得ることを重視しており,そのために高い技能を持つ派遣社員を中心に,派遣社員の雇用継続を重視する傾向にあると考えられる。

この点に関して,表9-6は,類型別に,派遣開始時に担当業務や技能を踏まえて個別に派遣料金を設定している派遣社員の割合を集計したものである。集

表9-6 雇用継続の積極性に関する類型別に見た個別に派遣料金を設定する派遣社員の割合

(単位:%)

	ない	1割未満	1～2割未満	2～4割未満	4割以上	N
雇用継続型	11.3	22.6	30.2	15.1	20.8	53
雇用非継続型	18.8	40.6	17.2	10.9	12.5	64
全体	16.4	32.8	21.6	14.9	14.2	134

(出所) 表9-1に同じ。

表9-7 雇用継続に関する類型別に見た定期的に派遣料金の改定交渉を行う割合

(単位:%)

	ない(0割)	1割未満	1～2割未満	2～4割未満	4割以上	N
雇用継続型	11.3	17.0	17.0	20.8	34.0	53
雇用非継続型	17.2	32.8	20.3	10.9	18.8	64
全体	14.2	24.6	20.9	15.7	24.6	134

(出所) 表9-1に同じ。

計から,やはり「雇用継続型」の営業所のほうが,「ない」や「1割未満」とする割合が低く,1割以上(「1～2割未満」「2～4割未満」「4割以上」)の割合が高くなっている。「雇用継続型」の営業所は,派遣社員の担当業務や技能等を踏まえて,派遣開始時の派遣料金を個別に設定する傾向にあるといえる。

このほか,派遣期間中に派遣料金の改定を図る営業所も,派遣料金の引上げの根拠となる,高度な仕事を担当しうる技能の高い派遣社員を確保するため,雇用継続を重視する傾向にあると考えられる。

これに関し,表9-7が,類型別に,定期的に派遣料金の改定交渉を実施している派遣先の事業所の割合について集計している。ここから,やはり「雇用継続型」の営業所のほうが,改定交渉の対象としている事業所の割合が高い傾向にあることがわかる。「雇用継続型」の営業所のほうが,多くの派遣先に対して,派遣料金の改定交渉を実施しているといえる。

以上のように,派遣社員の雇用継続に積極的な営業所では,派遣社員の担当業務や技能等を踏まえて,派遣開始時の派遣料金を設定したり,定期的に派遣先との間で派遣料金の引上げに向けて交渉したりしている。こうした営業所では,派遣社員の担当業務や技能に応じてより高い水準の派遣料金を得ることを重視しており,そのために高い技能を持つ派遣社員を確保する上で雇用継続を重視しているものと考えられる。

3.3 雇用継続に積極的な営業所の人事管理の特徴

以上のように，派遣・請負社員の雇用継続に積極的な営業所は，取引先の開拓による受注の安定化や拡大のほか，既存の取引先（請負先）での業務高度化と料金引上げ，受注拡大を重視する事業方針をとっている。また，短期的な需要変動への対応よりも，安定的な人材派遣や請負業務の遂行を重視して事業運営する傾向にあると考えられる。さらに，派遣事業においては，派遣社員の担当業務や技能等を踏まえた派遣料金の設定や定期的な派遣料金の改定による高い水準の派遣料金の獲得を重視している。そして，これらの事業方針を実現する上で，雇用継続による技能の高い人材の確保を重視しているものと考えられる[9]。

このような事業方針を踏まえると，派遣・請負社員の雇用継続に積極的な営業所は，技能の高い人材を確保する上で，人事管理上も，派遣・請負社員の人材育成に向けた取組みを積極的に行っていると考えられる。実際には，どうだろうか。

(1) 人事管理の方針

表9-8は，類型別に，「非常に重視している」人事管理（労務管理）の方針を集計したものである。

まず，派遣事業について見ると，「雇用継続型」の営業所のほうが，「離職防止」や「質の高いスタッフの採用」「働きぶりや能力の評価」「教育訓練」「福利厚生の充実」「安全衛生の徹底」「メンタル・ヘルスへの対応」「キャリア形成支援」を，「非常に重視」している割合が高い。派遣事業において雇用継続に積極的な営業所は，採用や離職防止，教育訓練，キャリア形成支援，福利厚生の充実，メンタル・ヘルス対応への取組みを重視する傾向にあることがわかる。

次に，請負事業について見ると，「雇用継続型」の営業所では，「雇用非継続型」の営業所と比べて，とくに「離職防止」や「質の高いスタッフの採用」

---

9) 生産請負企業の事業方針と人事管理との対応関係については，木村・佐野ほか（2010）を参照されたい。同論文は，高度な業務の受注や労務・業務管理の充実による高付加価値化を事業方針として重視する生産請負企業の事例において，採用時の人材選考や人材の定着，人材育成を重視する傾向にあることを指摘している。また，Smith and Neuwirth (2008) は，派遣事業において質の高い人材を派遣しようとする人材ビジネス企業の方針が，派遣社員能力開発とキャリア形成の機会を提供することにつながるという関係を指摘している。

表9-8 雇用継続の積極性に関する

		迅速な採用・配置	離職防止	質の高いスタッフの採用	働きぶりや能力の評価	技能水準の向上	教育訓練
派遣事業	雇用継続型	64.2	79.2	47.2	35.8	24.5	26.4
	雇用非継続型	79.7	75.0	42.2	26.6	25.0	15.6
	全体	70.9	75.4	45.5	31.3	24.6	21.6
請負事業	雇用継続型	66.7	75.8	45.5	45.5	39.4	24.2
	雇用非継続型	70.8	69.2	36.9	30.8	26.2	26.2
	全体	68.8	72.3	41.1	34.8	32.1	25.0

(注) 複数回答。
(出所) 表9-1に同じ。

「働きぶりや能力の評価」「技能水準の向上」「福利厚生の充実」「安全衛生の徹底」を，「非常に重視」している割合が高い。請負事業において雇用継続に積極的な営業所は，採用や人事評価のほか，技能水準の向上，離職防止，福利厚生の充実，安全衛生管理の徹底を重視する傾向にある。

派遣事業と請負事業に共通して，雇用継続に積極的な営業所では，技能の高い人材を確保する上で，採用や人事評価を重視するほか，離職防止や福利厚生の充実，安全衛生管理の徹底を重視する傾向にあるといえる。さらに，派遣事業では教育訓練やキャリア形成支援，請負事業では技能向上を重視するなど，両事業とも，人材育成に関する取組みを重視する傾向にあると見ることができる。

(2) 能力開発に向けた施策

このような人事管理の方針を踏まえると，派遣・請負社員の雇用継続に積極的な営業所は，派遣・請負社員の人材育成のため，実際にも能力開発やキャリア形成支援といった人材育成にかかわる施策を充実させていると考えられる[10]。また，そうした人材育成の成果を自社として回収する上で，派遣・請負社員の雇用継続が重要になっていると考えることもできる。

そこで，表9-9において，類型別に，派遣・請負社員の能力開発に関する施策の実施状況を集計した。まず，派遣事業について見ると，「雇用継続型」の

---

10) 人材ビジネス企業による派遣社員の能力開発やキャリア形成支援の現状や課題を論じたものとしては，佐野（2010b），松浦（2010a）等がある。

類型別に見た重視する人事管理の方針

(単位:%)

継続活用・雇用の安定化	福利厚生の充実	安全衛生の徹底	メンタル・ヘルスへの対応	キャリア形成支援	無回答	N
64.2	18.9	75.5	35.8	15.1	3.8	53
64.1	10.9	67.2	21.9	9.4	6.3	64
64.2	16.4	72.4	29.1	13.4	5.2	134
57.6	30.3	72.7	27.3	15.2	6.1	33
63.1	12.3	80.0	30.8	13.8	7.7	65
62.5	17.0	77.7	29.5	15.2	7.1	112

営業所では,「雇用非継続型」の営業所と比べて,「能力評価の実施」「会社が費用を負担する研修の実施」「派遣スタッフの自己啓発支援」「仕事に必要な技能の内容の明確化」といった,能力開発にかかわる施策を実施している割合が高い。請負事業についても,「雇用継続型」の営業所のほうが,「能力評価の実施」「仕事に必要な技能の内容の明確化」「技能向上を踏まえた昇給の実施」といった,能力開発のための施策を実施する割合が高い。

このように,雇用継続に積極的な営業所には,派遣事業・請負事業いずれにおいても,能力評価の実施や必要な技能の明確化を行うところが多い。また,これらに加え,派遣事業では研修や自己啓発支援,請負事業では技能向上を踏まえた昇給が実施される傾向にある。両事業とも,雇用継続に積極的な営業所では,派遣・請負社員の能力開発に向けた施策を広く実施する傾向にあることがわかる。

(3) キャリア形成支援に関する施策

さらに,表9-10は,類型別に,派遣・請負社員のキャリア形成支援に関する施策の実施状況を集計したものである。派遣事業では,「雇用継続型」の営業所において,「離職防止・定着促進のための派遣スタッフとのコミュニケーション」「仕事やキャリアに関する希望を把握するための面談の実施」「技能水準を踏まえた派遣先の選定」「担当業務の変更・転換に関する派遣先への要望」といった取組みが実施される割合が高い。

また,請負事業では,「雇用継続型」の営業所において,とくに「離職防

表9-9　雇用継続の積極性に関する類型別

		能力評価の実施	会社が費用を負担する研修の実施	会社の管理者による派遣・請負先での指導	派遣・請負スタッフの自己啓発支援	仕事に必要な技能の内容の明確化
派遣事業	雇用継続型	41.5	52.8	54.7	32.1	41.5
	雇用非継続型	25.0	42.2	53.1	17.2	26.6
	全体	31.3	47.0	52.2	23.1	36.6
請負事業	雇用継続型	81.8	54.5	78.8	45.5	75.8
	雇用非継続型	63.1	56.9	86.2	41.5	64.6
	全体	68.8	56.3	83.0	43.8	68.8

(注)　複数回答。
(出所)　表9-1に同じ。

表9-10　雇用継続の積極性に関する類型別に

		離職防止・定着促進のための派遣・請負スタッフとのコミュニケーション	仕事やキャリアに関する希望を把握するための面談の実施	目標となるキャリアパス（上位の仕事や職位への異動・昇進の例・モデル等）の作成	技能水準を踏まえた派遣・請負先の選定	担当業務の変更・転換に関する派遣先への要望／請負先内での担当業務の変更・転換
派遣事業	雇用継続型	96.2	58.5	20.8	34.0	37.7
	雇用非継続型	90.6	51.6	20.3	25.0	29.7
	全体	93.3	54.5	20.9	29.1	34.3
請負事業	雇用継続型	97.0	78.8	51.5	30.3	69.7
	雇用非継続型	92.3	66.2	27.7	15.4	66.2
	全体	93.8	70.5	38.4	21.4	66.1

(注)　複数回答。
(出所)　表9-1に同じ。

止・定着促進のための請負スタッフとのコミュニケーション」や「仕事やキャリアに関する希望を把握するための面談の実施」「目標となるキャリアパス（上位の仕事や職位への異動・昇進の例・モデル等）の作成」「技能水準を踏まえた請負先の選定」「技能を高めたり，広げるための請負先の転換」「継続就業のための育児・介護休職制度の充実」といった取組みが実施される割合が高い。

　雇用継続に積極的な営業所では，派遣事業・請負事業ともに，スタッフとのコミュニケーションのほか，キャリアに関する面談や，技能を踏まえた派遣

に見た能力開発のための施策の実施割合

(単位：%)

派遣先からの能力評価の情報入手	技能向上を踏まえた昇給の実施	その他	特に取り組んでいない	無回答	N
47.2	26.4	0.0	1.9	0.0	53
45.3	26.6	3.1	7.8	0.0	64
44.8	23.9	1.5	5.2	0.0	134
—	63.6	0.0	0.0	0.0	33
—	44.6	6.2	1.5	0.0	65
—	50.9	3.6	0.9	0.0	112

見たキャリア形成支援のための施策の実施割合

(単位：%)

技能を高めたり，広げるための派遣・請負先の転換	継続就業のための育児・介護休職制度の充実	その他	特に取り組んでいない	無回答	N
20.8	11.3	1.9	1.9	0.0	53
17.2	14.1	3.1	3.1	0.0	64
19.4	13.4	2.2	3.0	0.0	134
36.4	24.2	0.0	0.0	0.0	33
13.8	18.5	3.1	1.5	0.0	65
23.2	19.6	1.8	0.9	0.9	112

先・請負先への配置といった派遣・請負社員のキャリア形成を支援する施策を実施するところが多いことが確認できる。これらに加え，派遣事業では派遣先への担当業務の変更の要望，請負事業ではキャリアパスの提示や技能形成のための請負先の転換，育児・介護制度の充実を実施する傾向にある。両事業とも，雇用継続に積極的な事業所ほど，派遣・請負社員のキャリア形成に向けた施策を広く実施する傾向にあるといえる。

表9-11 雇用継続の積極性に関する類型別に見た，2008年

		更新された人はいない	その勤務先での勤務期間が長い人	知識・能力が高い人	意欲がある人	働きぶりがいい人	欠勤・遅刻・早退が少ない人	良好なコミュニケーションがとれる人	年齢が高い人
派遣事業	雇用継続型	3.8	50.9	67.9	60.4	66.0	73.6	60.4	3.8
	雇用非継続型	4.7	56.3	67.2	50.0	62.5	56.3	45.3	0.0
	全体	4.5	53.7	67.2	54.5	62.7	62.7	49.3	1.5
請負事業	雇用継続型	0.0	39.4	84.8	72.7	66.7	63.6	57.6	0.0
	雇用非継続型	3.1	41.5	46.2	49.2	56.9	60.0	44.6	9.2
	全体	1.8	38.4	58.0	57.1	59.8	59.8	48.2	5.4

(注) 複数回答。
(出所) 表9-1に同じ。

(4) 雇用継続の対象人材

以上のように，雇用継続に積極的な営業所では，派遣・請負社員に対して能力開発やキャリア形成支援にかかわる施策を広く実施する傾向にある。それゆえ，雇用継続に積極的な営業所では，高度な仕事を担当する技能の高い人材の育成が進んでいると考えられる。

この点に関し，表9-11は，類型別に，2008年11月～09年4月の時期に，派遣先との間で派遣契約が更新された派遣社員の特徴，および人材ビジネス企業との間で雇用が継続された請負社員の特徴について，それぞれ集計したものである。雇用継続に積極的な営業所において，人材育成が実際にも進んでいるとすれば，高度な業務を担当する技能の高い人材を中心に，派遣契約の更新が行われたり，請負社員の雇用が継続されたりしていると考えられる。果たして実際にはどうだろうか。

集計から，派遣事業においては「雇用継続型」の営業所のほうが，「雇用非継続型」の営業所と比べて，「意欲がある人」「欠勤・遅刻・早退が少ない人」「良好なコミュニケーションがとれる人」「高度な仕事・工程に従事していた人」「管理者，リーダー等に就いていた人」の派遣契約が更新されたとする割合が高いことがわかる。また，請負事業における「雇用継続型」の営業所では，「雇用非継続型」の営業所と比べて，「知識・能力が高い人」「意欲がある人」

11月～09年4月に派遣・請負契約が更新された者の特徴

(単位：%)

若い人	扶養家族がいる人	高度な仕事・工程に従事していた人	業務量の変動が少ない仕事・工程に従事していた人	管理者,リーダー等に就いていた人	自宅から通勤できる人	派遣・請負料金が低い人	その他	無回答	N
15.1	3.8	60.4	35.8	49.1	5.7	1.9	5.7	1.9	53
15.6	4.7	46.9	37.5	32.8	9.4	4.7	0.0	3.1	64
16.4	3.7	53.0	35.8	39.6	7.5	3.7	2.2	3.7	134
9.1	12.1	66.7	24.2	84.8	18.2	0.0	6.1	0.0	33
13.8	7.7	41.5	21.5	41.5	13.8	3.1	15.4	10.8	65
12.5	8.0	50.0	22.3	55.4	14.3	2.7	11.6	8.9	112

「働きぶりがいい人」「良好なコミュニケーションがとれる人」「高度な仕事・工程に従事していた人」「管理者，リーダー等に就いていた人」の雇用が継続されたとする割合が高くなっている。

　こうした結果の背景として，派遣事業と請負事業ともに，派遣・請負社員の雇用継続に積極的な営業所において，能力開発やキャリア形成支援に関する施策を通じて，管理者・リーダーも含め，高度な業務に従事する技能の高い人材の育成が進んでいることが読み取れる。仕事意欲やコミュニケーションの面で優れた人材は，そうした人材とも重なろう。

4　まとめ

　本章では，生産業務での派遣・請負事業を営む人材ビジネス企業の営業所を対象としたアンケート調査から，第1に，2008年の「リーマン・ショック」直後の時期を含む期間における，派遣・請負社員の配置換えによる雇用継続の実施状況を見た。そして，人材ビジネス企業の営業所が，2008年後半以降の受注が大幅に減少する時期においても，派遣・請負契約が終了した派遣・請負先からの配置換えを通じて派遣・請負社員の雇用継続を図っていたことを確認した。ただし，こうした雇用継続への取組みは，すべての営業所で実施された

わけではなく，実施状況は営業所によって異なる。

そこで，第2に，配置換えによる派遣・請負社員の雇用継続の実施状況をもとに，派遣・請負社員の雇用継続に積極的な営業所とそうでない営業所とを分け，両者の比較から雇用継続に積極的な営業所における事業方針と人事管理の特徴を分析した。雇用継続に積極的な営業所は，派遣・請負契約の終了に伴って雇用継続が困難となった派遣・請負社員に対しても一時的に雇用を維持したり，寮等の利用を認めたり，公共職業安定所の情報を提供するなど，派遣・請負社員の就業や生活の安定に向けた支援を広く行う傾向にあった。分析の結果をまとめると，以下の(1)と(2)のようになる。

(1) 雇用継続に積極的な営業所は，事業方針において，①取引先の開拓による受注の安定化や拡大のほか，既存の取引先（請負先）からの受注拡大，業務高度化や料金の引上げを重視している。また，②取引先との派遣・請負契約の期間を長く設定していることから，短期的な需要変動への対応よりも，安定的な人材の派遣や業務遂行を重視して事業運営する傾向にあると考えられる。さらに，③派遣社員の担当業務や技能等を踏まえた派遣料金の設定や定期的な派遣料金の改定を行っており，派遣社員の担当業務や技能に応じた高い水準の派遣料金の獲得を重視している。これらの事業方針を実現する上で，雇用継続による人材確保が図られる傾向にあるものと考えられる。

(2) 人事管理に関して，雇用継続に積極的な営業所は，①技能の高い人材を確保する上で，採用や人事評価を重視するほか，離職防止や福利厚生の充実，安全衛生管理の徹底を重視している。さらに，派遣事業では教育訓練やキャリア形成支援，請負事業では技能向上を重視するなど，人材育成に関する取組みを重視する傾向にある。そして，②実際にも，人材育成に関する施策として，能力評価の実施や必要な技能の明確化を行うほか，派遣事業では研修や自己啓発支援，請負事業では技能向上を踏まえた昇給を実施するなど，能力開発にかかわる施策を広く実施している。また，③定着のためのコミュニケーションや，キャリアに関する面談，技能を踏まえた派遣・請負先の変更のほか，派遣事業では業務変更に関する派遣先への要望，請負事業ではキャリアパスの提示など，キャリア形成支援に関する施策を広く実施している。④これらの結果，高度

な業務を担当する技能の高い人材の育成が進む傾向にある。

　以上のように，本章の分析からは，2008年後半以降に景気が後退する中でも，人材ビジネス企業によって派遣・請負社員の就業の安定が図られていたことが確認できた。生産業務における派遣・請負事業の今後のあり方を考えるにあたっては，人材ビジネス企業の果たしてきたこのような就業安定の機能についても視野に置いた議論が必要といえる。

　また，分析結果からは，新規取引先の開拓や既存取引先（請負先）からの受注の拡大や安定化を図る上で，派遣・請負社員の人材育成を重視し，能力開発やキャリア形成支援のための施策を広く実施する人材ビジネス企業の存在を読み取ることができる。このように，事業方針を実現する上で人材育成を重視する人材ビジネス企業において，派遣・請負社員の雇用継続が積極的に図られる傾向にあると見られるのである。そうした人材ビジネス企業においては，人材育成への投資の成果を自社として回収する上でも，雇用継続が重要となっていると考えられる。

　したがって，人材ビジネス企業において，こうした人材育成を重視した事業運営が広がることは，派遣・請負社員の就業の安定を促す可能性があるといえる。そのためには，製造企業の側が，人材ビジネス企業による人材育成への取組みを評価し，取引先を選ぶ上で重視することも重要といえよう。

　調査からは，他方で，「リーマン・ショック」直後の時期のように受注が大幅に減少する中では，派遣・請負社員の雇用継続に積極的な営業所であっても，雇用継続の対象とする派遣・請負社員が一部に限定されてしまうことも確認された。このことは，人材ビジネス企業からの離職者の就業と生活に対する公的支援の重要性を示唆する。これと関連して，調査からは，人材ビジネス企業の営業所が，自社からの離職者に対して，住宅の公的支援や失業保険給付，公共職業安定所，公的教育訓練に関する情報を提供する取組みを行っていることもわかった。こうした取組みは，人材ビジネス企業から離職した人たちの就業と生活の安定に対して一定の貢献を果たした可能性がある。人材ビジネス企業と公的機関との間でこのような連携の強化を図ることも，派遣社員や請負社員として働く人の就業と生活の安定を図る上で，重要な課題となるであろう。

第10章
職業紹介担当者の能力ならびにスキル
ハイ・パフォーマーの特徴を明らかにする

坂爪 洋美

1 はじめに

　本章は，職業紹介事業所で職業紹介業務を担当する者（以下，職業紹介担当者）に求められる能力ならびにスキルを明らかにすることを中核的な目的とする。とくに，職業紹介担当者としての業績が各事業所で上位20％に入る，パフォーマンスの高い職業紹介担当者の能力やスキルの特徴を明らかにすることを通じて，職業紹介担当者に求められる能力・スキルを検討する。

　そのプロセスにおいて，職業紹介事業の求人企業・求職者への紹介状況，ならびに紹介手数料の高い事業所の特徴についても言及する。その理由は，職業紹介担当者を取り巻いている職業紹介事業所の概要を踏まえた議論を行うことが職業紹介担当者の能力向上を議論する上で望まれるため，さらには，彼（女）らの業務内容が事業所間で異なっていると考えられるためである。

　なお，日本における職業紹介機能は，ハローワークや学校といった無料職業紹介事業所と，有料職業紹介事業所により担われているが，本章では後者を対象とする。

---

1) 「職業紹介」とは，「求人及び求職の申込みを受け，求人者と求職者との間における雇用関係の成立をあっせんすること」（職業安定法第4条第1項）である。

2 職業紹介事業の状況

職業紹介事業はどのような人々の入職に利用されているのだろうか。また，その市場規模はどの程度なのだろうか。入職者・職業紹介事業所，双方の観点から概観してみよう。

2.1 入職経路としての有料職業紹介事業

全就業者に占める転職者（過去1年間に離職を経験した就業者）の比率は，2013年で4.5％であり（総務省統計局，2014），過去10年間を見ても，4〜5％台で推移している。転職者はどのような方法を用いて次の就業先を見つけているのであろうか。そして，有料職業紹介事業はどのように利用されているのだろうか。

「平成22年雇用動向調査」によれば，全入職者のうち，民営職業紹介事業所の斡旋で入職した者の割合は2.0％である（図10-1）。平成12年の同調査では，その割合が0.9％であったことを鑑みるならば，入職経路として利用される率はその他の経路と比較して相対的に低い水準にあるものの，拡大傾向にあるといえる。

また，民営職業紹介事業所の斡旋で入職した者を見ていくと，民営職業紹介事業所の特徴が見えてくる。民営職業紹介事業所の利用が多いとされる「専門的・技術的職業従事者」「管理的職業従事者」「事務従事者」の3職種に限定すると，利用率は3.2％に上昇することから，これらの職種の従事者は，実際に他の職種の従事者よりも，民営職業紹介事業所を利用する傾向にあるといえる（表10-1）。

この点について，男女別・年代別に見ていこう。表10-1から，男女いずれにおいても前述の3職種で入職経路として民営職業紹介事業所利用率が高いこと，さらに，男性よりも女性のほうが，利用率が高いことがわかる。

しかしながら，3職種に限定した上で年代別に見ていくと，男女では，入職

---

2) 「雇用動向調査」における民営職業紹介事業所に学校は含まれない。
3) 雇用動向調査の調査対象には10歳代ならびに60歳代も含まれる。合計にはすべての年代が含まれるが，年代ごとの比較は20〜50歳代に限定した。

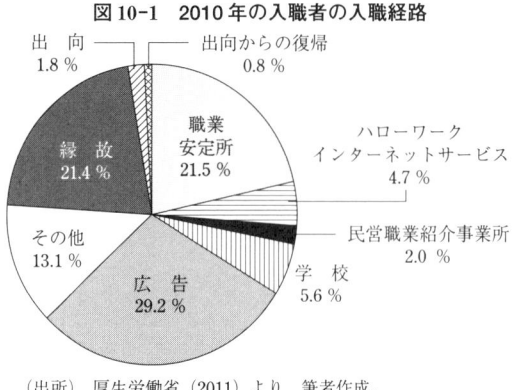

図 10-1　2010 年の入職者の入職経路

- 出向　1.8 %
- 出向からの復帰　0.8 %
- 職業安定所　21.5 %
- ハローワークインターネットサービス　4.7 %
- 民営職業紹介事業所　2.0 %
- 学校　5.6 %
- 広告　29.2 %
- その他　13.1 %
- 縁故　21.4 %

（出所）厚生労働省（2011）より，筆者作成。

表 10-1　男女別入職時の民営職業紹介事業所利用率

（単位：%）

	3 職種合計	全職種合計
男性	2.5	1.4
女性	3.7	2.4
合計	3.2	2.0

（注）3 職種とは，「専門的・技術的職業従事者」「管理的職業従事者」「事務従事者」を指す。
（出所）厚生労働省（2011）より，筆者作成。

経路として民営職業紹介事業が利用されやすい時期に違いがある。男性では，年代が上昇するにつれて利用率が上がり，35～39 歳が 6.6 % で最も高く，50～54 歳が 5.5 % と続く。一方女性では，25～29 歳が 8.2 % と非常に高く，35～39 歳が 4.6 % と続く。男女間で民営職業紹介事業がより利用されやすい時期が異なり，20 歳代では女性が民営職業紹介の利用率を押し上げ，30 歳代以降では，主に男性が利用率を押し上げているといえる（図 10-2）。

3 職種に限定せず全職種合計についても見ていこう。全職種合計でも，女性の 25～29 歳での利用率が 7.7 % と他の年代と比較して高いことから，女性のこの年代は職種に偏りなく押しなべて入職経路として民営職業紹介事業の利用率が高いといえる（図 10-3）。

一方，男性の年代別で入職経路として民営職業紹介事業が利用される比率の変動を見ると，3 職種合計よりも全職種合計のほうが変動幅が小さい。このことから，25～39 歳ならびに 50～54 歳という年代の男性では，3 職種の入手経路としてのほうが，民営職業紹介事業がより利用されているといえる。この傾向は，女性の 30～44 歳にも認められる（図 10-3）。特定の年代層における「専門的・技術的職業従事者」「管理的職業従事者」「事務従事者」という 3 職種の利用率がとくに高いことは，利用する個人の側の要因というよりは，職業紹介事業所側の，ひいては求人企業の求人ニーズといった要因によって生じていると考えられる。

もちろん，3 職種に該当する人々が入職経路として民営職業紹介事業所をよ

図10-2 性別および年代別の民営職業紹介事業利用率（3職種合計）

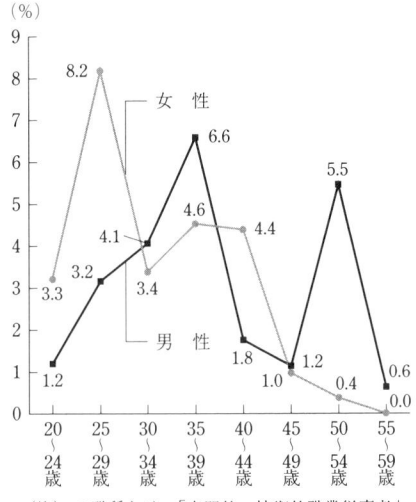

図10-3 性別および年代別の民営職業紹介事業利用率（全職種合計）

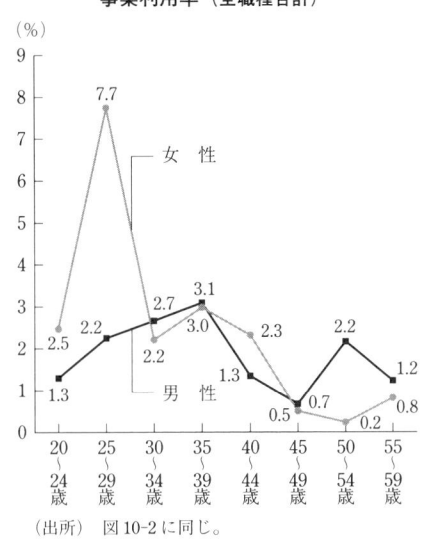

（注）3職種とは、「専門的・技術的職業従事者」「管理的職業従事者」「事務従事者」を指す。
（出所）厚生労働省（2011）より、筆者作成。

（出所）図10-2に同じ。

り利用している可能性もある。だとするならば，すべての年代層で，全職種合計と3職種合計での利用率に差異が認められるはずである。しかしながら，現状では，特定の年代層で顕著な差異がある。したがってその差異は，職業紹介事業所側の，ひいては求人企業側の要因によって生じると考えられるのである。すなわち，求人企業が特定職種の特定年齢層を対象とした求人を充足する手段として職業紹介事業所を用い，求人ニーズに基づいた求職者開拓が行われた結果が反映されているのだといえよう。

2.2 職業紹介事業の市場規模

　職業紹介事業の市場規模を，手数料収入と事業所数から把握しよう。有料職業紹介事業の手数料収入は2007年度の2771億円をピークとし，その後リーマン・ショックの影響を受けて大きく減少したが，その後堅調な回復を見せ，10年度では2163億円となっている（図10-4）。

　次に，有料職業紹介事業所数の推移を見ていこう。事業所数は2000年度以降の規制緩和を背景として，増加の傾向が10年以上続き，2010年度には1万

図 10-4　有料職業紹介事業の手数料収入の推移

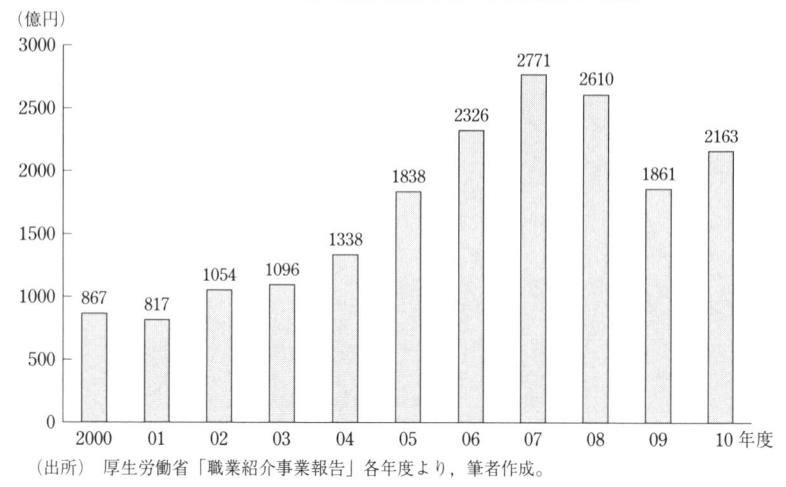

(億円)

年度	2000	01	02	03	04	05	06	07	08	09	10
収入	867	817	1054	1096	1338	1838	2326	2771	2610	1861	2163

(出所)　厚生労働省「職業紹介事業報告」各年度より，筆者作成。

図 10-5　有料職業紹介事業の事業所数ならびに対前年度増加率

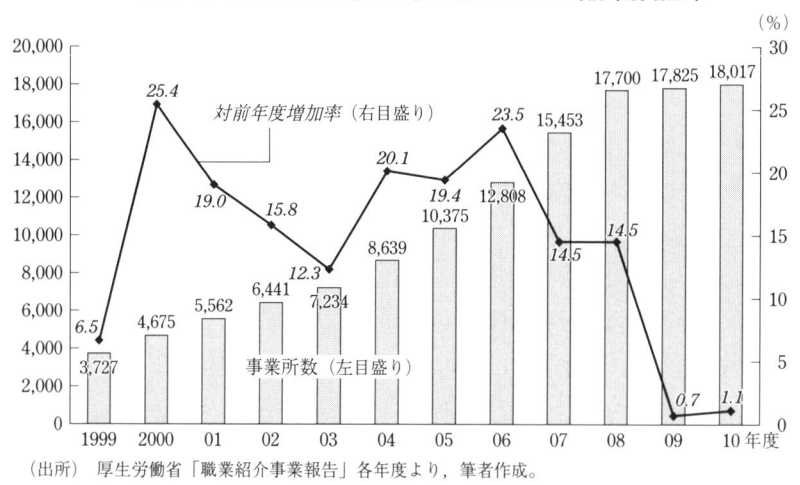

年度	1999	2000	01	02	03	04	05	06	07	08	09	10
事業所数	3,727	4,675	5,562	6,441	7,234	8,639	10,375	12,808	15,453	17,700	17,825	18,017
対前年度増加率(%)	6.5	25.4	19.0	15.8	12.3	20.1	19.4	23.5	14.5	14.5	0.7	1.1

(出所)　厚生労働省「職業紹介事業報告」各年度より，筆者作成。

8017 事業所に及んだ。規制緩和以前の 1999 年度と比較すると，約 5 倍に増加したことになる。一方で，対前年度増加率は，規制緩和後は 10〜20％台で推移していたものが，リーマン・ショックを境に激減し，2009 年度以降は 1％前後にとどまっている（図 10-5）。これらのことから，事業所数は頭打ち状態にあると考えられる。

表10-2 職業紹介事業における職業紹介サービスの3つの類型

	サーチ型紹介	再就職支援型紹介	登録型一般紹介
対象者	潜在的転職希望者	非自発的離職予定者	転職意思顕示者
主な機能	人材サーチ, スカウト（求人ニーズに適合した人材の探索, 転職動機の形成, 求人企業への紹介）	再就職のための教育研修, カウンセリング, その延長線上での職業紹介	人材バンク（求人・求職の受付け, 両者のマッチング, 求人企業への紹介）
手数料	前払い（リテーナー, 着手金）または成功報酬：求人企業から徴収	前払い：再就職支援サービスを求める企業から徴収（職業紹介サービスは通常無料）	成功報酬：原則として求人企業から徴収

（出所）労働政策研究・研修機構（2005）より, 一部改変。

3 職業紹介事業における4つの紹介形態

　一口に職業紹介事業といっても, その事業内容は多岐に及ぶ。ここで, 職業紹介事業の4つの形態の概要を確認しておこう。なお, 以下に述べる各職業紹介事業の形態の特徴のうち,「サーチ型紹介」「再就職支援型紹介」「登録型一般紹介」の特徴に関する記述は,「ホワイトカラー有料職業紹介事業の運営と紹介業務従事者に関する事例研究」（労働政策研究・研修機構, 2005）を参照している（12頁）。

　職業紹介事業における職業紹介サービスの主な類型は表10-2の通りである。サーチ型紹介とは, 企業の求人依頼に基づいて求める人材を探し出して紹介するサービスのことである。対象とする人材の範囲は, 将来会社の幹部となりうるような能力の高い若手から, 現在経営の中枢を担っている幹部まで多岐にわたるが, その多くは転職意思が固まっていないという点において潜在的な求職者である。

　再就職支援型紹介とは, 経営不振など主に企業側の要因によって, 個人が望まないにもかかわらず離職, ならびに再就職をしなければならない者を対象とするものである。多くはそのサービスの中に, 再就職に向けた教育研修やカウンセリングを含めることが特徴である。

　登録型一般紹介とは, 企業からは求人依頼を受け, 求職者からは, 転職・就職相談に応じながら, 両者の最適なマッチングを行うことを通じて, 求人企業に対して求職者の紹介を行うものである。対象者は, 人材紹介業に転職相談を

申し込んだ者など，ある程度明確な転職意思を持つ者である。

これらのほか，紹介予定派遣とは，労働者派遣のうち，派遣元事業主が，派遣労働者・派遣先に対して職業紹介を行うことを予定しているもののことである。紹介予定派遣は，労働者派遣期間中に，派遣先は派遣労働者の業務遂行能力等が直接雇用するのに相応しいかを見定め，派遣労働者は派遣先における仕事が自分に合うかどうかを見定めることができる。

4 調査の実施方法ならびに回答事業所の属性

4.1 調査の概要

調査は，日本人材紹介事業協会の会員企業280社に調査票の配付を依頼し，調査対象者が調査に回答した後，調査対象者が調査票を東京大学社会科学研究所宛てに投函するという方式で実施された。上記のうち5社に宛てた分が住所変更等で戻ってきたため，実際の調査対象は275社であった。なお，調査票への回答は職業紹介事業の責任者に依頼した。

調査の実施時期は，2011年1月17日から調査票の配付を開始し，1月24日を投函の締切りとし，最終的に2月5日到着分までを有効回収票とした。無効票を除いた有効回収数は50票で，有効回収率は18.2％であった。

4.2 回答事業所の属性と規模

回答事業所の社員数（正社員と，パート・アルバイト，契約社員など非正社員を含む。ただし，派遣社員は除く）は，1～10人未満が38.0％と最も多かった。次いで，31～50人と51～100人が18.0％ずつで続いた（図10-6）。

回答事業所が行っている職業紹介事業の紹介形態は，サーチ型が38.0％，一般紹介（登録型）が84.0％，再就職支援型（アウトプレースメント型）が14.0％，紹介予定派遣が42.0％であった。多くの職業紹介事業所で複数の紹介形態を営んでいる。2009年度に最も売上げが大きかった紹介形態として，サーチ型をあげたところが22.4％，一般紹介（登録型）が55.1％，再就職支援型（アウトプレースメント型）が4.1％，紹介予定派遣が16.3％であり，登録型一般紹介が最も多かった（表10-3）。

図 10-6　回答事業所の社員数

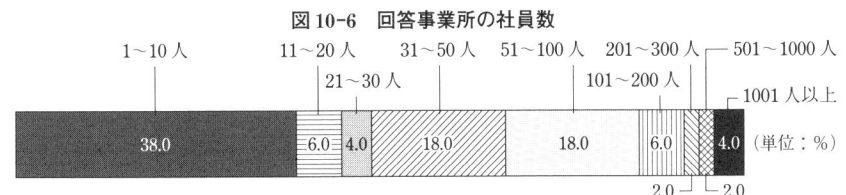

1～10人: 38.0　11～20人: 6.0　21～30人: 4.0　31～50人: 18.0　51～100人: 18.0　101～200人: 6.0　201～300人: 2.0　501～1000人: 2.0　1001人以上: 4.0（単位：％）

(注)　1)　$N=50$。
　　　2)　「301～500人」は0.0％。
(出所)　筆者作成。

表 10-3　回答事業所が従事している職業紹介事業の紹介形態

	職業紹介事業として行っている紹介形態（複数回答）		2009年度に売上げが最も大きかった紹介形態（単一回答）	
	事業所数	比率	事業所数	比率
サーチ型	19	38.0 %	11	22.4 %
一般紹介（登録型）	42	84.0	27	55.1
再就職支援型（アウトプレースメント型）	7	14.0	2	4.1
紹介予定派遣	21	42.0	8	16.3
無回答	1	2.0	1	2.0
N	50	—	49[注]	—

(注)　2009年度に職業紹介事業に従事していなかった事業所を除外したため$N=49$となった。
(出所)　筆者作成。

5　職業紹介事業所の紹介状況

　職業紹介事業所を利用する求職者はどのような特徴を持ち，また，求人企業に対する紹介状況ならびに紹介手数料はどのようになっているのだろうか。ここでは，紹介状況ならびに紹介手数料を，求職者の観点から整理する。
　なお前述したように，職業紹介事業所といっても，その紹介形態は多岐にわたる。そこで可能な限り，紹介形態ごとに分析を行った[4]。ただし，「売上げが最も大きかった紹介形態」として再就職支援型をあげた事業所が2事業所しかなかったため，再就職支援型は分析対象から除外することとした。

---

[4]　表10-3で「売上げが最も大きかった紹介形態」としてあげられた紹介形態に各事業所を分類し，比較を行った。

図10-7 求職者の年代構成

	29歳以下	30〜39歳	40〜49歳	50〜59歳	60歳以上
サーチ型 (N=11)	0.5	3.4	3.7	1.7	0.6
一般紹介（登録型）(N=26)	2.0	3.6	2.4	1.6	0.4
紹介予定派遣 (N=6)	2.5	4.3	2.2	1.0	0.0

（出所）筆者作成。

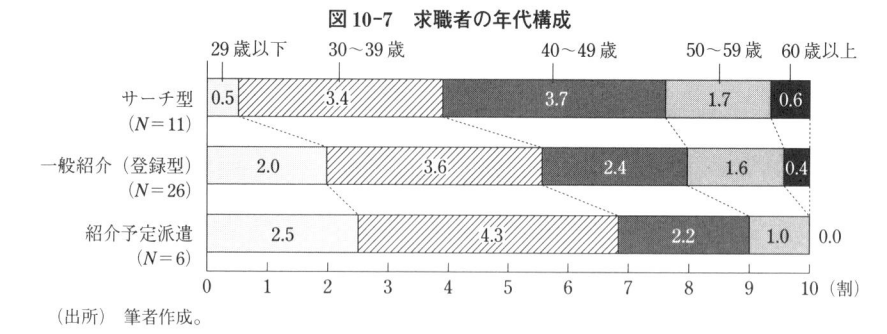

図10-8 求職申込時点での求職者の就業形態

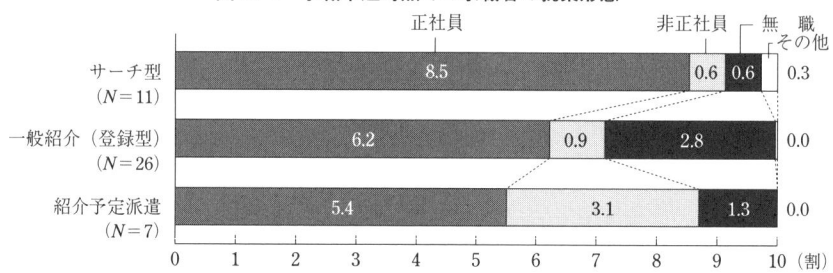

	正社員	非正社員	無職	その他
サーチ型 (N=11)	8.5	0.6	0.6	0.3
一般紹介（登録型）(N=26)	6.2	0.9	2.8	0.0
紹介予定派遣 (N=7)	5.4	3.1	1.3	0.0

（注）調査表では就業形態として「学生」を含んでいたが，該当する者がいなかったため，本図からは除外した。
（出所）筆者作成。

5.1 職業紹介事業所を利用する求職者の特徴

最初に，職業紹介事業所に登録する求職者の年代と求職申込時点での就業形態を見ていこう。

2009年度の新規求職者の年代構成は，図10-7の通りである。サーチ型を除く2つの紹介形態で「30〜39歳」が最も多い。一方，サーチ型では「40〜49歳」が3.7割と，「30〜39歳」の3.4割をやや上回る。サーチ型と一般紹介（登録型）では「29歳以下」よりも「40〜49歳」の求職者のほうが多いことも，特徴である。

2009年度の新規求職者の，職業紹介事業所への求職申込時点での就業状況は，図10-8の通りである。サーチ型では「正社員」が8.5割と他の紹介形態よりも高く，一般紹介（登録型）では「無職」が2.8割と他の紹介形態よりも高く，紹介予定派遣では「非正社員」が3.1割と他の紹介形態よりも高いといった特徴が認められた。

5.2 職業紹介事業所を通じた採用決定者への紹介状況

職業紹介事業所を利用する求職者の典型は，30歳代ならびに40歳代の正社員だといえる。では，彼（女）らに対する紹介状況はどのようなものなのであろうか。

最初に，職業紹介事業所への登録から正社員としての採用が決定するまでの所要期間である。職業紹介事業所から紹介された企業（登録した職業紹介事業所を通じて求職者が求人情報を獲得し，同事業所を通じて応募した企業）に2009年度に正社員としての採用が決まった決定者が，職業紹介事業所に求職の申込みをしてから，入社先の企業での採用の決定を得るまでに必要とした平均所要期間は，図10-9の通りである。

一般紹介（登録型）では，「1～3カ月未満」が70.4％と最も高く，「3～6カ月未満」の22.2％を合わせると，決定者の90％以上は，求職申込みから6カ月以内に採用が決まっている。サーチ型でも，「1～3カ月未満」が45.5％，「3～6カ月未満」が36.4％と，一般紹介（登録型）と類似の傾向が認められる。一方，紹介予定派遣では，「6～9カ月未満」が25.0％，「1年以上」が12.5％と，他の紹介形態よりも長期化する傾向がある。

2009年度に職業紹介事業所の紹介企業に正社員としての採用が決まった決定者に対する紹介企業数（職業紹介事業所が紹介した企業数），ならびに応募企業数（紹介企業のうち応募した企業数）は，図10-10の通りである。

サーチ型では，紹介企業数が2.6社で応募企業数が1.8社であった（$N=11$）。決定者の応募企業数が少ないことが，サーチ型の特徴である。一般紹介（登録型）では，紹介企業数が5.0社で応募企業数が2.8社であった（$N=25$）。紹介企業数に比べて応募企業数が少ないことが一般紹介（登録型）の特徴だといえる。

職業紹介事業所からの紹介を通じて2009年度に企業に正社員として採用が決まった転職者の年収区分は図10-11の通りである。サーチ型では，「600万～800万円未満」が36.4％と最も多く，「1000万円以上」が27.3％と続くことから，全体として年収は高い水準にあるといえる。一般紹介（登録型）では，「400万～600万円未満」が66.7％と多く，「200万～400万円未満」が18.5％と続く。紹介予定派遣では，「200万～400万円未満」が75.0％と圧倒的に多い。

264　第10章　職業紹介担当者の能力ならびにスキル

図10-9　2009年度の決定者の登録から決定までの所要期間

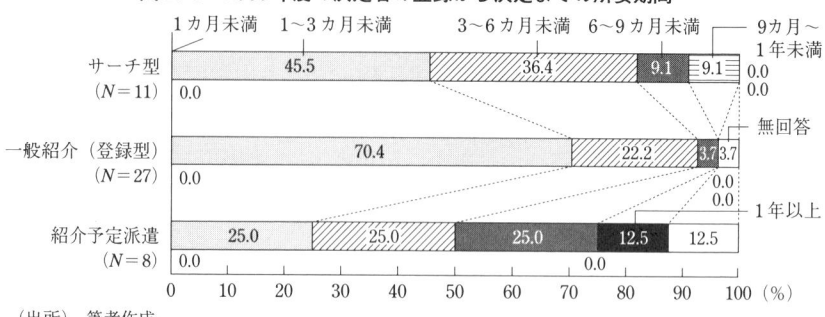

凡例：1カ月未満／1〜3カ月未満／3〜6カ月未満／6〜9カ月未満／9カ月〜1年未満／1年以上／無回答

- サーチ型（N=11）：1カ月未満 0.0、1〜3カ月未満 45.5、3〜6カ月未満 36.4、6〜9カ月未満 9.1、9カ月〜1年未満 9.1、1年以上 0.0、無回答 0.0
- 一般紹介（登録型）（N=27）：0.0、70.4、22.2、3.7、0.0、0.0、3.7
- 紹介予定派遣（N=8）：25.0、25.0、25.0、12.5、12.5、0.0、0.0

（出所）筆者作成。

図10-10　2009年度の決定者への紹介企業数ならびに応募企業数

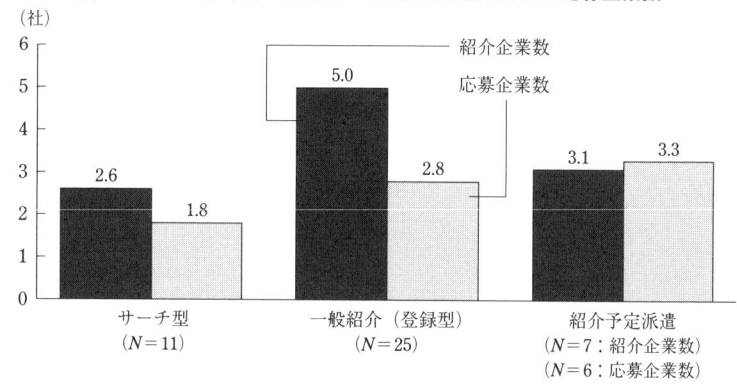

（単位：社）

- サーチ型（N=11）：紹介企業数 2.6、応募企業数 1.8
- 一般紹介（登録型）（N=25）：紹介企業数 5.0、応募企業数 2.8
- 紹介予定派遣（N=7：紹介企業数／N=6：応募企業数）：紹介企業数 3.1、応募企業数 3.3

（注）
1）回答事業所数の表記（N）が複数あるものは，項目により回答事業所数が異なったものである。表記が1つのものは複数項目での回答数が同一であることを意味する。以降の図表についても同様。
2）紹介予定派遣で紹介企業数よりも応募企業数が多いのは，回答事業所数の違いによる。

（出所）筆者作成。

図10-11　職業紹介事業所からの2009年度の決定者の年収

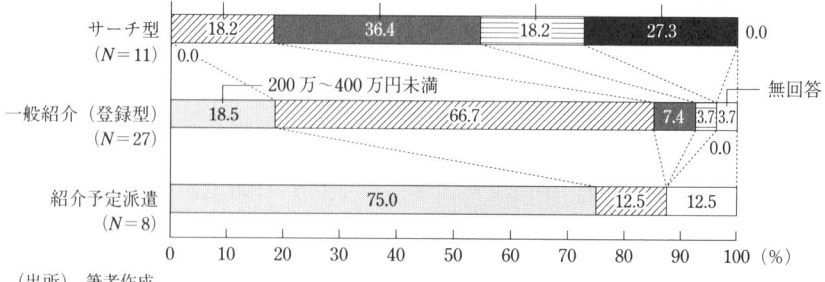

凡例：200万〜400万円未満／400万〜600万円未満／600万〜800万円未満／800万〜1000万円未満／1000万円以上／無回答

- サーチ型（N=11）：200万〜400万円未満 0.0、400万〜600万円未満 18.2、600万〜800万円未満 36.4、800万〜1000万円未満 18.2、1000万円以上 27.3、無回答 0.0
- 一般紹介（登録型）（N=27）：18.5、66.7、7.4、3.7、0.0、3.7
- 紹介予定派遣（N=8）：75.0、12.5、12.5、0.0、0.0、0.0

（出所）筆者作成。

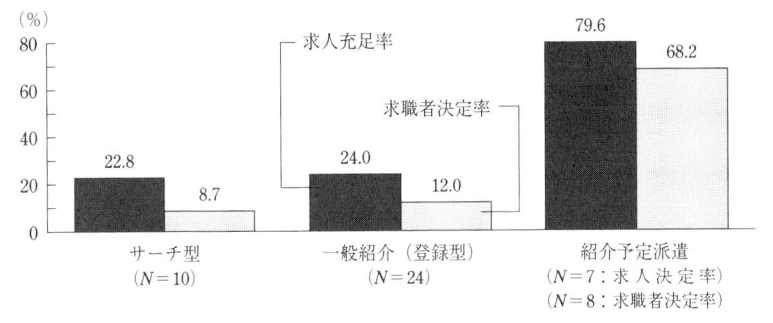

図 10-12　2009 年度の求人充足率と求職者決定率

紹介形態	求人充足率 (%)	求職者決定率 (%)
サーチ型（N=10）	22.8	8.7
一般紹介（登録型）（N=24）	24.0	12.0
紹介予定派遣（N=7：求人決定率／N=8：求職者決定率）	79.6	68.2

（出所）　筆者作成。

　ここまで，職業紹介事業所を活用して正社員としての採用を決めた決定者を中心に見てきたが，それでは，職業紹介事業所を利用する求人企業ならびに求職者のうち，どの程度の求人企業ならびに求職者が採用に結びついているのだろうか。

　2009 年度の①新規求人依頼数，②新規求職者数，③紹介から正社員としての決定に結びついた人数を用いて，求人ならびに求職者の充足率を算出した。具体的には，求人充足率は「紹介から正社員としての決定に結びついた人数／新規求人依頼数」で算出し，求職者決定率は「紹介から正社員としての決定に結びついた人数／新規求職者数」で算出した。なお，実際には新規求人依頼から充足まで一定期間が必要である等の理由から，誤差が含まれることに注意が必要である。

　求人充足率から見ていこう（図 10-12）。紹介形態ごとでは，サーチ型では 22.8 %（N=10），一般紹介（登録型）では 24.0 %（N=24）と，この 2 つの紹介形態では 20 %台であるが，紹介予定派遣では 79.6 %（N=7）と 80 %近い充足率であり，紹介形態間で求人充足率に大きな違いがある。

　一方，求職者決定率についても見ていこう。サーチ型では 8.7 %（N=10），一般紹介（登録型）では 12.0 %（N=24）であるが，紹介予定派遣では 68.2 %（N=8）と 80 %近い決定率であり，ここでも紹介形態間で求職者決定率に大きな違いがある。2 つの結果から，紹介予定派遣での求人充足率ならびに求職者決定率が高いことがわかる。

5.3 紹介手数料とその変化

2009年度に，回答事業所からの紹介で正社員としての採用が決まった決定者1人当たりの紹介手数料として最も多かった区分は，図10-13 の通りである。紹介手数料には，紹介形態ごとに大きな相違があることがわかる。サーチ型では，「200万円以上」が54.5％と半数以上を占める。これは，サーチ型での決定者の年収水準が他の紹介形態を通じた決定者よりも高水準にあることを反映していると考えられる。一般紹介（登録型）では「100万〜150万円未満」が37.0％と最も多く，紹介手数料が100万円未満の事業所も40.7％（「20万円未満」「20万〜40万円未満」「40万〜60万円未満」「60万〜80万円未満」「80万〜100万円未満」の合計）ある。紹介予定派遣は，「20万円未満」と「20万〜40万円未満」が25.0％ずつで，両者で50％を占めており，他の2つの紹介形態と比較して1人当たりの紹介手数料が低いことがわかる。このように，紹介形態間で紹介手数料には大きな違いがある。

職業紹介事業所からの紹介を通じて2009年度に企業に正社員として採用が決まった決定者の年収と紹介手数料を関連づけて比較すると，紹介手数料には大きな幅があることがわかる。たとえば，一般紹介（登録型）では，紹介手数料が40万円以下の事業所が11.1％存在する一方で，150万円以上の事業所も18.5％存在する。このようなばらつきは，正社員としての採用が決まった決定者の年収により生じている可能性が考えられると同時に，職業紹介事業所間で同程度の年収を得る転職者を紹介したにもかかわらず紹介手数料に差異がある可能性も指摘できる。

今回の調査では有効回答事業所数が限られていることから，比較的回答事業所数が多かった一般紹介（登録型）に限定して，正社員として採用された決定者の年収と，職業紹介事業所が得る紹介手数料の分布について見ていこう。

正社員として採用された決定者の年収として最も多い区分が「400万〜600万円未満」と回答した18事業所を見ていくと，紹介手数料は「100万〜150万円未満」が50％と半数に上るが，そこに限らず，「20万〜40万円未満」から「150万〜200万円未満」の範囲で幅広く分布していることがわかる（図10-14）。

このことから，正社員として採用された決定者の年収に対する紹介手数料には，職業紹介事業所間で，ある一定水準の合意があるものの，とくに低価格のほうには幅広く広がっていると考えられる。

図 10-13　2009 年度に正社員として採用された求職者 1 人当たりの紹介手数料

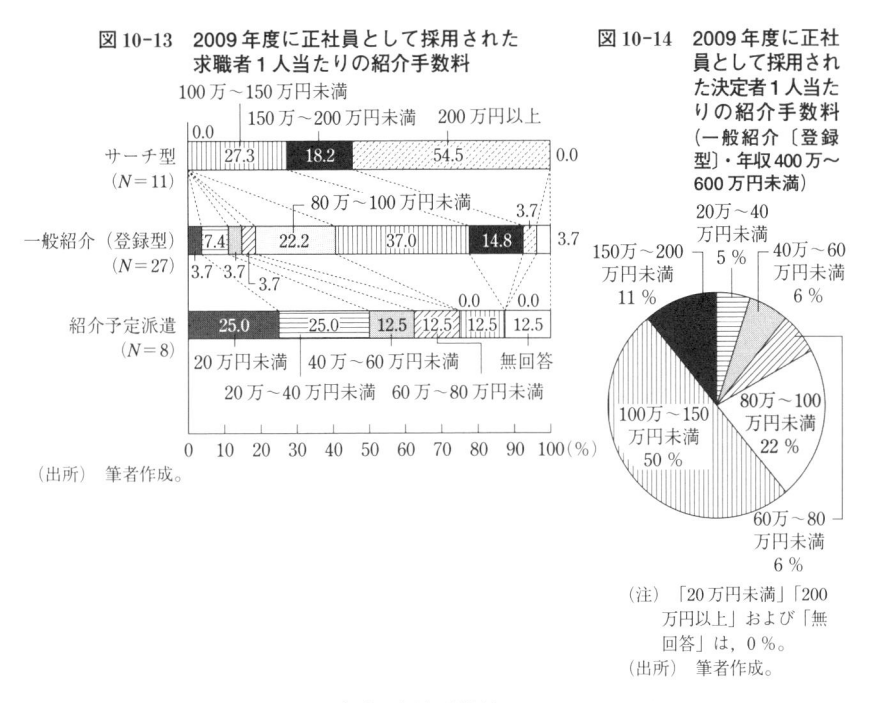

図 10-14　2009 年度に正社員として採用された決定者 1 人当たりの紹介手数料（一般紹介〔登録型〕・年収 400 万～600 万円未満）

（注）「20 万円未満」「200 万円以上」および「無回答」は，0 ％。
（出所）　筆者作成。

図 10-15　2009 年度の紹介手数料（08 年度との比較）

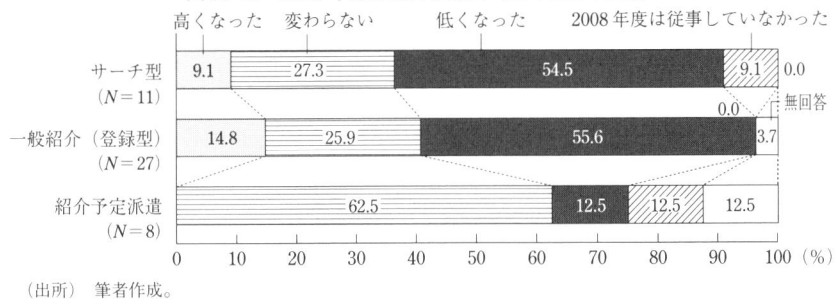

（出所）　筆者作成。

　次に，2009 年度に正社員としての採用が決定した人 1 人当たりの紹介手数料を，2008 年度の決定者と比較した変化で見ていこう。

　職業紹介事業全体として「低くなった」と回答する事業所が 47.9 ％と最も多く，約半数の事業所で紹介手数料が低下していることになる。紹介形態別では，一般紹介（登録型）で 55.6 ％，サーチ型で 54.5 ％の事業所が「低くなった」と回答しており，「変わらない」と回答する事業所数の 2 倍程度になる。

サーチ型では「高くなった」と「2008年度は従事していなかった」が9.1％ずつであった（図10-15）。紹介予定派遣では「変わらない」が62.5％と最も高いことから，他の職業紹介形態とは異なる傾向が認められるが，全体的な傾向として，年収の高い層を中心に，正社員としての決定者1人当たりの紹介手数料は低下傾向にあると考えられる。

6 パフォーマンスの高い職業紹介担当者の特徴

前節では，職業紹介事業所の紹介状況を，職業紹介事業所を利用して正社員としての採用を得た決定者を中心に見てきた。そのプロセスで，とくに求人企業と求職者のマッチングを通じ，決定に対して大きく影響を与えるのが職業紹介担当者である。

本節では，とくにパフォーマンスが高い職業紹介担当者[5]の特徴を，①年間の決定人数，②年間の売上高，③能力・スキルの3点について，平均的な「一人前」[6]の職業紹介担当者と比較する形で明らかにしていく。他の職業紹介担当者と比較してパフォーマンスの高い職業紹介担当者には，どのような特徴があるのだろうか。

6.1 決定状況

回答のあった事業所のみを取り上げて見ていくと，パフォーマンスの高い職業紹介担当者1人当たりの2009年度1年間の決定人数は，「11～20人」が22.4％と最も多かった。一方，一人前の職業紹介担当者1人当たりの2009年度1年間の決定人数は，「5～10人」が24.5％と最も多かった（図10-16）。

紹介形態別に特徴を検討するために中央値にて比較を行った[7]。紹介業形態ごとの「一人前」の職業紹介担当者とパフォーマンスの高い職業紹介担当者それぞれの2009年度1年間の決定人数の中央値は，図10-17の通りである。決定

---

[5] パフォーマンスの高い職業紹介担当者とは，各事業所で職業紹介担当者としての業績が上位20％に入る職業紹介担当者のことである。

[6] 「一人前」とは，周囲の助けがなくとも職業紹介担当者としての一通りの仕事ができる職業紹介担当者のことである。

[7] 平均値でなく中央値を用いたのは，サンプル数が少ないため，少数のはずれ値から大きな影響を受ける平均値は不適当と判断したためである。

6 パフォーマンスの高い職業紹介担当者の特徴

図10-16 2009年度の職業紹介担当者1人当たりの決定人数

図10-17 紹介形態別に見た2009年度の職業紹介担当者1人当たりの決定人数の中央値

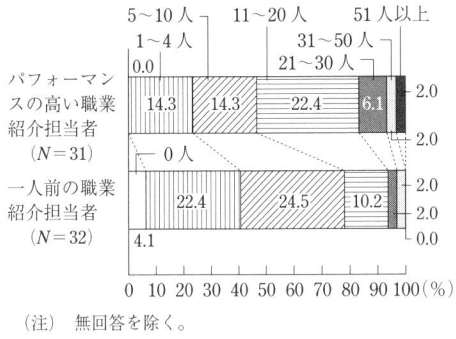

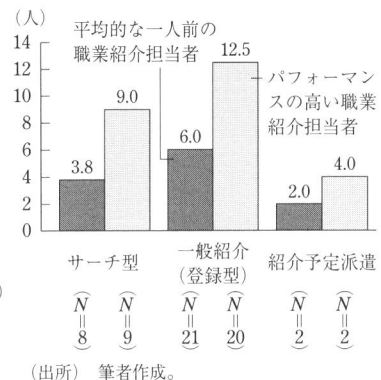

(注) 無回答を除く。
(出所) 筆者作成。

(出所) 筆者作成。

人数に事業所間で大きなばらつきがあることに留意する必要があるが，サーチ型では，「一人前」の職業紹介担当者は3.8人（$N=8$）であるのに対し，パフォーマンスの高い職業紹介担当者は9.0人（$N=9$）であり，パフォーマンスの高い職業紹介担当者の決定人数は「一人前」の職業紹介担当者の2倍以上であった。一般紹介（登録型）では，「一人前」の職業紹介担当者は6.4人（$N=21$）であるのに対し，パフォーマンスの高い職業紹介担当者は12.5人（$N=20$）であり，パフォーマンスの高い職業紹介担当者の決定人数は「一人前」の職業紹介担当者の2倍以上であった。紹介予定派遣（$N=2$）でも，同様の傾向が認められた。なお，再就職支援型（アウトプレースメント型）は，回答事業所数が2事業所と少なかったため，分析から除外した。

これらの結果から，各事業所で上位20％に該当するパフォーマンスの高い職業紹介担当者は，1年間で「一人前」の職業紹介担当者の約2倍の決定人数をあげているといえる。

次に，職業紹介担当者1人当たりの年間売上高を見ていこう。本調査では，1年間の紹介手数料の合計額を職業紹介担当者の売上高とした。パフォーマンスの高い職業紹介担当者1人当たりの2009年度1年間の売上高は，「1000万〜3000万円未満」が51.6％と最も多く半数を占めた。一方で「500万円未満」も19.4％を占める。他方，一人前の職業紹介担当者1人当たりの2009年度1年間の売上高も，「1000万〜3000万円未満」が31.3％と最も多く，「500万〜

270　第10章　職業紹介担当者の能力ならびにスキル

図10-18　2009年度の職業紹介担当者1人当たりの年間売上高

図10-19　紹介形態別に見た2009年度の職業紹介担当者1人当たりの年間売上高

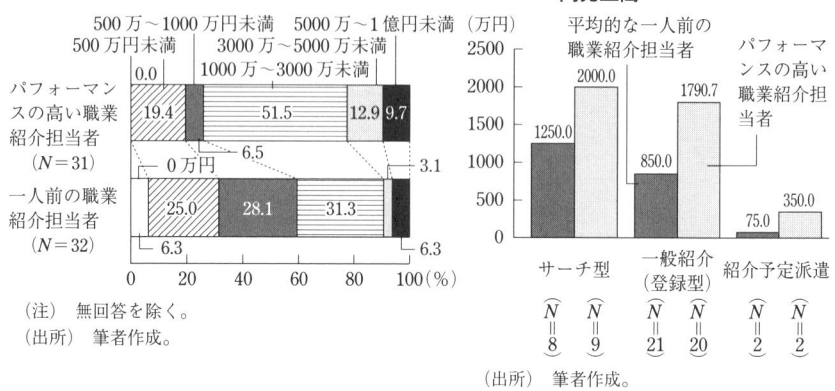

（注）　無回答を除く。
（出所）　筆者作成。

（出所）　筆者作成。

1000万円未満」が28.1％と続いた（図10-18）。

　紹介形態別に見ていこう（図10-19）。1年間の平均的な売上高は，サーチ型では，「一人前」の職業紹介担当者が1250万円（$N=8$）であるのに対し，パフォーマンスの高い職業紹介担当者は2000万円（$N=9$）であり，パフォーマンスの高い職業紹介担当者の平均的な売上高は「一人前」の職業紹介担当者の2倍弱であった。

　一般紹介（登録型）では，「一人前」の職業紹介担当者が850万円（$N=21$）であるのに対し，パフォーマンスの高い職業紹介担当者は1790.7万円（$N=20$）であり，パフォーマンスの高い職業紹介担当者の売上高は「一人前」の職業紹介担当者の2倍以上であった。

　紹介予定派遣では，「一人前」の職業紹介担当者が75万円（$N=2$）であるのに対し，パフォーマンスの高い職業紹介担当者は350万円（$N=2$）であり，パフォーマンスの高い職業紹介担当者の平均的な売上高は「一人前」の職業紹介担当者の5倍弱であった。サーチ型と一般紹介（登録型）では，決定人数と同様，パフォーマンスの高い職業紹介担当者は「一人前」の職業紹介担当者の2倍程度の売上げを上げている。

　職業紹介担当者1人当たりの1年間の売上高を1年間の決定人数で割ることで，2009年度の決定者1人当たりの売上単価を算出した（図10-20）。サーチ型では，「一人前」の職業紹介担当者の売上単価は250万円（$N=8$）であるの

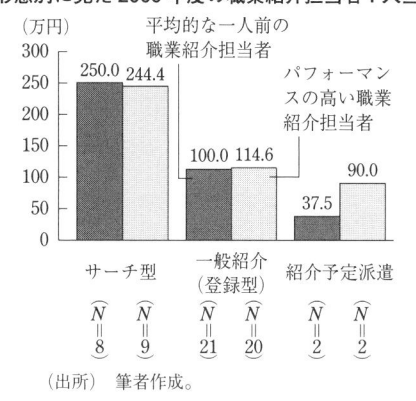

図10-20 紹介形態別に見た2009年度の職業紹介担当者1人当たりの売上単価

（凡例）平均的な一人前の職業紹介担当者／パフォーマンスの高い職業紹介担当者

サーチ型：250.0（N=8）／244.4（N=9）
一般紹介（登録型）：100.0（N=21）／114.6（N=20）
紹介予定派遣：37.5（N=2）／90.0（N=2）

（単位：万円）

（出所）筆者作成。

に対し，パフォーマンスの高い職業紹介担当者は244.4万円（$N=9$）であった。

一般紹介（登録型）では，「一人前」の職業紹介担当者の売上単価は100万円（$N=21$）であるのに対し，パフォーマンスの高い職業紹介担当者は114.6万円（$N=20$）であった。紹介予定派遣では「一人前」の職業紹介担当者の売上単価は37.5万円（$N=2$）であるのに対し，パフォーマンスの高い職業紹介担当者は90万円（$N=2$）であった。

紹介予定派遣を除く2つの紹介形態では，「一人前」の職業紹介担当者とパフォーマンスの高い職業紹介担当者との間で決定者1人当たりの紹介手数料にはほとんど差異がないことから，サーチ型と一般紹介（登録型）では，パフォーマンスの高い職業紹介担当者と平均的な「一人前」の職業紹介担当者で，決定者の年収水準や紹介手数料の単価に違いはなく，パフォーマンスの高い職業紹介担当者がより年収もしくは紹介手数料の高い求人へと決定者を出すといった傾向は認められない。両者の違いは決定人数のみにあるのである。ただし，紹介予定派遣では異なる傾向が認められた。

6.2 能力・スキル

パフォーマンスの高い職業紹介担当者と「一人前」の職業紹介担当者の間の能力やスキルの違いを見ていこう。前項での結果からは，両者の能力・スキルの違いは，1年間に1人当たりの職業紹介担当者が決定することができる求職者の人数に影響を与えると考えられる。

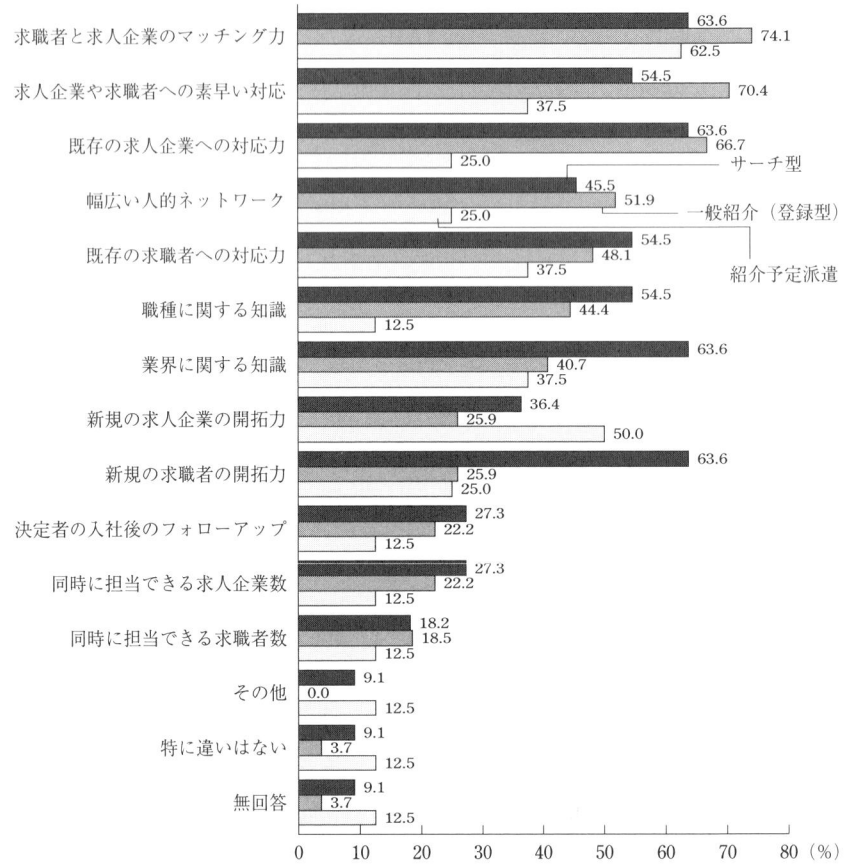

272　第10章　職業紹介担当者の能力ならびにスキル

図10-21　パフォーマンスの高い職業紹介担当者が優れている点

項目	サーチ型	一般紹介（登録型）	紹介予定派遣
求職者と求人企業のマッチング力	63.6	74.1	62.5
求人企業や求職者への素早い対応	54.5	70.4	37.5
既存の求人企業への対応力	63.6	66.7	25.0
幅広い人的ネットワーク	45.5	51.9	25.0
既存の求職者への対応力	54.5	48.1	37.5
職種に関する知識	54.5	44.4	12.5
業界に関する知識	63.6	40.7	37.5
新規の求人企業の開拓力	36.4	25.9	50.0
新規の求職者の開拓力	63.6	25.9	25.0
決定者の入社後のフォローアップ	27.3	22.2	12.5
同時に担当できる求人企業数	27.3	22.2	12.5
同時に担当できる求職者数	18.2	18.5	12.5
その他	9.1	0.0	12.5
特に違いはない	9.1	3.7	12.5
無回答	9.1	3.7	12.5

（注）　複数回答。
（出所）　筆者作成。

　すべての紹介形態において，「求職者と求人企業のマッチング力」をあげる事業所が多く，サーチ型で63.6％，一般紹介（登録型）で74.1％，紹介予定派遣で62.5％であった。パフォーマンスの高い職業紹介担当者は求職者と求人企業とをマッチングする力が優れているのである（図10-21）。

　サーチ型では，「既存の求人企業への対応力」「業界に関する知識」「新規の求職者の開拓力」がいずれも63.6％と高かった。とりわけ，他の紹介形態と比較して「業界に関する知識」「新規の求職者の開拓力」があげられる比率が高いことから，業界固有の知識に基づいて求人に合致する求職者を開拓する能

力・スキルが，サーチ型の職業紹介担当者が求職者と求人企業のマッチングを高める上では重要な能力・スキルだといえる。

一般紹介（登録型）では，「求職者と求人企業のマッチング力」が74.1％，「求人企業や求職者への素早い対応」が70.4％，「既存の求人企業への対応力」が66.7％と続く。求職者と求人企業とのマッチングにおいて，スピードという側面が重視されていると考えられる。求人企業ならびに求職者が複数の職業紹介事業所を併用することも珍しいことではなく，また広告や縁故といった方法との競合も十分考えられることから，他事業所ならびに他の方法との差別化を図る1つの手段がスピードなのではないだろうか。

紹介予定派遣では「新規の求人企業の開拓力」が50％と高かった。求職者への対応という以上に，マッチングを行う上で不可欠な求人企業の確保という点で，パフォーマンスの高い職業紹介担当者と「一人前」の職業紹介担当者の差異が顕著になっていると考えられる。

次に，求人企業対応に限定して，パフォーマンスの高い職業紹介担当者の特徴を見ていこう（図10-22）。求人企業への対応について，サーチ型では，「求人企業から信頼される」が81.8％，「求人企業のことを幅広く理解している」と「求人条件の明確化や拡大をはかる」が72.7％であった。一般紹介（登録型）と比較すると，「求人企業に対して厳しいことを言える」が54.5％とやや高く，逆に「求人条件を良く理解している」が63.6％とやや低いことから，求人企業の人材面におけるパートナーとして深くかかわり，提示された求人条件を理解するという以上に，求人条件等に関しても求人企業とともに形づくり，専門家としてアドバイスするといった関係性を構築できることが求められていると考えられる。

一般紹介（登録型）では，「求人企業から信頼される」と「求人条件を良く理解している」が81.5％，「求人企業のことを幅広く理解している」が，74.1％であった。「求人条件を良く理解している」が他の2つの紹介形態と比較して高いことから，求人企業に関する幅広い知識をもとに，求人企業が求める人材像をよりよく理解し，いかにそれにマッチした人材を紹介できるようにするか，そして求人企業から「あなた（職業紹介担当者）が紹介する求職者なら自社に適合しているであろう」という信頼を得ることが求められていると考えられる。

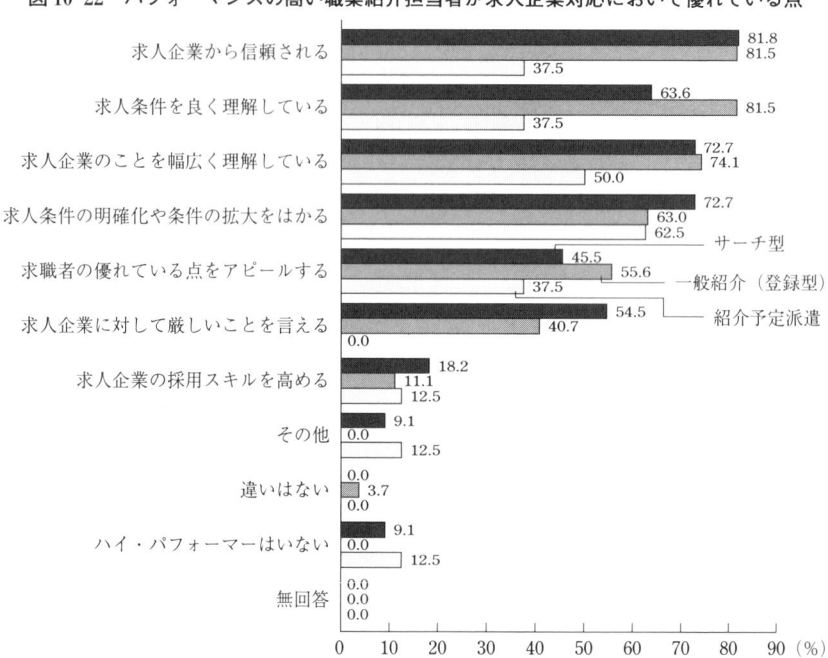

図 10-22 パフォーマンスの高い職業紹介担当者が求人企業対応において優れている点

項目	サーチ型	一般紹介（登録型）	紹介予定派遣
求人企業から信頼される	81.8	81.5	37.5
求人条件を良く理解している	63.6	81.5	37.5
求人企業のことを幅広く理解している	72.7	74.1	50.0
求人条件の明確化や条件の拡大をはかる	72.7	63.0	62.5
求職者の優れている点をアピールする	45.5	55.6	37.5
求人企業に対して厳しいことを言える	54.5	40.7	0.0
求人企業の採用スキルを高める	18.2	11.1	12.5
その他	9.1	0.0	12.5
違いはない	0.0	3.7	0.0
ハイ・パフォーマーはいない	9.1	0.0	12.5
無回答	0.0	0.0	0.0

（注）複数回答。
（出所）筆者作成。

　紹介予定派遣では，「求人条件の明確化や条件の拡大をはかる」が 62.5％ と最も高く，「求人企業のことを幅広く理解している」が 50.0％ と続いた。

　一方，求職者対応では，「求職者の求職ニーズを理解している」が，サーチ型で 72.7％，一般紹介（登録型）で 96.3％，紹介予定派遣で 62.5％ と 3 つの紹介形態すべてで高いことから，求職ニーズの理解の程度がマッチングの精度に対して影響を与えると同時に，職業紹介担当者間で能力・スキルの差異が顕著になる点だといえる（図 10-23）。

　他の紹介形態との比較からは，サーチ型で「求職者について人柄等幅広く理解する」が 54.5％，「求職者の求職スキル全般を高める」が 27.3％ と，他の 2 つの紹介形態に比べて高いことから，サーチ型における職業紹介担当者には，求人条件に対する求職者の能力・スキルだけでなく人柄といった側面までを含んだクオリティの高い人材を紹介する機能が求められており，そのために紹介する人材のクオリティ向上にも貢献することが期待されていると考えられる。

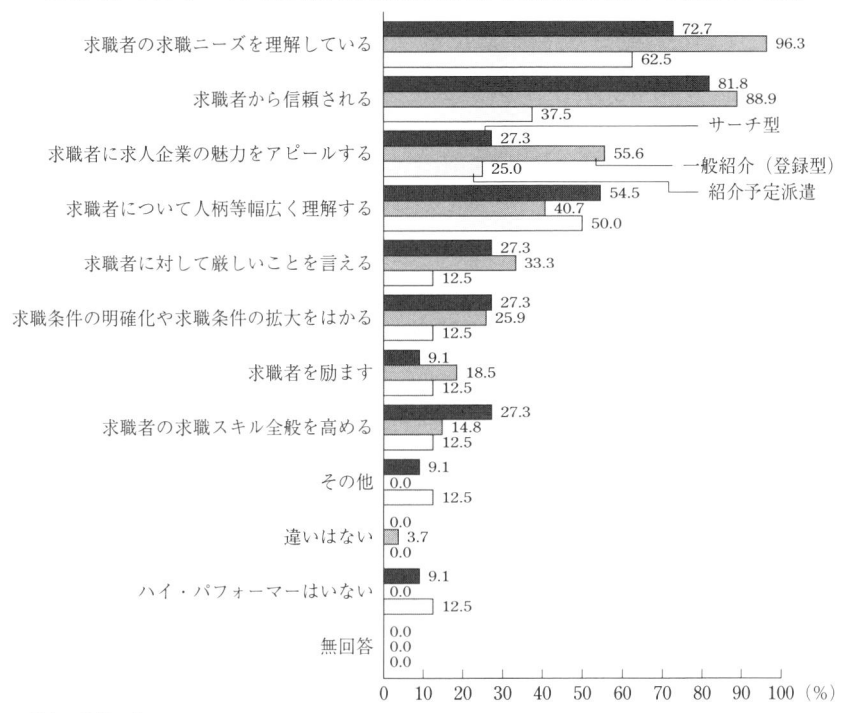

6　パフォーマンスの高い職業紹介担当者の特徴　275

図 10-23　パフォーマンスの高い職業紹介担当者が求職者対応において優れている点

項目	サーチ型	一般紹介（登録型）	紹介予定派遣
求職者の求職ニーズを理解している	72.7	96.3	62.5
求職者から信頼される	81.8	88.9	37.5
求職者に求人企業の魅力をアピールする	27.3	55.6	25.0
求職者について人柄等幅広く理解する	54.5	40.7	50.0
求職者に対して厳しいことを言える	27.3	33.3	12.5
求職条件の明確化や求職条件の拡大をはかる	27.3	25.9	12.5
求職者を励ます	9.1	18.5	12.5
求職者の求職スキル全般を高める	27.3	14.8	12.5
その他	9.1	0.0	12.5
違いはない	0.0	3.7	0.0
ハイ・パフォーマーはいない	9.1	0.0	12.5
無回答	0.0	0.0	0.0

（注）　複数回答。
（出所）　筆者作成。

　一方，一般紹介（登録型）では，前述したように「求職者の求職ニーズを理解している」が非常に高く，また「求職者に求人企業の魅力をアピールする」が 55.6％と他の 2 つの紹介形態よりも高いことから，第三者かつ求人企業の代弁者として，求職者のニーズに合わせて求人企業の魅力を伝える機能が求められているといえる。さらには，求人企業と求職者双方のニーズを正確に理解することで精度の高いマッチングを提供することが求められているといえる。
　紹介予定派遣では，「求職者について人柄等幅広く理解する」が 50％と続く。紹介予定派遣を利用する年代層が他の 2 つの紹介形態と比較してやや低いこと，また，職業紹介事業への登録時点における雇用形態について非正社員の割合がやや高いことから，人物像の理解がより重要になるのかもしれない。

7 紹介手数料の高い職業紹介事業所における パフォーマンスの高い職業紹介担当者

前節では，パフォーマンスの高い職業紹介担当者の能力・スキルの特徴を，可能な限り紹介形態ごとに整理した。その結果，紹介形態によって職業紹介担当者に求められる能力・スキルは，部分的な違いがあることが確認された。

本節では，さらに分析を進め，正社員として採用が決定した利用者1人当たりの紹介手数料の高低による違いを精査してみよう。前節の結果から，「一人前」の職業紹介担当者とパフォーマンスの高い職業紹介担当者の業績の違いは，主として1年間の決定人数であり，決定者1人当たりの売上単価に差異は認められないことが確認された[8]。決定者1人当たりの売上単価は紹介手数料で構成されているため，事業所間で紹介手数料にばらつきがあることが考えられる。そこで，紹介手数料によって，職業紹介担当者に求められる能力・スキルにどのような違いが見られるかを明らかにする。

7.1 紹介手数料による職業紹介事業所の2群化

最初に，職業紹介事業所を紹介手数料の高低により2群化した手続きについて述べる。正社員として採用が決定した利用者1人当たりの紹介手数料として最も多い金額により，事業所をHIGH群とLOW群の2群に分類した。その際，紹介形態間でも紹介手数料の金額にばらつきがあったことから，紹介形態ごとに，事業所数がほぼ半数になるように2群に分類した[9]（図10-24）。

具体的には，サーチ型では紹介手数料が200万円未満をLOW群（$N=5$）とし，200万円以上をHIGH群（$N=6$）とした。一般紹介（登録型）では，100万円未満をLOW群（$N=11$）とし，100万円以上をHIGH群（$N=15$）とし

---

[8] 紹介予定派遣では異なる結果となったが，回答事業所数が少ないことから結果の解釈については保留とした。
[9] 紹介形態間で求人企業・求職者双方に関する状況に違いがあることが確認されているため，本来であれば紹介形態ごとに分析を行うことが望ましいだろうが，回答事業所数が限られていることから，紹介形態ごとではなく，全体を通じた分析を行った。なお，2群に分類する際に無回答は除外した。したがって，一般紹介（登録型）では2群の合計は26，紹介予定派遣では2群の合計は7となる。また，再就職支援型（アウトプレースメント型）は回答事業所数が少ないため，分析から除外した。

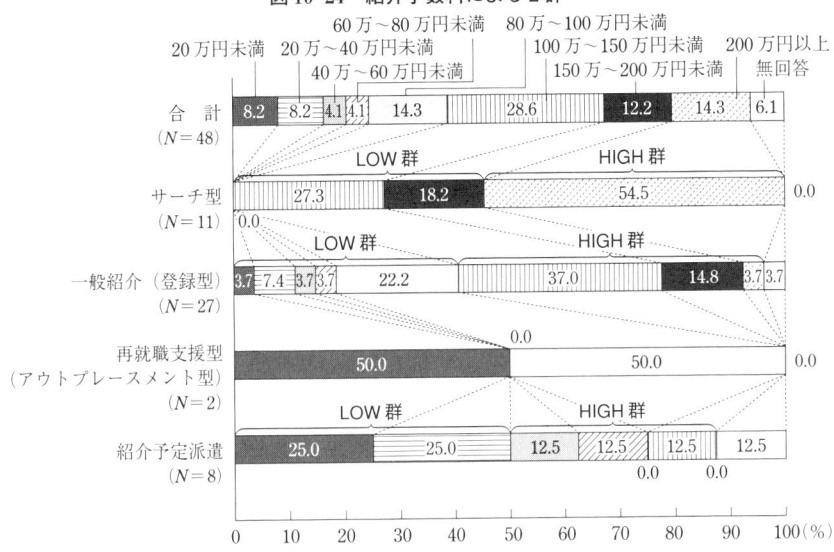

図10-24 紹介手数料による2群

分類	20万円未満	20万~40万円未満	40万~60万円未満	60万~80万円未満	80万~100万円未満	100万~150万円未満	150万~200万円未満	200万円以上	無回答
合計 ($N=48$)	8.2	8.2	4.1	4.1	14.3	28.6	12.2	14.3	6.1
サーチ型 ($N=11$)	0.0			27.3	18.2	54.5			0.0
一般紹介(登録型) ($N=27$)	3.7	7.4	3.7	3.7	22.2	37.0	14.8	3.7	3.7
再就職支援型(アウトプレースメント型) ($N=2$)			50.0		0.0	50.0			0.0
紹介予定派遣 ($N=8$)	25.0	25.0	12.5	12.5	12.5	12.5	0.0	0.0	

※合計・サーチ型・一般紹介(登録型)・紹介予定派遣にはLOW群/HIGH群の区分表示あり

(出所)　筆者作成。

た。紹介予定派遣では，40万円未満をLOW群（$N=4$）とし，40万円以上をHIGH群（$N=3$）とした。3つの紹介形態を合計すると，LOW群が20事業所，HIGH群が24事業所になった。

HIGH群とLOW群の分布を紹介形態ごとに確認したところ，3つの紹介形態すべてで，HIGH群のほうがLOW群よりも，①採用決定者が得る予定年収が高い，②予定年収に占める紹介手数料の割合が高い，という2点を指摘することができる（図10-25）。これらの結果から，紹介手数料が高い事業所は，①年収の高い求人を取り扱い，②年収における紹介手数料の額が高いと考えられる。

7.2　紹介手数料の高い職業紹介事業所の特徴

紹介手数料の高い職業紹介事業所の特徴を見ていこう。まず，求人充足率と求職者決定率についてである。HIGH群では，求人充足率が22.4％であるのに対し，LOW群では46.8％と2倍以上となっている。同様に，求職者決定率もHIGH群では11.7％であるのに対し，LOW群で24.3％と2倍以上となっている（表10-4）。これらの結果から，紹介手数料が高い群よりも低い群のほ

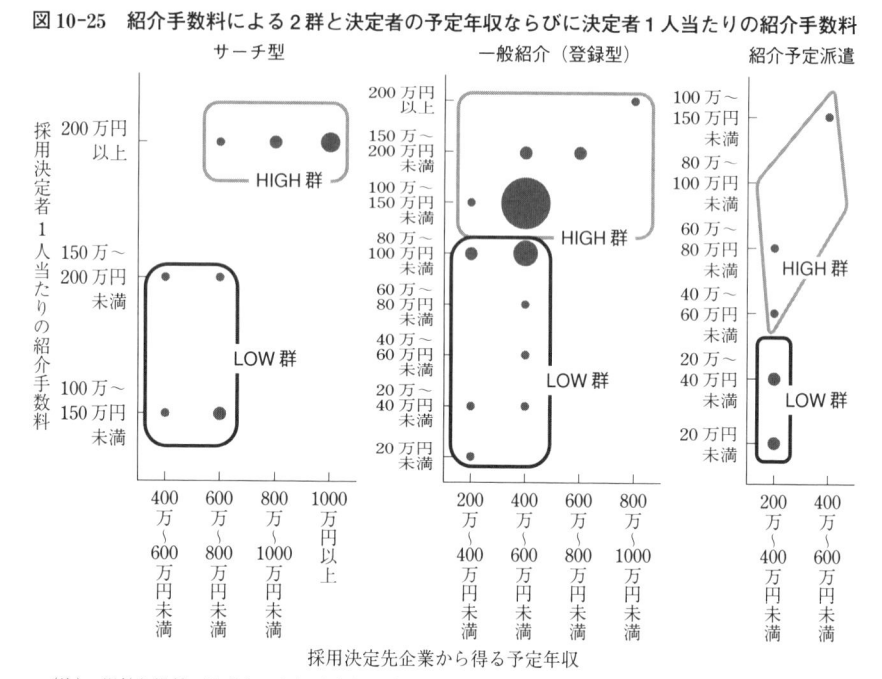

278　第10章　職業紹介担当者の能力ならびにスキル

図10-25　紹介手数料による2群と決定者の予定年収ならびに決定者1人当たりの紹介手数料

（縦軸：採用決定者1人当たりの紹介手数料／横軸：採用決定先企業から得る予定年収）

サーチ型：HIGH群（200万円以上、400万～1000万円以上）、LOW群（100万～200万円未満、400万～800万円未満）

一般紹介（登録型）：HIGH群（80万～200万円以上、200万～800万円未満）、LOW群（20万～80万円未満、200万～1000万円未満）

紹介予定派遣：HIGH群（40万～100万円以上、200万～400万円以上）、LOW群（20万～40万円未満、200万～600万円未満）

（注）　縦軸と横軸の目盛りの交点（ポイント）における●の大きさは，そのポイントに該当する事業所数を示す。●が大きければ，そのポイントに該当する事業所数が多いことを意味する。
（出所）　筆者作成。

うが，求人充足率ならびに求職者決定率が高いといえる。

次に，職業紹介担当者1人が1年間に決める決定者の人数である。職業紹介手数料2群いずれにおいても，「一人前」の職業紹介担当者とパフォーマンスの高い職業紹介担当者の間に違いが認められた。「一人前」の職業紹介担当者が1年間に決める決定人数の中央値[10]は，HIGH群で10人，LOW群で5人であり，HIGH群はLOW群の2倍の決定人数を上げている。同様に，パフォーマンスの高い職業紹介担当者でも，HIGH群で11人，LOW群で6人と，2倍弱の決定人数となっている（表10-5）。これらの結果から，紹介手数料が高い群と低い群では，高い群のほうが，職業紹介担当者1人当たりで約2倍の決定人数を上げているといえる。

---

[10]　脚注7）で指摘したように，サンプル数が少ないため，平均値は少数のはずれ値から大きな影響を受けることから，中央値を用いた。

表10-4 紹介手数料2群と求人充足率ならびに求職者決定率

	紹介手数料2群	N	平均値(%)
求人充足率	HIGH群	21	22.4
	LOW群	19	46.8
求職者決定率	HIGH群	22	11.7
	LOW群	20	24.3

(出所) 筆者作成。

表10-5 紹介手数料2群と職業紹介担当者1人当たりの決定人数

	紹介手数料2群	N	中央値(人)
一人前の職業紹介担当者	HIGH群	19	10
	LOW群	11	5
パフォーマンスの高い職業紹介担当者	HIGH群	19	11
	LOW群	11	6

(出所) 筆者作成。

2つの分析結果から，紹介手数料が高い群のほうが，求人充足率・求職者決定率ともに低いが，職業紹介担当者1人当たりの決定人数が多いことが明らかになった。このことは，決定者1人当たりの紹介手数料がより高い職業紹介事業所は，低い職業紹介事業所と比較して，担当者1人がより多くの決定者を出しているものの，求職者が登録しても，もしくは求人企業が求人を依頼しても，それらが充足されない比率も高いと考えられる。逆に，決定者1人当たりの紹介手数料が低い職業紹介事業所は，限られた求人企業数ならびに求職者数の中で，充足率ならびに決定率を高めることで決定者を増やしているといえる。

紹介手数料の高低は，業績と関連があるのだろうか（図10-26）。HIGH群では，「同規模の同業他社と同じくらい」と回答した事業所が58.3％と最も多いが，「同規模の同業他社より若干良い」と回答した事業所も29.2％存在する。一方，LOW群では，「同規模の同業他社より若干良い」と回答した事業所が35.3％と最も多いが，「同規模の同業他社より若干悪い」もしくは「同規模の同業他社よりかなり悪い」と回答した企業が52.9％と半数以上に上る。HIGH群では同様の項目に該当する事業所は12.5％に過ぎない。したがって，紹介手数料の高低は事業所の業績と関連があると考えられる。

次に，2群それぞれの事業所が取り扱う求人の特徴を見ていこう。紹介手数料HIGH群とLOW群で求人の受け方に違いが認められたのは，「常に新規の求人開拓が必要である」と「1つの求人企業から複数職種の求人依頼を受けている」の2項目であった。HIGH群では，83.3％の事業所が「常に新規の求人開拓が必要か」という問いに対して「あてはまる」と回答したのに対し，LOW群では55.0％にとどまった（図10-27）。年収の比較的高い求人は同一企業で繰り返し発生することが少なく，HIGH群では新規求人の必要性が高まる

280 第10章 職業紹介担当者の能力ならびにスキル

図10-26 紹介手数料2群と主観的業績

凡例:
- 同規模の同業他社よりかなり良い
- 同規模の同業他社より若干良い
- 同規模の同業他社と同じくらい
- 同規模の同業他社より若干悪い
- 同規模の同業他社よりかなり悪い

HIGH群 (N=24): 0.0 / 29.2 / 58.3 / 8.3 / 4.2
LOW群 (N=17): 0.0 / 35.3 / 11.8 / 29.4 / 23.5

(出所) 筆者作成。

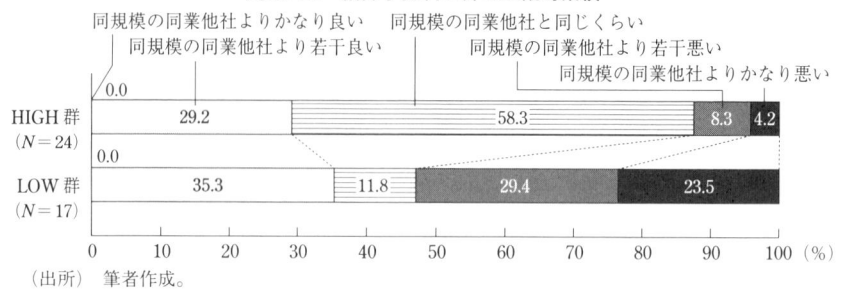

図10-27 常に新規の求人開拓が必要かどうか

凡例: あてはまる / どちらともいえない / あてはまらない

HIGH群 (N=24): 83.3 / 12.5 / 4.2
LOW群 (N=20): 55.0 / 10.0 / 35.0

(出所) 筆者作成。

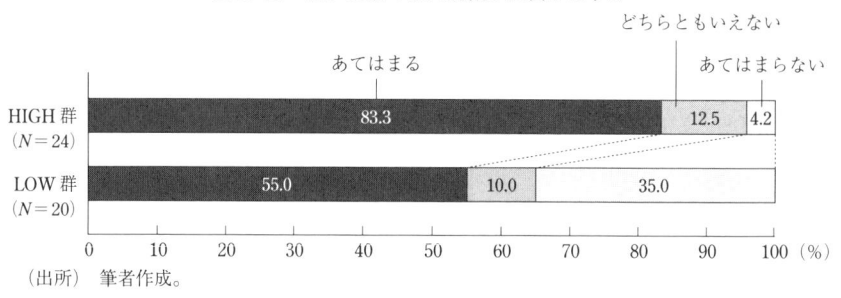

図10-28 1つの求人企業から複数職種の求人依頼を受けているかどうか

凡例: あてはまる / どちらともいえない / あてはまらない

HIGH群 (N=24): 83.3 / 12.5 / 4.2
LOW群 (N=20): 60.0 / 20.0 / 20.0

(出所) 筆者作成。

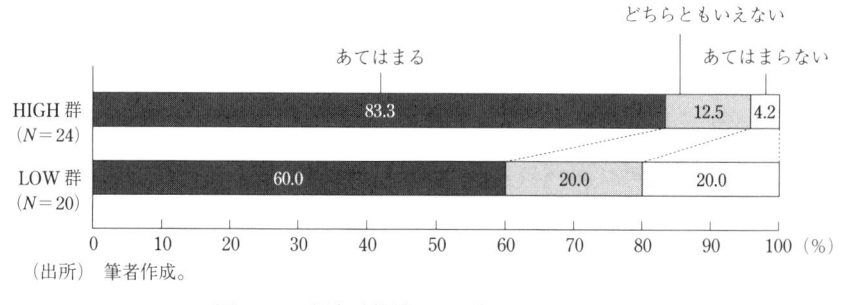

図10-29 紹介手数料2群と非公開求人の割合

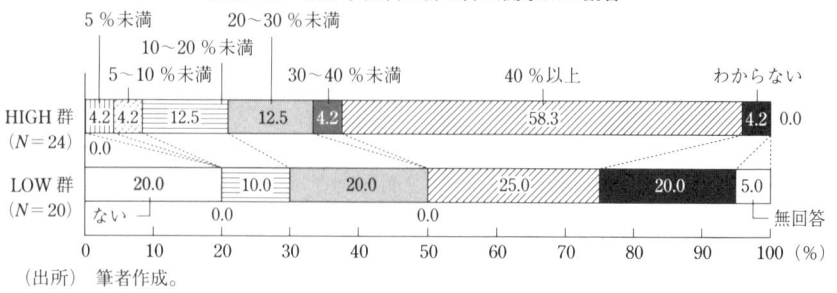

凡例: ない / 5％未満 / 5〜10％未満 / 10〜20％未満 / 20〜30％未満 / 30〜40％未満 / 40％以上 / わからない / 無回答

HIGH群 (N=24): 4.2 / 4.2 / 12.5 / 12.5 / 4.2 / 58.3 / 4.2 / 0.0
LOW群 (N=20): 0.0 / 20.0 / 10.0 / 20.0 / 0.0 / 25.0 / 20.0 / 5.0

(出所) 筆者作成。

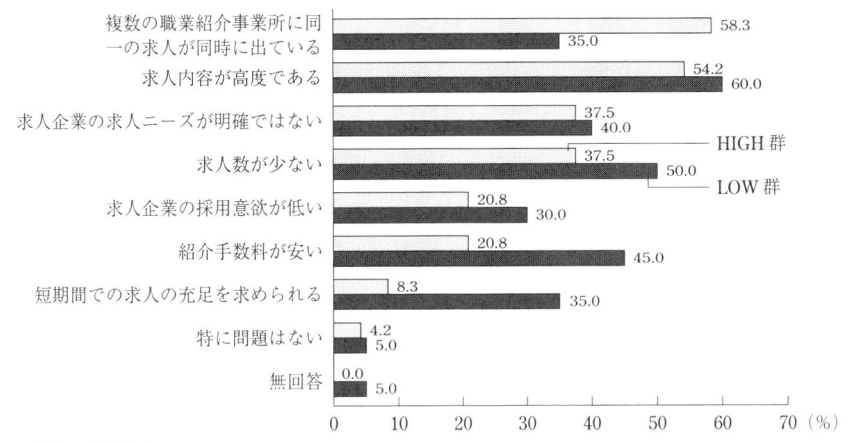

図10-30　紹介手数料2群と求人企業に関する課題

項目	HIGH群	LOW群
複数の職業紹介事業所に同一の求人が同時に出ている	58.3	35.0
求人内容が高度である	54.2	60.0
求人企業の求人ニーズが明確ではない	37.5	40.0
求人数が少ない	37.5	50.0
求人企業の採用意欲が低い	20.8	30.0
紹介手数料が安い	20.8	45.0
短期間での求人の充足を求められる	8.3	35.0
特に問題はない	4.2	5.0
無回答	0.0	5.0

(注)　複数回答。
(出所)　筆者作成。

のではないだろうか。

　また，HIGH群では，「1つの求人企業から複数職種の求人依頼を受けているか」という問いに対して，「あてはまる」と回答した事業所が83.3％あった。一方，LOW群は60.0％であった（図10-28）。1つの事業所で複数の求人職種に対応できることが，紹介手数料額を高めることを示唆しているのではないだろうか。

　事業所で取り扱う求人依頼件数に占める非公開求人（求人や求人企業名が一般に公開されていない求人）の割合にも，違いが認められた。HIGH群では，全求人に占める非公開求人の占有率が「40％以上」と回答した事業所が58.3％あった。一方，LOW群では，「40％以上」と回答した事業所は25.0％にとどまり，「ない」と回答した事業所も20.0％存在し，HIGH群と比較して非公開求人の比率が低い傾向が認められた（図10-29）。年収の高い求人は非公開求人となりやすい，あるいは非公開求人とすることで年収に占める紹介手数料の割合が高くなるといった可能性や，非公開での募集が可能となることが求人企業が職業紹介事業所を利用する上でのメリットにつながり，紹介手数料額を高めている可能性が考えられる。

　求人企業に関して事業所が認識する課題を見ていこう（図10-30）。「求人内容が高度である」と回答した事業所が，HIGH群で54.2％，LOW群で60.0％

と，両者とも求人内容の高度化を課題としている点で共通している。

一方で違いも認められた。HIGH群では「複数の職業紹介事業所に同一の求人が同時に出ている」を課題と捉える事業所が58.3％と最も高いのに対して，LOW群では35.0％と低かった。前述したようにHIGH群は求人充足率が低いことから，求人企業側は，年収の高い求人の採用活動を進める際に，複数の職業紹介事業を同時に活用することで，より求人要件に合致した採用を実現させようとしており，結果として職業紹介事業所は激しい競争にさらされていると考えらえる。

一方，「短期間での求人の充足を求められる」を課題と捉える事業所は，LOW群で35.0％を占めるのに対し，HIGH群では8.3％にとどまる。またLOW群では，「紹介手数料が安い」をあげる事業所が45.0％と多い。これらのことから，LOW群には，紹介手数料の安さを課題としながら，求人へのスピーディな対応が求められているといえる。

非公開求人の割合がHIGH群で高くLOW群で低いことは，すでに指摘した通りである。非公開求人比率の低いLOW群では，公開された求人を多く扱っている。公開求人は求人企業名や求人職種が広く公開されており，他の職業紹介事業所と競合するリスクが高いと考えられる。しかし，「複数の職業紹介事業所に同一の求人が同時に出ている」ことを課題とする事業所は少ない。

それはなぜであろうか。いくつかの可能性が考えられる。第1は，公開求人であることが他事業所との競合につながらないという可能性である。LOW群では新規求人企業の開拓が必要と回答する事業所の割合も低いことから，特定の求人企業と太いパイプで結ばれており，たとえ求人が公開であったとしても他の事業所と競合するリスクが低い可能性がある。求人の充足に際し，求人企業は「誰を採用する」ということと「どこ（どの事業所）から採用する」ということをセットとしているのではないだろうか。

第2は，複数の事業所が同一求人を扱うことの意味合いに相違のある可能性である。すなわち，求人が充足されないというリスク回避の方法として，複数の事業所で同一求人を取り扱っているという場合が考えられるのである。この場合，「複数の職業紹介事業所に同一の求人が同時に出ている」ことは，課題として認識されないだろう。他の事業所は，HIGH群では競合する相手として，一方LOW群では協力する相手として，認識されている可能性がある。

7 紹介手数料の高い職業紹介事業所におけるパフォーマンスの高い職業紹介担当者 283

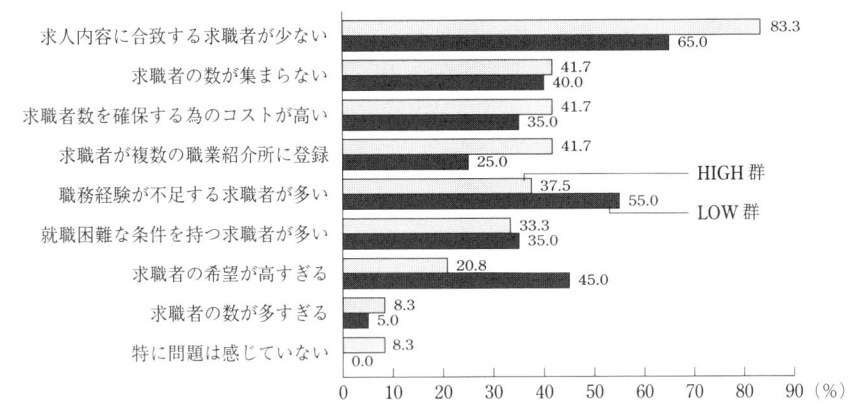

図 10-31 紹介手数料 2 群と求職者に関する課題

項目	HIGH群	LOW群
求人内容に合致する求職者が少ない	83.3	65.0
求職者の数が集まらない	41.7	40.0
求職者数を確保する為のコストが高い	41.7	35.0
求職者が複数の職業紹介所に登録	41.7	25.0
職務経験が不足する求職者が多い	37.5	55.0
就職困難な条件を持つ求職者が多い	33.3	35.0
求職者の希望が高すぎる	20.8	45.0
求職者の数が多すぎる	8.3	5.0
特に問題は感じていない	8.3	0.0

(注) 複数回答。
(出所) 筆者作成。

　求職者に関する課題も見ておこう。HIGH 群では「求人内容に合致する求職者が少ない」が求職者に関する課題としてあげられる割合は 83.3％ と，LOW 群の 65.0％ よりも高い。また，「求職者が複数の職業紹介事業所に登録（している）」は 41.7％ と，LOW 群の 25.0％ よりも高い。一方，LOW 群では「職務経験が不足する求職者が多い」をあげる事業所が 55.0％ と，HIGH 群の 37.5％ よりも多い。また，「求職者の希望が高すぎる」も LOW 群で 45.0％ と，HIGH の 20.8％ よりも多い（図 10-31）。

　紹介手数料の高低にかかわらず，「求人内容に合致する求職者が少ない」という課題は，職業紹介事業全体にあてはまる課題であるといえる。いかに求人ニーズに合致する求職者を確保するかは大きな課題である。ただし，求人企業と求職者のマッチングを行う上で，HIGH 群は，求人企業同様，他の事業所にも登録し流動性の高い求職者への対応に苦慮しており，いかにして求職者に選ばれる職業紹介事業所になるかという課題があるといえよう。

　一方，LOW 群では，求職者の職務経験不足や希望との調整といった，企業への応募につなげる段階で課題を抱える求職者への対応が重視されており，両者は異なる課題を有しているといえる。

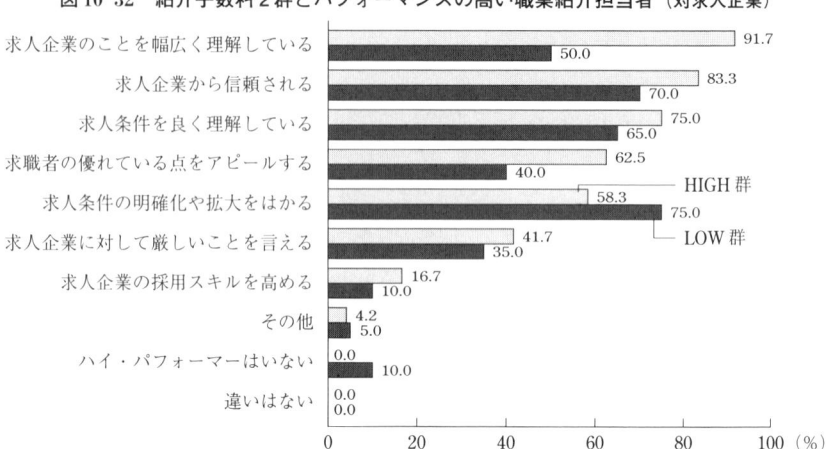

284　第10章　職業紹介担当者の能力ならびにスキル

図10-32　紹介手数料2群とパフォーマンスの高い職業紹介担当者（対求人企業）

- 求人企業のことを幅広く理解している：91.7 / 50.0
- 求人企業から信頼される：83.3 / 70.0
- 求人条件を良く理解している：75.0 / 65.0
- 求職者の優れている点をアピールする：62.5 / 40.0
- 求人条件の明確化や拡大をはかる：58.3 / 75.0
- 求人企業に対して厳しいことを言える：41.7 / 35.0
- 求人企業の採用スキルを高める：16.7 / 10.0
- その他：4.2 / 5.0
- ハイ・パフォーマーはいない：0.0 / 10.0
- 違いはない：0.0 / 0.0

（凡例：HIGH群／LOW群）

（注）　複数回答。
（出所）　筆者作成。

7.3　紹介手数料の高低によるパフォーマンスの高い職業紹介担当者の能力・スキルの違い

　前項で，正社員として採用が決定した利用者1人当たりの紹介手数料として最も多い金額の高低による2つの職業紹介事業所群間での違いを整理した。では，紹介手数料の高低により，パフォーマンスの高い職業紹介担当者が有する能力やスキルに違いはあるだろうか。

　パフォーマンスの高い職業紹介担当者と「一人前」の職業紹介担当者の間の，対求人企業に関連する能力やスキルの違いとして，紹介手数料HIGH群では，「求人企業のことを幅広く理解している」をあげる事業所が91.7％と最も多く，続いて「求人企業から信頼される」が83.3％であった。また，LOW群と比較して高かったのは「求職者の優れている点を（求人企業に）アピールする」で，62.5％であった（図10-32）。

　職業紹介担当者は，求人条件だけでなく求人企業に関する深い理解をもとに，求人企業・求職者双方にとって信頼できるエージェントとして両者を評価し，精度の高いマッチングを行い，推薦するという，企業から捉えれば理想的な採用プロセスの機能の一部，個人から捉えれば転職プロセスの機能の一部を，代行しているといえよう。このような機能を代行することでマッチング機能が高

まると同時に，複数の職業紹介事業所を並行して利用する求人企業ならびに求職者を，自分の所属する職業紹介事業所に引きとめることが可能になるのであろう。

「自社もしくは自分のことを競合する他の職業紹介事業所よりもよく理解した上で，自社もしくは自分に合った求職者（求人）を紹介し，自分自身に対して肯定的な評価を第三者として伝達してくれる」という認識を，求人企業ならびに求職者が持つような働きかけをできる力が求められているのである。

紹介手数料 LOW 群では，「求人条件の明確化や拡大をはかる」が 75.0 ％と最も多かった。紹介手数料 LOW 群を利用する求職者の課題として，職務経験の不足や高い希望といった就職に関して困難を抱えると想定される層への対応が指摘されたことを鑑みると，就職困難層の就職に向けて，求人企業との条件拡大を主眼にした交渉力が決定人数に大きく影響を与えると考えられる。

また，紹介手数料 LOW 群では，前述したように，「短期間での求人の充足を求められる」を課題としてあげる事業所が 35.0 ％と多かったことを鑑みれば（図 10-30），求人条件の拡大を通じて短期間での求人の充足を実現しているとも考えられる。

次に，対求職者に関する能力やスキルの違いを見ていこう（図 10-33）。紹介手数料の高低にかかわらず，「求職者の求職ニーズを理解している」「求職者から信頼される」があげられる割合は高く，これらの能力・スキルが決定者数を増加させる上で重要な要因となっていることがわかる。

一方で，それ以外の項目については，HIGH 群で該当すると回答される割合が，LOW 群よりも高いことが特徴である。たとえば，「求職者の求職スキル全般を高める」「求職者を励ます」は，HIGH 群ではともに 29.2 ％であったが，LOW 群では 5.0 ％，0 ％であった。「求人条件の明確化や拡大をはかる」も，HIGH 群では 33.3 ％，LOW 群では 10.0 ％であった。これらのことから，紹介手数料が高い群では，求職者に対し，ある一定水準の職務経験を前提として求職活動をより円滑に進めるようなトレーニングを提供することで決定の可能性を高めると同時に，そのようなコミットメントを通じて流動性の高い求職者を引きとめ，決定者数の増大につなげているものと考えられる。

一方 LOW 群では，「求職者に対して厳しいことを言える」が 30.0 ％と，「求職者に求人企業の魅力をアピールする」とほぼ同じレベルであげられてい

図 10-33　紹介手数料 2 群とパフォーマンスの高い職業紹介担当者（対求職者）

項目	HIGH 群	LOW 群
求職者の求職ニーズを理解している	91.7	80.0
求職者から信頼される	83.3	80.0
求職者について人柄等幅広く理解している	58.3	30.0
求職者に求人企業の魅力をアピールする	54.2	35.0
求職条件の明確化や拡大をはかる	33.3	10.0
求職者の求職スキル全般を高める	29.2	5.0
求職者を励ます	29.2	0.0
求職者に対して厳しいことを言える	29.2	30.0
その他	4.2	5.0
違いはない	0.0	0.0
ハイ・パフォーマーはいない	0.0	10.0

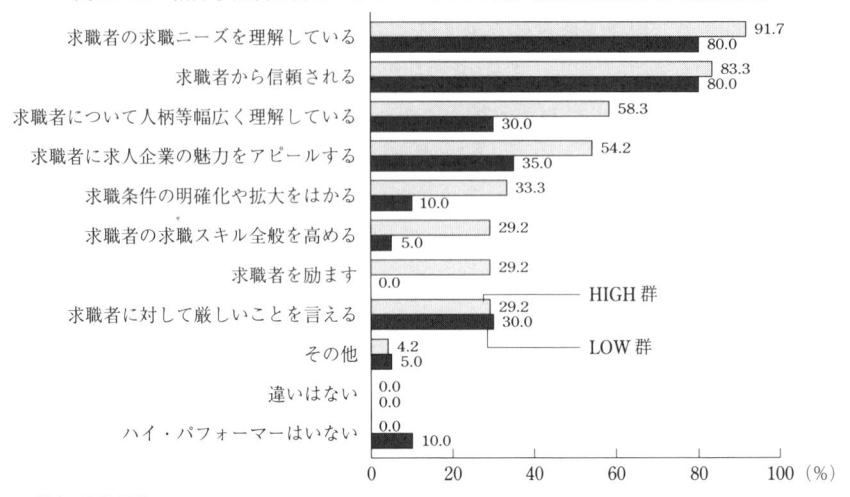

（注）複数回答。
（出所）筆者作成。

た。LOW 群は就職困難層を対象としている可能性が高いことから，LOW 群も求職者に対して教育機能を提供していると考えられる。ただし，求職スキルを高めるというよりも，転職市場ならびに転職市場における求職者の位置づけといった現状認識にかかわる知識の提供という部分に焦点が当たっており，HIGH 群と LOW 群の間では求職者に対して提供する育成機能の内容に相違があると考えられる。

8　ま と め

本章では，パフォーマンスの高い職業紹介担当者の能力・スキルの明確化を試みた。パフォーマンスの高さとは，1 人の職業紹介担当者が決めることができる決定者の人数であり，求人企業と求職者をマッチングする力で規定される。ただし，その具体的な能力・スキルには，紹介形態間で違いが認められた。

サーチ型では，業界特有の知識に基づいて，求人に合致する求職者を開拓する能力・スキルが，職業紹介担当者が求職者と求人企業のマッチングを高める上で重要といえる。一方，一般紹介（登録型）では，求職者と求人企業とのマッチングにおいて，スピードという側面が重視されていると考えられる。また，

8 まとめ

紹介予定派遣では，新しく求人ならびに求人企業を開拓することが求められる。

　パフォーマンスの高い職業紹介担当者の能力・スキルは，紹介手数料の高低によっても異なる。紹介手数料の高い事業所では，求人企業の幅広い理解に基づく精度の高いマッチングとともに，「求職者の求職スキルを高める」「求職者を励ます」「求職者の条件拡大」といったことを通じて，求職者にコミットし，彼らの付加価値を高めることで，流動性の高い求職者を自事業所に引きとめ，決定する人数を増やしていると考えられる。

　一方，紹介手数料が低い事業所では，紹介手数料が高い事業所と比較して少ない求人企業や求職者数を対象に，求人企業に対しては求人条件の緩和，求職者に対しては自身の市場価値や労働市場に関する現状認識を促進することで，決定人数を増やしていると考えられる。

　本章での指摘は，職業紹介担当者の能力・スキルの向上を意図する際，どのような能力・スキルを高めるべきかという議論を展開するために有用であろう。だが，その先にある疑問には答えられていない。すなわち，パフォーマンスが高い職業紹介担当者が，どのようにしてそのような能力・スキルを獲得したのかという点である。今回提示したパフォーマンスの高い職業紹介担当者の能力・スキルとは，視点を変えれば，職業紹介担当者間で能力・スキルに差異が生じやすい部分を示しているといえる。その差異を補う方法を検討しようとするならば，能力・スキルの獲得プロセスに関する議論は欠かせない。

　また，マッチングの精度を高め，求人を充足し，決定者を出すというプロセスにおいて，求人企業についての理解がどのように貢献するのかといった点についても，了解可能なようで，まだ不明瞭な点が多い。これらの点は今後の課題である。

第11章

未就職卒業者を対象とした人材ビジネス企業のマッチング機能

新卒者就職応援プロジェクトを通じて

山路 崇正

1 はじめに

近年の経済環境・新卒雇用情勢の悪化に伴い,新卒者の就職は非常に厳しくなっている。2010年3月に大学を卒業した若年者の就職率は60.8％であり,卒業して進学も就職もしていない若年者は8万7000人に上る[1]（文部科学省,2010）。しかし,新卒者を対象とした求人がないわけではない。2010年3月卒の大卒求人倍率は,1000人以上企業では0.55倍と1倍を下回るものの,1000人未満企業では3.63倍であり,さらに300人未満の企業に限定すると8.43倍にもなる（リクルートワークス研究所,2010）。このように,中小企業では採用意欲があるにもかかわらず新卒者との間に雇用のミスマッチが生じているのである。そして,卒業までに就職することができなかった若年者は,職場における教育訓練を受ける機会が少なく,結果としてますます就職から遠ざかることになる（太田,2010）。

未就職卒業者が卒業後に就職活動を継続しても就職先企業を見つけることは容易ではない。大学としても在学生への就職支援が中心であり,卒業生に対してきめ細かな就職支援を行うことは難しい。未就職卒業者の就職活動を円滑に進めるためには第三者による支援が重要になってくる。その主要な担い手の1つが,人材ビジネス企業である。

---

1) 合わせて,卒業までに就職先企業等が決定しなかったために卒業要件を満たしているにもかかわらず留年を選択する者を含めると,10万人規模の就職未内定者が存在する。

本章の目的は，未就職卒業者を対象とした人材ビジネス企業のマッチング機能の現状を明らかにすることで，彼・彼女らの就職支援のあり方を検討することにある。具体的には，未就職卒業者が卒業後に6カ月間のインターンシップを通じて就職活動を行うという，経済産業省実施の「新卒者就職応援プロジェクト」の事例を通して，人材ビジネス企業のマッチングがどのように行われているのかを明らかにし，マッチング機能の効果について考察する。そこでまず，次節において本章の研究課題を整理する。続いて第3節で「新卒者就職応援プロジェクト」を紹介し，第4～6節では人材ビジネス企業・中小企業・未就職卒業者へのインタビュー調査から人材ビジネス企業のマッチング機能について考察する。

2 未就職卒業者と中小企業のマッチング

本章の研究課題は，未就職卒業者と中小企業のマッチングを人材ビジネス企業がどのように実施しているかを明らかにし，その効果を考察することにある。以下では，学生と中小企業の間でミスマッチが生じている要因を整理し，人材ビジネス企業のマッチングが有効に機能しうる活動領域を整理する。

2.1 中小企業と学生のミスマッチ要因

前述したように，中小企業の新卒求人は決して少なくない。それにもかかわらずミスマッチが生じている要因はどこにあるのだろうか。

まず，学生側では，①就職活動で何をしたらよいのかわからないため就職活動をしない，あるいは開始時期が遅れる，②求人情報をインターネットに頼りすぎて大手有名企業志向である，③履歴書やエントリーシートが書けない，基礎学力が低い，コミュニケーションなどに課題を抱える，④心理的な負担を感じて就職活動を途中でやめる学生が増加している，などといった要因が見られる（労働政策研究・研修機構，2010，2012a）。近年，大学はキャリア教育を重視し，積極的に学生の就職支援を行っている（中央教育審議会，2011）。しかし，そもそも就職活動を行わなかったり途中でやめてしまったりする学生や，就職支援以前に基礎学力やコミュニケーションに課題を抱えた学生への対応に苦慮するなど，大学によるマッチング機能は低下している。

一方，企業側には，①知名度の低い中小企業では求人を出しても応募者が集まらない，また，その理由として，②仕事内容が曖昧で学生に具体的な仕事のイメージが伝わらない，③職場の雰囲気や企業文化といったアナログ情報が正確に伝わらない，④学生に求める知識・能力・技能等の期待水準が必要以上に高すぎる，などといった要因が見られる（労働政策研究・研修機構，2012b；武田，2010）。

以上を整理すると，ミスマッチが生じる要因として，第1に，学生が知りうる求人情報に限界があり，中小企業が考える求職者の情報と学生との間に「情報の非対称性」が存在していることがあげられる。第2に，社会人としての基礎的な素養であるコミュニケーション，一般常識やビジネスマナーに課題を抱えた学生が少なくないことが考えられる。

2.2 人材ビジネス企業のマッチング機能

中小企業と未就職卒業者のミスマッチを解消するためには，両者の間にある情報の非対称性を軽減する仕組みが必要となる。学生や未就職卒業者と中小企業の双方が有益な情報に基づいて就職活動や採用活動を行うことが効率的なマッチングにつながるからである。合わせて，未就職卒業者に対しては一定の教育訓練を行う必要がある。技術や技能の向上，および一般常識やビジネスマナーなど社会人として基礎となる素養を習得するための教育訓練が求められるのである。

ミスマッチを解消するためには，当事者同士の就職活動・採用活動だけでは限界があり，第三者によるマッチングが大きな役割を果たすと考えられる。その主要な担い手が，有料職業紹介事業などを展開する人材ビジネス企業である。

人材ビジネス企業は，佐藤（2006, 2010）によると，企業に対しては，①募集・採用管理，②社会労働保険手続き，③教育訓練，④雇用調整，などについて社会的機能を担う。これらの人材活用業務の代替機能を，労働サービス需要のある企業が独自に実施するより迅速に供給することが，人材ビジネス企業の存立基盤である。一方，就業者に対しては，①特定の企業に限定されないキャリア形成の機会の提供，②特定の企業に限定されないことから，働く人々にとって就業職種や就業地域等の選択の幅を広げることが，その社会的機能として期待できる。とりわけ職業紹介事業の労働市場における人材ビジネス企業の強

みとして，佐野（2007）は，「紹介前や紹介中のカウンセリングが充実していること」「大企業・優良企業での仕事を紹介できること」「雇用関係が成立しなかった場合も次の仕事を紹介できること」を自社の強みにあげる企業が多いことを指摘している。また，紹介業務従事者の担当業務を見ると，企業を対象とした業務としては①求人企業の確保，②継続取引のための信頼関係の構築が重要であり，求職者を対象とした業務としては①求職者の確保，②求職者との面談が重要になっているという（労働政策研究・研修機構，2005）。求職者との面談では，求人要件と求職者の経験，スキル等の適合性を判断すること，キャリア・カウンセリングを行い求職者との信頼を構築することが，重要とされている。

これらの知見を踏まえて本章では，人材ビジネス企業のマッチングの活動領域を，未就職卒業者を対象としたものとしては，①職場実習企業（優良中小企業）の確保，②教育訓練，③キャリア・カウンセリング，④履歴書・エントリーシートの書き方や面接対策など一般的な就職支援，また受入企業（中小企業）を対象としたものとしては，①やる気のある未就職卒業者の確保，②教育訓練の支援，③職場訪問等の実施による面談・相談という7つに整理して，マッチングの効果について考察する。

3 新卒者就職応援プロジェクトとは

本章では，未就職卒業者を対象とした人材ビジネス企業のマッチング機能を考察するための事例として，「新卒者就職応援プロジェクト」を取り上げる。その理由は，このプロジェクトが近年社会問題化しつつある未就職卒業者の就職支援をまさに人材ビジネス企業が行う制度であること，また，これが企業と未就職卒業者の双方に助成金が支給される制度であることから両者の経済的負担を一定程度取り除いた形で人材ビジネス企業のマッチング機能に迫ることができると考えられることである。以下では，新卒者就職応援プロジェクトがどのようなものであるのか，その全体像を概観する。

3.1 新卒者就職応援プロジェクトの概要

新卒者就職応援プロジェクトは，未就職卒業者と中小企業との雇用のミスマ

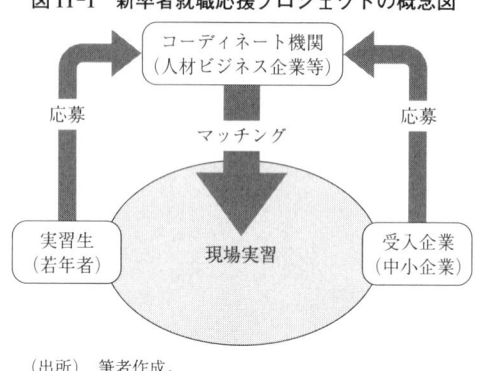

図11-1　新卒者就職応援プロジェクトの概念図

```
              コーディネート機関
              （人材ビジネス企業等）
          ↗         ↖
      応募    マッチング    応募
          ↓      ↓      ↓
      実習生              受入企業
      （若年者）  現場実習  （中小企業）
```

（出所）筆者作成。

ッチを解消し効率的なマッチングを実現することを目的とした，経済産業省（中小企業庁，全国中小企業団体中央会）実施のプロジェクトである。2010年3月に大学等を卒業した就職未内定者が，採用意欲のある中小企業において，2010年4月から12月までの期間に原則6カ月間の「職場実習」を行うという枠組みで[2]，中小企業の新規人材発掘促進事業として09（平成21）年度の第2次補正予算で予算化された。

職場実習のマッチングは，全国中小企業団体中央会から委託を受けた人材ビジネス企業2社と各都道府県中央会が「コーディネート機関」として実施する（図11-1）。コーディネート機関は，職場実習の6カ月間を通じて，実習生と受入企業の双方に対しフォローアップを行う。期間中，延べ5000名の職場実習実施が目標とされた。

新卒者就職応援プロジェクトにおける職場実習は，いわゆるインターンシップである。そのため若年者と中小企業の間に雇用契約を結ぶわけではない。両者はそれぞれ職場実習期間中の実施状況に応じて助成金を受給する。

若年者は「実習生」として職場実習を行う。実習生の対象は，2010年3月に大学等を卒業する新卒者のうち，就職未内定のまま卒業を迎え，かつ4月以降において就業していない若年者である[3]。若年者は，職場実習を通じて働くた

---

[2] 新卒者就職応援プロジェクトにおける職場実習とは，後述の通り，未就職卒業者が卒業後に参加するインターンシップをいう。以後，とくに断りのない限り，職場実習とインターンシップは同義として扱う。

[3] 政府は2010年8月に，採用意欲の高い中小企業と大企業志向の強い新卒者等とのミスマッチの解消や，中小企業の新卒者採用にかかわるコストやリスクの軽減を図るという問題意識の

めの技能・技術・ノウハウ等を習得する。また，この職場実習期間中にはコーディネート機関によるキャリア・カウンセリングやフォローアップ研修を受けることができる。加えて，実習期間中に他の企業等へ就職活動を行うことも認められている。

一方，中小企業は，実習生の「受入企業」として職場実習の場を提供する。受入企業は，若年者を採用したいと考えている中小企業であり，ものづくりから商店まで対象は幅広い[4]。受入企業は，職場実習を通じて実習生の人柄・能力等を確認し，実習生が自社に相応しい人材であると判断すれば採用活動につなげることができる。また，コーディネート機関から，職場実習のカリキュラム作成や期間中の進捗状況に応じたサポートを受けることができる。

コーディネート機関は，未就職卒業者と中小企業とのマッチングを実施する。コーディネート機関は，上述の通り，新卒者就職応援プロジェクトにおいて全国中小企業団体中央会から委託を受けた人材ビジネス企業2社および各都道府県中央会である。人材ビジネス企業2社のうちの1社は，新卒者就職応援プロジェクトの開始にあたってマッチング管理用データベースの構築，および募集パンフレットや職場実習の標準カリキュラム等の作成業務も合わせて受託しており，作成された資料等は他のコーディネート機関においても利用される。なお，実習生とコーディネート機関との間に雇用関係が結ばれることはない。

3.2 職場実習の流れ

職場実習の流れを整理すると，図11-2のようになる。

職場実習を希望する若年者と若年者の受入れを希望する中小企業は，それぞれコーディネート機関へ新卒者就職応援プロジェクトの登録申込みを行う（①応募）。登録申込みが完了すると，②コーディネート機関が実施するマッチング・イベント等へ参加する。そこでコーディネート機関は，若年者と中小企業

もと，大学におけるキャリア・カウンセラーの増員，インターンシップやトライアル雇用の拡充などの緊急対策を打ち出した。その中で新卒者就職応援プロジェクトの拡充が行われ，実習生の応募対象が2010年3月卒業者に限定されていたものが，07年9月から11年3月までの卒業者へと対象者を拡大した（新卒者雇用・特命チーム，2010）。なお，2011年6月30日に新規募集の登録受付は終了している。ただし，東日本大震災で被災した実習生および受入企業を対象に，被災地域における特例措置としての新規募集は継続された。

4) ただし，青少年の健全な育成の観点から，一部の業界・職種は対象から除外されている。

図11-2　職場実習の流れ

	職場実習開始前	職場実習期間（6カ月間）
実習生（若年者）	① 応　募 ② マッチング・イベント等への参加 ③ 職場見学 ○ 事前研修	④ 職場実習開始の意思確認 ⑤ 職場実習開始 ⑥ フォローアップ 　（フォローアップ研修への参加等） ⑦ 職場実習終了
受入企業（中小企業）	① 応　募 ② マッチング・イベント等への参加 ③ 職場見学 ○ 実習カリキュラムの作成	④ 職場実習開始の意思確認 ⑤ 職場実習開始 ⑥ フォローアップ 　（コーディネート機関担当者による職場訪問等） ⑦ 職場実習終了
コーディネート機関	① 募　集 ② マッチング・イベント等の開催 ③ 職場見学の日程調整・同行 ○ フォローアップの実施 　（事前研修・カリキュラム作成支援）	④ 職場実習開始の意思確認 ⑤ 職場実習開始 ⑥ フォローアップの実施 ○ 助成金の支給 ⑦ 職場実習終了

（出所）　筆者作成。

双方にヒアリングを行い，職場見学の日程を調整する。③職場見学とは，職場実習を開始するにあたって事前に実習希望生が受入予定企業を訪問し，実習を行う職場を実際に見学することである。職場見学終了後にコーディネート機関は実習希望生と受入希望企業双方に対して④職場実習開始の意思確認を行う。両者の間で職場実習の開始が合意されると，若年者はコーディネート機関が実施する「事前研修」に参加する。一方，企業は，実習生を受け入れるにあたり「実習カリキュラム」を作成する。これらの準備を経て職場実習が開始される（⑤職場実習開始）。

職場実習が開始されると，コーディネート機関は，実習生と受入企業の双方に実習期間中のサポートを行う。これらのサポートは「フォローアップ」と呼ばれ，実習生を対象としたフォローアップ研修（集合研修）やキャリア・カウンセリング，受入企業への職場訪問等がある（⑥フォローアップ）。そして，実習開始から6カ月が経過すると職場実習は終了する（⑦職場実習終了）。

3.3 助成金

上述の通り，新卒者就職応援プロジェクトは，若年者と中小企業のミスマッチの解消，採用意欲の高い中小企業の新卒者採用にかかわるコスト負担とリスク軽減を趣旨目的としており，実習生と受入企業双方に対して助成金が支給された。助成金支給は全国中小企業団体中央会から委託を受けたコーディネート機関が実施した。

実習生には，「技能習得助成金」として職場実習の実施日数に応じ日額 7000 円が支給された。一方，受入企業を対象とした助成金には，「教育訓練費助成金」と「実習生寮費助成金」があった。前者は職場実習の実施日数に応じて日額 3500 円が支給されるものであり，後者は実習生のために寮を借り上げるなど一定の条件を満たすことで日額 1300 円が支給されるものである。実習生と受入企業が助成金を受け取るまでの流れは，月ごとに職場実習の実施内容や実施日数をコーディネート機関に報告し，実施日数等が確定した後に，コーディネート機関から実習生と受入企業それぞれに対して支払われるというものであった。[5]

3.4 新卒者就職応援プロジェクトの実績

中小企業庁（2011）によると，新卒者就職応援プロジェクトにおける職場実習の成立は延べ 4988 名に及んだ。職場実習参加者のうち 1831 名（36.7％）の若年者の就職が決定している。就職者のうち，受入企業へ就職した割合は 6 割程度，それ以外の企業等へ就職した割合が 4 割程度である。平均職場実習期間は約 5 カ月で，一部，早期に就職が決定した場合などを除いて多くは 6 カ月間の職場実習を満了している。[6]

なお，脚注 3）でも述べたように，2010 年 8 月に政府による新卒者雇用に関する緊急対策が発表され，その中で新卒者就職応援プロジェクトの予算拡充が行われた。2010 年 10 月以降の職場実習において，実習生募集の対象範囲が同年 3 月大学等卒に限定されていたものが，07 年 9 月から 11 年 3 月までの大学等卒の若年者へと拡充されたのである（新卒者雇用・特命チーム，2010）。これに伴い，当初の新卒者就職応援プロジェクトは「前期」，2010 年 10 月以降の

---

[5] なお，職場実習実施日数などについての一定の条件や，支給上限金額が設定されている。
[6] 数値は筆者による中小企業庁への電話インタビューに基づく。

職場実習は「後期」と呼ばれている。

4 インタビュー調査の概要

4.1 調査の目的

　前述のように，新卒者就職応援プロジェクトにおいて人材ビジネス企業は，コーディネート機関として実習生と受入企業のマッチングを担当している。効率的なマッチングのためにはどのような取組みが重要になるのだろうか。未就職卒業者を対象としたものとしては，①職場実習企業（優良中小企業）の確保，②教育訓練，③キャリア・カウンセリング，④履歴書・エントリーシートの書き方や面接対策など就職支援の4つ，受入企業（中小企業）を対象としたものとしては，①やる気のある未就職卒業者の確保，②教育訓練の支援，③職場訪問等の実施による面談・相談の3つの活動領域について，人材ビジネス企業のマッチングの実態把握を目的にインタビュー調査を実施した。

4.2 調査の対象

　調査の対象は，新卒者就職応援プロジェクトのコーディネート機関である人材ビジネス企業2社（A社，B社から代表として各1名），未就職卒業者の受入企業3社（I社，G社，H社から代表として各1名），および未就職卒業者で職場実習に参加した実習生6名（I①氏，I②氏，G①氏，G②氏，H①氏，H②氏）の合計11名である（表11-1）。なお実習生には，調査時点において職場実習の過程にあった若年者（I②氏，G②氏，H②氏）と，職場実習を通じて職場実習先の受入企業にて正規雇用された元・実習生（I①氏，G①氏，H①氏）の，両方が含まれる（表11-2）。

4.3 調査の方法

　調査の方法としてはインタビュー調査を採用した。インタビュー調査を採用した理由は主に2点ある。第1は，未就職卒業者を対象としたインターンシップで人材ビジネス企業が行うマッチングにおいてどのような工夫や苦労があるのか，その実態を把握するためにはアンケート調査よりインタビュー調査が効果的な方法であると考えたためである。第2は，新卒者就職応援プロジェクト

4　インタビュー調査の概要　297

表11-1　インタビュー調査実施一覧

コーディネート機関調査	A社	2010年9月24日 10:00～11:30	人材紹介部 課長
	B社	2010年9月27日 10:00～12:00	営業総本部 新卒者就職プロジェクト 責任者
受入企業・実習生調査	I社	2010年12月20日 10:00～12:00 2011年6月2日 13:00～14:00	取締役副社長 実習生 正社員（元・実習生）
	G社	2010年12月24日 10:00～13:00	総　務 実習生 正社員（元・実習生）
	H社	2011年2月1日 13:00～15:00	代表取締役 実習生 正社員（元・実習生）

（出所）筆者作成。

表11-2　実習生一覧

会社	実習生	実習内容	開始時期	終了時期	実習期間
I社	I① I②	総務経理 営　業	2010年5月初旬 2010年11月初旬	2010年10月末日 継続中	6カ月 2カ月目
G社	G① G②	SE・システム開発 SE・システム開発	2010年5月中旬 2010年10月初旬[1]	2010年11月中旬 継続中	6カ月 2カ月目
H社	H① H②	コンサルティング コンサルティング	2010年5月下旬 2010年12月初旬[2]	2010年11月下旬 継続中	6カ月 3カ月目

（注）　1）　3カ月間（2010年6月中旬～9月中旬）は別の会社で職場実習。
　　　　2）　前期（2010年5～11月）は別の会社で職場実習。
（出所）　筆者作成。

が2010年4月に開始された制度であり研究対象としての歴史が浅いことから，丁寧に現場の声に耳を傾けることがより重要と考えたためである。

　調査の手順は次の通りである。まずコーディネート機関へのインタビュー調査を行い，その後，コーディネート機関より受入企業および実習生を紹介してもらう形式で実施した。[7] 調査の時期は，コーディネート機関への調査が2010年9月，受入企業と実習生への調査は10年12月から11年6月にかけてであ

7）　インタビュー調査の実施にあたり予備調査を実施している。予備調査は，コーディネート機関・B社の営業総本部新卒者就職応援プロジェクトの担当者を対象として，2010年7月21日に実施された。

る。なお，I社はコーディネート機関A社を通じて，G社，H社は同B社を通じて紹介を受けた企業である[8]。

インタビュー調査は，インタビュイーに対して事前に質問項目の要旨を送付し，それをもとにした半構造的インタビューの形式で実施した。インタビュイー1人当たりのインタビュー時間は，コーディネート機関調査でおよそ90分から120分，受入企業と実習生への調査でおよそ60分から90分である。なお，インタビューはすべて筆者1名によるものである。

5 人材ビジネス企業のマッチング機能

本節では人材ビジネス企業のマッチング活動の現状を，インタビュー調査の結果から明らかにしていく。

5.1 未就職卒業者を対象とした取組み
(1) 職場実習企業（優良中小企業）の確保

未就職卒業者が職場実習を行う企業として，優良な中小企業を多数確保することは，効率的なマッチングに向けて重要となる。募集方法については，A社，B社ともに，既存の取引先企業で新卒者就職応援プロジェクトの応募条件を満たす企業に直接案内を行う方法と，応募対象となる中小企業に幅広くDM等で告知する方法の，大きく2種類が見られた。なお，既存の取引関係がない応募企業の割合は，A社で約4割，B社で約9割であった。そして，応募企業を対象に新卒者就職応援プロジェクトの説明会を開催し，職場実習の位置づけや助成金支給方法等について説明を行う。説明会では，職場実習は雇用ではなくインターンシップであることを強調して伝える。A社によると，参加した企業の中には，そのことを誤解して応募した企業が含まれており，1割程度の企業は登録申込みをしないで帰っていったという。また，たとえばアルバイトの代替としての活用を検討しているような企業には，登録申込みの段階でコーディネート機関の側が新卒者就職応援プロジェクトの趣旨目的に逸脱していると判

[8) 受入企業調査および実習生調査では，コーディネート機関より，職場実習を経て正規雇用となった元・実習生と職場実習中の若年者の両方が在籍する中小企業を紹介してもらうこととした。

断し，登録を受け付けない。

　応募企業の中から優良中小企業とそうでない企業とを選別する工夫として，A社は広告代理店業務のノウハウを活かして信用調査を実施したり，B社は担当者が事前に応募企業を訪問して直接確認するなどし，1社でも多くの優良中小企業の確保に努めていた。

　また，職場実習開始前に実施される職場見学において，未就職卒業者が職場実習を具体的にイメージできるように，実習生の指導を直接担当するスタッフに職場案内や実習内容の説明を担当してもらうよう企業に求めている。職場見学の時間は概ね60分程度である。なお，職場見学はコーディネート機関が日程調整を行い，当日はコーディネート機関の担当者も同行する。

(2) 未就職卒業者への教育訓練

　未就職卒業者への教育訓練として，職場実習開始前から職場実習期間中にかけ，研修が実施される。職場実習開始前に実施する事前研修は，A社，B社とも，半日から1日の集合研修である。講師はA社，B社の担当スタッフ，研修会場はコーディネート機関の会議室など受入企業からは離れた場所である。A社によれば，事前研修1回当たりの参加人数は20名程度が一般的であるが，時期によっては50名を超す場合もある。

　事前研修は，身だしなみや言葉遣いなど一般常識やビジネスマナーについてが中心となる。未就職卒業者の多くは基本的なビジネスマナーが身についていない。たとえば，挨拶ができない，自らの氏名を名乗らずに話し始めるなど相手の立場に立ったコミュニケーションがとれない，相手の目を見て話せないなどといったことである。すでに実習生を受け入れている企業から，実習生は技術や能力以前の課題としてコミュニケーションがとれず職場実習が滞るという相談が少なくなかったという。そういう指摘が繰り返されないためにも，事前研修ではとくに社会人としての一般常識やビジネスマナーが重視されている。

　一方，職場実習期間中には，フォローアップ研修が実施される。実施時間や研修会場は事前研修と同様であるが，A社とB社では内容に違いがあった。A社のフォローアップ研修は，職場実習の進捗に合わせて，実習開始1カ月終了時点，3カ月終了時点，5カ月終了時点の3回実施される。参加対象は実習生全員である。したがって，1回当たり実習生20名程度が参加するが，3回の研修の参加者は原則同じ顔ぶれになる。内容は，1カ月終了時点の研修では事

前研修の内容と職場実習の振り返りが中心となるが，3カ月後，5カ月後経過時点研修では，職場実習で身につけた技能・技術・ノウハウ等の振り返りに加え，実習生の働くことや生活における不安および将来についての悩みを解消するためのメンタル・ケアが盛り込まれている。事前研修から，1カ月後，3カ月後，5カ月後と，回を重ねるごとに研修は盛り上がってくるという。未就職卒業者の印象の変化として，当初は下を向いていた者が，挨拶の声が大きく表情も豊かになり，議論が活発に展開されるようになる。本人たちがどの程度自覚しているかはわからないが，コーディネート機関という第三者の立場で見ていると非常に大きな変化であると感じるとのことである。

　これに対してB社のフォローアップ研修は，職場実習の経過期間で区切らずに研修テーマ別に開催される。そうすることで実習生が興味のある研修に自由に参加できる。研修テーマは，営業職対象研修・事務職対象研修などといった業界・職種別研修や，就職活動のための履歴書作成・面接対策研修などである。研修の案内は主にeメールで行われ，1回当たり15名程度が参加する。なお，各研修には，個別テーマに特化した内容だけではなく，共通の内容として，事前研修の振り返り，参加目的の再確認や，職場実習終了時にどのようになっていたいのか，そのための行動計画作成なども盛り込まれている。自由参加のため研修に参加しない実習生もいるが，研修内容が当該実習生の成長に必要であると判断された場合には，eメールでの案内に加えて電話や職場訪問の際に直接研修への参加を促すこともなされている。

（3）キャリア・カウンセリング

　未就職卒業者へのキャリア・カウンセリングは，登録受付段階から職場実習期間中の面談・電話・eメール等を通じて随時実施され，希望業界や職種など仕事に関連したヒアリングから日常生活についてのアドバイスまで幅広く行われている。

　A社，B社ともに未就職卒業者に共通した印象として，職場実習開始前の段階では一般的な就職説明会に参加する学生と異なり，髪型や服装がビジネスに相応しいものではなく，挨拶や言葉遣いなど一般常識が欠如していると感じられることが多かった。中にはキャリア・カウンセラーの側から話しかけないとまったく会話にならない，相手の顔を見ずに小さな声でぶつぶつ話すなどコミュニケーションに課題を抱えた者も少なくなかった。また，たとえばテレビ局

のアナウンサーになりたいといった現実的にはきわめて困難な希望を口にする者もいた。キャリア・カウンセリングでは，本当はどのような仕事に就きたいと考えているのか，現在の自分には何ができるのかなど自己理解を支援し，若年労働市場の現状についてアドバイスすることで現実的な将来目標を設定するように促している。

　また，未就職卒業者の中には職場実習の開始に踏み切れない者がいる。B社によると，職場見学実施後に職場実習が成立しないケースが約3割あった。彼ら彼女らに理由を尋ねると，何となく考えていたイメージと異なるので今回はやめておきます，など漠然とした回答が少なくなかった。このような場合，キャリア・カウンセラーは，当人の価値観や働くことについての考え方，希望業種や職種を再確認するところに立ち戻ってカウンセリングを行う。

　職場実習期間中も継続してキャリア・カウンセリングは行われる。A社，B社ともに月1～2回の頻度で受入企業の職場訪問を実施しており，そこで実習生を対象にキャリア・カウンセリングを行っている。実習生との面談の際は受入企業の担当者は席を外すことが一般的である。職場の印象，実習内容の確認，実習開始前のイメージとのギャップ，仕事に対する考え方や価値観の変化など，カウンセリング内容は多岐にわたる。なお，B社によると，実習生のほうから個別に相談を希望してくる場合がある。そのときは日程調整を行いコーディネート機関のブースなど受入企業以外の場所で話を聞くようにしている。そこでの典型的な相談内容は，職場実習を中止したい，受入企業を変更したい，というものである。B社から見ると，根気がなく安直に辞めたいといっている印象を持つことが多いという。相談内容にじっくりと耳を傾けながら，単純に「それでは次の職場実習先となる受入企業を探しましょう」というのではなく，現在の職場で何ができるのか，自分自身が変わる必要はないか，など実習生自身に解決策を考えさせる。実習生が自身の課題や改善点に気づき，次にそういう状況にならないためには何をすればよいのか行動を変えるように諭す。結果として，実際に職場実習の中止や受入企業の変更につながったケースはほとんどなかったとのことである。

　A社では，未就職卒業者へのキャリア・カウンセリングを通じて，世代を超えた社会人とのコミュニケーションが苦手で第一印象のよくなかった実習生たちが成長していく姿を目の当たりにした。B社も実習生の成長を感じており，

最初に行うキャリア・カウンセリングでは表現力に乏しく損をしているという印象の実習生が，自分から挨拶ができるようになり，服装や言葉遣いなどビジネスマナーの欠如が改善され，歩き方や立ち居振舞いに至るまで堂々としてくるなど，自然と社会人らしく振る舞うようになった。

(4) 就職支援

コーディネート機関は，受入企業と実習生の双方に対して定期的に採用と就職の意思を確認する。たとえばＡ社では，「採用したい」「就職したい」と互いに考えている状況であれば，すぐにでも採用活動を開始するよう受入企業に促している。新卒者就職応援プロジェクトにおいて実習生の職場実習期間中の就職活動を妨げないとする狙いは，受入企業が実習生の採用活動をいつ始めてもよいというところにある。実際に，職場実習が開始されてすぐに採用活動が始まり，1カ月を待たずに正規雇用となったケースもある。

とはいえ，受入企業の多くは職場実習期間中は実習生の働きぶりをじっくり見極めたいと考え，職場実習終了に合わせて実習生の採用活動を検討する。職場実習の途中で採用すると作成した実習カリキュラムが無駄になったり助成金を受けられなくなったりすることを避けたいという理由もある。そのため，受入企業で正規雇用となる場合も職場実習の6カ月間が終了してからというケースが多かった。

これまでも述べてきた通り，コーディネート機関の就職支援は必ずしも受入企業への就職に限定されたものではない。フォローアップ研修やキャリア・カウンセリングで繰り返し実施される一般常識やビジネスマナーの習得は，社会人としての基本的な素養である。これらを身につけることで，未就職卒業者は自信をもって就職活動につなげることができる。なお，実習生は受入企業以外の企業等への就職活動を希望する場合に受入企業にどのように伝えるか，伝えることでマイナス評価を受けるのではないかといった悩みを持つことがある。そのためＡ社では，受入企業への伝え方や職場実習を休む場合の対応方法などについてもアドバイスを行っている。

5.2　受入企業（中小企業）を対象とした取組み

(1) やる気のある未就職卒業者の確保

未就職卒業者の募集は，Ａ社，Ｂ社ともに，ウェブサイトでの告知，はがき

等の郵送，大学の就職関連部署と連携するなどして，未就職卒業者を確保している。たとえばB社では，自社で運営する新卒学生対象の就職活動ウェブサイトに登録していた学生の中で就職未内定のままになっている者に対して，eメールの送信，はがきの郵送等を行っている。またA社では，大学の就職関連部署と連携して卒業式終了後に就職未内定の者を集めた説明会を実施し，直接募集を行っている。

マッチング・イベントに参加した未就職卒業者は，B社によると，約8割は参加した1回のイベントで職場実習希望先の中小企業を決定する。未就職卒業者が最初にマッチング・イベントに参加してから職場実習が開始されるまでの期間の平均は，A社で約1カ月，B社で約2週間である。なお，職場実習開始前に中小企業が未就職卒業者の履歴書を確認したり筆記試験や面接選考を行うことはできない。A社では，コーディネート機関が責任を持って未就職卒業者をマッチングしていることを，企業に説明している。

(2) 受入企業への教育訓練の支援

職場において報告・連絡・相談ができているか否かは，働く上での基本となる。コーディネート機関は受入企業に，実習生の教育訓練担当者を配置することを求めている。教育訓練担当者を配置することで，実習生が誰に報告・連絡・相談すればよいのかを明確にし，また「伝えたつもり」で何も伝わっていないという事態を避ける狙いがある。教育訓練担当者は，職場実習の進捗を管理する役割を担うために負担も大きい。能力や技術の側面だけでなくコミュニケーションやメンタルの側面で課題を抱える実習生の場合，職場実習の進捗が遅れることもある。そのような場合は，コーディネート機関として実習生のキャリア・カウンセリングを行うとともに，企業に対しても実習内容を調整するようにアドバイスをしている。

新卒者就職応援プロジェクトにおいて，受入企業は，職場実習6カ月間の「実習カリキュラム」を作成し，その内容を遵守する必要がある。実習カリキュラムは決められた書式があるわけではなく，業界特性や企業独自に求める知識・技術・技能等に関連した教育方法を盛り込んで作成される。コーディネート機関では実習カリキュラムの作成に苦労している企業に対して作成支援を行う体制を整えていたが，企業から作成支援の依頼がくることは稀であったという。なお，職場訪問などを通じて実際の職場実習の内容とコーディネート機関

に提出されている実習カリキュラムの内容が大きく異なることが判明した際には，受入企業に実習内容の修正を求めている。

(3) 職場訪問等による受入企業との面談・相談

コーディネート機関は，月1〜2回の頻度で実施する職場訪問において受入企業と意見交換を行っている。そこで，実習生の様子や実習カリキュラムの進捗状況を確認し，コーディネート機関からも前回の職場訪問から現在までに実施したキャリア・カウンセリングやフォローアップ研修における実習生の変化や成長について伝える。

受入企業から実習生の能力や勤務態度について相談されることもある。その多くは社会人としての常識がないといった不満である。A社によると，体調不良や交通機関の影響で遅刻や欠席をする際に連絡を入れない実習生の事例や，休暇を取る際に受入企業には連絡をしないでA社にだけ連絡をしたらそれでよいと勘違いしている事例などである。このような事例は実習生全体で見ると5％程度であるという。こうした場合，A社は，実習生に対してキャリア・カウンセリングを実施するとともに，受入企業と実習生の間に立って双方の言い分を聞き，すれ違いや考え違いを吸収するといった緩衝材の役割を担っている。職場訪問の担当者が受入企業と信頼関係を構築していることもあり，大きなクレームに発展することはなかった。なお，実習生の行動や態度が非常識である場合，1度目は指導という形で実習生に警告を行う。さらに繰り返されるようであれば職場実習を強制終了することになるが，そのような事例はきわめて稀であった。

5.3 実習生と受入企業によるマッチングの評価

ここまで人材ビジネス企業のマッチングを7つの活動領域から明らかにしてきた。本項では，実習生と受入企業がそれをどのように評価しているのかについて見ていく。

まず，実習生による評価は以下のようなものである。受入企業との出会いについては，マッチング・イベントでH社の説明を聞いたときにこの会社しかないと感じた（H①氏），マッチング・イベントに5日連続で通うことで自分が就職したいと思えるI社を見つけた（I①氏），自身の得意なシステム開発に従事できる職場としてG社への職場実習を決めた（G①氏），などと述べられ

ている。

　人材ビジネス企業のキャリア・カウンセリングで印象に残っているものとしては，何となく職場実習に意味を見出せなかった時期にB社窓口に相談にいったことがある。その際に自分自身の甘えについて強く叱責された。そのことをきっかけとして職場実習に真剣に取り組むようになった。また，職場実習を通じて毎朝決まった時間に起床して出社するという規則正しい生活習慣を身につけたことが社会人としての自覚や責任感につながったといったことや（以上，G①氏），フォローアップ研修で実習生同士が互いの職場実習における成功体験や失敗体験を共有して現在の心境やこれからの展望などを話し合う中で，職場の正社員には言いにくいような話も，同じ境遇の実習生同士だから言い合うことができ，一生懸命頑張っているのは自分だけではないという気持ちになれた（I①氏），というような声が聞かれた。

　なお，H①氏とG①氏は6カ月の職場実習が終了した翌日から正規雇用されており，I①氏は職場実習が終了する直前に正規雇用となった[9]。この3氏は，大学在学時の就職活動で内定獲得に至らなかった理由を，面接が不得手で積極的に自分をアピールすることができなかったと振り返っている。そして，職場実習を通じて自らの仕事ぶりが評価されたことが正規雇用につながったと考えているという。

　一方，受入企業による評価は以下のようなものである。実習生との出会いについては，G社によれば，マッチング・イベントから約1週間で職場実習が開始された。迅速な職場実習の開始は，受入企業にとっても実習生にとっても時間を無駄にしないで済むとのことであった。またH社は，実習生との出会いは偶然の要素が強く，面接や履歴書で選考して知識や能力など条件に合う人材を確保したいのであれば派遣社員等を活用すればよい。職場実習では自社に来た若年者をどのように育成するかという視点が大切であると考えていた。受入企業としてコーディネート機関のマッチングを信頼していたとのことである。

　職場訪問における意見交換は，受入企業にとって実習生の成長ぶりを確認する貴重な機会となっていた。I社は，実習生と毎日接している受入企業では却

---

[9] I社によると，I①氏の職場実習開始は5月6日であり終了予定日は11月5日である。11月6日から正規雇用でもよかったが，月の途中での採用とすると給与計算が日割り計算になるなど事務作業が繁雑になるため11月1日付で正規雇用としたという。

って気がつかないような実習生の細かい変化を，コーディネート機関から指摘されてその成長ぶりに気づくことが少なくなかったという。H社も，第三者であるコーディネート機関からの客観的な意見は実習生とのかかわり方や育成方法についての貴重なアドバイスになったとしている。コーディネート機関と受入企業の関係について，G社は，受入企業が単独で実習生の人材育成を実施しているのではなく，コーディネート機関と連携しながら1人の実習生を育てているという感覚を持っていたと述べている。

6 マッチング機能がもたらす効果

　前節で，人材ビジネス企業のマッチングについて，未就職卒業者を対象とした①優良中小企業の確保，②教育訓練，③キャリア・カウンセリング，④就職支援，中小企業を対象とした①やる気のある未就職卒業者の確保，②教育訓練の支援，③職場訪問等による面談・相談，という7つの活動領域における活動内容を明らかにした。

　これらを踏まえて，本節では，未就職卒業者と中小企業のミスマッチを解消するための人材ビジネス企業のマッチング機能を，①採用意欲の高い優良中小企業の確保，②未就職卒業者への教育訓練，とりわけ職場実習を振り返るためのフォローアップ研修の実施，③採用・就職における期待水準の適正化，の3つに分類して，その効果を考察する。なお，①と③はミスマッチ要因である情報の非対称性の解消に，②は社会人としての基礎的素養の習得に関連している。

6.1 採用意欲の高い優良中小企業の確保

　職場実習を実施する中小企業が未就職卒業者の採用意欲の高い優良中小企業であるか否かは，マッチングの効率を左右する大切なポイントである。人材ビジネス企業は，以前から取引があり信頼できる中小企業に新卒者就職応援プロジェクトを案内するとともに，新規申込み企業を対象に直接訪問や信用調査を行うことで，優良中小企業の確保に努めている。申込みの段階で確実に選別できるわけではないが，職場実習が開始されてからも定期的に職場を訪問して中小企業の担当者との意見交換，実習生へのキャリア・カウンセリングの実施を通じて，職場実習の実態把握を行っている。

また，助成金を支給するために提出される書類から，実習内容や実習日数などを確認している。仮に実際の職場実習が新卒者就職応援プロジェクトの趣旨目的から逸脱していると判断すれば受入企業に是正を求める。このような取組みを通じて人材ビジネス企業では，未就職卒業者が自助努力では探すことが難しい採用意欲の高い優良中小企業を確保しているのである。

6.2 未就職卒業者への教育訓練

人材ビジネス企業は，フォローアップ研修やキャリア・カウンセリングを通じて，未就職卒業者への教育訓練を行う。フォローアップ研修は，職場実習を振り返り，習得した技能・技術・ノウハウ等を整理するOff-JTの場となっている。合わせて，言葉遣いやビジネスマナーなど社会人としての基礎的な素養の習得にもつながっている。

未就職卒業者の多くは，どちらかというと物静かで大人しい若年者である。在学中の就職活動で自己をうまくアピールすることができずに就職内定を得られなかったことで自信を喪失している者もいる。ところが，前述のように，事前研修の時点では表情が暗かった若年者が，研修やキャリア・カウンセリングを重ねるごとに表情が明るくなり，大きな声で挨拶ができるようになる。世代の違う人とコミュニケーションがとれるようになり，社会人らしい立ち居振舞いが身についてくる。

また，中小企業は大企業ほど新人研修に時間や費用をかけることが難しく，教育訓練を専門とする担当者を配置することも困難である。人材ビジネス企業がフォローアップ研修やキャリア・カウンセリングを実施してくれることで，受入企業も，自社独自の技能，技術，ノウハウ等の指導に集中することができている。

6.3 採用・就職における期待水準の適正化

中小企業の中には，新卒者を含む若年者に対して必要以上に高い採用基準を設定している企業がある。B社によると，ある中小企業では新卒者就職応援プロジェクトに応募する以前から求人媒体に広告を掲載して若年人材の募集をしていた。しかし，結果として会社が求めているような人材の採用には至っていなかった。同社は，B社と意見交換をする中で，若年者に求める技能や技術の

期待水準をあまりにも高く設定していたことに気がつき採用計画の見直しにつながった。また，I社では，実習生を受け入れてみたことで，これまでの新卒採用の面接選考を振り返ることができた。明るく元気で堂々とした風貌の体育会系の若年者や就職活動のノウハウやテクニックを要領よく習得した者が優秀に映り，一方で控えめで大人しいタイプの若年者はそれほど優秀に映らないといったバイアスに気づき，今後は後者の応募者の人柄や能力についても注意深く観察する必要性を感じたという。

一方，未就職卒業者の中にも，若年者労働市場の現状を知らず自己評価が高すぎることでミスマッチが生じている場合がある。人材ビジネス企業としては，実習生が実際に中小企業での職場実習において技能・技術・ノウハウ等を習得し，フォローアップ研修やキャリア・カウンセリングを通じて労働市場や社会の現状を理解し自己評価の適正化を図るように導いている。そうすることで，未就職卒業者に対して現実的な就職活動を行うための目標設定を促しているのである。

7 ま と め

近年の大学生の就職活動を見ると，一部の学生に就職内定が集中する一方で，卒業までに就職内定を獲得できない未就職卒業者が生み出されている。本章では，未就職卒業者と中小企業との雇用のミスマッチを解消するための，人材ビジネス企業におけるマッチング機能について考察してきた。

未就職卒業者と中小企業のミスマッチ要因は，両者の間にある求人・求職情報における情報非対称性の存在，および未就職卒業者の基礎学力やコミュニケーションといった社会人としての基礎的素養の欠如の，2つに整理された。さらに，ミスマッチ解消のための人材ビジネス企業のマッチングの活動領域を，未就職卒業者を対象とした①職場実習企業（優良中小企業）の確保，②未就職卒業者への教育訓練，③キャリア・カウンセリング，④就職支援，および中小企業を対象とした①未就職卒業者の確保，②教育訓練の支援，③面談・相談，という7つに整理して，それぞれの活動内容を明らかにした。そして人材ビジネス企業が，そのマッチング機能として，採用意欲の高い優良中小企業を確保すること，合わせて未就職卒業者を教育訓練を通じて社会への第一歩を踏み出

せるまでに成長させること，また，その過程で未就職卒業者と中小企業に対して互いに高すぎる期待水準の適正化を図り，現実的な就職活動と採用活動に結びつけていることを明らかにした。

　最後に，事例として使用した新卒者就職応援プロジェクトは現在一部の地域を除いて終了している。そのため，本章の考察で明らかとなった人材ビジネス企業のマッチング機能をそのまま一般化することはできない。それでも，学生と中小企業の労働需給のミスマッチが解消されないまま未就職卒業者を生み出している日本において，人材ビジネス企業が果たす役割は今後ますます大きくなると想定されるのである。

参考文献一覧

Autor, David H.（2008），"The economics of labor market intermediation: An analytic framework," National Bureau of Economic Research Working Paper Series, no. 14348.

Smith, Vicki, and Neuwirth, Esther B.（2008），*The Good Temp*, ILR Press.

White, Halbert（1980），"A heteroskedasticity: Consistent covariance matrix estimator and a direct test for heteroskedasticity," *Econometrica*, vol. 48, no. 4, pp. 817-838.

阿部正浩・小林徹（2010），「人材ビジネスの規模と生産性」佐藤博樹・佐野嘉秀・堀田聰子編『実証研究 日本の人材ビジネス――新しい人事マネジメントと働き方』日本経済新聞出版社，157-188頁。

今野浩一郎・佐藤博樹（2009），『人事管理入門 第2版』日本経済新聞出版社。

大木栄一（2013），「会社と管理職の関係からみた管理職の育成――小売業の売場管理者に注目して」『産業訓練』第59巻第6号，21-28頁。

大沢真知子（2004），「派遣労働者の光と影――正社員はしあわせか」佐藤博樹編著『変わる働き方とキャリア・デザイン』勁草書房，17-34頁。

太田聰一（2010），『若年者就業の経済学』日本経済新聞出版社。

大竹文雄・李嬋娟（2011），「派遣労働者に関する行動経済学的分析」RIETI Discussion Paper Series 11-J-054。

大竹文雄・奥平寛子・久米功一・鶴光太郎（2011），「派遣労働者の生活と就業―― RIETI アンケート調査から」鶴光太郎・樋口美雄・水町勇一郎編著『非正規雇用改革――日本の働き方をいかに変えるか』日本評論社，45-62頁。

小野晶子（2011a），「派遣社員の職務経歴とキャリア――事務派遣のキャリア形成の観点から」労働政策研究・研修機構「登録型派遣スタッフのキャリアパス，働き方，意識―― 88人の派遣労働者のヒアリング調査から」労働政策研究報告書 No. 139。

小野晶子（2011b），「短期派遣労働者の就業選択と雇用不安」『日本労働研究雑誌』第610号，48-64頁。

小野晶子（2012），「派遣労働者のキャリア――能力開発・賃金・正社員転換の実態」労働政策研究・研修機構編『JILPT 第2期プロジェクト研究シリーズ No. 3 非正規就業の実態とその政策課題――非正規雇用とキャリア形成，均衡・均等処遇を中心に』労働政策研究・研修機構，124-160頁。

鹿生治行（2004），「雇用主としての派遣会社の役割――苦情処理の分析を手がかりに」『大原社会問題研究所雑誌』第550・551号，33-50頁。

苅谷剛彦・本田由紀編（2010），『大卒就職の社会学――データからみる変化』東京大学出版会。

木村琢磨（2008），「派遣スタッフのキャリア形成要因――派遣スタッフアンケート調査から」日本人材派遣協会「派遣労働者等に係る能力開発・キャリア形成プロジェクト報告書」（厚生労働省委託研究）。

木村琢磨（2010），「登録型労働者派遣業の経営管理」佐藤博樹・佐野嘉秀・堀田聰子編『実

証研究 日本の人材ビジネス――新しい人事マネジメントと働き方』日本経済新聞出版社,39-69頁.
木村琢磨・鹿生治行(2010),「登録型派遣業における営業担当者の仕事と技能」東京大学社会科学研究所人材ビジネス研究寄付部門研究シリーズ No.17.
木村琢磨・佐野嘉秀・藤本真・佐藤博樹(2010),「製造分野における請負企業の事業戦略と人事管理の課題」佐藤博樹・佐野嘉秀・堀田聰子編『実証研究 日本の人材ビジネス――新しい人事マネジメントと働き方』日本経済新聞出版社,131-156頁.
キャペリ,ピーター(若山由美訳)(2010),『ジャスト・イン・タイムの人材戦略――不確実な時代にどう採用し,育てるか』日本経済新聞出版社.
厚生労働省(2010),「平成21年度労働者派遣事業報告の集計結果(確報版)」.
厚生労働省(2011),「平成22年雇用動向調査」.
厚生労働省「職業紹介事業報告」各年度.
伍賀一道(2006),「現代日本の間接雇用――派遣労働・業務請負を中心に」『金沢大学経済学部論集』第26巻第2号,5-24頁.
伍賀一道(2007),「今日のワーキングプアと不安定就業問題――間接雇用を中心に」『静岡大学経済研究』第11巻第4号,519-542頁.
小杉礼子編(2007),『大学生の就職とキャリア――「普通」の就活・個別の支援』勁草書房.
雇用開発センター(2005),「深夜労働従事者の就業実態と雇用管理――調査研究報告書」.
雇用開発センター(2006),「深夜労働従事者の雇用管理ガイドブック」.
雇用政策研究会(2014),「雇用政策研究会報告書――仕事を通じた一人ひとりの成長と,社会全体の成長の好循環を目指して」.
坂本和靖(2006),「サンプル脱落に関する分析――『消費生活に関するパネル調査』を用いた脱落の規定要因と推計バイアスの検証」『日本労働研究雑誌』第551号,55-70頁.
佐藤博樹(1998),「非典型的労働の実態――柔軟な働き方の提供か?」『日本労働研究雑誌』第462号,2-14頁.
佐藤博樹・鎌田彰仁編著(2000),『店長の仕事――競争力を生みだす人材活用』中央経済社.
佐藤博樹(2006),「人材ビジネスの社会的機能と課題――雇用機会創出とキャリア形成支援」樋口美雄・財務省財務総合政策研究所編『転換期の雇用・能力開発支援の経済政策――非正規雇用からプロフェッショナルまで』日本評論社,27-54頁.
佐藤博樹編著(2007),『新しい人材マネジメント――正社員と非正社員のベストミックスを目指して』労働新聞社.
佐藤博樹・小泉静子(2007),『不安定雇用という虚像――パート・フリーター・派遣の実像』勁草書房.
佐藤博樹(2009),「企業環境の変化と人事管理の課題」佐藤博樹編著『叢書・働くということ 第4巻 人事マネジメント』ミネルヴァ書房,1-30頁.
佐藤博樹・佐野嘉秀編(2009),「人材ビジネスの現状と展望(4)――『第4回人材ビジネスの市場と経営に関する総合実態調査』集計結果」東京大学社会科学研究所人材ビジネス研究寄付部門資料シリーズ No.5.
佐藤博樹(2010),「人材ビジネスと新しいキャリア形成支援」佐藤博樹・佐野嘉秀・堀田聰子編『実証研究 日本の人材ビジネス――新しい人事マネジメントと働き方』日本経済新聞出版社,1-36頁.

佐藤博樹・佐野嘉秀・堀田聰子編（2010），『実証研究 日本の人材ビジネス——新しい人事マネジメントと働き方』日本経済新聞出版社．

佐藤博樹・佐野嘉秀・島貫智行（2012），「請負社員・派遣社員の働き方とキャリアに関するアンケート調査」佐藤博樹・佐野嘉秀・島貫智行・松浦民恵・小林徹・大木栄一・坂爪洋美「企業の外部人材の活用と戦略的人的資源管理」日本学術振興会科学研究費補助金（基盤研究(B)）研究成果報告書．

佐藤博樹・松浦民恵・島貫智行（2012），「派遣社員の働き方に関するアンケート調査」佐藤博樹・佐野嘉秀・島貫智行・松浦民恵・小林徹・大木栄一・坂爪洋美「企業の外部人材の活用と戦略的人的資源管理」日本学術振興会科学研究費補助金（基盤研究(B)）研究成果報告書．

佐野嘉秀（2004a），「非典型雇用——多様化する働き方」佐藤博樹・佐藤厚編『仕事の社会学——変貌する働き方』有斐閣，141-156頁．

佐野嘉秀（2004b），「製造分野における請負労働者の労働条件とキャリア——社会政策の視点から」『季刊社会保障研究』（国立社会保障・人口問題研究所）第40巻第2号，139-152頁．

佐野嘉秀（2007），「人材ビジネスの現状と展望」佐藤博樹・佐野嘉秀編「人材ビジネスの現状と展望(2)——『第2回人材ビジネスの市場と経営に関する総合実態調査』集計結果」東京大学社会科学研究所人材ビジネス研究寄付部門資料シリーズ No.3．

佐野嘉秀（2008），「人材ビジネスの現状と展望——『第3回人材ビジネスの市場と経営に関する総合実態調査』集計結果」佐藤博樹・佐野嘉秀編「人材ビジネスの現状と展望(3)——『第3回人材ビジネスの市場と経営に関する総合実態調査』集計結果」東京大学社会科学研究所人材ビジネス研究寄付部門資料シリーズ No.4．

佐野嘉秀（2009），「なぜ労働者派遣が禁止されている業務があるのか」『日本労働研究雑誌』第585号，70-73頁．

佐野嘉秀（2010a），「生産請負・派遣企業によるリーダー配置とスタッフの定着化——職場でのコミュニケーションをつうじた定着管理」佐藤博樹・佐野嘉秀・堀田聰子編『実証研究 日本の人材ビジネス——新しい人事マネジメントと働き方』日本経済新聞出版社，210-242頁．

佐野嘉秀（2010b），「製品開発分野の技術者派遣企業によるキャリア形成支援」佐藤博樹・佐野嘉秀・堀田聰子編『実証研究 日本の人材ビジネス——新しい人事マネジメントと働き方』日本経済新聞出版社，243-271頁．

佐野嘉秀（2010c），「生産分野における若年層の請負・派遣スタッフのキャリア」佐藤博樹・佐野嘉秀・堀田聰子編『実証研究 日本の人材ビジネス——新しい人事マネジメントと働き方』日本経済新聞出版社，431-462頁．

島貫智行・守島基博（2004），「派遣労働者の人材マネジメントの課題」『日本労働研究雑誌』第526号，4-15頁．

島貫智行（2007），「派遣労働者の人事管理と労働意欲」『日本労働研究雑誌』第566号，17-36頁．

島貫智行（2010），「事務系派遣スタッフのキャリア類型と仕事・スキル・賃金の関係」佐藤博樹・佐野嘉秀・堀田聰子編『実証研究 日本の人材ビジネス——新しい人事マネジメントと働き方』日本経済新聞出版社，506-533頁．

清水直美（2007），「派遣労働者のキャリアと基幹化」『日本労働研究雑誌』第 568 号，93-105 頁．

清水直美（2010），「派遣元・派遣労働者関係と派遣労働者のキャリア形成」『キャリアデザイン研究』第 6 号，137-155 頁．

人材サービス産業の近未来を考える会編（座長：佐藤博樹）（2011），「2020 年の労働市場と人材サービス産業の役割——より多くの人々に多様な就業機会を」全国求人情報協会・日本人材紹介事業協会・日本人材派遣協会・日本生産技能労務協会．

新卒者雇用・特命チーム（2010），「新卒者雇用に関する緊急対策について」．

総務省統計局（2014），「労働力調査（詳細集計）平成 25 年（2013 年）平均（速報）結果」．

高橋康二（2007），「資本系人材派遣の実態——相互依存的取引のメカニズム」佐藤博樹・高橋康二・木村琢磨「登録型人材派遣企業の経営戦略と人的資源管理」東京大学社会科学研究所人材ビジネス研究寄付部門研究シリーズ No. 10．

高橋康二（2010a），「資本系人材派遣企業の取引と経営」佐藤博樹・佐野嘉秀・堀田聰子編『実証研究 日本の人材ビジネス——新しい人事マネジメントと働き方』日本経済新聞出版社，70-90 頁．

高橋康二（2010b），「派遣会社の経営形態と派遣社員の就業実態」佐藤博樹・佐野嘉秀・堀田聰子編『実証研究 日本の人材ビジネス——新しい人事マネジメントと働き方』日本経済新聞出版社，488-505 頁．

武田圭太（2010），『採用と定着——日本企業の選抜・採用の実態と新入社員の職場適応』白桃書房．

中央教育審議会（2011），「今後の学校におけるキャリア教育・職業教育の在り方について（答申）」．

中小企業庁（2011），「『新卒者就職応援プロジェクト』の実績について」（報道発表）．

土田道夫（2004），「非典型雇用とキャリア形成」『日本労働研究雑誌』第 534 号，43-51 頁．

鶴光太郎（2011），「非正規雇用問題解決のための鳥瞰図——有期雇用改革に向けて」鶴光太郎・樋口美雄・水町勇一郎編著『非正規雇用改革——日本の働き方をいかに変えるか』日本評論社，1-44 頁．

鶴光太郎・久米功一・大竹文雄・奥平寛子（2013），「非正規労働者からみた補償賃金——不安定雇用，暗黙的な正社員拘束と賃金プレミアムの分析」RIETI ディスカッション・ペーパー 13-J-003．

電機連合総合研究企画室（電機総研）（2010），「『電機産業の製造現場におけるアウトソーシングの実態調査』報告」．

中野麻美（2003），「労働者派遣の拡大と労働法」『社会政策学会誌』第 9 号，44-57 頁．

日本学術会議（2010），「回答『大学教育の分野別質保証の在り方について』」．

日本人材派遣協会（2008），「派遣労働者等に係る能力開発・キャリア形成プロジェクト報告書」（厚生労働省委託研究）．

松浦民恵（2009a），「派遣労働者のキャリア形成に向けて——ヒアリング調査による考察」『日本労働研究雑誌』第 582 号，29-39 頁．

松浦民恵（2009b），「派遣という働き方と女性のキャリア形成」武石恵美子編著『叢書・働くということ 第 7 巻 女性の働きかた』ミネルヴァ書房．

松浦民恵（2010a），「派遣スタッフのキャリア形成に向けて——インタビュー調査による考察」

佐藤博樹・佐野嘉秀・堀田聰子編『実証研究 日本の人材ビジネス――新しい人事マネジメントと働き方』日本経済新聞出版社，272-289頁．
松浦民恵（2010b），「派遣営業職活用の現状と課題――業務関与度の類型による分析」佐藤博樹・佐野嘉秀・堀田聰子編『実証研究 日本の人材ビジネス――新しい人事マネジメントと働き方』日本経済新聞出版社，568-594頁．
松浦民恵（2012），『営業職の人材マネジメント――4類型による最適アプローチ』中央経済社．
水野有香（2009），「資本系派遣会社の事業展開の一考察――親会社との関係から」『経済学雑誌』（大阪市立大学）第109巻第4号，70-88頁．
三菱UFJリサーチ＆コンサルティング（2009），「労働者派遣事業における派遣スタッフの雇用管理改善に向けて」（厚生労働省委託 平成20年度労働者派遣事業における雇用管理改善推進事業報告書）．
三菱UFJリサーチ＆コンサルティング（2010a），「平成21年度 優良人材ビジネス事業者育成推進事業報告書」（厚生労働省委託事業）．
三菱UFJリサーチ＆コンサルティング（2010b），「平成21年度 派遣先における派遣労働者の雇用管理の具体的応用事例集の作成事業報告書」（厚生労働省委託事業）．
文部科学省（2010），「平成22年度学校基本調査の速報について」（報道発表）．
リクルートワークス研究所（2010），「第27回ワークス大卒求人倍率調査（2011年卒）」．
労働政策研究・研修機構（2005），「ホワイトカラー有料職業紹介事業の運営と紹介業務従事者に関する事例研究」労働政策研究報告書 No.37．
労働政策研究・研修機構（2010），「高校・大学における未就職卒業者支援に関する調査」JILPT調査シリーズ No.81．
労働政策研究・研修機構（2012a），「学卒未就職者に対する支援の課題」労働政策研究報告書 No.141．
労働政策研究・研修機構（2012b），「中小企業における人材の採用と定着――人が集まる求人，いきいきとした職場／アイトラッキング，HRMチェックリスト他から」労働政策研究報告書 No.147．
脇田滋（2001a），「労働者派遣法をめぐる課題・論点」『労働法律旬法』第1495・96号，22-24頁．
脇田滋（2001b），「同等待遇・派遣先直用を軸に保護拡充を！」『日本労働研究雑誌』第489号，16-17頁．

調査一覧

1. 派遣スタッフの働き方に関するアンケート調査

・本書で分析に使用した章
　第1章，第2章。
・調査主体
　東京大学社会科学研究所の研究組織である，人材フォーラム「派遣スタッフの働き方に関する調査プロジェクト」。
　代表：佐藤博樹（東京大学），メンバー：松浦民恵（ニッセイ基礎研究所）・島貫智行（一橋大学）。なお，所属は調査実施時点のもの（以下同じ）。
・調査対象と調査数
　大手インターネット調査会社の登録モニターに対して，次の2段階で実施された。まず，18～69歳の「派遣社員・契約社員」（全国，男女）を対象として予備調査を配信し，①調査時点で事務職種（一般事務，営業事務，経理事務，貿易事務，金融事務）もしくは営業職種（顧客への訪問によって商品やサービスを販売する）の仕事に派遣スタッフとして従事し，②調査時点までに2年以上派遣スタッフとして働き続けている（派遣スタッフとして就労していない期間が3カ月未満であれば「働き続けた」と見なした）という要件に合致するモニターを抽出した。次に，予備調査で抽出されたモニターに対して本調査を実施した。予備調査での抽出数や本調査の回収率を考慮し，計1000サンプル以上を回収できるように本調査の配信数を設定した。本調査の配信数は事務職1661，営業職143。目標の回収数に達するまで回答を受け付けた。
・調査時期
　予備調査は2011年1月13～20日にかけて，本調査は同月21～31日にかけて実施。
・調査方法
　インターネット・モニターを対象とした質問票調査。
・回収数
　有効回答数は，事務職962（有効回答率57.9％），営業職93（有効回答率65.0％）。

	配信対象	配信	回収	有効回答	有効回収率
派遣事務職	1,928人	1,661人	992人	962人	57.9％
派遣営業職	143	143	103	93	65.0
計	2,071	1,804	1,095	1,055	58.5

・掲載報告書
　佐藤博樹・佐野嘉秀・島貫智行・松浦民恵・小林徹・大木栄一・坂爪洋美「企業の外部人材の活用と戦略的人的資源管理」（日本学術振興会科学研究費補助金【基盤研究（B）】研究成果報告書【課題番号：22330110】），2012年。

2. 請負社員・派遣社員の働き方とキャリアに関するアンケート調査

・本書で分析に使用した章
　第3章，第4章。
・調 査 主 体
　東京大学社会科学研究所の研究組織である，人材フォーラム「請負会社・派遣会社の生産現場で働く人々の働き方とキャリア意識に関する調査プロジェクト」。
　代表：佐藤博樹（東京大学），メンバー：佐野嘉秀（法政大学）・島貫智行（一橋大学）。
・調査対象と調査数
　アンケート調査は，製造分野の請負や派遣を事業とする企業を組織する全国レベルの唯一の業界団体である一般社団法人日本生産技能労務協会の会員企業を通じて調査票の配付を依頼し，調査対象者が調査に回答した後，調査対象者が調査票を東京大学社会科学研究所宛てに投函する方式で実施した。研究課題を考慮して，アンケート調査は，工場で生産業務に従事している請負社員・派遣社員を対象とし，管理のみを担当している社員は対象外とした。4000人を調査対象として，日本生産技能労務協会の会員企業に対し，その従業員規模に応じて調査対象者数を割り当てた。調査票の配付にあたっては，取引先の職場の最小の管理単位（たとえば，班，グループなど）を選び，その管理単位のもとで働いている請負社員・派遣社員の全員に調査票を配付することを原則とし，特定の者だけに調査票が配付されないように留意した。
・調 査 時 期
　2010年8月19日から調査票の配付を開始し，同年9月1日を投函の締切りとした。
・調 査 方 法
　質問紙によるアンケート調査（自記入式）。
・回　収　数
　有効票は2277票，有効回収率は56.9％。
・掲載報告書
　佐藤博樹・佐野嘉秀・島貫智行・松浦民恵・小林徹・大木栄一・坂爪洋美「企業の外部人材の活用と戦略的人的資源管理」（日本学術振興会科学研究費補助金【基盤研究（B）】研究成果報告書【課題番号：22330110】），2012年。

3. 労働者派遣事業の実態に関するアンケート調査（派遣元事業主調査）

・本書で分析に使用した章
　第5章。
・調 査 主 体
　三菱UFJリサーチ＆コンサルティングに事務局が設置された「優良人材ビジネス事業者育成推進に関する研究会」。
　座長：佐藤博樹（東京大学），委員：佐野嘉秀（法政大学）・伊藤卓郎（テンプスタッフ・ピープル株式会社）・河邉彰男（一般社団法人日本人材派遣協会）・小松太郎（株式会社スタッフサービス）・長谷川裕子・新谷信幸（日本労働組合総連合会）・鈴木英二郎・鈴木一光

(厚生労働省職業安定局)・髙橋弘行(一般社団法人日本経済団体連合会),事務局および報告書執筆:豊島竹男・横山重宏・平田薫(三菱UFJリサーチ&コンサルティング)。
・調査対象と調査数
　アンケート調査は,信頼できる大手データ会社が保有する企業名簿のうち労働者派遣事業を営む企業4000社を抽出し,これに,一般社団法人日本人材派遣協会・一般社団法人日本生産技能労務協会・一般社団法人日本エンジニアリングアウトソーシング協会の会員を加えた,4145社に対して実施した。
・調査時期
　2010年1月6日に配布し,同年2月8日到着分まで回収を行った。
・調査方法
　質問紙によるアンケート調査(自記入式)。
・回収数
　有効回答は786社(回収率19.0%)。
・掲載報告書
　三菱UFJリサーチ&コンサルティング「平成21年度　優良人材ビジネス事業者育成推進事業報告書」(厚生労働省委託事業),2010年。

4. 事務系派遣事業を営む営業所・支店の運営に関するアンケート調査

・本書で分析に使用した章
　第6章,第7章。
・調査主体
　東京大学社会科学研究所の研究組織である,人材フォーラム「派遣営業所・支店の運営に関する調査プロジェクト」。
　代表:佐藤博樹(東京大学),メンバー:島貫智行(一橋大学)・小林徹(慶應義塾大学)。
・調査対象と調査数
　本調査は,事務系派遣事業を営む人材派遣会社の営業所長・支店長を対象とした質問票調査である。具体的には,一般社団法人日本人材派遣協会の加盟企業の中で事務系派遣事業を営む人材派遣会社(本社が東日本大震災の災害救助法適用地にある会社を除く)420社を対象とした。調査票の配布方法は,まず調査対象とした420社に対し派遣会社の事業規模や営業所・支店の数などに応じて調査票(10通,5通,3通,1通)を割り付けた上で,人材派遣会社の人事担当責任者宛てに調査票一式を送付し,各社の中で事務系派遣事業を営む営業所長・支店長宛てに調査票を転送してもらうよう依頼した。調査票は,営業所長・支店長による記入後,東京大学宛てに郵送してもらうこととした。調査票の配布数は803通であった。
・調査時期
　2012年1月に調査票を配布して回答を依頼し,同年1~2月に回収。
・調査方法
　質問紙によるアンケート調査(自記入式)。
・回収数
　有効回答数は107通(有効回答率13.3%)。

・掲載報告書
　佐藤博樹・佐野嘉秀・島貫智行・松浦民恵・小林徹・大木栄一・坂爪洋美「企業の外部人材の活用と戦略的人的資源管理」(日本学術振興会科学研究費補助金【基盤研究(B)】研究成果報告書【課題番号：22330110】)，2012年。

5. 派遣スタッフの働きやすい職場環境に関するアンケート調査（派遣先企業管理者調査）

・本書で分析に使用した章
　第8章。
・調査主体
　三菱UFJリサーチ＆コンサルティングに事務局が設置された，「労働者派遣事業における雇用管理改善に関する調査研究会（平成20年度）」。
　座長：佐藤博樹（東京大学），委員：秋元次郎（株式会社コンサルティングミッション）・乾美由紀（テンプスタッフ株式会社）・小松太郎（株式会社スタッフサービス），事務局および報告書執筆：平田薫・横山重宏・豊島竹男（三菱UFJリサーチ＆コンサルティング）。
・調査対象と調査数
　アンケート調査は，事務系職種の派遣スタッフを受け入れるライン・マネジャーに注目して行った。調査対象は派遣スタッフの管理監督者（部課長）と指揮命令者（係長）とし，インターネット調査を実施した。調査対象の抽出にあたっては，インターネット調査会社のモニターに管理職（部課長，係長）で登録している人に対し，プレ調査で部下に事務系派遣スタッフがいるかどうかを尋ねてスクリーニングし，該当者に回答を依頼した。
・調査時期
　2008年11月25～26日。
・調査方法
　インターネット・モニターを対象とした質問票調査。
・回収数
　有効回収枚数は515名。
・掲載報告書
　三菱UFJリサーチ＆コンサルティング「労働者派遣事業における派遣スタッフの雇用管理改善に向けて」（厚生労働省委託　平成20年度労働者派遣事業における雇用管理改善推進事業報告書)，2009年。

6. ものづくりにおけるアウトソーシングのあり方に関わる派遣・請負事業の営業所・支店に関するアンケート調査

・本書で分析に使用した章
　第9章。
・調査主体
　電機連合総合研究企画室（電機総研）に設置された，「電機産業ものづくりにおけるアウトソーシングのあり方についての基礎調査委員会」。

主査：大木栄一（玉川大学），副主査：佐野嘉秀（法政大学），専門委員：土屋直樹（武蔵大学）・藤本真（労働政策研究・研修機構）・小林節夫（株式会社アルプス技研）・青木秀登（一般社団法人日本生産技能労務協会），事務局および報告書執筆：内藤直人（電機連合総合研究企画室）．

・調査対象と調査数

　アンケート調査は，一般社団法人日本生産技能労務協会の会員企業とその他の人材ビジネス企業の協力のもと，製造業務への派遣・請負事業を行う人材ビジネス企業 84 社に対して実施した．調査対象は，実際に派遣・請負社員の採用・人事配置・教育・契約交渉等を行う部署である「営業所・支店」とした．調査票は，電機連合が一括して一般社団法人日本生産技能労務協会加盟企業とその他の人材ビジネス企業に送り，各企業本社から製造業務への派遣事業・請負事業のいずれかもしくは両方を行う「営業所・支店」へ配布した．調査票回収は，「営業所・支店」から電機連合への直接の返送によった．

・調査時期

　2010 年 3 月に調査票を配布し，同年 4～5 月に回収．

・調査方法

　質問紙によるアンケート調査（自記入式）．

・回収数

　有効回答は 158 営業所・支店（回収率 28.4 %）．

・掲載報告書

　電機連合総合研究企画室（電機総研）「『電機産業の製造現場におけるアウトソーシングの実態調査』報告」，2010 年．

7. 職業紹介事業ならびに職業紹介担当者に関するアンケート調査

・本書で分析に使用した章

　第 10 章．

・調査主体

　東京大学社会科学研究所の研究組織である，人材フォーラム「職業紹介事業ならびに職業紹介担当者に関する調査プロジェクト」．

　代表：佐藤博樹（東京大学），メンバー：坂爪洋美（和光大学）．

・調査対象と調査数

　一般社団法人日本人材紹介事業協会の会員企業に調査票の配付を依頼し，調査対象者が調査に回答した後，調査対象者が調査票を東京大学社会科学研究所宛てに投函する方式で実施した．280 社を調査対象として，職業紹介事業の責任者に回答を依頼した．そのうち 5 社が住所変更等で戻ってきたため，実際の調査対象は 275 社となった．

・調査時期

　2011 年 1 月 17 日から調査票の配付を開始，同月 24 日を投函の締切りとし，最終的に 2 月 5 日到着分までを有効回収票とした．

・調査方法

　質問紙によるアンケート調査（自記入式）．

・回　収　数

有効回収数は50票，有効回収率は18.2％であった。

・掲載報告書

佐藤博樹・佐野嘉秀・島貫智行・松浦民恵・小林徹・大木栄一・坂爪洋美「企業の外部人材の活用と戦略的人的資源管理」(日本学術振興会科学研究費補助金【基盤研究 (B)】研究成果報告書【課題番号：22330110】)，2012年。

索　引

アルファベット

DID 推定　186
M 字カーブ　4
Off-JT　126, 307
OJT　92, 126

あ　行

一般事務　21, 42, 57, 194
　——での派遣就業　9
　自由化業務の——　178
一般的スキル〔企業横断的に通用するスキル〕　181
　——の形成　64
一般派遣事業　151
入口の調整　182
インターンシップ　292
請負（事）業　1, 2, 4, 151
請負契約の期間　242
請負社員　71, 99
　——としての働き方の利点　76
　——のキャリア形成支援　247
　——の雇用継続　14, 231, 250
　——の雇用調整　231
　——の就業意識　72
　——の就業条件の改善　94
　——の就業条件の改善に向けた要望　84
　——の就業・生活の安定化　240
　——の就業満足度　80
　——の就業理由　74
　——の人材育成　245
　——の定着　88
　——の能力開発　246
　生産職種の——　9, 71
　生産分野の——の雇用の不安定性　231
　役職のない——　74
　リーダー層の——　76

営業担当者〔派遣企業の営業担当者〕　8, 145, 166
　——の業務範囲　166
　——の仕事　173
　——の早期育成　174

か　行

解雇回避義務　182
外部労働市場重視型人材活用〔外部労働力の活用, 労働力の外部調達〕　3, 181, 192
管理監督者　216
管理職
　——が有すべき人事管理機能　13
　——のタイプ　216
　高機能——　216
　中機能——　216
　低機能——　216
企業横断的に通用するスキル　→一般的スキル
企業間での人材の移動　3
企業特殊的スキル　181, 182
　——を要する派遣業務　183
技術系職種　127
技術系派遣会社　129
技　能
　——の向上　18, 41
　——の高い人材　233, 250
　——の幅　41, 43
　派遣就業を通じた——の蓄積　43
キャリア・カウンセリング　300
キャリア形成支援〔キャリア支援, 派遣・請負社員のキャリア形成支援〕
　派遣会社の——　7, 59, 65, 125, 126, 131, 134, 146, 247
　派遣先の——　59, 64
キャリア形成の機会　93
求職者　1
　——決定率　265

――の育成　286
求人ニーズに合致する――　283
職業紹介事業所の――に関する課題　283
職業紹介事業所を利用する――　261, 265
パフォーマンスの高い職業紹介担当者の――対応　274

求人広告業　1
求人者〔求人企業〕　1
職業紹介事業所の――に関する課題　281
職業紹介事業所を利用する――　265
パフォーマンスの高い職業紹介担当者の――対応　273

求人充足率　265
求人ニーズ　256
――に合致する求職者　283
給　与　→時給
教育訓練機会の提供　120
苦情対応〔派遣スタッフの苦情処理・相談対応〕　85, 123, 125, 127, 132
経営パフォーマンスの指標　139
慶應義塾家計パネル調査〔KHPS〕　186
公開求人　282
高齢者や女性の労働市場への参入促進　4
顧客企業管理　173
5号（事務用機器操作）業務　178
雇用関係〔労働契約関係〕　5, 122
雇用管理　123, 125
雇用継続　85
――に積極的な営業所〔――型の営業所〕　236
――に積極的な営業所の事業方針　241
――に積極的な営業所の人事管理　245
――の積極性　236
請負社員の――　14, 231, 250
人材ビジネス企業の――　232
配置換えによる――　232, 233
派遣社員の――　14, 231

雇用契約の変更　180
雇用条件の悪化　179
雇用喪失　12, 179
雇用の不安定性　102
生産分野の派遣・請負社員の――　231
雇用非継続型の営業所　236

さ　行

再就業のエントリー・ジョブ　9
再就職支援型紹介　259
採用・就職の期待水準の適正化　307
採用プロセスの一部代行　284
サーチ型紹介　259
産業構造の転換　3, 6
サンプル・セレクション・バイアス　189
指揮命令関係〔使用関係〕　5, 122
指揮命令者　216
時給〔給与〕
――が上昇した派遣スタッフ　57
――の上昇〔派遣社員の――改善，派遣スタッフの昇給〕　7, 9, 44, 160
派遣営業職の――　48
派遣事務職の――　48
事業構造の転換　3, 6
事業性　123
仕　事
――・業績マネジメント　209, 210, 212
――内容の頭打ち　87
――の高度化　18, 41
――の特徴　53, 57, 62
――や働き方の満足度　114, 119
裁量性の高い――　53
失業可能性　112
資本系派遣会社　144, 148, 172
中堅――　145
事務系派遣会社　123, 128
高機能な――　134
事務系派遣事業　144
事務（系）職種　20, 127
社　員　→正社員
社会人としての基礎的な素養　290, 307
自由化業務　177
――の一般事務　178
就業可能性　119
就業環境　72
就業管理（機能）　2, 4
――の課題　4
就業機会　119
――の限定　76

索　引　325

　　——を失う不安　101
　　人材サービス産業による——の質向上　8
　　正社員としての——　75
　　長期の——の確保　3
　　派遣社員の——の継続可能性　6
就業先の状況　91
就業条件の改善　119
　　請負・派遣社員の——　94
　　請負・派遣社員の——に向けた要望　84
就業・生活の安定化
　　派遣・請負社員の——　240
就業満足度　72
　　——の低下　83
　　——の低い項目　83
　　請負・派遣社員の——　80
就業率の向上　4
就　職
　　——・採用の期待水準の適正化　307
　　就職困難層の——　285
　　新卒者の——　288
　　未就職卒業者の——活動　288
需給調整機能〔労働市場における需給調整機能〕　124, 181, 182
　　——の高度化　2
　　——の担い手　1
紹介手数料　266
　　——の高い職業紹介事業所　277
紹介予定派遣（事業）　2, 151, 260
使用関係　→指揮命令関係
情報の非対称性　290
処遇・労働条件整備　125, 126, 129
職業紹介（事）業　1, 2, 14, 290
　　——市場規模　257
職業紹介サービスの類型　259
職業紹介事業所
　　——の求職者に関する課題　283
　　——の求人企業に関する課題　281
　　——の競合　282
　　——を通じた採用決定　263
　　——を利用する求職者　261, 265
　　——を利用する求人企業　265
　　紹介手数料の高い——　277
　　民営——　255
　　無料——　254
　　有料——　254, 257
職業紹介担当者　254
　　——の能力・スキルの向上　287
　　パフォーマンスの高い——　14, 268, 284
　　パフォーマンスの高い——の求職者対応　274
　　パフォーマンスの高い——の求人企業対応　273
職業生活全体への満足度　87
職業能力　3
職種経験　19
　　単一型の——パターン　27
　　派遣就業後の——パターン　24
　　派遣就業前後の——パターン　35
　　派遣就業前の——パターン　30
　　複数型の——パターン　27
職種の異同　19
職種の転換や未経験職種への従事の背景要因　43
職種の幅　19, 30, 41, 43
職場環境マネジメント　209, 211, 213
職場実習　292
　　——企業の確保　298
職場の管理職〔派遣社員を受け入れる職場の管理職〕　13, 206
　　——の育成　230
　　——の機能のための取組み　210
　　——の人事管理機能　208
　　派遣スタッフの活用のための会社〔派遣先企業〕から——への支援　222, 226, 230
職場のパフォーマンス　219, 230
女性の就業率　4
女性や高齢者の労働市場への参入促進　4
人材育成
　　——マネジメント　209, 211, 214
　　——を重視する人材ビジネス企業　253
　　人材ビジネス企業による——への取組み　14
　　派遣・請負社員の——　245
人材活用業務の代替機能　290
人材サービス産業　1, 4
　　——が担う社会的機能　10
　　——による就業機会の質向上　8

――のビジネス・モデル　4
人材派遣業　→労働者派遣業
人材ビジネス企業　231, 290
　　――からの離職者　253
　　――による人材育成への取組み　14
　　――の営業所　233
　　――の雇用継続　232
　　――の就業安定の機能　232, 253
　　――の就業支援　232
　　――のマッチング　290, 298
　　人材育成を重視する――　253
人事管理　72, 89
　　管理職が有すべき――機能　13
　　雇用継続に積極的な営業所の――　245
　　職場の管理職の――機能　208
　　派遣スタッフの――　122
人事部門
　　――の役割　226, 230
　　派遣先企業の――　13
新卒者就職応援プロジェクト　289, 291
新卒者の就職　288
人的資本理論　181
衰退産業から成長産業への人材の移動　2
スキル・レベル　44
スタッフ管理　173
政策の効果　186
生産職種〔生産分野〕　79
　　――の請負社員　9, 71
　　――の派遣・請負社員の雇用の不安定性　231
　　――の派遣スタッフ〔派遣社員〕　9, 71, 96, 98
　　――の派遣スタッフの多様性　120
正社員〔社員〕
　　――志向　67
　　――としての就業機会〔採用可能性〕　75, 114
　　――との協力が必要な仕事　53
　　――への転換〔移行〕の機会　78, 191
　　派遣スタッフと――の連携　219
製造系職種　127
製造系派遣会社　128
製造現場で働く派遣スタッフの特徴　97

製造派遣禁止　96
　　――に賛成している派遣スタッフの特徴　118
　　――に賛成する理由　101
　　――に対する意見　10
　　――に対する賛否　98, 100
　　――に反対している派遣スタッフの特徴　117
　　――に反対する理由　100
　　――による失業可能性　113
　　――の賛否を判断しかねている派遣スタッフの特徴　119
専門26業務　→26業務
専門26業務適正化プラン　→26業務適正化（プラン）

た　行

担当業務の難易度　44
中小企業
　　――の採用意欲　288
　　学生と――の間のミスマッチ　289
　　未就職卒業者と――のミスマッチ要因　15
　　優良――　298, 306
長時間労働の抑制　91
直接雇用　122, 181, 182, 191, 197
　　――後の賃金　183
　　――への移行〔――化〕　12, 119, 180
賃金推計　189
賃金水準の向上　85
賃金変化　183, 200
適正化プラン　→26業務適正化（プラン）
出口の調整　182
転職者　255
転職プロセスの一部代行　284
登録型一般紹介　259
登録型事務系派遣会社　124
　　高機能な――　139
登録型派遣〔有期契約社員の派遣〕　5, 18, 173
　　――の原則禁止　98
特定派遣事業　151
独立系派遣会社　144
　　大手――　145
独立系（大手中堅）派遣会社　148, 171

索　引　327

独立系（中小）派遣会社　148, 172
取引先　→派遣先（企業）

な　行

内部労働市場重視型人材活用〔労働力の内部化〕
　　3, 181
26業務〔専門26業務〕　177, 179
26業務適正化（プラン）〔専門26業務適正化プ
　　ラン，適正化プラン，労働者派遣専門26業
　　務適正化プラン〕　12, 177, 179
　　――の影響　184
　　――の指導　189, 194
　　――のメリット　204
　　――の目的　203
　　派遣先への――の影響　190
　　派遣元への――の影響　192
　　派遣労働者への――の影響　196
2段階推計　189
日本家計パネル調査〔JHPS〕　186
入職経路　255
人間関係マネジメント　208, 210, 211
能力開発〔派遣・請負社員の能力開発〕
　　――の機会　93
　　派遣会社の――支援　59, 65, 124, 126, 129,
　　134, 246
　　派遣先の――支援　59, 64

は　行

派遣営業所　144, 146
　　――の運営　148, 173, 176
　　――の営業戦略　155, 173
　　――の課題　173
　　――の事業内容　151
　　――の所長　162
　　――の組織体制　166
派遣営業職　44
　　――の時給　48
　　――の特徴　54
派遣会社〔派遣企業，派遣元〕
　　――との連携　209, 211, 215
　　――に対する要望　115
　　――の課題　132
　　――の機能　11, 123

　　――の機能のための取組み　125
　　――の機能のための取組みのメリット　142
　　――のキャリア形成支援　7, 59, 65, 125, 126,
　　131, 134, 146, 247
　　――の経営　145, 176
　　――の経営環境　144
　　――の事業拡大　174
　　――の事業規模　148
　　――の事業戦略　145
　　――の事業の高度化　174
　　――の事業の転換　175
　　――の資本形態　11, 144, 145
　　――の能力開発支援　59, 65, 124, 126, 129,
　　134, 246
　　――の役割　67
　　――の類型　148
　　――への適正化プランの影響　192
派遣可能業務の規制緩和　177
派遣期間制限　179
　　――の緩和　177
派遣企業の営業担当者　→営業担当者
派遣契約〔労働者派遣契約〕　122
　　――の期間　242
　　――の更新　250
　　――の終了　197
派遣先（企業）〔取引先〕
　　――に対する要望　115
　　――の移動　41
　　――の開拓（と確保）　5, 242
　　――の苦情処理・相談対応　123, 125, 127,
　　132
　　――の支援　55
　　――の人事部門　13
　　――のニーズへの対応　175
　　――の能力開発・キャリア形成支援　59, 64
　　――〔会社〕の派遣スタッフの活用方針
　　226
　　――への適正化プランの影響　190
　　既存――からの受注の拡大・安定化　242
　　派遣スタッフの活用のための――〔会社〕から
　　管理職への支援　222, 226, 230
派遣事務職　44
　　――の時給　48

派遣社員〔派遣スタッフ，派遣労働者〕 71, 99
　――としてのキャリアの起点　42
　――としての働き方の利点　76
　――と正社員の連携　219
　――の意欲　218
　――の活用　13
　――の活用に関する会社〔派遣先企業〕の方針　226
　――の活用のための会社〔派遣先企業〕から管理職への支援　222, 226, 230
　――の活用パフォーマンス　218
　――のキャリア　107
　――のキャリア形成（行動）　6, 8, 18, 40, 54, 57, 64, 93
　――のキャリア形成支援　7, 59, 64, 65, 125, 126, 131, 134, 146, 247
　――の苦情（処理・相談）対応　85, 123, 125, 127, 132
　――の雇用管理　145, 158, 173
　――の雇用継続　14, 231
　――の雇用契約期間　158
　――の雇用調整　231
　――の仕事・労働条件　105
　――の就業意識　72, 107
　――の就業機会の継続可能性　6
　――の就業条件の改善　94
　――の就業条件の改善に向けた要望　84
　――の就業・生活の安定化　240
　――の就業満足度　80
　――の就業理由　74
　――の昇給〔――の時給〔給与〕改善，時給の上昇〕　7, 9, 44, 160
　――の人材育成　245
　――の人事管理　122
　――の（基本）属性　50, 103
　――の属性とキャリアの比較　28, 37
　――の長期的な配置　173
　――の直接雇用への移行〔直接雇用化〕　12, 119, 180
　――の定着　88
　――の能力開発（行動）　54, 57, 59, 64, 65, 93, 124, 126, 129, 134, 246
　――のフォロー　166
　――の平均賃金　160
　――への 26 業務適正化プランの影響　196
　時給が上昇した――　57
　従業員1人当たりの月平均稼働――数　139
　生産分野〔生産職種〕の――　9, 71, 96, 98
　生産分野の――の雇用の不安定性　231
　生産分野の――の多様性　120
　製造現場で働く――特徴　97
　製造派遣禁止に賛成している――の特徴　118
　製造派遣禁止に反対している――の特徴　117
　製造派遣禁止の賛否を判断しかねている――の特徴　119
　役職のない――　74
　リーダー層の――　76
派遣社員を受け入れる職場の管理職　→職場の管理職
派遣就業
　――後の職種経験パターン　24
　――前後の職種経験パターン　35
　――の現状　52
　――前の職種経験パターン　30
　――を通じた技能の蓄積　43
　一般事務での――　9
派遣浸透率　4
派遣スタッフ　→派遣社員
派遣のあるべき姿　205
派遣元　→派遣会社
派遣料金
　――の改定〔引上げ〕　7, 210, 244
　――の改定交渉　157, 244
　――の設定　243
　――のマージン率　155
派遣労働　122
働き方
　――に対する希望　55
　――や仕事の満足度　114, 119
　請負・派遣社員としての――の利点　76
　今後希望する――　110
　当面希望する――　87
非公開求人　281
非正規雇用〔非正規の就業形態〕　97, 183, 191

分権的管理体制　206
法令遵守への取組み　137

ま　行

マッチング（機能）　1, 2, 4, 14, 124, 125, 127, 146, 166, 182, 268, 272, 283, 287, 289
　　人材ビジネス企業の——　290, 298
　　大学の——　289
　　未就職卒業者と中小企業の——　289
未就職卒業者
　　——と中小企業のマッチング　289
　　——と中小企業のミスマッチ要因　15
　　——の就職活動　288
　　——の募集　302
　　——への教育訓練　299, 303, 307
ミスマッチ　288
　　学生と中小企業の間の——　289
　　未就職卒業者と中小企業の——要因　15
無期契約社員の派遣〔正社員派遣〕　5
ものづくりへの関心　79

や　行

役職のない請負・派遣社員　74

有期契約社員の派遣　→登録型派遣
有給休暇の取得　87
優良中小企業　298, 306

ら　行

リーダー層の請負・派遣社員　76
リーマン・ショック　72, 79, 231
労働サービス需要　290
労働市場における需給調整機能　→需給調整機能
労働者派遣業〔人材派遣業，労働者派遣事業〕　1, 2, 4, 182
　　——における雇用関係　5
　　——に直接携わる従業員　137, 139
　　——の役割　181
労働者派遣契約　→派遣契約
労働者派遣市場　144
労働者派遣専門26業務適正化プラン　→26業務適正化（プラン）
労働者派遣法　177
労働力の外部調達　→外部労働市場重視型人材活用
労働力の内部化　→内部労働市場重視型人材活用

【編者紹介】

佐藤 博樹（さとう・ひろき）
東京大学社会科学研究所教授

大木 栄一（おおき・えいいち）
玉川大学経営学部教授

人材サービス産業の新しい役割
——就業機会とキャリアの質向上のために
New Functions of the Human Resource Service Industry:
Toward More Quality Job Opportunities and Careers

2014 年 7 月 5 日　初版第 1 刷発行

編者	佐藤 博樹
	大木 栄一
発行者	江草 貞治
発行所	株式会社 有斐閣

〒101-0051
東京都千代田区神田神保町 2-17
電話　(03)3264-1315〔編集〕
　　　(03)3265-6811〔営業〕
http://www.yuhikaku.co.jp/

組版・BIKOH／印刷・萩原印刷株式会社／製本・株式会社アトラス製本
© 2014, Hiroki Sato, Eiichi Ooki.
Printed in Japan
落丁・乱丁本はお取替えいたします。

★定価はカバーに表示してあります。

ISBN 978-4-641-16433-8

[JCOPY]　本書の無断複写（コピー）は、著作権法上での例外を除き、禁じられています。複写される場合は、そのつど事前に、(社)出版者著作権管理機構（電話03-3513-6969、FAX03-3513-6979、e-mail:info@jcopy.or.jp）の許諾を得てください。